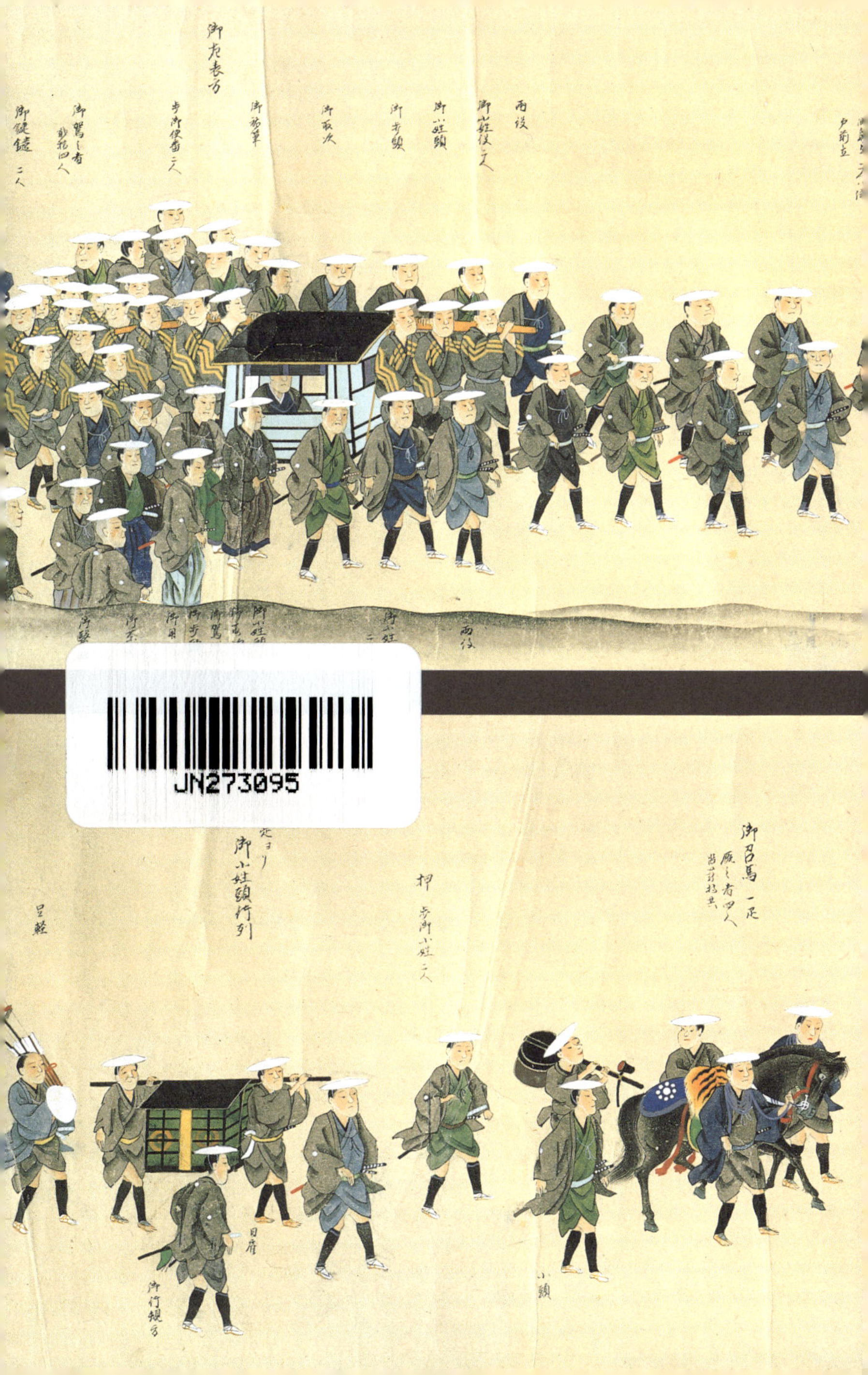

御召馬 一疋
押
御小姓頭行列
日傘
小頭

▲石《いし》の本《もと》遺跡出土の旧石器　熊本県小山《おやま》山麓で，今から３万年前とされる4,000点にもおよぶ石器群が発見された。安山岩《あんざんがん》製ナイフ型石器を中心とするが，局部磨製石斧《ませいせきふ》も発見されている。

▼熊本市内出土の土偶《どぐう》　縄文《じょうもん》時代後期には，九州でも出土例の少ない特殊遺物が県下で多数出土している。とくに土偶は県下で37カ所，うち17カ所は熊本市周辺であり，上南部《かんなべ》遺跡では九州出土の３分の１が出土している。

►参勤交代《さんきんこうたい》絵巻　万延元(1860)年，11代藩主に就任した細川韶邦《よしくに》の初入国時の絵巻である。御花畑館《おはなばたやかた》から立田口《たつたぐち》の構《かまえ》までは出迎えの役人・町人を描き，構の外は先触《さきぶ》れ・荷物を先頭に800人あまりの行列を表情豊かに描いている。

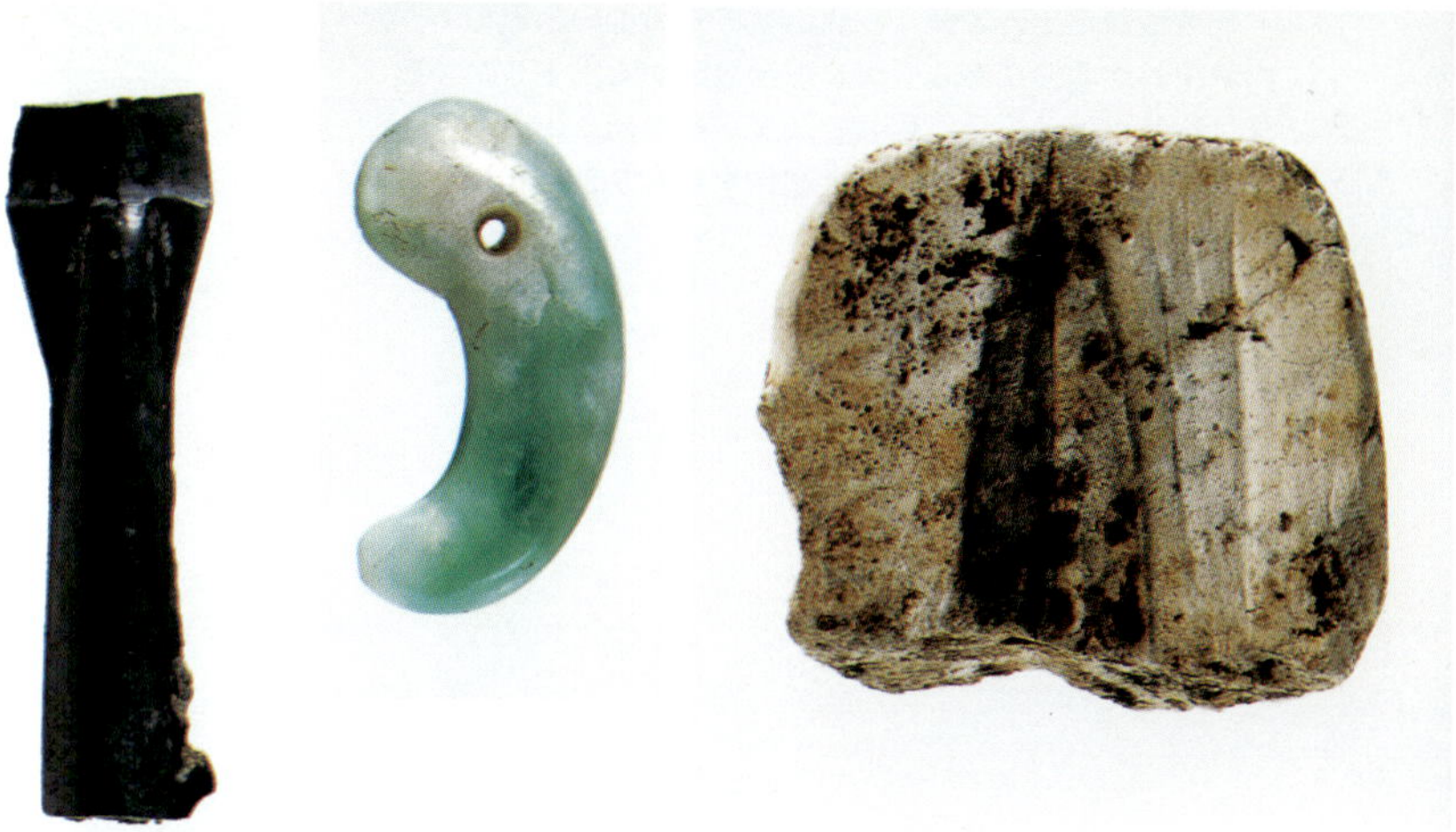

▲白藤《しらふじ》遺跡出土の遺物　熊本市白藤において約100基の甕棺墓《かめかんぼ》が発見され，超小型の銅矛《どうほこ》(左)やヒスイ製曲玉《まがたま》(中央)に続いて県内初の石製青銅器《せいどうき》鋳型《いがた》(右)が出土した。このほか小型仿製鏡《ぼうせいきょう》の出土例も増加し，青銅器生産の可能性がでてきた。

▼国越《くにごし》古墳石棺《せっかん》の装飾文様《もんよう》　国越古墳は宇城《うき》市不知火《しらぬい》町の八代海《やつしろかい》に面した丘陵上にある全長62mの前方後円墳。ほぼ正方形の玄室《げんしつ》の奥壁に沿って置かれた石棺には，赤・青・緑・白の４色で華麗な幾何学《きかがく》文様が描かれていた。現在は埋めもどされている。

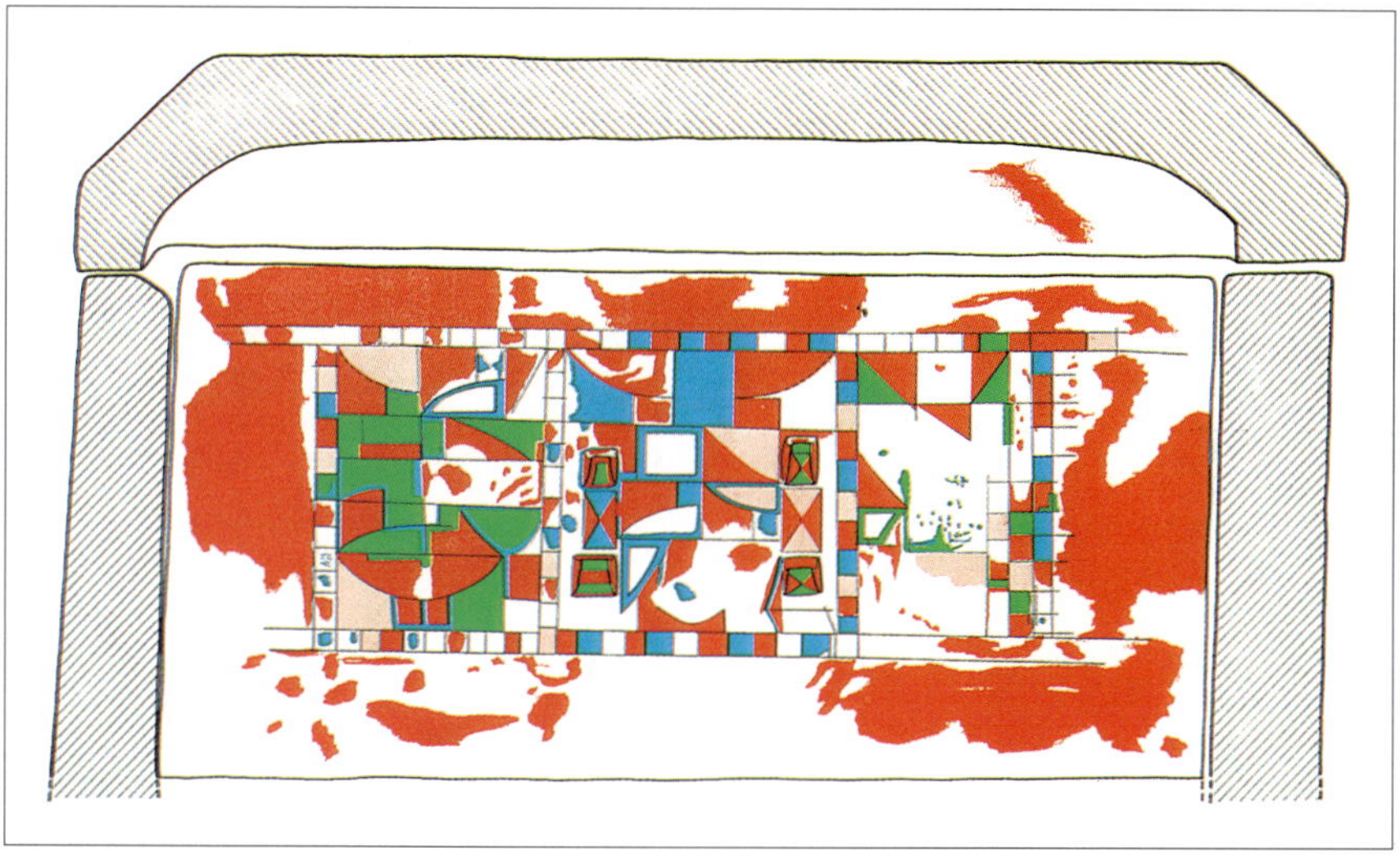

▶鞠智城跡《くくち》出土の木簡《もっかん》　古代山城《やまじろ》で初めての木簡であり，内城《ないじょう》中心地北側にある巨大な貯水池跡から出土した。形式は物品に付ける「付札《つけふだ》」で，文字は表面にのみ「秦人《はたひと》忍□五斗」と記載され，７世紀後半から８世紀初頭と考えられている。

▼建部君足国写経《たけべのきみたりくにしゃきょう》　京都府笠置《かさぎ》町東明寺《とうみょうじ》蔵の大般若経《だいはんにゃきょう》は，奥書《おくがき》によると天平15(743)年肥後国史生《ししょう》山田方見《かたみ》が母の願いをかなえるため，合志《かわし》郡井出《いで》原禅房《はらぜんぼう》において建部君足国に書写させたものである。足国は飽田郡司《あきたぐんじ》建部君一族と考えられる。

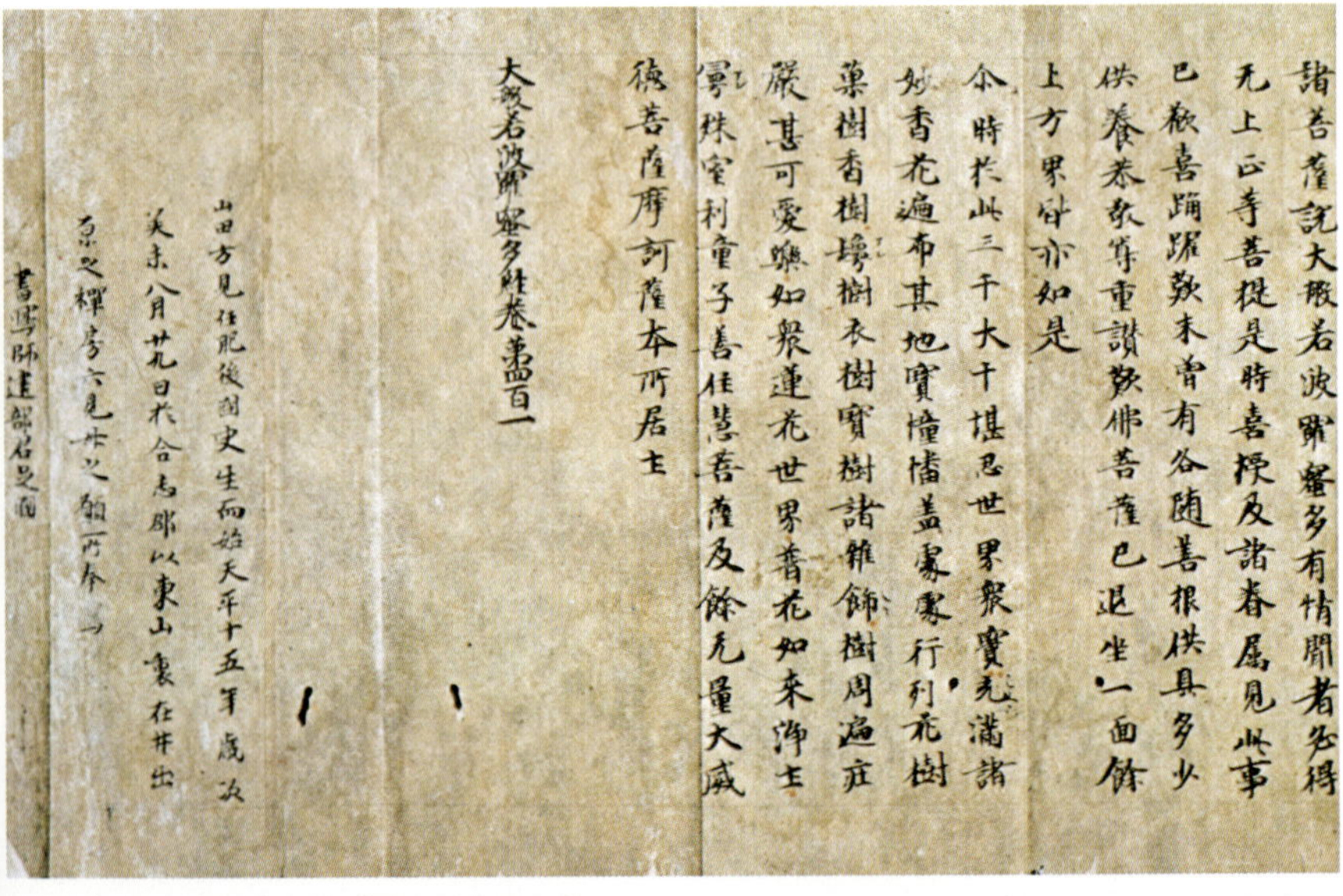

諸菩薩説大般若波羅蜜多有情聞者必得
无上正等菩提是時喜授及諸眷屬見此事
已歡喜踊躍歎未曾有各隨善根供具多少
供養恭敬尊重讃歎佛菩薩已退坐一面餘
上方界皆亦如是
尒時於此三千大千堪忍世界衆寶充滿諸
妙香花遍布其地寶幢幡蓋處處行列花樹
菓樹香樹鬘樹衣樹寶樹諸雜飾樹周遍莊
嚴甚可愛樂如衆蓮花世界普花如来淨土
曼殊室利童子善住慧菩薩及餘无量大威
德菩薩摩訶薩本所居土
大般若波羅蜜多經卷第四百一
山田方見従肥後國史生而始天平十五年歳次
癸未八月廿九日於合志郡以東山裏在井出
原之禪房為見母之願所奉
書寫師建部君足國

▲浄水寺《じょうすいじ》碑文《ひぶん》(宇城《うき》市豊野《とよの》村)　向って右から延暦20(801)年・康平7(1064)年・天長3(826)年碑。この右側には延暦9年碑があり，浄水寺の創建から条里《じょうり》制呼称による寺領拡大を伝える西日本で唯一の碑群である。風化による損傷《そんしょう》が進んでいる。

▼池辺寺《ちへんじ》根本中堂《こんぽんちゅうどう》跡と百塔《ひゃくとう》　熊本市池上《いけがみ》町の山中で9世紀半ばごろの塼《せん》敷《じき》基壇《きだん》を含む建物跡と，一辺4.2m四方の100基の石積《いしづみ》群が発見された。東西10列，南北10列に整然と配置された百塔塚は圧巻である。

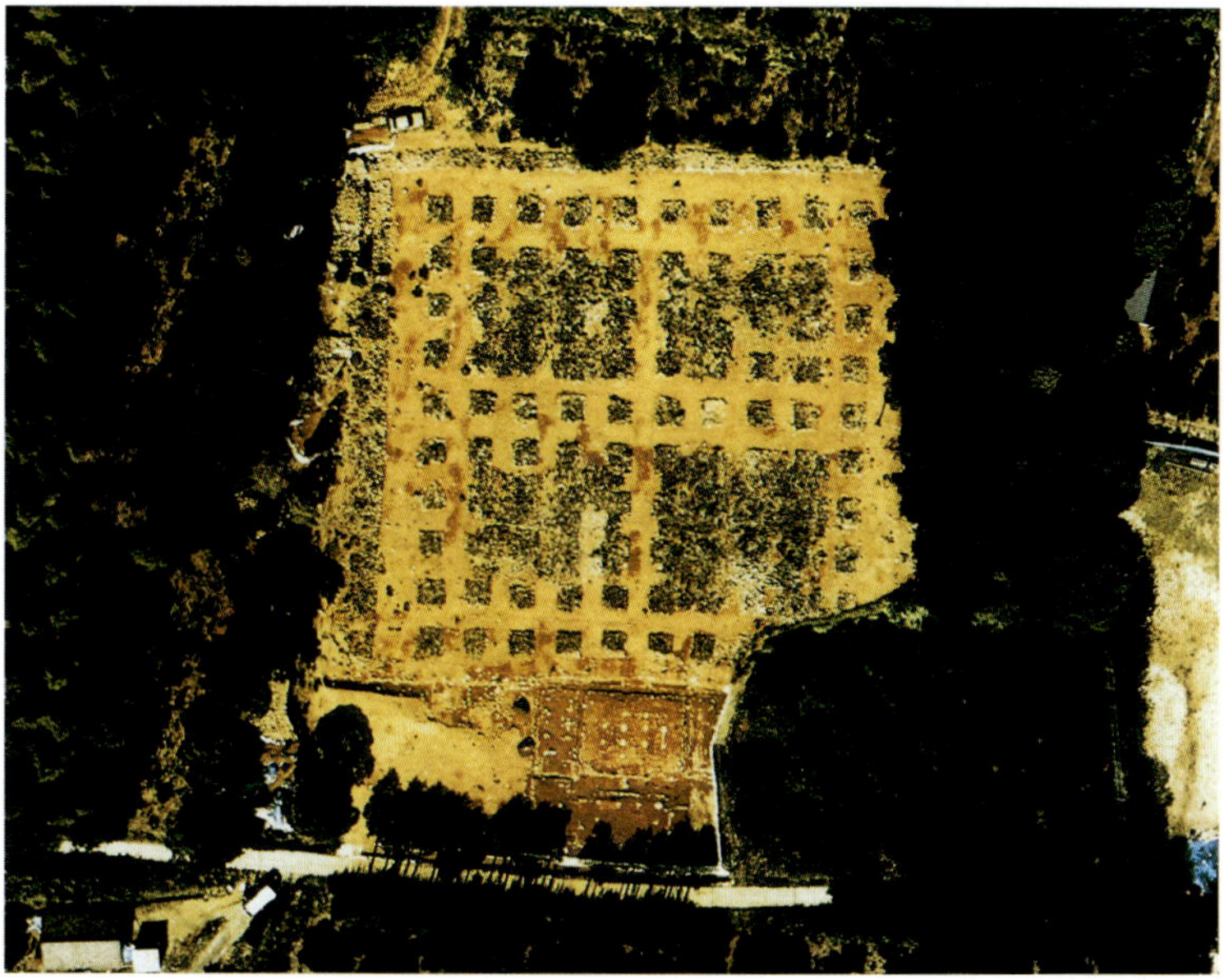

▲城泉寺《じょうせんじ》阿弥陀堂《あみだどう》(球磨《くま》郡湯前《ゆのまえ》町)　本来の名称は浄心寺《じょうしんじ》か。貞応《じょうおう》年間(1222～24),沙弥《しゃみ》浄心の創建。桁行《けたゆき》3間・梁間《はりま》3間で，四方に廻廊《かいろう》をめぐらす。内陣《ないじん》に阿弥陀三尊を安置。ともに重文。

▼蒙古軍《もうこぐん》と戦う竹崎季長《たけざきすえなが》(『蒙古襲来絵詞《しゅうらいえことば》』)　真っ先に麁原《そはら》の敵陣に突進する季長，蒙古軍は「てつはう」を爆発させ，盛んに短弓《たんきゅう》を射《い》かけて日本軍を圧倒した(文永《ぶんえい》の役)。

◄青蓮寺《しょうれんじ》阿弥陀三尊像(球磨《くま》郡多良木《たらき》町) 本尊阿弥陀如来《にょらい》像・両脇侍《わきじ》(観世音菩薩《かんぜおんぼさつ》・勢至《せいし》菩薩像)ともに永仁3(1295)年作。檜寄木《ひのきよせき》造で，本尊の像高は110cm。三尊を安置する阿弥陀堂とともに重文。

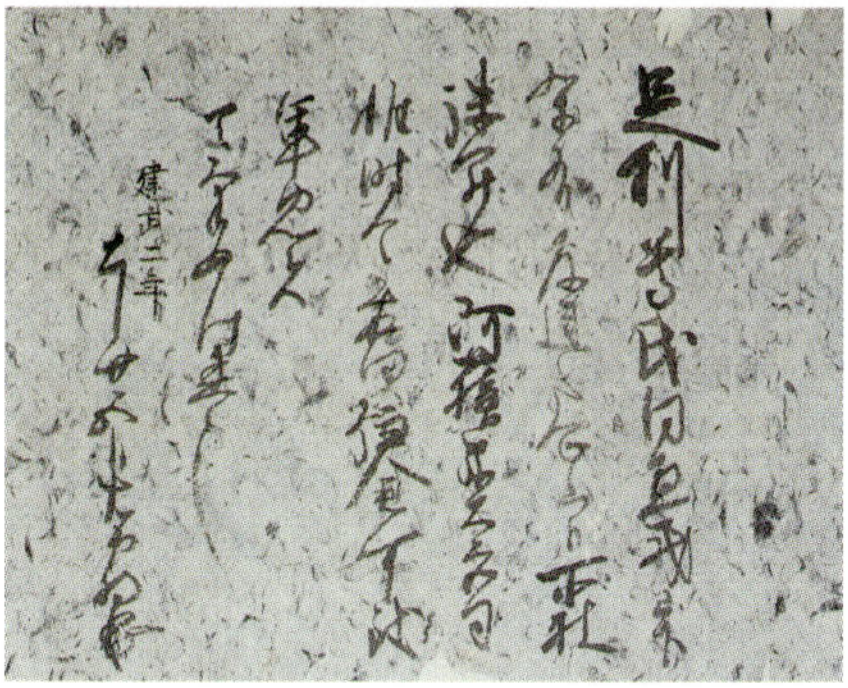

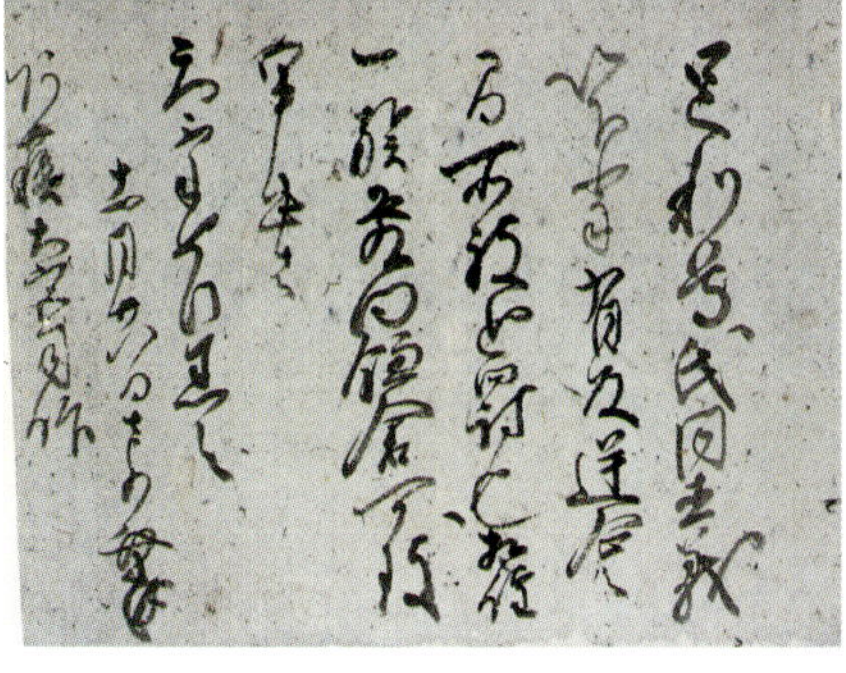

◄後醍醐《ごだいご》天皇綸旨《りんじ》(「阿蘇家《あそけ》文書」) 建武2(1335)年11月，足利尊氏《たかうじ》・直義《ただよし》の追討のため鎌倉への発向を命じたもの。上は前大宮司《だいぐうじ》(惟《これ》時《とき》)宛，下は現大宮司(惟直《これなお》)宛。重文。

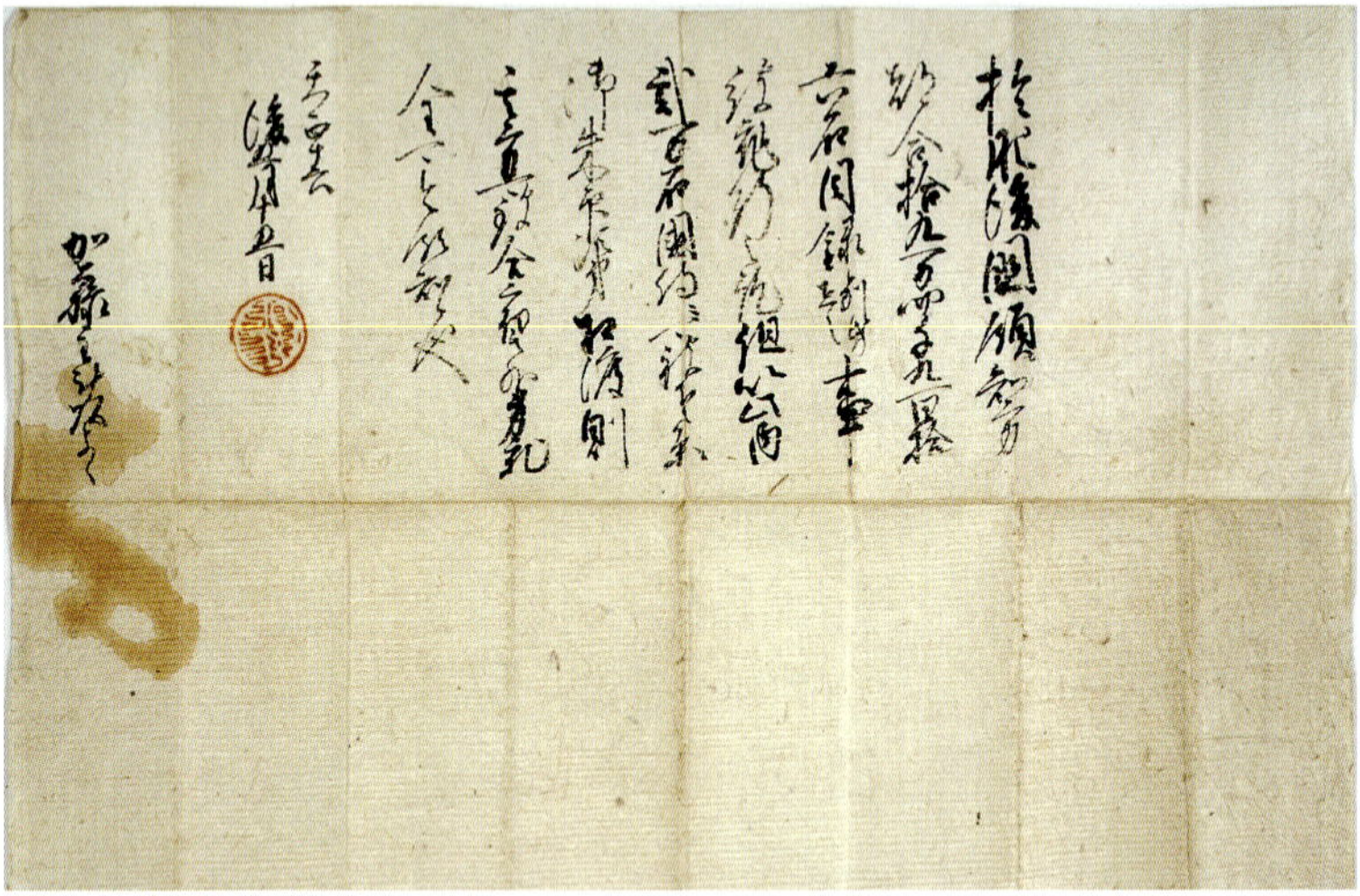

▲豊臣秀吉朱印状《しゅいんじょう》　天正16(1588)年，秀吉は国衆《くにしゅう》一揆の責任をとらせて肥後国主佐《さっ》々成政《さなりまさ》を改易し，閏5月14日尼崎で切腹させたが，翌日付で肥後北半19万4,900石余を加藤清正《きよまさ》に，南半を小西行長《ゆきなが》にあたえた。清正への知行宛行《あてがい》状である。

▼慶長肥後《ひご》国絵図　慶長10(1605)年，徳川家康は諸大名に命じて国絵図と郷帳《ごうちょう》を提出させた。肥後国絵図は1里を4寸とし，郡境とおもな道路・山・川を記し，村名と村高を小判型に書きこんでいる。写真は熊本城下町付近の部分図である。熊本城の前を蛇行《だこう》する白川《しらかわ》の真ん中が郡境である。白川はまっすぐに掘削されて郡境が変わり，蛇行部分は熊本城下町(飽田《あきた》郡)の一部に取り込まれた。

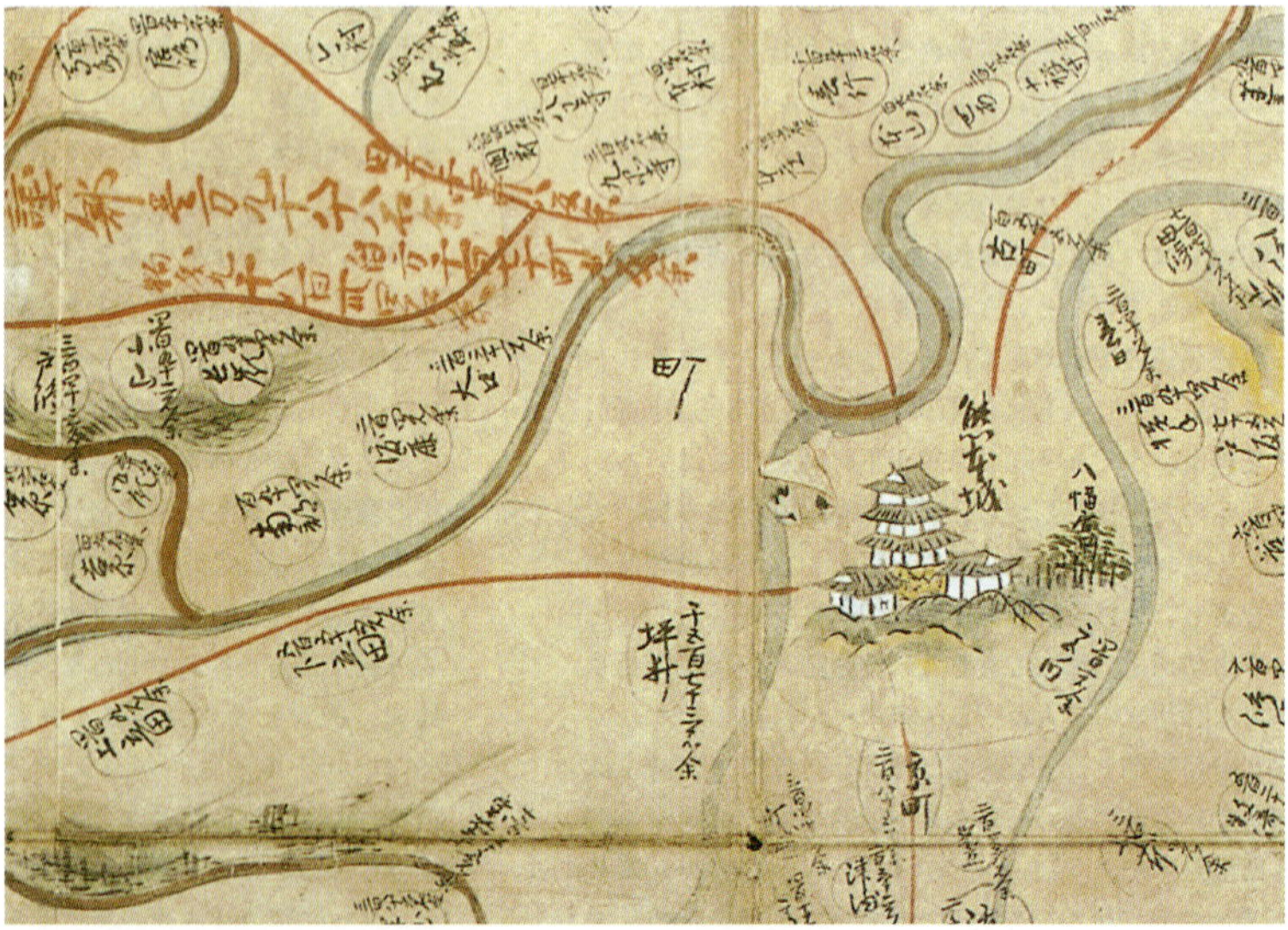

◀天草四郎陣中旗《あまくさしろうじんちゅうき》　天草・島原の乱(1637～38)のあいだ，籠城《ろうじょう》軍のシンボルとして天草四郎の本陣に立てられていたという。聖杯《せいはい》と十字架を付けた聖餅《せいへい》を天使が拝礼する姿を描き，ポルトガル語で神の秘蹟をたたえる言葉が書かれている。重文。

▼通潤橋《つうじゅんきょう》の放水　通潤橋は白糸《しらいと》台地に灌漑《かんがい》するために造られた水道橋である。矢部手永惣庄屋《やべてながそうじょうや》布田保之助の発案で，嘉永5(1852)年に起工し，嘉永7年に完成した日本最大の石造眼鏡《めがね》橋である。9月初旬の八朔《はっさく》祭には観光のために放水される。

▲熊本城攻防戦《くまもとじょうこうぼうせん》　明治10(1877)年２月22・23日の両日，熊本城に籠城《ろうじょう》した熊本鎮台兵《ちんだいへい》とこれを包囲した薩摩軍《さつまぐん》とのあいだに，最初の激しい戦闘が行われた。その後４月14日に官軍が薩摩軍の包囲を破るまで，攻防戦が52日間繰りひろげられ，鎮台兵の死傷者は475人にのぼったという。

▼万田坑《まんだこう》(荒尾市)　三井三池鉱業所によって明治30(1897)年に開坑し，周辺には炭鉱労働者の住宅(炭住)が形成され，日本の資本主義をささえてきたが，ちょうど100年目の平成９(1997)年閉山となり，幕末以来の三池炭鉱の歴史を閉じた。この間，昭和２(1927)年の万田四山争議，1950年代末〜60年の三池争議は，日本資本主義の歴史に重要な意味をもった。

地方史研究協議会名誉会長
学習院大学名誉教授
児玉幸多　監修

企画委員　熱田公—川添昭二—西垣晴次—渡辺信夫

熊本県の歴史 目次

松本寿三郎—板楠和子—工藤敬一—猪飼隆明

6章―産業の発達と生活 197

7章―藩政改革と幕末の政治 235

熊本県の歴史

風土と人間——九州の中心部を占める

熊本県の位置と地形●

熊本県は九州の中央部にあり、県域はかつての肥後国《ひごのくに》の全域を占める。古代の九州は東北の豊《とよ》の国、北の筑紫《つくし》、中部の肥《ひ》の国、南部の薩摩《さつま》・大隅《おおすみ》・日向《ひゅうが》の四地区をおいたが、肥の国はすでにその時点で九州の中部にあり、ほかの諸国と接していた。肥の国が前後に二分したさいに肥後国は東部を領域としたので、結果的に九州のすべての国と隣接する存在となった。府県制の施行にあたって、九州の各県が律令制国制を再編成しているのに（福岡県は豊前《ぶぜん》・筑前《ちくぜん》・筑後《ちくご》、大分県は豊前・豊後《ぶんご》、鹿児島県は薩摩・大隅、長崎県・佐賀県は肥前の半分）、熊本県は宮崎県とともに伝統的な国制を保ったのである。東は九州脊梁《せきりょう》で、北は大分県、中は宮崎県、南は鹿児島県と接し、北は筑肥山地で福岡県・大分県に接し、西は有明海《ありあけかい》・橘湾《たちばなわん》をへだてて佐賀県・長崎県に連なる。総面積は七四〇五平方キロ、自治体数四五（一四市、二三町、八村）、人口一八二八四七一人、総世帯数七三万五九七六（平成二三〈二〇一一〉年現在）である。

熊本県の地形を概観すると、東縁県境は九州山脈の一五〇〇メートル級の峰々を結ぶ線であり、続いて阿蘇外輪山《あそがいりんざん》に連なる高原台地が展開し、その西側に五〇〇メートル以下の台地、さらに西は二〇〇メートル以下の沿岸平野から有明海、不知火海《しらぬいかい》へと、ゆるやかな東高西低の傾斜の地形を形成する。したがって熊本県の河川は、すべて九州山脈、阿蘇外輪山を水源として西に流れ、有明海にそそぐ。

熊本県の地域は河川ごとに特徴がある。県北の東部山岳地形は阿蘇山の活動によって形成されたもので、北外輪山の北、小国《おぐに》盆地は筑後川の源流をなし、東の産山《うぶやま》・波野高原は大野川の源流となる。阿蘇カルデラ内には中央火口群が噴出し、北の阿蘇谷、南の南郷谷《なんごうだに》の盆地を形成する。阿蘇谷の黒川、南郷谷の白川は合流して白川となり、立野《たての》火口瀬から西へ流れ熊本平野にそそぐ。この高原地帯は中世までは阿蘇山を御神体とする肥後一宮阿蘇社の所領であり、近代においては観光客を集め、牧畜・酪農地帯を形成し、高原野菜の産地として脚光をあびている。

南外輪山に連続して井無田《いむた》・大矢野原・吉無田《よしむた》高原が広がる。ここを源流とする緑川は深いV字谷を形成し、上流の浜町《はままち》盆地は中世には阿蘇氏の拠点であったし、近世には通潤橋《つうじゅんきょう》・霊台橋《れいだいきょう》をはじめ無数の石造眼鏡橋《めがねばし》が建造された。中流は、加藤清正《きよまさ》の河川改修で名高く、下流は熊本平野にそそぎ、河口に干拓地を造成している。

西外輪山に源流を発する菊池川は、城北の穀倉地帯の

阿蘇山の火口　熊本のシンボルであり，現在も噴火活動を続ける。

支流を集めて菊池平野・鹿本《かもと》平野を流れ、玉名《たまな》平野から有明海にそそぐ。この流域は古墳文化の栄えたところで、処女墳としては岩原《いわばる》古墳、発掘された古墳としては江田船山《えたふなやま》古墳など無数の古墳群で知られる。ほかに七世紀の鞠智《くくち》城跡、近世の国衆《くにしゅう》一揆、高瀬の津、有明海干拓、近代の三池《みいけ》炭鉱や有明臨海工業地帯など、各時代の発展の跡を残している。この流域には古くからの湯町（山鹿《やまが》温泉）のほか、玉名、菊池、植木などに温泉が湧出し、保養地として栄えた。

県南の八代《やつしろ》郡泉村（現、八代市泉町）から球磨《くま》郡五木《いつき》村にかけては一〇〇〇メートルから一五〇〇メートル級の峰々にかこまれ、九七・五％が山林という山岳の村で、集落は一〇〇〇メートル級の山腹の台地に散在している。かつては焼き畑を主とする秘境であった。

球磨川流域には、鎌倉時代以来相良《さがら》氏が居をかまえ、球磨様式と称される独特の仏教文化を展開している。戦国期には、多良木《たらき》を本拠に上球磨盆地を領した上相良氏と人吉《ひとよし》を領した下相良氏がならびたったが、戦国末に下相良氏に統一された。ここでは肥後の他地域と隔絶しただけでなく、中世以来七〇〇年にわたる相良氏の統治下にあったこともあって、球磨独自の文化が保たれている。近世には上球磨から中球磨にかけて、幸野溝《こうのみぞ》、百太郎溝《ひゃくたろう》が掘り進められ、広大な耕地が開発された。急峻な地形にはばまれた中流域は舟路が開削されて、八代と人吉を結ぶ交通路として開かれ、下流は球磨川、氷川《ひ》の河口を中心に干拓が行われた。八代干拓は近世初頭からみられるが、化政期（一八〇四～三〇）には鏡町・千丁町の百町新地・四百町新地・七百町新地の大規模干拓が造成された。近代にも郡築《ぐんちく》新地・昭和新地・金剛《こんごう》新地・和鹿島《わかしま》新地など大規模な新地造成がなされた。

葦北《あしきた》地方は山地が海岸までせまっているため平地にとぼしく、近世の干拓も小規模である。リアス式の海岸は港湾に適している。肥後と薩摩を結ぶ薩摩街道は起伏にとんでおり、赤松太郎・佐敷《さしき》太郎・津奈木《つなぎ》太郎のいわゆる三太郎峠は交通の難所であった。国道三号線・JRともにトンネルが山腹をつらぬいている。

近世の球磨郡には米良《めら》主膳 正《しゅぜんのしょう》領二四六石が含まれていたが、明治五（一八七二）年宮崎県に編入された。

八代海をへだてた天草《あまくさ》諸島は、宇土《うと》半島に続いて大矢《おおや》野《の》島・上《かみ》島・下《しも》島と連なり、ほかに一二〇余の島々からなる。大矢野島・上島は天草五橋で結ばれて二〇年になる。低地性の山がちで、平地にとぼしく生産性は低い。四方を海にかこまれるところから製塩、漁労への小物成《こものなり》が課されるなど、きびしい収奪にあえいだ。近世初頭にキリシタンの広がりをみ、加えて文化三（一八〇六）年隠れキリシタンが発覚したこともあって、キリシタンの島との印象が強く、また天草・島原の乱後天領に編入されたこともあって、熊本藩域とは異なった歴史の展開をとげている。現在は鹿児島県に編入されているが、長島は中世のある時期までは肥後国天草郡に属していた。

御輿来《おこしき》海岸の美しい風紋(宇土市)

有明海・不知火海ともに干満の差が大きなところであり、しかも土砂の流下が盛んなため沿岸で干拓地が形成された。中世には各河川の川口に港が開かれた。高瀬（菊池川）・高橋（坪井川）・川尻（緑川）・八代（球磨川）・佐敷（佐敷川）は中世以来の港湾で渡唐船が派遣されたが、近世に年貢米の津出し港として藩の蔵が設けられた。明治期にはこれらの河港は土砂の流入によって機能を失い、かわって三角《みすみ》港が建設され、本格的な海港の時代になった。

熊本県の気候の特色として、一つには寒暖の差が激しいことがあげられる。八代平野と葦北海岸、天草をのぞけば夏の猛暑に対して冬の寒気がきびしく、夏は三五度以上になり、冬はしばしば零度以下になる。二つには六月末から七月の梅雨《ばいう》期後半に、天草灘《なだ》から流れ込む高温多湿の気流による集中的な豪雨に見舞われることである。地形によって阿蘇から球磨に至る高原台地の山地型、三方を山にかこまれた熊本市や菊池・鹿本地方の内陸性気候、天草・葦北地方の温暖な西海型気候の三地域に分類される。阿蘇は真夏でも涼しく平野部とは五〜一〇度も違う。球磨川流域は全国的にも霧の深さで知られるところで、銘茶の産地である。

熊本人気質●

近世の熊本を訪れた旅人の旅日記に記された熊本人気質は、旅人の外出には人をつけなければ許可されないとか、たとえ、旧知のあいだでも一応願いでなければ面会できないとか、規律・規則にきびしく堅苦しい反面、人情のこまやかなことはこのうえなく、道をたずねると宿屋まで道案内してくれ、四方山《よもやま》のことを聞けばこまやかに答えて、その丁寧《ていねい》さに感心している。熊本人の素朴さはすべてに共通する感想であった。宝暦の改革を高く評価する儒学者たちは、肥後の風を評価し、亀井南冥《かめいなんめい》などは「福（福岡）一変せば肥に至らん、肥一変せば道に至らん」といい、吉田松陰《しょういん》は「熊府人と議論して資益多く気性活発此に至ることを得たり」、平部峡南《ひらべきょうなん》は「熊本の風は規律法度井然《はっとせいぜん》として条理あり、人心の団結ある事、他藩の及ぶ処にあらず」とのべている。

　明治の熊本人佐々友房《さっさともふさ》は、熊本人の長所として「熊本人士は敦厚《とんこう》、懇篤《こんとく》なり。方正、律義なり。謹厳、荘重なり。質朴、倹素なり。気骨、腕力あり。信義、礼節を守り、名節、廉恥《れんち》を重んじ、理論に長ぜり。虚誕《きょたん》ならず、軽薄ならず、浮誇《ふこ》ならず、尚武の風あり。」かずかずの美徳をそなえながら、反面、「そなわらんことを人に求むるのあまり、往々、他人の瑕疵《かし》を摘発してはばからざるの傾きあり。小人をにくみ悪人をこらすの熱情よりして、寛弘の量に乏しく、ややもすれば、他を排斥するを快とし、はなはだしきに至りては、人の美を忌み、人の善をねたむなど」の短所があるとする。佐々の『熊本人士に謀るの書』を紹介した渡辺京二はこれを熊本士族の自己批判の書とみているが（『熊本県人』）、これを熊本人特有の気質といってしまっていいものか、再考の余地がある。

　というのは、熊本県は近世社会では、熊本藩・人吉藩・天領天草に三分されており、それぞれ独自の政治的世界を展開していた。大藩で農業生産力にめぐまれた熊本藩は、九州の目付役を自認して終始幕藩制の安定した政権を支持して行動しており、藩政改革も体制を強化するものであった。熊本藩の現体制支持の保守的性格は、幕末変革期に出現した革命的思想家横井小楠《しょうなん》への対応にみることができる。小楠は天才的思想家であったが、佐々のいう長所をもちあわせていなかった。むしろその逆であったために、熊本藩では容れられなかった。彼が福井の松平春嶽《しゅんがく》に招聘《しょうへい》されたさいに示された重臣らの行動は、まさにさきにあげた熊本人の短所そのままであった。

人吉藩は急峻な九州山脈の峰々にかこまれ、肥後の他地域とは隔絶された球磨盆地に、鎌倉《かまくら》以来相良氏の政治的世界が展開した。中世以来相良氏一族の覇権確立、同族間の権力抗争を繰りかえし、やがて下相良氏の政権掌握、戦国期の南九州一揆に加盟するなど薩摩・大隅との関連が深く、村落構造としての門・屋敷体制、兵農未分離の麓《ろく》体制、郷侍《ごうざむらい》、修験道《しゅげんどう》など、他地方とは異なった社会体制をつくりだした。球磨地方には真言宗・修験道の祈禱《きとう》仏教と祟《たた》り神をまつる霊社が一種独特の宗教文化をつくりだしている。近世球磨の閉鎖性が指摘される。

天草地方も独自の発展をとげた。近世初頭小西行長《こにしゆきなが》の領国となってからキリシタンは急激に盛んとなり、天草学林はキリシタン伝道の拠点となった。天草・島原の乱では一万二〇〇〇人の島民が原城《はら》の露と消えたが、西国各地からの移民がはいり、村落を建てなおした。そのほかこの島は流人《るにん》も送り込まれた。こうした人びとの移動交流と開放的な海洋とは、天草島民の開放的な気質の形成に影響したと思われる。その後天領に編入され、明治に至る。天領の交易をにぎる特権商人銀主《ぎんす》が、高利の金を貸して土地を集積すれば、貧窮化した農民は実力に訴え、ここではたびたび大きな百姓一揆がおこった。明治初年にも血税騒動をおこすなど、天領農民の気概を示すものであった。また、ここでは近世に人口の爆発的な増加がみられ、近世後期から出稼ぎがみられたが、近代には海外への出稼ぎも多くみられた。

熊本の歴史を通観してみると、古代における装飾古墳と磐井《いわい》の乱、中世の菊池氏の南朝一辺倒、近世初頭の国衆《くにしゅう》一揆と天草・島原の乱、石造眼鏡橋の架橋、近代では士族の西南戦争参加、国権党の進出、現代の公害の原点とされる水俣《みなまた》病まで、日本の歴史のなかに熊本がクローズアップされるとき、熊本人のもつ土着性と中央への反骨、強固な保守性が顔をのぞかせる。これが熊本人の特性といえるのではあるまいか。

1章

火の国の形成

熊本市上の原遺跡出土の炭化したコメとオオムギ

1　大自然の変化と人びとの営み

火山灰土に生きる狩人たち●

氷河期のきびしい生活条件のなかでも、九州地方はほかの地域よりめぐまれた自然環境にあったのであろうか。なかでも熊本は国内屈指の旧石器時代の遺跡の集中地であり、これまでに二〇〇カ所をこえる遺跡が発見されている。県内の旧石器遺跡は阿蘇外輪《あそがいりん》一帯や球磨《くま》地方に多くみられるが、県南の水俣《みなまた》市にも古くから知られた石飛分校《いしとびぶんこう》遺跡などがあり、最近は天草下島《あまくさしもしま》でも内ノ原《うちのはら》遺跡などが発見され、旧石器時代の遺跡は熊本県内のほぼ全域に分布していることがあきらかとなった。

九州は火山の爆発が何回となく繰りかえされた地域である。とくに阿蘇火山・姶良《あいら》火山・鬼界《きかい》火山を擁する中・南九州は災害規模も大きく、厚さ数十メートルという大量の火砕流堆積物《かさいりゅうたいせき》は旧来の地形や環境を一変させ、大小さまざまな傷あとを地中に残した。現在のところ県内で調査によって確認された最古の石器は、石《いし》の本《もと》8区遺跡（熊本市平山町）出土の、四〇〇〇点にもおよぶ石器群である。アカホヤ火山灰（鬼界島噴出）や姶良Tn火山灰によって地層を明確にし、石器周辺から出土した炭化物のC^{14}測定など慎重な調査が進められた結果、今から三万数千年前の石器であることがわかった。石器は安山岩から剝《は》ぎとった剝片《はくへん》を小刀としたものが多く、局部磨製石斧《せきふ》の破片もみつかっており、白川左岸の小山《おやま》山麓で豊かな狩猟・採集生活を続けていた旧石器人の姿が浮かびあがってくる。

しかし姶良火山はこれらナイフ形石器文化の最盛期に大噴火し、日本列島各地に火山灰をふらせた。そ

熊本県下旧石器時代関係の編年表

時期			阿蘇外輪北麓	菊池川	大矢野原	白川下流域	緑川	球磨川上流域	上場・石飛	その他
ナイフ形石器文化以前			——	平山宿 陣屋敷	——	——	——	矢岳	——	——
ナイフ形石器文化	第I期		——	——	——	石の本8区 石の本55区下	沈目 曲野	血気ヶ峯第1	——	——
	第II期		耳切AI 下城2 耳切AII	——	西原F6	石の本55区上	——	血気ヶ峯第2 クノ原 狸谷I・久保	上場6層	内の原(天草)
	第III期	初頭	——	——	——	——	——	——	——	——
		前半	大観峯	中原	西原A	石の本54区 V層上	上の原	狸谷II・ 天道ヶ尾	石飛4層	——
		後半	下城1	——	——	上高橋	——	高城	——	——
細石器文化	第II期		伊野A	——	桑鶴土橋	——	立神 ドトク	里城	石飛東	——
	第III期		——	松島・ 小野崎	西原B	谷尾崎	——	城馬場 田野	——	——
	第IV期		——	松島・ 小野崎 柿原	河陽F	谷尾崎	——	狸谷III 里城 白鳥平B	——	——

木崎康弘「肥後における先土器時代研究の現状と課題」『交通の考古学』。木崎氏のご教示により，その後の成果を加筆・修正。細石器文化の第I期は，南九州のみ出土のため，表には記してない。

の後人びとの生活はどうなったのかという観点から、姶良Tn火山灰の上位と下位のナイフ形石器文化の比較研究が進められており、大噴火後もナイフ形はあらたな展開をとげ、やがて到来する細石器《さいせっき》文化や、槍先《やりさき》形尖頭器《せんとうき》につながったという説もだされている。細石器は旧石器時代の最末期に大流行し、投げ槍や肉切り用に使用されたが、石飛《いしとび》遺跡（水俣市）からは、細石器と同じ地層から爪《つめ》形の圧痕をもつ土器片が出土しているという。

貝塚と土偶●

東日本にくらべて縄文時代遺跡の少ない西日本において、熊本県は例外的に豊富な遺跡が知られていたため、編年の基礎にも県内の土器が多く用いられてきた。現在のところ縄文草創期としては、白鳥平B遺跡（人吉《ひとよし》市）などから爪形文土器が出土している以外、ほかにはまだ確認されていない。早期になると押

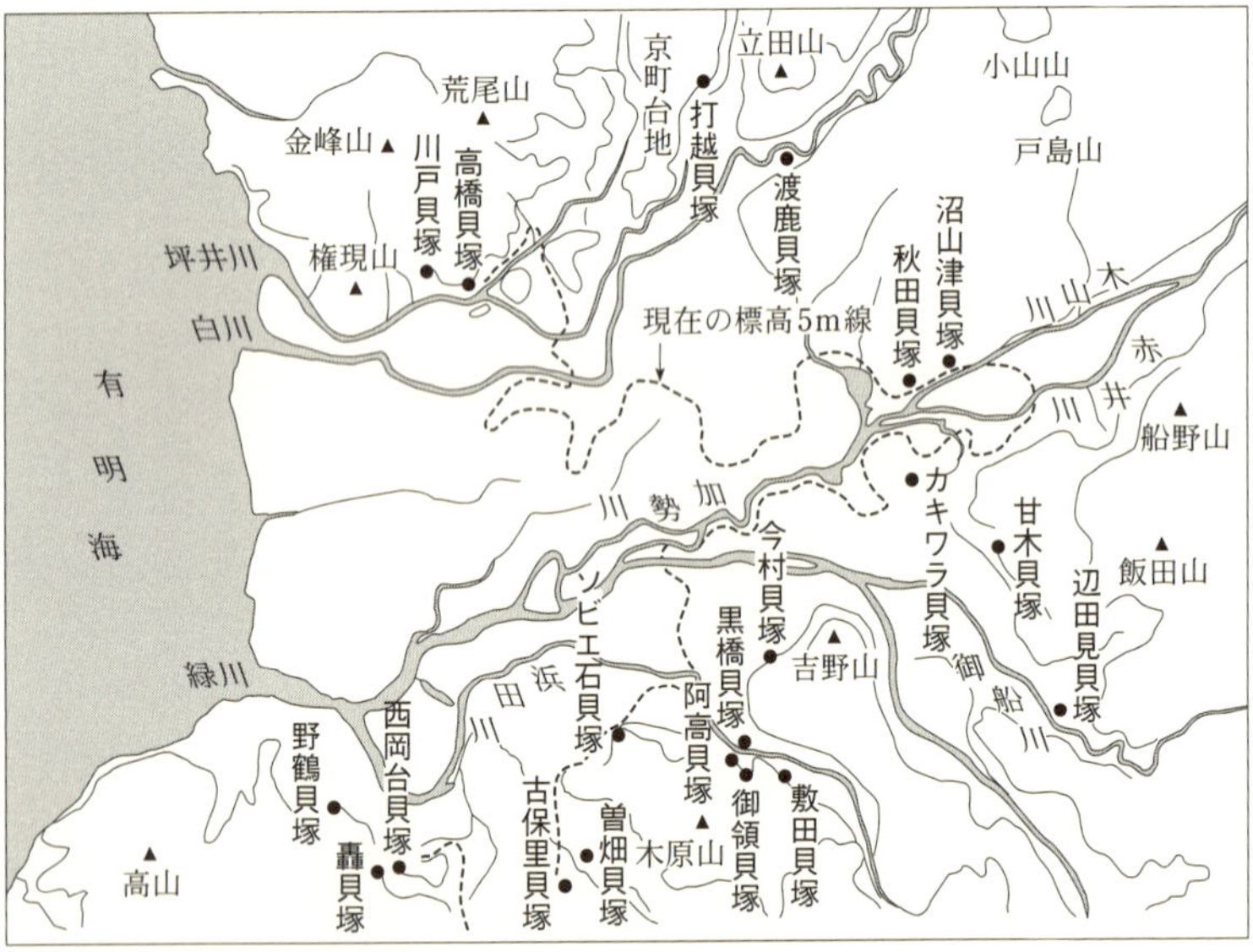

熊本平野の貝塚分布　富田紘一「縄文時代」『新熊本市史』通史編第１巻原始・古代による。

型文土器を用いた人びとが各地に遺跡を残したが、この土器を伴う貝塚は県下ではまだ発見されていない。今から六二〇〇年前、縄文時代最大といわれる鬼界カルデラの爆発がおこった。縄文時代早期に南九州を中心として栄え、中九州にも強い影響をあたえていた造形的に高度な感覚をもつ文化が、この大噴火によって壊滅的な打撃をうけた。アカホヤ火山灰降下の直接的な被害をうけない地域も、一時的な降灰による草木の死滅、それに伴う動植物の減少が考えられている。これ以降早期にみられた創造的な文化は姿を消し、かえって東日本の土器文化の影響がみられるようになり、そして海と関係ある縄文文化が栄えていくことになる。

熊本平野の周辺では一三カ所の貝塚が知られているが、大部分の貝塚は後期に形成されている。当時の海岸線は貝塚の所在地からみて、現在の標高五メートル線の辺りではないかと考えられている。また曽畑《そばた》

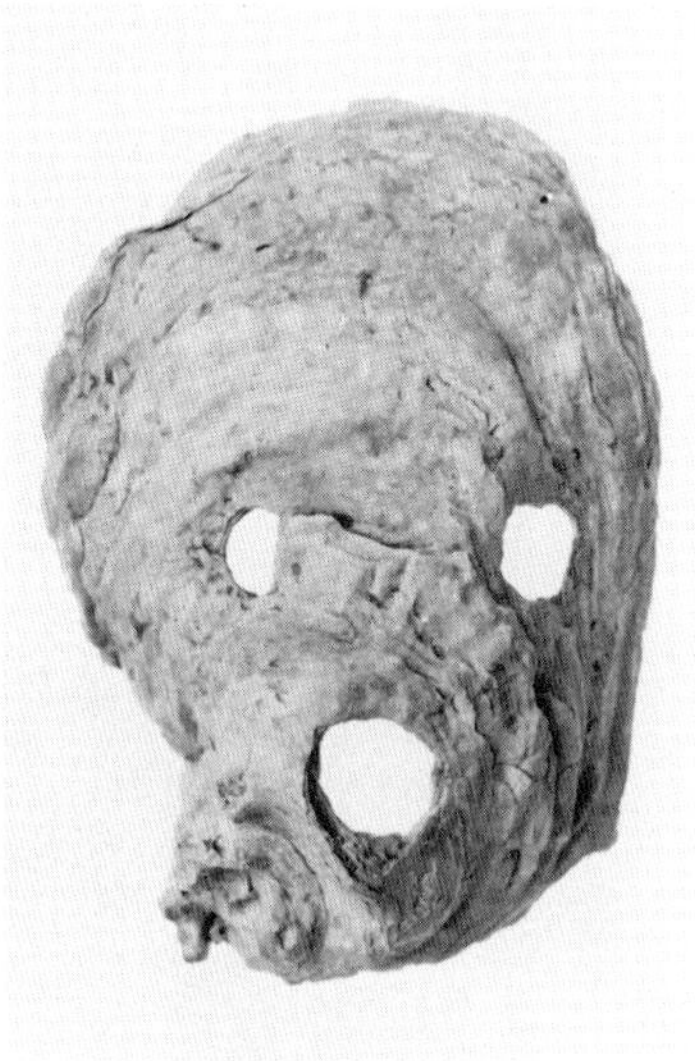

阿高貝塚出土の貝面

貝塚（宇土《うと》市）の周辺では、六三基のドングリ貯蔵穴が検出されており、海と山の幸を食料源としていた人びとの姿を残している。さらに曽畑式土器はその分布が中九州ばかりではなく、朝鮮半島や沖縄まで広がっており、阿高《あたか》貝塚や黒橋貝塚（ともに熊本市）から出土したイタホガキ製の貝面は、国内ではまだ類例が知られていないが、韓国釜山《プサン》市東三洞《トンサムドン》貝塚から阿高式土器や佐賀県腰岳《こしだけ》産の黒曜石《こくようせき》とともに発見されている。大矢《おおや》遺跡（天草市）では石製結合釣針が出土したが、これは朝鮮半島の釣針技法として注目されている。縄文人たちは東シナ海を舞台として活発な活動や交流を行っていたことが知られよう。

後期になると中九州独自の土器がうみだされ、磨消《すりけし》縄文文化から黒色磨研《まけん》土器文化へと発展し、晩期前半までに多くの集落が出現した。海進期に熊本平野の奥深くはいりこんでいた有明海が、河川の運びこむ堆積物と海水面のさがる海退現象とによって、魚介類のとれない地域へと変化していったことが、内陸部での生活を余儀なくし、それに即した生活が求められたのであろう。

上《うえ》の原《はる》遺跡（熊本市）では、昭和四十五（一九七〇）年の調査で竪穴《たてあな》住居内に流れこんだ埋土のなかから、炭化した米一粒半と大麦一粒が検出された。また上南部《かんなべ》遺跡（熊本市）では、土器の胎土からプラントオパール（イネの機動細胞）とよばれる植物起源のガラス質細胞が発見された。また同時期の土器の表面に稲の圧痕が付着した例も、菊池郡大津町ワクド石はじめ県下数カ所の遺跡から発見されている。これらのことから、大遺跡の背後に広がる台地上で、原始的な畑作農耕が一部行われていたと考えられている。

この時期の特徴として、九州では出土例が少ない土偶《どぐう》（口絵参照）・石刀など特殊遺物が県下では数多く出土していることがあげられる。そのうち土偶出土遺跡は県下で三七カ所、そのうち一七カ所は熊本市の周辺である。一七カ所の出土総数は一七八点、それは九州出土総数約三〇〇点の六割にあたっている。

なかでも上南部遺跡は一遺跡で九州出土の三分の一以上を占めており、その出土総数の二〇%以上が二次的に火をうけていることから、これら土偶を用いる祭祀《さいし》は火を伴うものではないかと推測されている。

稲と塩と鉄●

熊本県の中・北部に栄えた縄文文化の大遺跡も、晩期の中ごろになると突然姿を消してしまう。それにかわって、玉名市岱明《たいめい》町高道、熊本市新屋敷、宇土市宇土城跡など海岸部から少し奥にはいった台地上に、V字形の溝をめぐらせ、刻目《きざみめ》や突帯文《とったいもん》をもつ甕《かめ》、赤色磨研壺、太型蛤刃《はまぐりば》石斧《せきふ》など弥生文化に特有な遺物をもつ環濠《かんごう》集落が登場した。こうした弥生時代の遺跡はやがて菊池川、白川、緑川など河川にそって広がっていき、弥生時代前期には宇土半島以北の平野部では、水稲栽培を行う農耕民の集落がほぼ全域にみられるようになった。また前期の終わりごろになると、朝鮮半島中南部地域の無文土器（粘土帯土器）とよばれる一群も流入してくることがあきらかとなった。

その一方、前期から中期にかけて有明海や不知火《しらぬい》海沿岸には、斉《さい》藤山《とうやま》貝塚（玉名市天水《てんすい》町）や文蔵《ぶんぞう》貝塚（宇城市三角《みすみ》町）をはじめとし

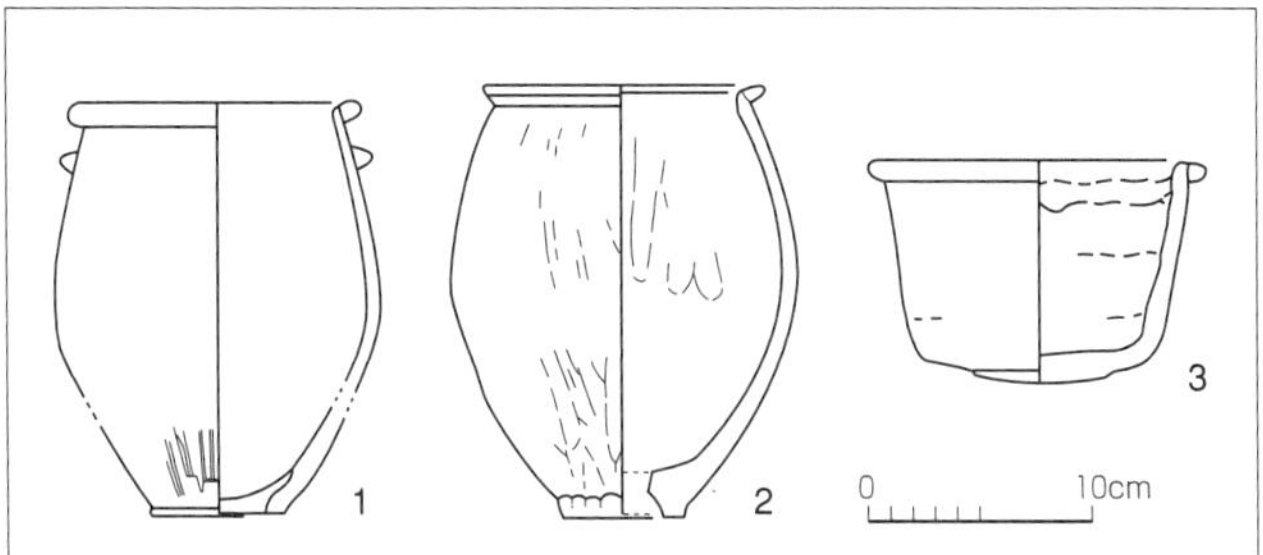

朝鮮系無文土器　1・2は熊本市護藤遺跡群小瀬田遺跡(『新熊本市史』通史編第1巻による), 3は熊本市上の原遺跡(『上の原遺跡Ⅰ』による)。

て、小規模の貝塚が数多くつくられるようになる。なかでも文蔵貝塚では、大型のカキにまじって焼けた小型巻貝が多数発見され、当時は不思議に思われていたが、現在では製塩作業に伴うものであることがつきとめられている。これら小型巻貝はホンダワラという海藻に付着する習性があり、塩づくりに使うホンダワラを焼くときに一緒に焼けたものである。『万葉集』にみられる「藻塩《もしお》焼く」式の製塩法が確かめられたのである。米などの穀物を栄養分として人間の体内で消化するには、塩分が絶対に必要であり、沿岸部の多数の小規模貝塚の出現は、稲作民に必要な塩を生産し、またカキなどのむき身をとり交易品とするための、海の民の存在を示すものと考えられている。

阿蘇山を中心として西麓の熊本県白川流域から、東麓の大分県大野川上・中流域において、弥生時代後期から古墳時代前期にかけての大規模集落遺跡が発掘調査され、多くの鉄製品が出土した。これらの資料によって中九州においては、大陸系磨製石器群の消滅と鉄器文化の定着過程の研究が、各遺跡ごとの器種形態・組成の比較検討まで進んでいる。出土した鉄器は狩猟具・武器としての鏃《やじり》、加工具としての鉇《やりがんな》・小型袋状鉄斧・刀子《とうす》、農具としての鋤鍬《すきくわ》先・摘鎌《つみがま》・鎌などであるが、このほかに未製品や用途不明の鉄製品が数多く出土している。菊池川流域の方保田《かとうだ》遺跡では、板状・棒状・不定形・三角形に四分類された鉄片が出土しており、これらが遺棄された小鉄片とともに出土していることから、鉄器製作時に生じた「端《は》切《ぎ》れ」であると考えられている。

また熊本県下で鍛冶《かじ》工房と思われる遺構としては、玉名郡和水町諏訪原《すわのはら》で四基、熊本市嘉島《かしま》町二子塚《ふたごづか》で二基、菊池郡大津町西弥護免《にしやごめん》山尻と玉名郡玉東《ぎょくとう》町下前原で各一基が検出されている。このなかでも二子塚遺跡は、ほぼ一つの環濠集落が完掘され、一二六七基の竪穴住居が検出されたが、そのうち二基の床面から焼土ブロック、木炭、鉄器未製品、鉄片、鍛造剥《たんぞうはく》片《へん》（スケール）を含む小鉄片などが、中央の炉を中心として数百点出土した。また同時に出土した小型磨石、円柱状・板状石器、鉄床状大型台石などには、強い熱をうけた痕跡や錆《さび》の付着したものがあるという。またこの鍛冶遺構は竪穴住居が密集する場所からはなれて、環濠に近接した位置に営まれているという。

これらの遺構・遺物の分析から、拠点集落では鉄製品は自給され、製品の交流についても一部をのぞいて移動の範囲はあまり広くなかったとされている。また鉄器生産を可能にした鉄素材の供給については、従来の朝鮮半島起源の舶載素材説に対して、阿蘇外輪山内部やその他の地域で産出される鉱石を原料として、拠点集落周辺で製錬したとする説がだされている。

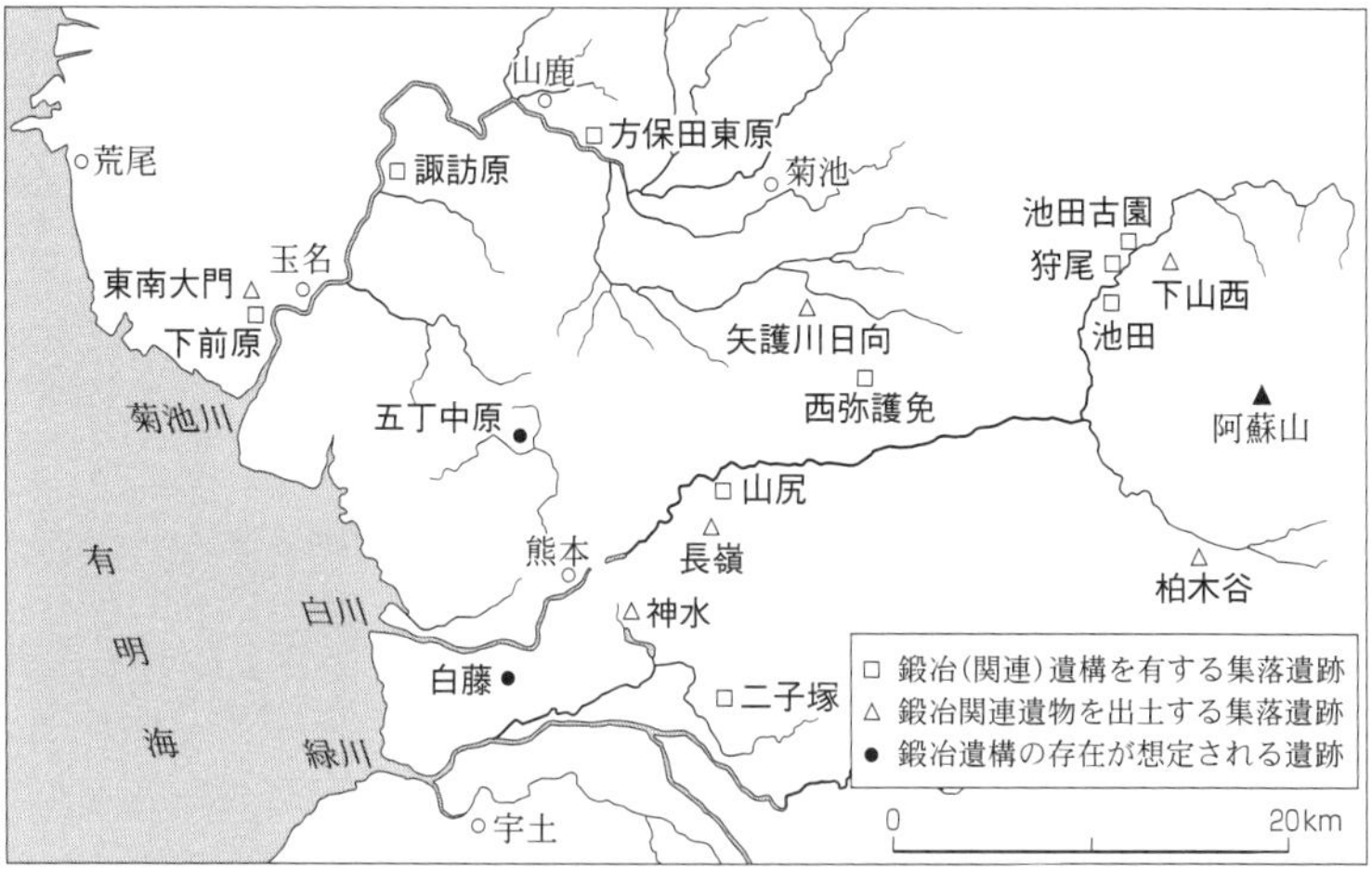

弥生時代後期後半におけるおもな鍛冶遺構の分布　村上恭通「肥後における鉄研究の成果と展望」『肥後考古』10号より作成。

2　火の国と大和朝廷

前方後円墳の被葬者たち●

熊本地方でもっとも早く前方後円墳が出現したのは、宇土半島の基部であり、弁天山《べんてんやま》・迫《さか》ノ上《うえ》・城《じょう》ノ越《こし》・向野《むこうの》田《だ》古墳など四世紀から五世紀にかけて築造されている。六世紀代にはいると華麗な装飾文様をもつ国越《くにごし》古墳や、半島部から南へくだった氷《ひ》川流域の丘陵部に姫城《ひめのじょう》・中城《なかのじょう》・端《はし》の城《じょう》など野津《のず》古墳群が形成されており、宇土半島から八代《やつしろ》海沿岸にかけての一帯は、火君《ひのきみ》発生の地と考えられている。宇土半島より少しおくれて、菊池川中・下流域において竜王山古墳（山鹿《やまが》市、墳形は破壊により不明）・山下古墳（玉名市）・院塚《いんづか》古墳（玉名市岱明《たいめい》町）が、阿蘇盆地では中通《なかどおり》古墳（阿蘇市一の宮町）が築造されており、前者は日置部君《ひおきべのきみ》一族が、後者は阿蘇君《あそのきみ》一族がそれぞれ有力者として知られている。これら前期古墳はいずれも水・陸交通の要衝に立地しており、鉄・塩・米など交易品や交易ルートの掌握ということが、指摘されていた。最近ではとくに有明海や八代海に面する地域における南海産貝輪や、阿蘇溶結凝灰岩《ようけつぎょうかいがん》製の舟形石《せっ》棺《かん》についての研究が進み、前期古墳の被葬者をささえた経済的基盤の一つではないかと想定されている。

弥生時代以来、琉球《りゅうきゅう》列島と北部九州のあいだには南海産貝輪の交易ルートが開かれていたが、弥生時代後半以降になると有明海・八代海にはいる内海ルートが開拓されたという。大坪遺跡（宇城市小川町）は共同墓地であり、そのなかの一体の腕には三個のゴホウラ腕輪が着装されていた。その形は貝輪の粗加工品に似ており、さらに古墳時代に近畿《きんき》地方の大型前方後円墳に副葬される碧玉《へきぎょく》製腕輪（鍬形石《くわがたいし》）にも類似しているという。熊本県内では古墳時代の南海産貝輪は、大坪遺跡をのぞいて九遺跡三〇個以上が発見されており、その分布は伝左山《でんざやま》古墳（玉名市）、向野田《むこうのだ》古墳（宇土市）、大鼠蔵《おおそぞう》山・田河内《たのかわち》古墳（八代市）など有明海・八代海沿岸部に顕著である。しかし六世紀以降は熊本の沿岸部から消え、内陸部に分布が移

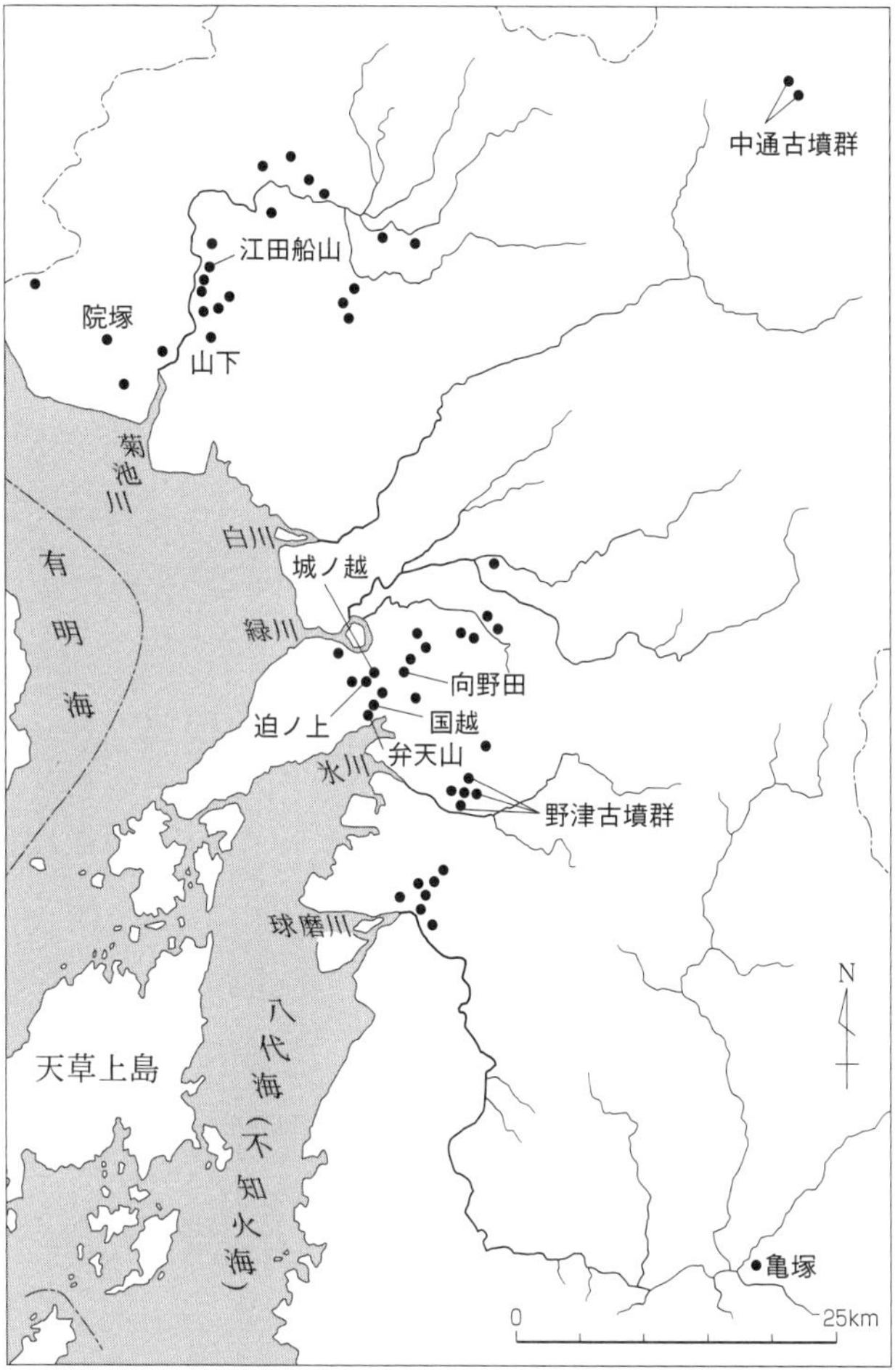

前方後円墳の分布(1979年10月現在)　富樫卯三郎・平山修一・高木恭二「熊本県前方後円墳地名表」『肥後考古学会誌』創刊号による。

動するばかりではなく、近畿地方で大量にイモガイが消費されているところから、九州地方の豪族たちが握っていた交易権が、磐井《いわい》の乱を契機として大和《やまと》政権に移ったのではないかと考えられている。

舟形石棺の製作は古墳時代前期にはじまるが、熊本では菊池川下流域の玉名市から菊水《きくすい》町（現、和水町）一帯、宇土市網津《あみつ》周辺、氷川流域の八代郡氷川町一帯で盛んに製作され、それぞれ特色をもっている。菊池川流域でつくられた石棺は地元の古墳に埋葬されているほか、福岡県の大牟田《おおむた》付近に六例、佐賀平野に一例、愛媛・香川・岡山・大阪など九州以外の府県で六例が発見されている。宇土半島で製作された石棺は、網津の馬門《まかど》という場所で産出するピンク色の石材を使用するのが特徴であるが、現在まで地元で使用されているのは鴨籠《かもご》古墳（宇城市不知火町）だけであり、それ以外は岡山・大阪・奈良・滋賀の古墳で発見されている。氷川流域製作の石棺は、八代海沿岸のほか佐賀平野・兵庫・京都で発見されている。熊本

向野田古墳の人骨と遺物の出土状態　石棺は氷川流域製作。

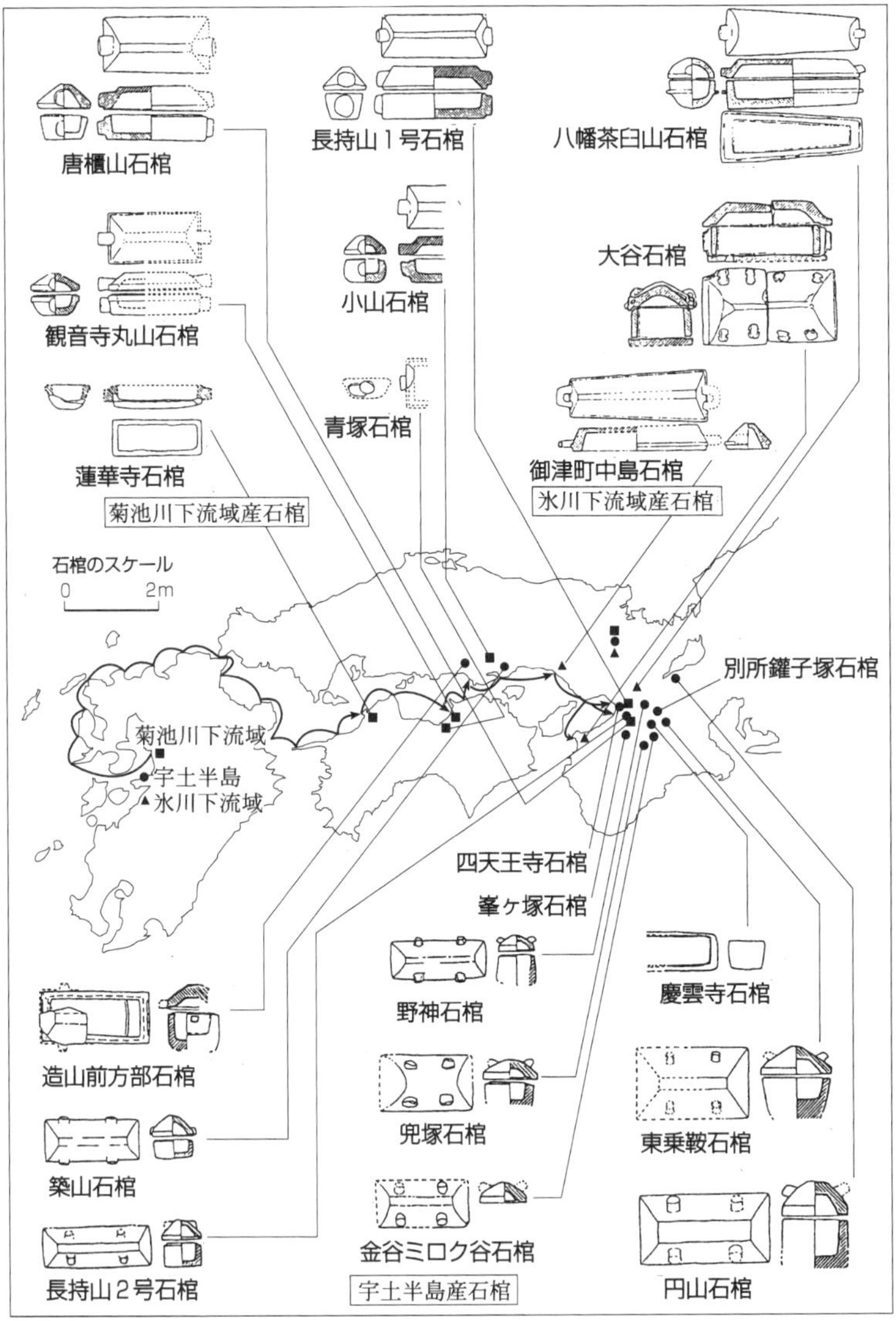

九州から運ばれた石棺　高木恭二「石棺の移動は何を物語るか」『新視点　日本の歴史２』による。

の三地域で製作された舟形石棺が、九州各地をはじめ遠く瀬戸内海沿岸や、近畿地方まで分布していることは、日置部君や火君一族の祖先たちが石棺製作や海上輸送を伴う交易に従事していたことを想定させる。また大和政権や畿内《きない》豪族との政治的・経済的関係も、いち早く成立していったかもしれない。

火の国の豪族としては阿蘇君や葦北君のほか、日置部君・日下部《くさかべ》君・建部《たけべ》君・額田部《ぬかたべ》君・大伴部《おおともべ》君など伴造《とものみやつこ》系部姓の有力者の名前もみられるが、古文献に火の国を代表する豪族として描かれているのは、火君一族である。『古事記』に神八井耳命《かみやいみみのみこと》の後裔《こうえい》氏族として登場するのをはじめとして、『日本書紀』や『肥前国風土記《ひぜんのくにふどき》』によると、熊襲《くまそ》討伐後に葦北より不知火海（八代海）を北上した景行《けいこう》天皇一行が、不思議な火に導かれて到着した場所を八代県《あがた》豊村や火邑《ひのむら》とし、このときに土蜘蛛《つちぐも》討伐に活躍したのが火君の祖先であり、これらが火の国の地名の由来となったとしている。その後火君一族は装飾古墳や石製装飾品など北部九州地域と同様な古墳文化を育みながら、筑紫君磐井の乱後も勢力を保ち続けていったのである。

ワカタケル大王と部民●

雄略《ゆうりゃく》天皇（ワカタケル大王）は、五世紀代に仁徳《にんとく》王朝の姻戚として栄えた葛城《かずらぎ》氏を滅ぼして王位を獲得した。雄略の背後にあったのが、軍事的伴造である大伴《おおとも》・物部《もののべ》両氏であった。火の国の豪族と雄略朝とのあいだにすでに統属関係ができていたことは、江田船山《えたふなやま》古墳出土大刀銘文によって、あきらかである。これを部民《べみん》制のうえからみても、刑部《おさかべ》、建部、日下部、白髪部《しらかべ》、春日部《かすかべ》など大王家と関係深い名代《なしろ》・子代部《こしろべ》の存在によって、うかがうことができる。

刑部は雄略の父允恭《いんぎょう》天皇の妃、忍坂大中津比売《おしざかのおおなかつひめ》の名に由来する。敏達《びだつ》十二年紀によると、火葦北国造《ひのあしきたくにのみやつこ》は「刑部靫部《おさかべゆきべ》」と記され、国造であるとともに刑部や靫部の地方的管掌者であったことがわかる。建部は日本武尊《やまとたけるのみこと》や雄略天皇の功業を伝承し、交通上の要衝地に配置された軍事的部民とされている。肥後《ひご》では律令制下の飽田《あきた》郡司が代々建部君であり、おそらく大化前代以来の有力者であったと思われる。熊本市の京町台地をはさんで南流する井芹《いせり》川・坪井川中流域から下流域にかけての古墳文化の特色は、釜尾《かまお》、富尾《とみのお》、稲荷山《いなりやま》、千金甲《せごんこう》など複数の彩色でいろどられた華麗な装飾古墳の採用と、刀剣・馬具・甲冑《かっちゅう》など武人を思わせる副葬品や、武具の絵画を豊富に有することである。なかでも坪井川が熊本平野にはいる辺り、現黒髪一・二丁目から子飼《こかい》本町・坪井四丁目一帯は、中・近世において武部・竹部・建部などの地名を残しており、これら装飾古墳の被葬者は大和朝廷より「建部君」を名乗ることを許された一族であろう。さらに京町台地の南端には、鉄製品の技術者を想定させるような横穴古墳群が分布しており、建部君のもと鉄製の武具や農具生産に従事した配下の集団ではないかと考えられる。

日下部は仁徳皇女で雄略皇后となった草香幡梭媛《くさかはたひひめ》の名代部である。『日本三代実録』貞観十八（八七六）年条によると、「合志《かわし》郡擬大領日下部辰吉」とあって、合志郡一帯に日下部が設定されていたと考えられている。このほか九州では筑前《ちくぜん》、筑後《ちくご》、豊前《ぶぜん》、豊後《ぶんご》、肥前、日向《ひゅうが》と広い範囲に分布している。白髪部は雄略の子、清寧《せいねい》天皇（白髪大倭根子《しらかおおやまとねこ》、白髪武広国押稚日本根子《しらかたけひろくにおしわかやまとねこ》天皇）の名代部である。しかし延暦四（七八五）年桓武《かんむ》天皇の父光仁《こうにん》の諱《いみな》「白壁王」に通じるのを避けて「真髪部《まかべ》」と改名された。このとき桓武の諱「山部王」に通じるとして、山部も「山」と改名されている。宇城市豊野町浄水寺に残る延暦《えんりゃく》二十年銘の燈楼碑には「真上日乙《まがみのひおと》」とみえており、また『続日本後紀《しょくにほんこうき》』天長十（八三三）年条には、葦北郡の人として「白丁真壁部福益」と記されており、改名が徹底していたことがわかる。

磐井の乱と春日部屯倉●

武烈の死後、越前《えちぜん》三国から継体《けいたい》天皇を迎えるにあたり、中心になったのは大連《おおむらじ》大伴金村《おおとものかなむら》であった。ところが継体天皇は、即位してから大和磐余玉穂宮《いわれたまほのみや》に落ちつくまで、二〇年もかかっており、その背景には継体擁立に反対する勢力があったためと考えられている。そして翌継体二十一（五二七）年六月、新羅《しらぎ》に併合された南加羅《から》、喙己呑《とくことん》を回復するため、近江毛野臣《おうみのけぬのおみ》に率いられた六万の軍勢が出発した。ここにかねてから新羅と通謀《つうちょう》し、叛逆の機会をねらっていた筑紫《つくし》国造磐井は、毛野の軍勢を妨害すべく行動をおこしたと『日本書紀』は伝える。しかしこの乱の原因としては、雄略没後から継体即位・大和入りに至るまでの王権の動揺と、その間に筑紫君一族が中・北部九州へ勢力を拡大し、海外交渉を独占しつつあったことがあげられよう。継体天皇は大連物部麁鹿火《あらかひ》を討伐軍将軍として派遣し、筑後川をはさむ御井《みい》郡で磐井を打ち破った。『古事記』では、将軍として派遣されたのは、大伴金村と物部荒甲《あらかい》の二人であったと記している。

磐井の乱後、九州諸国に対する朝廷の支配体制が強化された。具体的には乱の功労者や皇室部民の設置、軍事的部民の再編成、朝廷の直轄地である屯倉《みやけ》の設置であり、また那津宮家《なのつのみやけ》を博多《はかた》湾岸に設置し、朝廷の外交権を掌握するとともに、半島経営の軍事的基地としたのである。現存する文献史料のなかから物部と大伴部関係の分布をみていくと、物部は磐井の勢力範囲とされた筑・火・豊におよんでおり、とくに磐井の本拠地と考えられる筑後には、多くの人名・地名が残存している。一方、大伴部も数こそ少ないが、筑・火・豊の三国に分布しており、なかでも肥後国では益城・葦北・菊池の三郡にみえている。これら物部・大伴部の分布状況は、史料残存の偶然性を考えたとしても、記紀の伝える磐井の乱の経過と無関係で

物部とその関係部民の分布

国	郡	郷	史　料	出　典
豊前	上三毛	塔	塔勝戸口物部首古志売	大宝2年豊前国上三毛郡塔里戸籍
	企　救		筑紫聞物部大斧手	雄略18年8月紀
豊後	直　入		直入物部神	景行12年紀
筑前	嶋	川辺	戸主物部牧夫	大宝2年筑前国嶋郡川辺里戸籍
	鞍　手	(二田)	(二田物部)	『旧事紀(天神本紀)』
		(十市)	(十市物部)	『同上』
筑後	御　井	弓　削	弓削物部公	『大宰管内志』所引「高隆寺縁起」
		〃	物部名神	天慶7年「筑後国神名帳」
		〃	高良社五姓氏人物部	『大宰管内志』所引「高隆寺縁起」
	生　葉	物　部		『和名類聚抄』
	三　潴	鳥　養	物部阿遅古連公水間君等祖	『旧事記(天孫本紀)』
	山　門		磯上物部神	「筑後国神名帳」
	〃		物部田中神	「同上」
	三　毛	(十市)	(十市物部)	『旧事紀(天神本紀)』
肥前	基　肄		(物部金弓連)	『国造本紀』
	三　根	物　部	物部若宮部	『肥前国風土記』三根郡物部郷条
			物部経津主神	『同上』
	養　父	鳥　栖	物部阿遅古連公水間君等祖	『旧事紀(天孫本紀)』
肥後	合　志	鳥　取		『和名類聚抄』郷名

板楠和子「有明文化圏の形成」『古代の地方史Ⅰ』西海編による。

大伴部分布

国	郡	郷	人　名	出　典
豊前	上毛		膳大伴部	大宝2年戸籍
筑後	上妻		大伴部博麻	持統4年9月紀
肥前	小城	大　伴		『和名類聚抄』
肥後	菊池	(子)養	大伴部鳥上	東大寺出土木簡
			大伴部稲依	同上
	益城		大伴君熊凝	『万葉集』巻5
	葦北	伴		『和名類聚抄』

板楠和子「乱後の九州」『古代を考える　磐井の乱』による。

阿蘇山噴火

中国隋《ずい》王朝の正史である『隋書』倭国《わこく》伝には、「有阿蘇山　其石無故火接天者　俗以為異　因行禱祭」という記事がみえている。内容は阿蘇山の噴火活動を伝えるものであり、年号は明記されていないが、阿蘇山のことが記録されたきっかけは、推古《すいこ》朝における隋王朝との国交再開であろう。

推古天皇は実名を額田部《ぬかたべ》といい、幼年時代に畿内の伴造系氏族である額田部氏に養育されたことによる命名とされている。額田部氏の管掌のもと全国に設置されたのが地方の額田部であるが、六世紀後半の前方後円墳と推定されている島根県岡田山古墳出土の大刀銘には、「額田臣」と刻まれており、文献のうえから部民制の存在を示すもっとも古い史料となっている。そして天平勝宝二（七五〇）年の「造寺所公文《ぞうじじょくもん》」によると、肥後国宇土郡大宅郷《おおやけ》の戸主や戸口《ここう》として「額田部君」や「額田部」姓がみえており、おそらく火国《ひのくに》においても六世紀代に額田部が設置されていたのであろう。

わが国から隋王朝に派遣された使節団は、『隋書』や『日本書紀』によると、推古八（六〇〇）年から推古二十二年まで計六回にのぼっている。阿蘇山の噴火活動の情報はこの間のいずれかに伝えられたものであろう。

❖コラム

遣隋使一覧

回数	年　次	記　事
1	600（推古８）	倭王の阿毎多利思比孤の使者が隋都大興に至る。
2	607（　15）	７月に小野妹子を派遣する。 倭王の使者が朝貢し，国書を提出する。
3	608（　16）	３月に倭が遣使して方物を貢ずる。
4	608（　16）	９月に裴世清の帰国に伴い，妹子をふたたび派遣し，国書を伝える。
5	610（　18）	正月に倭国が遣使して方物を貢ずる。
6	614（　22）	６月に犬上御田鍬を派遣する。

１・２・３・４回は『隋書』（倭国伝），５回は『隋書』（帝紀），２・４・６回は『日本書紀』による。

はあるまい。肥後国ではその後、大連大伴金村との主従関係が強くなっていったと考えられる。敏達十二年紀によると「我が君大伴金村大連」の命により朝鮮半島に派遣された葦北国造阿利斯登《ありしと》がみえている。

『日本書紀』には、継体天皇以後、安閑《あんかん》・宣化《せんか》両天皇時代に、全国的に屯倉設置記事が集中する。九州については安閑二（五三五）年五月紀に、筑紫の穂波・鎌、豊国の湊碕《みさき》・桑原・肝等《かと》・大抜《おおぬく》・我鹿《あが》、火国の春日部の八屯倉の設置が記されている。さらに磐井の乱後、父に連座して死罪になることを恐れた筑紫君葛子《くずこ》は、筑前の糠屋《かすや》屯倉を献上したというが、これらは北部九州沿岸部と遠賀《おんが》川上流域に集中しており、那津宮家の財源確保とともに朝鮮半島出兵の兵糧米備蓄のためであったと考えられる。そのなかで一つだけ北部九州沿岸部からはなれて存在する春日部屯倉は、有明海・八代海方面からの出兵にそなえ、同時に火君や筑紫君など中部九州の豪族反乱にそなえての経済的・軍事的拠点であったかもしれない。春日部屯倉の遺称地とされる熊本市春日町の背後に存在する万日山《まんにちやま》には、全長一二・三二メートル、切石技術を駆使した複室《ふくしつ》構造の横穴式古墳が築造されており、玄室《げんしつ》に安置された家形石棺は畿内的なくり抜《ぬ》き式であり、大和朝廷から派遣された屯倉の管理者とも考えられる。

2章

律令国家の成立と展開

国分寺跡出土の軒瓦

1　肥後国と律令制

白村江の戦いと合志郡壬生諸石●

六六〇年二月、唐・新羅《しらぎ》連合軍の水陸両面からの攻撃をうけ、百済《くだら》の首都泗沘《しひ》《サビ》城は陥落した。百済の遺臣たちは復興運動を展開し、大和《やまと》朝廷に対し百済王子豊璋《ほうしょう》《プンチャン》の帰還と援軍を要請した。斉明《さいめい》天皇は推古《すいこ》朝以来絶えていた朝鮮出兵を決意し、斉明七（六六一）年みずから出陣したが、筑紫《つくし》の朝倉宮で病死した。中大兄《なかのおおえ》は母斉明天皇にかわって、称制《しょうせい》（即位しないで天皇の実を行う）のまま軍政をとり、翌六六二年五月、大将軍阿曇比羅夫《あずみのひらふ》率いる船師《ふないくさ》一七〇隻が豊璋を送って出発した。中大兄は翌六六三年、二万七〇〇〇人の救援軍を派遣したが、同年八月日本軍は白村江《はくすきのえ》で唐・新羅軍と遭遇し、海戦の結果大敗北を喫したのである。

百済滅亡時に、王族一三人以上七〇〇〇人余りの将兵が唐の都長安《ちょうあん》に連行されたというが、白村江の敗北で捕虜となった日本軍兵士も多かったと思われる。唐軍の捕虜となった兵士のうち、のちに帰還することのできた人びとをみると、畿内《きない》以西の西日本出身者が多かった。また出身階層をみると、国造《くにのみやつこ》および郡司《ぐんじ》層と部《べ》姓者となっているが、『日本書紀』持統四（六九〇）年十月二十二日条によると、筑後国上陽《かみつや》咩《め》出身の大伴部博麻《はかま》は、筑紫君薩夜麻《さちゃま》・土師連富杼《はじむらじほど》・氷連老《ひむらじおゆ》・弓削連元宝《ゆげむらじげんほう》の児《こ》四人を帰国させるため、わが身を売って三〇年間唐地ですごしたという。五人のうち一人だけ部姓者で身分的に低い大伴部博麻が、姓所有者四人を帰国させるため犠牲となったのであろう。以上のようなことから、国評《くにこおり》制に移行しながらも、大将軍の指揮下で実際に出征軍を構成したのは、西国の国造とその配下の兵士よりなる「国造軍《こくぞうぐん》」であったとされている。『日本書紀』持統十年四月二十七日条には、つぎのような記事がみえている。

追大弐《ついだいに》を以て……肥後国皮石《かわし》郡人壬生諸石《みぶのもろいし》に授く。……絁《あしぎぬ》四匹、糸十絇《く》、布廿端《たん》、鍬《くわ》廿口、稲一千束、水田四町を賜ふ。戸の課役を復す。以《もっ》て久しく唐地に苦しむを慰《なぐさ》む。

唐軍の捕虜となりながら、三三年ぶりに帰国することのできた皮石郡（合志《こうし》郡）壬生諸石とその家族に対し、朝廷は物品と水田を賜与したのに加えて調《ちょう》・庸《よう》・雑徭《ぞうよう》の税を免じ、その労苦に報いたのである。

国府と軍団●

律令制下において地方政治の中心となったのが国府であることは広く知られているが、国府の所在を示す奈良・平安時代の史料は少ない。そのため十世紀以降の古辞書類が、国府所在や移転を考えるときの重要な史料とされてきた。肥後国の場合、地名としての「国府」は託麻《たくま》郡内に現存するが、『和名類聚抄《わみょうるいじゅうしょう》』（和名抄）』は、国府所在地を益城《ましき》郡とし、『伊呂波《いろは》字類抄』は飽田《あきた》郡とし、鎌倉時代の成立とされる『拾芥抄《しゅうがいしょう》』は、飽田・益城の二郡を併記している。

『和名抄』に国府記載のない郡内に国分寺の遺跡や国府の地名を残す例として、肥後国のほかに志摩《しま》国があるが、託麻郡の場合は平安初期の成立とされる『日本霊異記《りょういき》』において、光仁天皇の宝亀年間（七七〇～七八一）ごろとされる説話のなかに「託麻国分寺」という記載がみえており、奈良時代の国府は国分寺に近い託麻郡内に設置されていたと考えられる。託麻国府跡は熊本市国府二丁目から四丁目と国府本町一帯に、二丁四方域が想定されている。発掘調査の結果、遺構の遺存状態はよくはなかったが、九世紀中ごろに洪水によって破壊され廃絶したと考えられており、これが益城国府への移転原因となったとする説が

有力である。『日本三代実録』貞観十一（八六九）年九月十四日条によると、

是の日　肥後国に大風雨あり　瓦を飛ばし樹を抜き　官舎民居顚倒《てんとう》する者多く　人畜の圧死勝《あ》げて計うべからず　潮水漲《みなぎ》り溢《あふ》れ　六郡漂没す　水退之後　官物を博摭《はくしゃ》するに　十の五六を失う　山より海に至る　その間の田園数百里　陥て海となる

鞠智城

白村江《はくすきのえ》の敗戦後、わが国は唐・新羅との国交は回復したものの、連合軍の日本進攻にもそなえなければならなかった。天智四（六六五）年、百済からの亡命者である憶礼福留《おくらいふくる》・四比福夫《しひふくぶ》を派遣し、朝鮮式山城である大野城と基肄《きい》城を築造させたが、『続日本紀』文武二（六九八）年五月条によると、「大宰府をして大野・基肄《きい》・鞠智《くくち》の三城を繕《つくろ》ひ治めしむ」とあって、鞠智城もほかの二城と同じ時期に、山鹿《やまが》市菊鹿《きくか》町米原《よなばる》台地上に築造されたのではないか、と考えられていた。昭和四十二（一九六七）年以来発掘調査が進められた結果、この鞠智城は周縁部の面積六五ヘクタール、土塁でかこまれた内城五五ヘクタール、全体の面積は一二〇ヘクタールにもおよぶ「包谷式《ほうこくしき》」山城であることが、確実となった。内城の中心域である長者原《ちょうじゃばる》地区では、六四棟の建物跡が検出されており、現在も調査中である。建物は礎石を用いたものと掘立柱《ほったてばしら》建物とに分かれ、三間×四間を基本とする倉庫や、三間×九間の細長い建物のほか、心柱をもつ八角形の建物跡が二カ所検出されている。

平成九（一九九七）年度の調査で、長者原の北の谷間に長さ一三〇メートル、幅三〇メートル、深さ四メートルの巨大な貯水池跡が発見された。池のなかからは建築材・木鍬《きぐわ》などが出土したが、

❖コラム

伴出した土器の年代からみて、七世紀の鞠智城築城にさいして整備された池と考えられている。とくに注目されるのは、同年二月七日に鞠智城においても、また古代山城においても初めての木簡《もっかん》が、出土したことである。長さ一三・四センチ、幅二・五センチ、上部の左右に切り込みがあり、役所におさめる物品に取り付ける「付札《つけふだ》」という形式である。文字は表面だけに墨書されており、「秦人《はたひと》忍□五斗」と解読されている（口絵参照）。年紀は記されていないが、伴出遺物などから七世紀後半から八世紀初頭の木簡と考えられる。書体は伸びやかで、とくに「人」は全体として寸づまりで右側のはらいが長く伸びているのが特徴である。

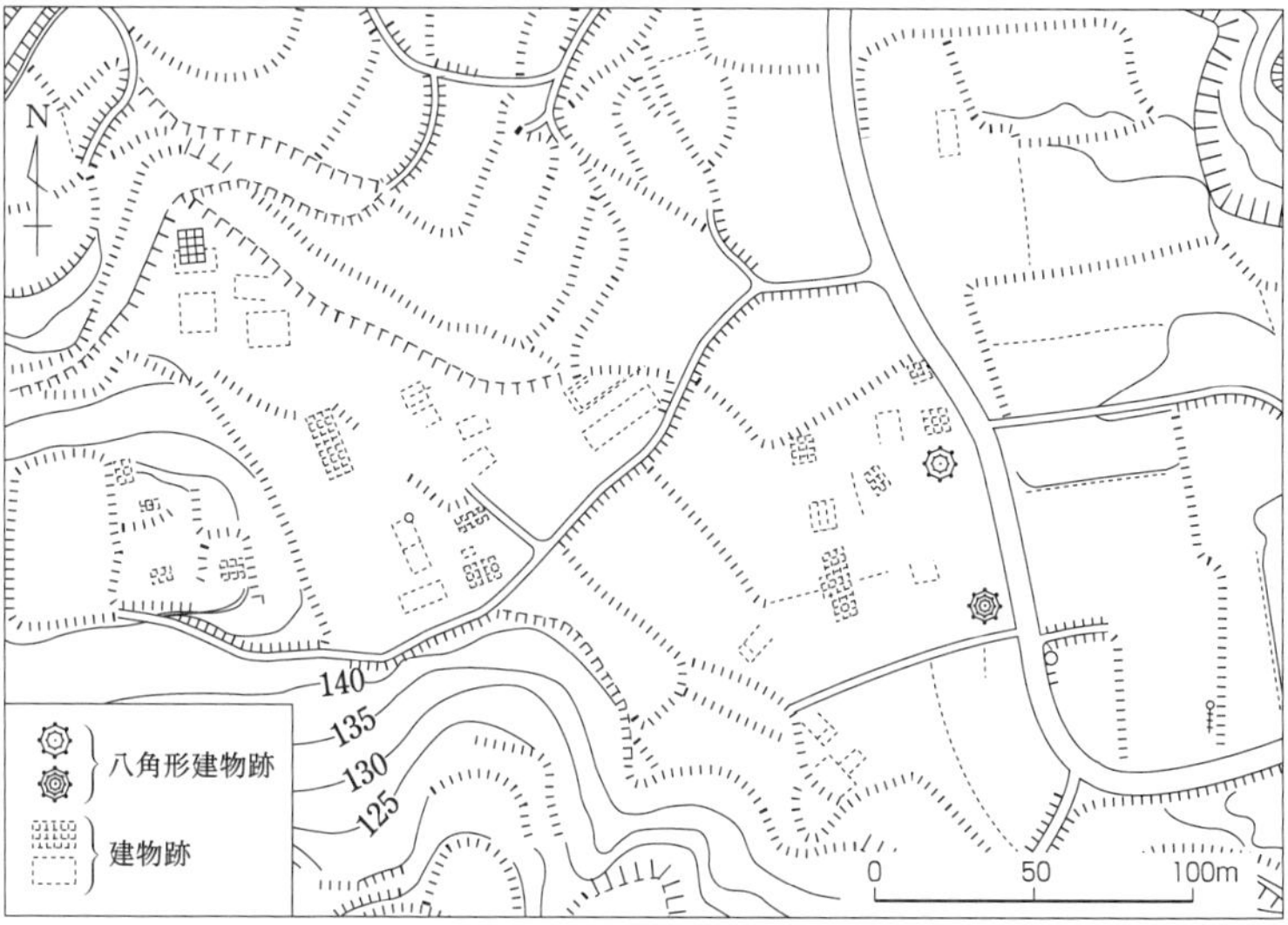

鞠智城跡検出遺構配置図　熊本県教育委員会編『鞠智城跡』1991より作成。

とあって肥後国内に大変な被害をだしていたことがわかる。『続日本紀《しょくにほんぎ》』によると、これより一二五年前の天平十六（七四四）年五月にも、雷雨と地震によって八代・天草・葦北《あしきた》三郡の官舎、水田二九〇余町、民家四七〇余区、一五二〇人余りの被害者がでて、二八〇カ所余りが漂没したと記されている。貞観十一年の被害地域はこれを上まわるものであり、潮水の被害をうけたと記された六郡とは、海岸に面した八代・天草・葦北三郡のほかに、宇土《うと》・飽田・玉名《たまな》の三郡を含む海浜地帯をさしているのではなかろうか。大風水害で官舎や官物を失い大損害をこうむった託麻国府の機能を、官道を南下して隣郡益城の、潮害だけはさけられる球磨《くま》駅の周辺に移転させたと考えることができよう。ただ益城国府の存在を実証するだけの遺物・遺構はまだ検出されていない。

肥後国府周辺図

『続日本紀』天平宝字五（七六一）年十一月七日条によると、西海道《さいかいどう》九カ国の兵士数は一万二五〇〇人であったが、『類聚三代格《るいじゅうさんだいきゃく》』弘仁四（八一三）年八月九日の太政官符《だいじょうかんぷ》によると、筑前・筑後・豊後・肥前・肥後六カ国の兵士は合計一万七一〇〇人となっており、この間に兵士の増員が行われたらしい。しかし同官符によると、この六カ国兵士のうち約半数が減定されて、九〇〇〇人を定員とすることが命じられている。このうち肥後国については「四千人　団四　減二千人　定二千人」とあり、弘仁四年までは肥後国内から四〇〇〇人の兵士が徴発され、四つの軍団に上番して訓練をうけていたことがわかる。この四軍団がどこに設置されていたかは不明であったが、平城京から出土した木簡《もっかん》に、

肥後国第三益城軍団養老七年兵士歴名帳

と記されたものがみつかり、四軍団のうち第三軍団が益城郡に存在したことが判明した。また軍団の配置

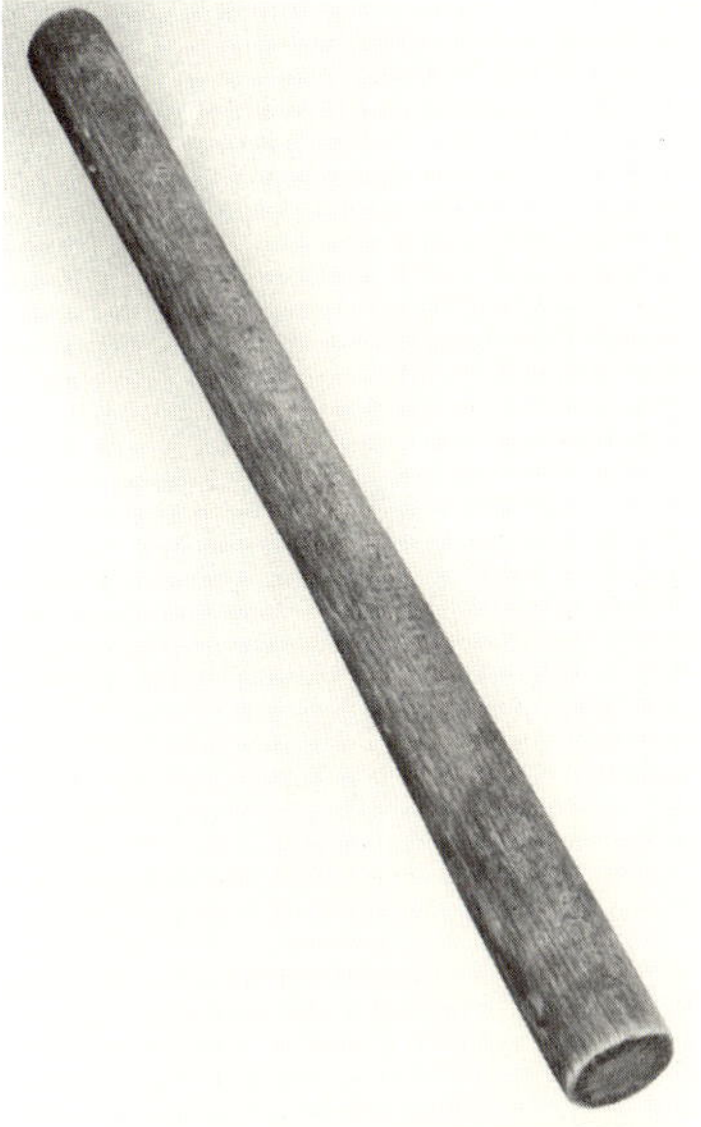

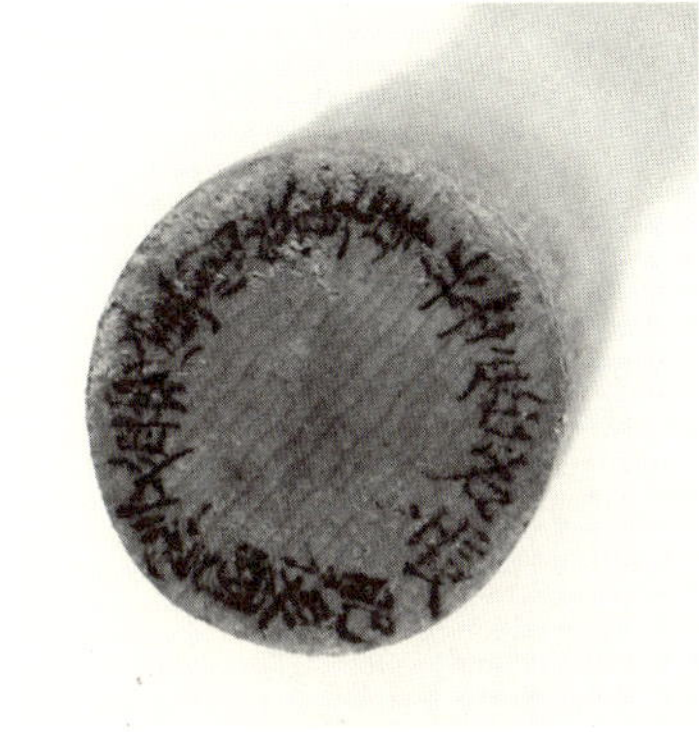

平城宮跡出土の益城軍団軸木木簡　下は，木簡の墨書面を拡大したもの。

についても「第三」という記載から、益城以北に二カ所、益城以南に一カ所を想定することが可能となり、鞠智《くくち》城の築造されていた菊池郡、国府の所在地である託麻郡、そして隼人《はやと》地域との国境をもつ葦北郡か球磨郡に各一団が設置されていたのではなかろうか。なおこの木簡はほかの木札《きふだ》とは異なり、長さ三三センチの丸い軸木の木口に墨書されたものであり、この軸木には養老七（七二三）年に益城軍団に所属した兵士たちの名前を書き連ねた紙か布かが、まかれていたと思われる。「軍防令《ぐんぼうりょう》」兵士以上条によると、軍団の歴名簿は二通作成され、一通は朝集使に付託されて平城宮内の兵部省《ひょうぶしょう》に提出された。もう一通は国元に保管され、国司はこの歴名簿によって衛士《えじ》・防人《さきもり》・征討軍の人選や国内の守備地を決定し、また軍団に上番して訓練する順番などを決めていたと思われる。歴名簿には兵士の配置先や守衛場所だけではなく、兵士の出身家庭の経済状態も、上中下の三等級に分けて注記されていた。

肥後守道君首名と「卒伝」●

わが国最初の漢詩集である『懐風藻《かいふうそう》』には、「正五位下肥後守道公首名《ひごのかみみちのきみおびとな》　年五十六」の作として「秋宴」と題する五言詩がのせられている。いつの作か明記されていないが、

　望苑《ぼうえん》商気艶《にお》ひ　鳳池《ほうち》秋水清し
　晩燕《ばんえん》風に吟《うた》ひて還《かえ》り　新雁《しんがん》露を払ひて驚く
　昔聞きつ濠梁《ごうりょう》の論　今辨《わ》く遊魚の情
　芳筵《ほうえん》此《こ》れ僚友　節《しらべ》を追ひて雅声《がせい》を結ぶ

首名が肥後守となった和銅六（七一三）年八月から、死亡した養老二（七一八）年四月以前の作詩であろう。年五六を享年と解すると、首名の生年は六六三年となり、肥後守就任は五〇歳前後となる。道君首名

は北陸地方の道君一族の出身といわれ、地方豪族出身でありながら学問を志し、大宝律令制定に参画して以来、正七位上より律令官人としての道を歩きはじめた。和銅五年新羅大使に任命され、翌六年八月に帰国すると、同月二十六日の人事で筑後守となった。霊亀元（七一五）年従五位上、養老二年正月正五位下に叙せられたが、同年四月十一日に亡くなった。

『続日本紀』養老二年四月十一日条には道君首名の「卒伝」が掲載されており、筑後守兼肥後守時代の善政や人柄を知ることができる。とくに首名は灌漑《かんがい》治水事業に優れ、肥後国では「味生池《あじうのいけ》」の築造者として、今日までその名を伝えている。薨卒伝《こうそつでん》とは親王・王臣・僧侶などの死没記事のつぎに、その人物の出自や系譜、略歴や性質、特別な功労や徳行、死亡年齢などを掲げているものをさす。『続日本紀』の薨卒伝の分析によると、僧侶をのぞいて王臣五位以下は卒去（死去）を掲載しないのが原則であるという。ところが正五位下の道君首名については、卒去記事だけではなく詳細な伝記をも掲載しており、八世紀前半において政権担当者であった藤原不比等《ふひと》、藤原四兄弟、長屋王《ながやおう》、橘諸兄《たちばなのもろえ》などでさへ薨伝が付されていないことからしても、異例中の異例であるとされている。

『続日本紀』（文武《もんむ》から桓武《かんむ》天皇まで）の編纂《へんさん》過程において、首名の卒伝が挿入されたのは延暦期（七八二〜八〇六）であり、桓武天皇の政策と関連があったと考えられている。桓武朝においては律令政治の再建という大目標のもと、巡察使の派遣や勘解由使《かげゆし》の設置など、熱心な地方振興策がとられ地方政治の充実がはかられていた。首名の卒伝は、法学者や外交官としてよりも大部分が筑後守在任中の良政について記されたもので、伝記というより地方官として模範というべき事績《じせき》がのべられており、地方政治振興策が推進されていた桓武朝延暦期の首名に対する評価であったという。

さて『続日本紀』には道君首名を「筑後守兼治二肥後国一」と記しているが、天平勝宝三（七五一）年に完成した『懐風藻』や、『続日本後紀《こうき》』承和二（八三五）年正月七日条によると、

左京人遣唐史生《ししょう》道公広持《みちのきみひろもち》に姓《せい》當道朝臣《たきじのあそん》を賜う。和銅年中肥後守正五位下道君首名《みちのきみおびとな》治迹《ちせき》に声あり。永らく遺愛を存す。広持は是れ首名の孫也。

とあって肥後守と表記しているが、筑後守とは記していない。これはどのように解すべきであろうか。続紀によると、道君首名は和銅六年から養老二年まで、足かけ六年にわたって筑後・肥後の国守をつとめているが、死亡前の数年間は肥後国司として指導力を発揮しており、肥後国内はもとより道君一族や中央官僚社会において、肥後守として強く記憶されることになったのであろうか。なお光仁《こうにん》天皇の父、桓武の祖父にあたる施基皇子《しきのみこ》は、天智《てんじ》天皇と「越道君伊羅都売《こしのみちのきみいらつめ》」とのあいだに生まれた皇子であった。後述するように天智系光仁朝の成立と肥後国は関係が深い。数ある国司のなかで道君首名が例外的に顕彰された背景には、首名の人柄や治績だけではなく、光仁・桓武新王朝と肥後国の政治的な関係、また道君一族と光仁・桓武親子の血縁的関係などが浮かび上がってくるようである。

木簡が語る税制●

中央の財源となる調・庸・中男作物《ちゅうなんさくもつ》は都の大蔵省まで運脚することになっていたが、西海道《さいかいどう》諸国は大宰《だざい》府《ふ》の蔵司《くらつかさ》まで運脚する規定になっていた。『延喜式《えんぎしき》』によると、肥後から大宰府までの運脚日数は三日、物品をおさめた帰りの行程は一日半、調庸品目は絹・麻などの繊維類と、鰒《あわび》・海鼠《なまこ》・鯛《たい》・鮹《たこ》などの海産加工品に大別され、庸は麻布のほかに綿・米の貢納も認められていた。一七〜二〇歳の青年男子の労役による中男作物は、繊維類、席《むしろ》や薦《こも》などの編物、油類・年魚《あゆ》加工品・海産加工品・塩など多くの種類がみえて

いる。これら肥後からの納入品のなかでとくに注目されていたのが、調絹の二五九三疋《ひき》という数量の多さであった。西海道各国から大宰府に集められた調・庸・中男作物は、そこで府用と京進分に分けられ、京進分は海路によって中央政府へ送られた。平城京の発掘調査によると、ここから大量に発見された木簡のなかで、西海道から貢進された調庸物として確認されているのは、現在のところ調綿だけである。

肥後国関係の調綿木簡としては、託麻郡（養老三年）、益城郡・合志《かわし》郡・葦北郡（養老七年）、飽田郡（天平三年）、葦北郡（年次不詳）の計六点が出土している。ここにみえる「綿」は真綿《まわた》のことであり、絹綿とか繭綿《まゆわた》ともいい、蚕の繭からとったものである。当時肥後国は綿のほかに多量の絹織物の貢上を義務づけられており、国内には多くの桑畑や蚕を養う農民の姿がみられたことであろう。『和名抄』に残る飽田郡の「蚕養《こかい》郷」や菊池郡の「子養郷」は、養蚕にちなむ郷名であったと考えられる。西海道諸国から大宰府におさめられた調庸綿の総量としては、のちの公営田《くえいでん》史料にみえる九国の課丁《かてい》数一二万〜一三万、調綿一人二屯（四両成レ屯）、庸綿一人一屯（一丁五両二分）を基準として、約三六万屯ほどではないかと試算されている。『続日本紀』によると、天平元（七二九）年に大宰府より毎年一〇万屯を京進するように命じられており、さらに神護景雲三（七六九）年には二〇万屯に倍増され、毎年三月から七月までの海路が静かなときに進上するように命じられた。大宰府においては蔵司の管理のもと、使一人・史生一人・書生二人・郡司一〇人・郡司子弟一〇人の合計二四人からなる「貢綿使」が組織され、規定の調綿が都まで運ば

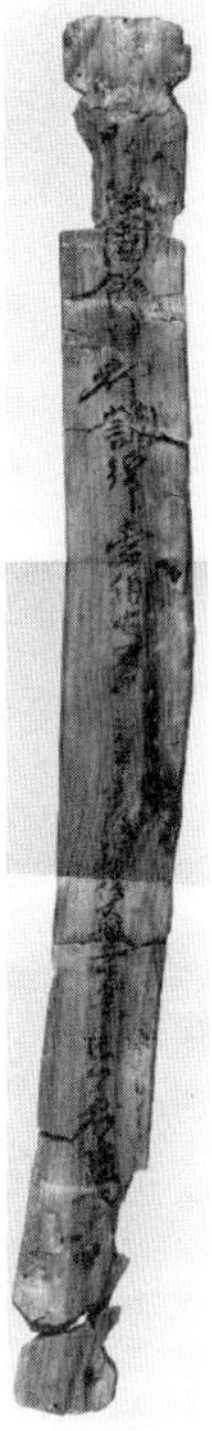

平城宮跡出土の肥後国飽田郡調綿木簡

れたのである。飽田郡の木簡に「天平三年主政《しゅせい》大初位上勲十二等建部君《たけべのきみ》馬口」とみえる建部君は、郡司の三等官で文書などを担当する「主政」であるが、天平三年の貢綿使の一人であったのではなかろうか。貢綿使一行のなかに郡司と郡司子弟が各一〇人も含まれているのは、旅中の略奪行為にそなえるためだったのかもしれない。運京された調綿は「筑紫《つくし》の綿」として有名であり、在京諸官人たちの給与として支給され、造営や写経事業の財源となっていた。また大宰府に儲蓄《ちょちく》された調庸綿も、大宰府官人の給与や経費にあてられ、大宰府工房での生産材料や原料とされたほか、中央貴族たちの新羅との交易の代価に用いられていた。

紫草《むらさき》はムラサキ科の多年草で、乾燥させた紫根は解熱剤としても用いられたが、古代においては紫色の染料として重視されていた。「賦役令《ぶやくりょう》」には調副物《ちょうのそわつもの》として正丁《せいてい》一人に紫三両と規定されていたが、調副物は養老元（七一七）年に廃止され、一七から二〇歳までの中男が負担する中男作物という税目のなかに併合されていた。しかし『延喜式』によると大宰府からの紫草貢納は五六〇〇斤ほどにおよび、ほかの諸国よりも圧倒的に大量であった。これを裏付けたのが大宰府政庁跡や、平城京二条大路長屋王邸宅付近で発見された紫草関係の木簡であった。

それによると筑前国怡土《いと》郡・糟屋《かすや》郡・岡《おか》郡・加麻《かま》郡・穂波《ほなみ》郡、肥後国合志郡・山鹿郡・託麻郡、豊後国海部《あまべ》郡・大野郡、薩摩国（郡不明）の各国郡から紫草が貢上されていた。このほか「天平九年豊後国正《しょう》

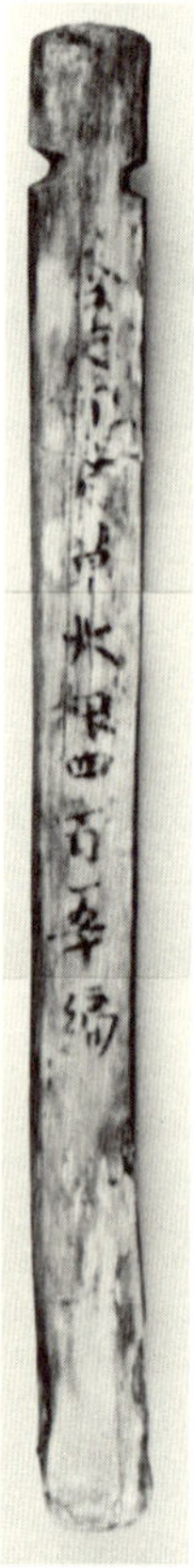

大宰府政庁跡出土の紫草木簡(赤外線テレビによる)

税《ぜい》帳」によると、球珠《くす》・直入《なおいり》を含む三郡に「紫草園」が存在しており、八世紀の西海道ではかなり広範囲に紫草の栽培が行われ、各郡単位に貢納されていたと考えられる。また正税帳の球珠郡の支出項目にはつぎのような記載があり、

一度蒔営紫草園　守一人従三人 并四人二日

一度随府使検校紫草園　守一人従三人 并四人一日

一度堀紫根　守一人従三人 并四人二日

豊後国司が年三回にわたって各郡に営まれていた紫草園を巡行していたことがわかる。一度目は紫草の播《は》種《しゅ》の時期に一郡を二日かけて、二度目は大宰府の役人に随行して一郡を一日かけて検校《けんぎょう》し、三度目は収穫期に一郡を二日かけて巡回している。豊後は八郡からなり、全郡で紫草の栽培が行われ、国司一行が同様に巡回したとすると、国司は一年に二四回、延べ四〇日にわたって紫草園の経営にかかわっていたことになる。以上の例からすると西海道各国の紫草栽培はきわめて重視されており、大宰府の指導監督のもと各国では国司が先頭にたち、各郡ごとに紫草園の経営と大宰府への貢納が義務づけられていたと考えられる。

肥後国については合志・山鹿・託麻の三郡で紫草園の存在が確認されているが、とくに平城京二条大路出土の木簡は、三点とも託麻郡からの貢上を示している。同郡における紫草栽培の盛んなようすは、これまでも『万葉集』所載の笠女郎《かさのいらつめ》の一句などから指摘されていたが、二条大路出土の木簡は都の貴族のあいだでも天平年間（七二九〜七四九）ごろまでに、肥後国託麻郡より貢上されていた紫草の品質のよさなどが、広く知られていた可能性を示すものであろう。

西海道における織物や染色関係工房の実体はあきらかではないが、大宰府の生産機構のうち、紫草を使用して絹織物や皮革に染色を施していたのは、「貢上染物所」である。またほかの諸国では和銅四（七一一）年に挑文師《あやとりし》が派遣され、錦綾の生産が各国衙《こくが》工房で開始されたのに対し、大宰府では九世紀にはいって高級絹織物生産が大宰府工房で集中的に行われたと考えられている。『延喜式』によると、大宰府から内蔵寮《くらりょう》に納入された雑 染綾《くさぐさのそめあや》・帛《きぬ》・綿紬《わたのつむぎ》・貲布《さよみのぬの》・染革《そめがわ》などは、ほかの諸国が交易して貢進するのに対して「大宰府進める所」となっており、西海道各国から調・庸・中男作物として府庫におさめられた綿紬・貲布と、大宰府工房で織成された綾・絹などが貢上染物所で紫や緋《ひ》色などに染色され、中央政府に貢納されていたのである。

遠朝廷《とおのみかど》である大宰府の最大の任務は外国使節の接待・饗応《きょうおう》であった。大宰府においてこれら食膳《しょくぜん》を担当していたのが「主厨司《しゅちゅうじ》」であり、政庁跡から出土した木簡に「長一人膳」と記したものがあり、主厨司には長官のもとに膳部《かしわでべ》が配置されていたと考えられる。中央政府では宮内省大膳職《だいぜんしき》が朝廷の会食を司ったが、ここには膳部一六〇人、使部《つかいべ》三〇人、直丁《じきてい》二人、駆使丁《くしてい》八〇人、雑供戸《ざっくこ》が配されていた。大宰府においても『延喜式』によると「厨戸《みくりこ》三百九十六烟《えん》」が配置されており、従来は大宰府貢進の御贄《みにえ》をつくるために設置されたと考えられていた。しかし大宰府政庁跡から八世紀初頭とされる、

十月廿日　竺紫前贄駅□□留 多比二生鮑六十具 鯖四列都備五十具

と記された木簡が出土したことから、大宰府厨戸は朝廷への御贄貢進ばかりではなく、大宰府自体への生鮮食料品の貢納をも義務づけられていたと考えられるようになった。

外交使節団の入港する那津《なのつ》には、「鴻臚館《こうろかん》」とよばれる迎賓館が設けられており、現福岡城内の旧平和

台球場一帯に比定されている。福岡市教育委員会による平成二（一九九〇）年の第六次調査において、「肥後国天草郡志記里《しきり》」と記された木簡が出土した。この木簡は下部が破損していたため、物品名を判読することはできないが、奈良時代前期に現天草郡苓北《れいほく》町に比定される志記里から、御贄とし直接鴻臚館におさめられたか、調・庸と同じく大宰府を経由して納入された食料品に、つけられたものであろう。

御贄貢上の起源は大化前代にさかのぼるものであるが、藤原宮・平城宮から多数の贄関係木簡が出土しており、令の規定にはなんら関係条文がないにもかかわらず、令制以前より継続していた税制であることが判明した。大宰府においても博多湾岸や松浦地方の漁民や、筑後川流域の河川漁民を厨戸として組織していただけではなく、天草郡志記里の木簡が示すように、西海道全域の特産品や生鮮・加工食品を、御贄として定期的に大宰府や鴻臚館など関連施設に貢納させていたのではなかろうか。

大宰府貢進年料御贄のなかに別貢としてみえる腹赤魚《はらか》は、朝廷の正月節会《せちえ》料として用いられ、腹赤魚が

大宰府貢進年料御贄

	品目名	数量	
調物	御取鰒《みとりあわび》	459斤	5裹
	短鰒《みじかき》	518斤	12裹
	薄鰒《うす》	855斤	15裹
	陰鰒《かげ》	86斤	3裹
	羽割鰒《はわり》	39斤	1裹
	火焼鰒《ほやき》	335斤	4裹
中男作物	鮒鮨《ふなのすし》	178斤	5缶
	鮨鰒《すしあわび》	108斤	3缶
	腸漬鰒《わたの》	296斤	9缶
	甘腐鰒《わちの》	98斤	2缶
梁作	鮨年魚《すしあゆ》	223斤	6缶
	煮塩年魚《しおにのあゆ》	839斤	20缶
	内子鮨年魚《こごもりのすしあゆ》	36斤	1缶
厨作	鯛醤《たひのひしお》	4斗8升	2缶
	完鰒《すし》	2斗3升	1缶
	蒜房漬《おほひるのふかつけ》	1石5斗7升	6缶
別貢	雉腊《ほしどり》	2輿60籠別3翼	
	腹赤魚《はらか》	其数随得	

→木簡

「肥後国天草郡志記里□」

とどかなければ節会が延期されるほど重要なものであった。『延喜式』によるとこの魚を特別に貢納していたのは、筑後と肥後の二国のみであった。そして肥後国においては『風土記《ふどき》』逸文《いつぶん》に、玉名郡長渚《ながす》浜で景行《けいこう》天皇に鱒《ます》に似た魚を献上したが名前がわからず、多《さわ》なるものの意である「爾陪魚《にべうお》」とよぶようになったという説話を伝えている。現長洲町に近接した玉名市岱明《たいめい》町には、全長七八メートル、舟形石棺三基を主体とし、平縁神獣鏡《ひらぶちしんじゅうきょう》などを出土した院塚前方後円墳が築造されている。院塚は一基だけの孤立した古墳ではあるが、この地域が五世紀前半にはすでに大和政権と関係があったことを示すものである。『風土記』の爾陪魚説話は、大和朝廷への服属の証《あかし》である御贄貢上の起源を伝えたものであり、この伝統は律令時代にはいっても腹赤魚の貢上として継続されたのであろう。

郡家と郡家別院●

地方政治の拠点となる郡家《ぐうけ》（衙）については、玉名郡や託麻郡において考古学的発掘による調査・研究が継続されているほか、近年は上鶴頭《かみつるがしら》遺跡（菊池市七城《しちじょう》町）や御宇田《みうだ》遺跡（山鹿《やまが》市鹿本《かもと》町）で、コの字形に整然とした建物プランをもつ遺構が検出されている。このうち託麻郡衙に比定されている熊本市渡鹿《とろく》字上の原に位置する渡鹿A遺跡からは、単弁八葉の軒丸瓦《のきまるがわら》を出土しており、七世紀後半から八世紀初頭の年代とされているが、出水《いずみ》二丁目の現熊本市立総合体育館・青年会館の建設にさきだつ発掘調査が行われた神水《くわみず》遺跡では、奈良時代から平安時代におよぶ九棟の掘立柱建物跡が検出され、これを託麻郡家とする説や託麻郡家は渡鹿遺跡から一・五キロほど南方へはなれた神水遺跡へ移動したのではないか、とする説がだされている。

また玉名市立願寺《りゅうがんじ》一帯には発掘調査の結果、地形的な制約から分散してはいるものの郡家庁院・郡寺・郡倉《ぐんそう》などが想定されている。郡家想定地出土の須恵器《すえき》は八世紀初めがもっとも古く、出土遺物からは九世紀前半ごろまで郡家の存在が確認され、その後は疋野《ひきの》神社一帯に移ったのではないかとされている。上鶴頭遺跡は菊池川の南岸、律令時代には合志郡に含まれる台地上にあり、八世紀末から九世紀後半にいたる一六棟の掘立柱建物群が検出された。御宇田遺跡は律令制下の山鹿《やまが》郡に位置するが、奈良から平安時代にかけての掘立柱建物跡計二五棟や柵列が検出された。とくに妙見II区の遺構配置は官衙的な様相を示しており。少し西側に位置する虎ケ迫《とらがさこ》地区では柵列の西側に建物が集中していた。出土遺物としては三彩片《さんさいへん》・越州窯青磁・緑釉《りょくゆう》陶器・「日」「子」「大北」「東」などの文字が記された墨書土器・石製巡方《じゅんぽう》・円面硯《えんめんけん》などがあった。

御宇田遺跡は菊池川中流の右岸に位置し、遺跡の南側には西日本の古代道路として注目されている、「車路《くるまじ》」地名を伴う古道が東西に走っており、遺跡の西側にはこの道路にそって山鹿郡家や郡寺に想定されている山鹿市桜町遺跡や中村廃寺が分布しており、玉名郡方面と鞠智《くくち》城を結ぶ交通の要衝に

上空よりみた上鶴頭遺跡(菊池市七城町)

位置している。また『和名抄』によると山鹿郡は菊池郡とともに九郷を管しており、肥後国内では国府の所在地となった飽田郡一二郷についで、二番目の郷数を管する郡であった。条里制遺構の復元によっても、菊池川上・中流域の菊池・山鹿郡は水田開発可能な面積が大であったと思われる。上鶴頭遺跡は菊池川の左岸にあり、令制下においては合志郡に所属していたが、地理的には山鹿・菊池・合志三郡の郡境近くに位置している。この合志郡は令制下においては阿蘇外輪山の西側より現植木町一帯を含む広大な面積を占めていた。そのため貞観元（八五九）年に西半分を山本郡として分置することになったと思われるが、分郡前は『和名抄』にみえる合志郡六郷と山本郡七郷をあわせると、肥後国最大の一三郷を管轄していたことになる。東西に長く伸びた郡域をかかえて出発した令制下の合志郡は、律令行政や税徴収の面からみて、郡西の菊池市泗水《しすい》町住吉一帯に比定されている一カ所の郡家・郡倉ではうまく機能しなかったであろう。しかも広大な郡域と管轄する郷数すなわち人口のわりには、水田可能な面積は菊池川流域の菊池・山鹿郡にくらべると少なかったと推定される。合志郡の班田農民の多くは、合志川流域だけではなく菊池川流域の条里水田開発に動員され、また口分田《くぶんでん》も菊池・山鹿郡の水田を支給されることが多かったのではなかろうか。

全国的な発掘調査の進展によって、地方官衙としての里家《りけ》（郷家）の存在が考古学的に提唱されている。それは郡家とは別の場所で、一般集落とはあきらかに異なり、「里」や「里長」と記した木簡や墨書土器が出土し、官衙的要素をそなえた遺跡が数多く発見されたことによる。文献的にも『令集解《りょうのしゅうげ》』儀制令に「郷家」とみえ、平城京朱雀門《すざくもん》地区において「五十戸家」と墨書した土器が出土しており、里の行政拠点となる施設があったことが考えられるが、それは里長の家《やけ》であって官人機構が伴う地方官衙としての里家（郷衙）は認めがたいとする説もだされている。また従来『出雲国風土記《いずものくにふどき》』に記載され、とくに八世紀なかば以降に頻発する郡倉火災の対策として、延暦十（七九一）年以来一郷または数郷ごとに設置されたといわれる「正倉別院《しょうそうべついん》」、いわゆる郷倉《ごうそう》とその付属施設としての官衙的建物については注目されてきたが、最近では郡衙の発足当初からその地方の実情に即応させて、「郡家別院」が設置されたのではないか、とする説がだされている。

兵庫県山垣《やまがき》遺跡においては、「春部里《はるべり》長」と記す木簡や墨書土器を伴う官衙的遺構が検出されたが、摂津《せっつ》国氷上《ひかみ》郡春部里の里家（衙）ではなく、春部里内に設置された氷上郡衙の別院と考えられている。というのは氷上郡は地形上水系によって東西に二分され、郡の西部に郡家が設置されたため、東部の交通の要衝地である春部里内に郡家別院がおかれたというのである。『和名抄』高山寺《こうざんじ》本には氷上郡内一六郷について、「以上東縣《ひがしあがた》」「以上西縣」と注記されており、氷上郡を東西に行政区分する史料として注目されている。このほか郡家に別院が設置されたことを示すものとして、『続日本紀』和銅六（七一三）年九月己卯《きぼう》条がよく知られている。摂津国河辺郡の玖左佐《くささ》村は道路が険しく遠隔地であるため、大宝元（七〇一）年より館舎を建て雑務公文《くもん》を行っていたが、和銅六年よりこの地域を能勢《のせ》郡として分置したのである。

御宇田遺跡は鹿本平野をみおろす台地上、上鶴頭遺跡はすぐ北方の道明寺《どうみょうじ》坂をくだれば菊池平野、南方の田島地区をくだれば合志《こうし》川流域の泗水《しすい》平野に至る台地上に、コの字形に配置された掘立柱建物群が発見されている。発掘地域内では倉庫的建物の検出はなかったが、立地的には郡家・郡倉の設置場所としてふさわしいと思われる。両遺跡はそれぞれ山鹿郡家や合志郡家、もしくはそれに準じる郡家別院という可能性も考えられよう。

車路と蚕養駅●

最近の考古学的な発掘調査によると、律令期に整備された駅路は平野部において直線的・計画的に造成され、その道幅が六～一三メートルもある大道であったことがあきらかになってきた。律令制において駅・伝制は兵部省の管轄下におかれており、古代の道路の軍用的性格が指摘されているが、とくに西日本では「車路《くるまじ》」の名称で残る道路痕跡が大部分『延喜式』の駅路にあたっており、車路の名称からして駅馬の通行だけではなく、軍用輜重《しちょう》の通行も考えられている。とくに肥後国においては駅路をはなれて鞠智城の下を通過することから、古代山城との関連が指摘されている。すなわち肥後北部においては『延喜式』には記載されていないが、「車路」の地名にそう道路が鞠智城と肥後国府を結んで存在している。そのルートは玉名郡大水《おおむず》駅から山鹿郡を経て菊池郡にはいり、菊池郡家の想定されている西寺《にしでら》から菊池川をわたって万太郎坂《まだらざか》より台地にでて、菊池・合志郡の境をとおってほぼ直線で白川をめざすものである。このルートで注目されるのは、鞠智城の南麓をとおっていること、万太郎坂の北約二町のところで発掘調査の結果、奈良・平安時代とみられる幅二・五～三メートルの石敷道路状遺構が検出されていることである。これらのことから当初は大水駅から鞠智城南麓を経て、肥後国府へ至るルートが存在したと考えられている。そしてこの軍事的目的をもったルートのほかに、大水駅から江田《えた》駅を経由して肥後国府に至る有明海よりのルートも、奈良時代に開設されていったと思われる。

今日駅路や駅家《うまや》を知るための基本史料となっている『延喜式』は、延暦年間（七八二～八〇六）以降に駅・伝路の再編が行われた結果を示すものである。これによると肥後国の官道は筑後から大隅《おおすみ》に至る南北路であって、車路ルートは記載されておらず、阿蘇を抜けて豊後へ至る東ルートと、城南町に比定されている球磨駅より宇土《うと》半島を西へ進み三角《みすみ》を経て島原半島に続くルートとが想定されている。

明治期の地図や昭和二十二（一九四七）年の空中写真によると、熊本平野を南北に貫く大きな道路跡が判読され、古代官道跡と推定されている。この官道は清水町万石を抜け黒髪町の熊本大学を横切り大江町の熊本学園大学から水前寺《すいぜんじ》電車通りを抜け湧《ゆう》心館《しんかん》高校をとおって重富《しげとみ》に至る直線道路である。最近熊本大学構内で発掘調査が行われ、「国」銘のある土製印や「馬」の字のあるヘラ書きや墨書土器が多量に出土し、七世紀後半から九世紀前半にかけての竪穴式住居五基、掘立柱建物三棟、溝三条などが検出された。そのなかで一九号掘立柱建物は、一辺約八〇センチの方形の掘方に、径二〇センチほどの柱をいれたかなりの規

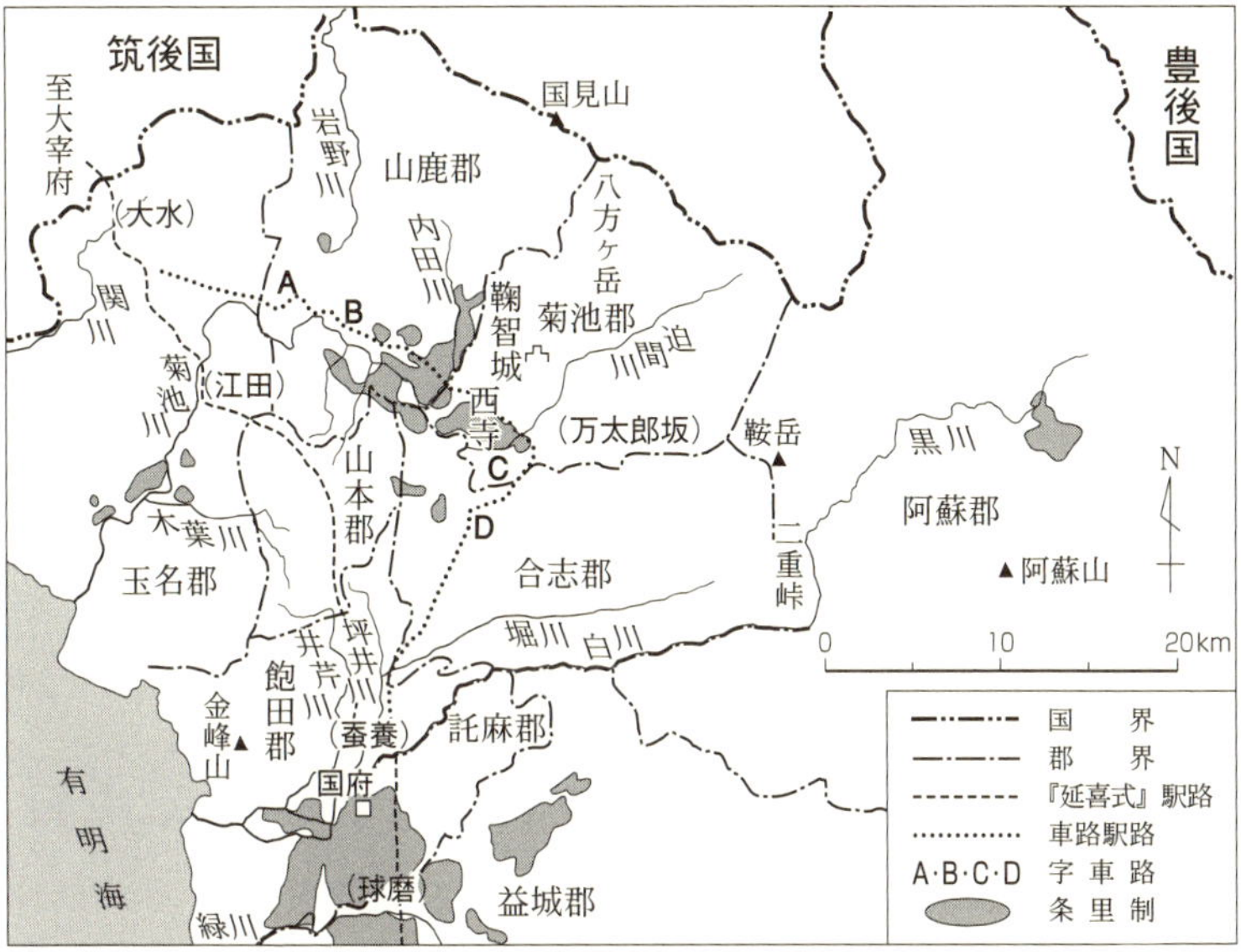

肥後国北部の古代官道　鶴島峻彦「古代肥後の交通路についての考察」『駒沢大学大学院地理学研究』第9号による。

模のものであり、断面台形を呈する二号溝が付随していた可能性があるという。二号溝は八世紀代の、一一号溝は九世紀後半の遺物を含んでおり、出土遺物としては須恵器・土師器《はじき》のほかに、布目瓦、刀子《とうす》、鉄鎌、滑石《かっせき》製紡錘車《ぼうすいしゃ》、砥石《といし》、馬歯などがあり、一二号竪穴住居からは須恵器の二段透かしのある円面硯《えんめんけん》のようなものが出土している。二号溝が方形にまわるのかどうかは今後の検討課題とされているが、熊本大学の西方には子飼《こかい》の地名が現存しており、「蚕養《こかい》駅」の施設の一部である可能性が考えられている。

官牧と大宅牧●

律令制下の牧は「厩牧令《きゅうもくりょう》」牧馬《まきば》応堪条《おうかんじょう》によると、騎乗用の軍馬の供給を第一の目的にして設定されたが、このほか中央政府が必要とする馬の供給源として、あるいは駅馬・伝馬の供給もになっていた。肥後国の官牧については『延喜式』に二重《ふたえ》牧と波良《はら》牧とがみえており、二重牧は阿蘇外輪山をはさんで阿蘇市車《くるま》帰《がえり》や、菊池郡大津町一帯が想定されている。波良牧は『和名抄』にみえる阿蘇郡波良郷と関連のある地名とされ、阿蘇郡小国《おぐに》町一帯が考えられている。

肥後国にはこのほか『日本三代実録』貞観六（八六四）年十一月四日条によると「勅して肥後国大宅《おおやけ》牧を停《や》む」とあって、九世紀なかばすぎまで大宅牧が設置されていた。この大宅牧は宇土郡大宅郷と関連する名前であり、宇土半島部に設置されていた馬牧ではないかと考えられる。『延喜式』にみえる西海道の官牧のうち、肥前国内には松浦郡平戸《ひらど》島に比定される庇羅《ひら》牧、生月《いくづき》島に比定される生属《いくつき》牧があり、牛牧として筑前国能古島《のこのしま》に比定される能古牧があることからして、九州では島や半島部にも官牧が設置されていたと推定される。これらの地域は周囲を海でかこまれ、天然の要害となっていたばかりではなく、山地と同じく紫外線が強く、良好な牧草地にめぐまれていたと思われる。宇土半島の有明海側には時代はくだるが、近世においても肥後細川藩の馬牧がおかれていた。馬数八八疋、今日の網津《あみつ》、長浜一帯の山地に相当し、この地域には牧の道、旧牧神《まきがみ》、馬門《まかど》、馬立《まてて》などの小字名《こあざめい》が残り、字馬門には牧神社も存在している。古代の牧とは時間のへだたりが大きいが、立地条件については共通するところもあったのであろう。大宅牧も網田《おおだ》、網津一帯に設定されていたのではなかろうか。

二重牧や波良牧と同じくこの大宅牧についてもほかに関係史料がなく、設置時期についてはよくわからないが、律令制下の官牧整備過程からすると、文武四（七〇〇）年から慶雲四（七〇七）年ごろまでに設置された可能性も考えられよう。また貞観六年に大宅牧が廃止された原因について、なにも説明されていないが、このころまでに廃止されたほかの牧については、⑴百姓の畑として耕作させるため、⑵民居に近接し田園をそこなうため、⑶牧馬が逸出し作物をそこなうため、⑷牧馬が多くなり百姓の作業を妨害する、などの理由がみえている。大宅牧は火山据野《すその》の大原野や海にかこまれた孤島に設置された牧場とは異なり、集落や耕作地にも近接しており、周辺の住民の生業や日常生活に被害をあたえていたのかもしれない。さらに考えられるのは、軍団制の衰退と廃止との関連である。官牧が設置された最大の理由は、軍団の兵馬を供給するためであったが、西海道六カ国の軍団は弘仁四（八一三）年半減されたのち、天長三（八二六）年には軍団制も廃止された。諸国の牧が律令軍団や駅制の整備と密接な関連があるとすれば、託麻国府や益城軍団に近接した宇土郡内に設置された大宅牧は、軍団制の廃止とともにその弊害だけが表面化して停止されるに至ったと考えられよう。

『延喜式』によると諸牧の馬牛が都の左右馬寮に進上されていたのに対し、其の西海道諸国は大宰府に送れとあって、西海道諸国の馬牛は大宰府に進上されていた。大宅牧の停止以来、肥後国では二重牧と波良牧が大宰府への貢上と国内駅伝馬の供給源となっていたのであろう。なかでも二重牧は特別な馬牧とされていた。『延喜式』によるとつぎのような記載があり、

肥後国二重牧馬　若有二超レ群一者進上　餘充二大宰府兵馬及当国他国駅伝馬一

繁殖した四・五歳の駒が群（一〇〇頭）、あるいは群の繁殖率（六〇頭）を超えた場合は都の左右馬寮に進上し、その残りを大宰府・肥後国・他国の駅伝馬にあてよ、という意味に解釈すると、二重牧は規模も大きく、繁殖率も高く、優秀な駒を産出していた官牧だったと考えられよう。

2　律令社会の変化と大国肥後

白亀献上と新王朝成立●

神護景雲二（七六八）年、参河《みかわ》国から白鳥、日向《ひゅうが》国から青馬、肥後国葦北郡から白亀が献上されたのに続いて、同四年八月には葦北郡と益城郡よりふたたび白亀が献上された。同月、道鏡《どうきょう》を皇位につけることに失敗した称徳《しょうとく》女帝は、五三歳で波瀾《はらん》の一生を閉じた。左大臣藤原永手《ながて》らは天智《てんじ》天皇の孫にあたる白壁《しらかべ》王を十月に即位させた。これが光仁天皇であり、ときに六二歳、聖武《しょうむ》亡きあと皇位継承をめぐる暗闘のなかで、わざと酒におぼれ政争にまきこまれることをさけていたという。年号が神護景雲四年から宝亀元（七七〇）年と改元されたが、これは肥後国葦北郡と益城郡から、大瑞《だいずい》にあたる白亀が献上されたことによるものであった。翌宝亀二年、光仁は聖武の娘井上《いがみ》内親王とのあいだに生まれた他戸《おさべ》親王を皇太子とし

たが、一年後母子は大和宇智《うち》郡で奇怪な死をとげた。そして光仁天皇と高野新笠《たかののにいがさ》とのあいだに生まれた山《やま》部《べ》親王が皇太子にたてられ、天応元（七八二）年即位して桓武《かんむ》天皇となった。もし父光仁が即位しなかったなら、桓武の即位はありえなかったのである。桓武の生母高野新笠は百済系の渡来氏族 和乙継《やまとのおとつぐ》と土師《はじ》氏の娘とのあいだに生まれた女性であり、桓武は天武《てんむ》系皇統とはまったく関係なく、皇統は完全に天智系に移ったのである。

桓武が即位し、宝亀から天応に改元された七八一年は、干支《えと》の組み合わせでいえば辛酉《しんゆう》の年であった。そして長岡京遷都が行われた延暦三（七八四）年は、六〇年干支の最初の年で物事がすべて改まるときとされた甲子《かっし》の年であり、しかもこの年の十一月一日は冬至《とうじ》にあたり、一九年に一回めぐりくる「朔旦《さくたん》冬至」の吉日であった。桓武は中国王朝を強く意識し、即位後短期間のうちにこの吉祥《きっしょう》をとらえて、その側近者たちと大事業を実行しようとしたと考えられている。

『日本紀略』によると、平安京遷都が行われた翌延暦十四年九月二十一日、肥後国は国の等級が「上国」から「大国」へと昇格している。この年は大伴弟麻呂《おとまろ》らが蝦夷《えみし》討伐から凱旋《がいせん》し、雑徭《ぞうよう》が六〇日から三〇日に半減されるなどのことはあったが、肥後国が大国へ昇格した理由や基準などについては、まったくなにも記録がない。『延喜式』によると、西海道においては、筑前・筑後・豊前・豊後・肥前は上国、日向は

『和名抄』各国田数

国	田数
筑前	町 18,500
筑後	12,800
肥前	13,900
肥後	23,500
豊前	13,200
豊後	7,500
日向	4,800
大隅	4,800
薩摩	4,800
壱岐	620
対馬	428
合計	104,848

『弘仁(主税)式』出挙稲数

国	正　税	公廨	国　分　寺　料	府官公廨	合　計
筑　前	20	20	4	15	59
筑　後	20	20	2	10	52
肥　前	20	20	4 当国・壱岐対馬各2万束	15	59
肥　後	40	40	8 当国6万束，薩摩2万束	35	123
豊　前	20	20	2	10	52
豊　後	20	20	2	15	57
日　向	15	15	3 当国1万束，大隅2万束		33
大　隅	6	6			12
薩　摩	6	6			12
9　国 合　計	万束 167	万束 167	万束 25	万束 100	万束 459
壱　岐	1.5	5			6.5
対　馬	0.392				0.392
多　褹	0.208				0.208
9国3島 合　計	万束 169.1	万束 172			万束 466.1

中国、大隅《おおすみ》・薩摩・壱岐《いき》・対馬《つしま》・多褹《たね》は下国となっており、肥後国は延暦十四年以降ただ一つの大国であった。肥後国は従来指摘されているように、西海道管内諸国のなかで、水田面積・出挙《すいこ》本稲額ともずばぬけて大きく、大宰府財政の中心的位置を占めていた。しかし他国の例からして、経済力だけが国の等級を決定する要因とはなっておらず、やはり当時の政治情勢を考えていく必要があろう。

神護景雲二年に葦北郡の刑部広瀬女《おさかべのひろせめ》が白亀を献上したとき、肥後の国司について介《すけ》は山村許智人足《やまむらのこちのひとたり》であったが、守《かみ》はよくわからない。しかし宝亀元年八月に葦北郡と益城郡より白亀が献上された前後の国司は、『続日本紀』にくわしく記されている。すなわち、同年五月に正五位上大伴宿禰《すくね》益《ます》立《たて》が肥後守としてみえており、白亀献上後の同年十月、光仁が即位し宝亀と改元され、関係者に論功が加えられたが、そのときの肥後守は大伴駿河《するが》麻呂《まろ》であった。その後、宝亀二年九月に肥後守は佐伯宿禰《さえきのすくね》弥助《やすけ》に交替したが、同年十一月には肥後介として大伴宿禰村上《むらかみ》が任命された。そして翌宝亀三年十月、ふたたび葦北郡家部嶋吉《やかべのしまきち》と八代郡高分部福那理《たかわけべのふくなり》が白亀を献上している。以上のことから、道鏡追放と光仁即位前後の肥後国瑞祥《ずいしょう》出現は、肥後守・介として赴任していた大伴氏のもとで、しかも葦北・八代・益城といった大化前代以来朝廷の大連《おおむらじ》であった大伴氏と関係深い地域でおこった出来事であることがわかる。

光仁即位と宝亀改元という政局の転換点にあたり、大伴氏ゆかりの肥後南部地方からの白亀献上をてこに、肥後国司として大いに貢献した大伴氏であったが、桓武政権下長岡京造営長官であった藤原種継《たねつぐ》暗殺事件の首謀者として、一族の中心大伴家持《やかもち》や継人《つぐと》ら多数の関係者が処罰されたのちは、肥後国司として大伴氏の就任はまったくみられなくなってしまった。宝亀九年に守として藤原足人《たるひと》、宝亀十年にも守として藤原末茂《すえしげ》が続き、中央の藤原氏と大伴氏の権力闘争が、肥後国司の人事にも反映しているようである。その後、延暦元年に守紀朝臣本《きのあそんもと》、延暦三年に守多治比真人乙安《たじひのまひとおとやす》、延暦九年二月に守粟田鷹守《あわたのたかもり》、同七月に介百済王《くだらのこにきし》元信とみえているが、延暦十三年に平安京に遷都され、翌年肥後国が大国へ昇格する直前まで、守は粟田鷹守、介は百済王元信であった。とくに百済王元信は百済滅亡時にわが国へ亡命した百済王一族の子孫であり、桓武天皇にとっては生母高野新笠の父で、百済武寧《ぶねい》王の太子からでたとされる和史乙継《やまとのふひとおとつぐ》の一族に連なる人物であった。桓武は生母に対する礼遇から百済王一族にも手厚い処遇をあたえていた。

以上のように肥後国は、天武系から天智系に切りかわった光仁天皇即位にさいして、白亀瑞祥による宝亀改元という重要な役割をはたしている。また光仁のあと長岡京・平安京の遷都を敢行し、新皇統政権の出発を宣した桓武にとっても、国司百済王元信をとおして知らされた肥後国の政治・経済の実情は、今後地方政治の振興と律令政治再建を目標に掲げた立場からすれば、まさしくその中心モデルとなすべき国とうつっていたのではなかろうか。道君首名の「卒伝」が例外的に『続日本紀』に掲載され、また肥後国大国昇格が決定された背景に、肥後国と光仁・桓武新王朝成立をめぐるこのような関係が考えられるのではなかろうか。

財政再建の試み「公営田」

嵯峨《さが》天皇の弘仁十三（八二二）年、小野妹子《おののいもこ》の玄孫で小野篁《たかむら》を父にもつ峯守《みねもり》が大宰大弐に就任した。峯守の在任中、帥《そち》の親王任官がはじまり、大宰府行政の実権は次官である大弐に移っていくこととなり、統領・選士制の採用や大宰府書生の権任郡司への任命、大宰府に貧病者のため続命《ぞくみょう》院を設定するプランなど、彼自身が管内行政の最高責任者として立案・実行したものであった。九世紀以降、農民の逃亡、担当官吏の不正、富豪層の中間搾取《さくしゅ》によって調・庸粗悪、違期未進が問題となったとき、政府がとった対策は国司郡司への督励であり、貢納請負制であった。しかし地方では農民の租税未納が増大し、国衙の財政は極度に悪化していた。それに加えて西海道では『類聚国史《るいじゅうこくし》』大同元（八〇六）年十一月乙未《いつび》条によると、水旱疫病が連年続き百姓は逃亡して田園が荒廃し、管内諸国の田租免除を大宰府が中央政府に申請しなければならなかった。それに追いうちをかけたのが、弘仁十三年峯守の大弐就任とともに顕在化した疫病の大流行であった。翌弘仁十四年に大弐小野峯守によって提出された「公営田《くえいでん》実施計画案」（『類聚三代格』弘仁十四年二月二十一日太政官謹奏）によると、財政再建案はつぎのようなものであった。

⑴九国総田数七万六五八七町から、一万二〇九五町を公営田とする。そのうち肥後国は収穫量一町に

つき四六〇束《そく》という上田ばかりを三六〇二町、佃《つくだ》することが特記されている。これは公営田全体の約三〇%に相当する。

(2)直接運営には正長《せいちょう》があたり、正長一人一町以上の管理・経営にあたる。

(3)労働力として六万二五七人の徭丁《ようてい》をあて、徭丁は五人で一町を耕作する。徭丁には佃功・食料を給与し、年間三〇日の徭役《ようえき》とする。

(4)公営田の営料として初年度は正税稲をあてるが、秋の収穫後に穫稲より返納し、二年目以降は穫稲をあてる。

(5)営料は百姓の居住地近くに新設される小院に分置し、随時返納させる。

(6)穫稲は九国全体で五〇五万四一二〇束がみこまれ、穫稲から佃功・食料・調庸料・修理池溝料と租料を含めた三九七万三六九九束が控除される。

(7)穫稲から営料などを差し引いた残額一〇八万四二一束が納官される。

公営田制は調庸の歳入を確保するために、これまで成年男子に課していた調庸を、国衙の正税を投入した農業経営の収穫稲から徴集しようとする大胆な政策であった。さらに春に支出する営料と秋に収納される納官分は、実質的には出挙《すいこ》の本稲と利息に対応するため出挙制も組みこまれており、のちの「公田官物制」の萌芽形態と考えられている。また公営田の耕営方式は「一に民間の如し」と記されているが、これも十世紀以降に一般化する田堵《たと》による名《みょう》を単位に税をおさめる先駆形態とも考えられている。また成年男子の総数によって中央政府におさめる調庸の量を定める原則はまもりながら、国司が国内で現物を調達するという方式は、律令の人身賦課の原則にはよっておらず、平安中期以降の国制の特色である「国例」の萌芽形態をも示している。

かくも綿密で用意周到なる公営田制が構想どおりに実行されていたならば、正税稲や調庸物の確保・増収が可能だったであろう。しかし現実には四年をかぎって試行されたあと、公営田制は立ち消えになってしまった。実施にあたってさまざまな障害が生じ、継続が困難となった国が多かったのであろう。しかし公営田計画の中心となった肥後国では、その後も経営が続けられたようである。『類聚三代格』斉衡二（八五五）年十月二十五日付太政官符によると、肥後国においては嘉祥三（八五〇）年に許可された公営田経営の期限が切れ今年（斉衡元年）は停止すべきであるが、農民は公営田の利潤がなければ調庸物の輸貢

消えゆく碑文

宇城市豊野町浄水寺跡には、一地方寺院の建立から律令国家の定額寺《じょうがくじ》へ昇格するまでの経過を伝える、全国にも例をみない貴重な石碑（口絵参照）が現存する。しかしこれらは風化が激しく、なかでも天長三（八二六）年寺領碑は肥後の初期荘園に関する重要な史料でもあるが、文字面が薄れ傷みが顕著となっている。近年、国立歴史民俗博物館によって石碑のレプリカ作成と碑文の再調査が行われた結果、天長三年寺領碑について、当時の条里呼称法にのっとり浄水寺の料田が詳細に記載されていることが確実となった。また従来、浄水寺の寺領は八代郡まで含む三八八町からなる広大なものとされてきたが、解読結果によって「町」の字は「歩」と訂正され、条里復元作業によって寺領は益城郡と宇土郡間の浄水寺の周辺地域に限定して想定されるようになった。『類聚国史《るいじゅうこくし》』によると、寺領碑建立から二年後の天長五年、浄水寺は定額寺の例に預《あず》かった。

❖コラム

□七□□□（所）
□（一）松岡田一町四段此者故僧□□師所進
料田三町七段二百□□段　十一条苗瀬里六山田□□（段）
十二条苗瀬里□（七）山田七段七十二歩□□□□（所）進
會料之代十二条荒佐里　『山田』六七段一百卌四歩見開五段百卌四歩
□十三条□□里四加和良　田八段
十一条荒佐里一山田　　十二条荒佐里一山田
□一段　　問料田□町一段
□条苗瀬里二山田
盂蘭盆會料四段
諫染郷□（東）十五□□（条）里四□（岡）田□□
（余白）
又十二条苗瀬里卅五□□
□（盂蘭）盆會料之代□□□（条）上□□（口）里九山田相替有
十□条苗瀬里一山田一町右定吉生悔過料五段修理料五□（段）
□□□十四条三家里二師田□段同里四墓門田一段七十二歩
山家里山田三百八十八歩定浄水寺布薩田如件
□寂□院者僧藥蘭之私伽監地成如件
天長三年二月三日
（余白）

浄水寺天長３年寺領碑文　豊野町教育委員会編『肥後国浄水寺古碑群』2004による。

ができないほど窮迫しているので、当年（斉衡二年）のあいだは続けさせてほしいとの申請がだされ、大宰府をとおして肥後国の実状を知った太政官では、以前にだされていた太政官符を調べたうえで、改めて四年間の期限付きで、公営田の経営を許可している。

肥後国のその後の状況は不明であるが、西海道における他国の例として、『日本三代実録』貞観十五（八七三）年十二月十七日条によると、筑前国において五〇年近く実施されていなかった公営田の復活が許可されている。すなわち筑前では仁寿二（八五二）年の班田《はんでん》以後、一九年間も班田が行われず、そのため死亡者の口分田《くぶんでん》は富豪のもとにはいってしまい、貧しい人びとは賦役に苦しんでいるので、早期班田の実施とともに弘仁十四年に設置した公営田はわずか数年で停止してしまったが、班田の日にあわせて良田九五〇町を選別し、土人《どにん》浪人の別なく頒《わか》ちて佃《つくだ》せしむべきである、という理由であった。公営田経営はその後姿を消すが、元慶三（八七九）年畿内に設置された官田は、西海道で実施された公営田の方式を採用したものであった。

飽田郡司建部公（君）一族●

平安時代における建部公《たけべのきみ》一族の動きを示す史料として、『続日本後紀』承和十四（八四七）年三月丙申朔《へいしんさく》条がある。

肥後国飽田《あきた》郡人従三位大蔵卿 平 朝臣高棟《たいらのあそんたかむね》家令《かれい》正七位上建部公弟益《たけべのきみおとます》 男《のむすこ》 女《むすめ》等五人 賜二姓長統朝臣《ながすのあそん》一
貫二附左京三條一

これによると、飽田郡司一族と思われる建部公弟益は、平安京の仁明天皇治政下、大蔵卿をつとめていた平高棟の邸宅で、「家令」として出仕しており、弟益の子女ら五人には長統朝臣の姓があたえられ、左京三条に居住が許されたことがわかる。家令とは、四品《しほん》以上の親王、および三位《さんみ》以上の職事《しきじ》（現職）の家に対して、国家から支給された家政を執《と》るための官吏であり、家司《けいし》とも称された。このほか護衛《ごえい》駈使《くし》にあてるため、四品以上の親王に帳内《ちょうだい》を、従五位以上に位分資人《いぶんしじん》を、太政大臣・左右大臣・大納言《だいなごん》に対して職分《しきぶん》資人、大宰府や国司のような外官《げかん》には事力《じりき》が支給される規定であった。家令の補任《ぶにん》手続は、家令を申し請ける家が式部省に申請し、太政官への上申後に判任されるものであったが、自分の家と特別な関係にあるものや敏腕な人物が用いられた。また帳内資人の補任についてはさまざまな制限があったが、はやくから地方人が自由に採用されており、これこそ地方の有力な旧家名族や一般庶民と、中央権門勢家との結合の法的端緒となったとされている。

平高棟は桓武天皇の孫にあたり、弘仁十四（八二三）年に二一歳で従四位下に叙せられたのを皮切りに、天長二（八二四）年平朝臣を賜り臣籍に降下し、左京一条一坊を本貫とした。その後天長七年に従四位上、大蔵卿となり、承和九年に正四位下、再度大蔵卿に就任し、承和十年従三位に昇進し、貞観元（八五九）年に正三位権中納言、貞観六年に正三位大納言となったが、その三年後の貞観九年に六四歳で亡くなった。性質は温厚で六尺の長身であり、読書を好み晩年は深く仏教に帰依《きえ》したという。以上のことから建部公弟益と平高棟とのあいだに、本主と家令との関係が結ばれた契機を考えてみよう。家令としての出身《しゅっしん》コースとして、⑴資人から家司へ、⑵父の家の家司・資人が子の宅司をかねる、などがある。⑴は本主の三位昇進後に、家に仕える資人のなかから恪勤《かっきん》のものを家司に補したものであり、⑵は父子間における家司・宅司の兼事であり、父宅と子宅の家政が密接に結合していたことを示すという。とくに郡司一族から資人になった例として、藤原（式家《しきけ》）麻呂《まろ》の位分資人であった他田日奉部直神護《おさだのひまつりべのあたいじんご》がよく知られている。神護

令制下の家令

<table>
<tr><th colspan="2"></th><th colspan="4">親王(内親王も同じ。但し文学なし)</th><th colspan="4">職事(女も同じ)</th></tr>
<tr><th colspan="2"></th><th>一　品</th><th>二　品</th><th>三　品</th><th>四　品</th><th>一　位</th><th>二　位</th><th>正三位</th><th>従三位</th></tr>
<tr><td colspan="2">文学</td><td>従七位上 一</td><td>従七位下 一</td><td>正八位下 一</td><td>正八位下 一</td><td></td><td></td><td></td><td></td></tr>
<tr><td colspan="2">令</td><td>従五位下 一</td><td>正六位上 一</td><td>従六位上 一</td><td>正七位上 一</td><td>従五位下 一</td><td>従六位上 一</td><td>従七位上 一</td><td>従七位下 一</td></tr>
<tr><td colspan="2">扶</td><td>従六位上 一</td><td>正七位上 一</td><td>従七位上 一</td><td>従七位下 一</td><td>従六位上 一</td><td></td><td></td><td></td></tr>
<tr><td rowspan="2">従</td><td>大　従</td><td>従七位上 一</td><td rowspan="2">従七位下 一</td><td rowspan="2">正八位下 一</td><td rowspan="2">従八位上 一</td><td>従七位上 一</td><td rowspan="2">正八位下 一</td><td rowspan="2"></td><td rowspan="2"></td></tr>
<tr><td>小　従</td><td>従七位下 一</td><td>従七位下 一</td></tr>
<tr><td rowspan="2">書吏</td><td>大書吏</td><td>従八位下 一</td><td>大初位上 一</td><td rowspan="2">少初位上 一</td><td rowspan="2">少初位上 一</td><td>従八位下 一</td><td>少初位上 一</td><td rowspan="2">少初位下 二</td><td rowspan="2">少初位下 一</td></tr>
<tr><td>少書吏</td><td>大初位上 一</td><td>大初位下 一</td><td>大初位上 一</td><td>少初位上 一</td></tr>
</table>

令制下の帳内・資人

帳内(内親王には半数)

被給者	一品	二品	三品	四品
員　数	160	140	120	100

位分資人(女には半数)

被給者	一位	二位	三位	正四位	従四位	正五位	従五位
員　数	100	80	60	40	35	25	20

神亀5年3月，外正五位に5人，外従五位に4人の位分資人があたえられることになったことが『類聚三代格』にみえる。

職分資人(致任すれば半数)

被給者	太政大臣	左右大臣	大納言
員　数	300	200	100

慶雲2年夏4月，中納言をおき，職分資人30人を賜うことになったことが『続日本紀』にみえる。

は下総国《しもうさ》（千葉県）海上郡《うながみ》で代々郡司をつとめていた家柄の出身であったが、彼の上申書によると、藤原麻呂は他田日奉部一族から位分資人をとり、さらに麻呂の妹である光明皇后の中宮舎人《とねり》としても仕えさせていたことがわかる。また藤原基経《もとつね》の家令であった日置首永津《ひおきのおびとながつ》は、紀伊国那珂郡大領《なかぐんたいりょう》に系譜を引く郡司一族の出身者とされている。このように諸国の郡司クラスの有力者と、大臣家の資人・帳内・家令とは密接なつながりがあり、地方出身の官人コースの一つを形成していたのである。

平高棟が皇族官僚として政界に登場したとき、従四位下として三五人の資人があたえられる規定であった。その後承和十年に従三位大蔵卿に就任すると、六〇人の位分資人とともに、令（従七位下）・書吏（少初位下）からなる家令二人を官給されることになった。建部公弟益が高棟家の家令に就任したのは、このときではないかと考えられる、とくに家令となった背景には、おそらくそれ以前から位分資人として高棟家に出仕しており、弟益の教養や書算に巧みな事務能力などが、高棟の目にとまっていたことが考えられる。高棟の従三位昇進後は六〇人の資人が、さらに貞観六年の大納言補任後は一〇〇人もの職分資人があたえられたはずであり、有能な家令をおくことなしには、高棟家の家政はたちゆかなかったことであろう、弟益がこのときまで高棟家の家令であったかどうか確証はないが、『日本三代実録』貞観三年八月二十一日条によると、弟益の故郷である肥後国飽田郡の大領をつとめる建部公貞雄《さだお》が、外従七位上から一挙に七階越えて外従五位下をさずけられており、都にいた弟益と主家平高棟の存在との、なんらかの関連が考えられよう。ときに高棟は正三位中納言に昇進しており、太政官の一員となっていたからである。その後貞観九年に大納言平高棟が亡くなったとき、弟益一族と高棟家の関係がどうなったかは不明であるが、弟益の子女は平安京左京三条で生活し、遠くはなれた故郷の建部公一族と都をつなぐパイプ役をはたし続けたのであろう。

飽田国府と水門郷●

十世紀初頭に日本の東西でおこった内乱に対し、朝廷は征討軍を派遣する一方、神社仏閣への討伐祈願を行った。熊本市の藤崎八旛宮は『社伝』によると、承平五（九三五）年平将門《たいらのまさかど》追討の勅願により、山城《やましろ》国石清水《いわしみず》八幡宮を勧請《かんじょう》したことにはじまるが、実際は宇佐宮神宮寺《うさぐうじんぐうじ》である弥勒寺《みろくじ》支配下の「八幡別宮五所」の一つとして成立したと考えられている。当初の勧請地は宮崎荘茶臼山《ちゃうすやま》と伝られ、『和名抄』にみえる宮前郷内、現在の藤崎台球場付近であったと想定されている。天皇の勅願によって創始された藤崎宮は、その勧請にあたって当然国司の関与が考えられるが、創建当時の国司名は伝わっていない。のち十世紀末に国守として赴任していた清原元輔《きよはらのもとすけ》が、藤崎宮で子《ね》の日の遊びを行ったときにつくったという歌が残っており、藤崎宮と国衙との密接な関係が指摘されている。その後藤崎宮は飽田郡内の国衙に近接した位置を占めることで、事実上一宮《いちのみや》に準ずるあつかいをうけることになった。

熊本市文化課による飽田国府跡の比定地である二本木一帯の調査によると、九世紀後半から十一世紀までの遺跡は少なく、遺跡の出土品が増加するのは、十一世紀末から十三世紀にかけてであるという。また飽田国府周辺には現北岡神社の前身である祇園社《ぎおんしゃ》のほか、京国司社《きょうこくししゃ》・総社・国造社《こくぞうしゃ》などが存在した。このうち祇園社は承平四年に国司藤原保昌《やすまさ》が府中鎮護のため勧請したと伝えるが、保昌は十一世紀初めの肥後国司であり、治安元（一〇二一）年の創祀《そうし》とされる総社や国造社と同じころに創建されたのであろう。ただその創建を藤崎宮よりも一年はやい承平四年とする社伝は、藤崎宮を強く意識し対抗するためだったと考えられている。

考古学的な所見は従来の十一世紀飽田国府移転説や、益城・飽田国府分置説を裏付けているようであるが、藤崎宮が十世紀初頭の国家的危機を背景に、飽田郡内の藤崎台に勧請されたのは、国衙の存在と無関係ではないとする説もだされている。十世紀前半に成立した『和名抄』には「益城国府」と記されているが、このころにはすでに飽田国府への移転が決定もしくは実行されていた可能性も考えられよう。飽田国府想定地は低湿地で洪水常襲地帯であったと思われるが、今後の発掘調査の進展が期待される。

熊本市を流れる井芹《いせり》川と坪井川の合流地点で発見された上高橋高田《こうだ》遺跡からは、多量の木製生活用品とともに、陶硯《とうけん》・石硯・石銙《せっか》（官人のベルト飾り）・輸入国産陶磁器などが出土しており、平安時代から鎌倉時代にかけて旧河川にそった有明海につうじる水門《みなと》として、機能していたと推定されている。仁明天皇の承和九（八四二）年新羅との国交が断絶して以来、両国間の緊張が高まり、肥後国内では玉名郡倉《ぐんそう》や八代郡倉のうえに大鳥が集まった

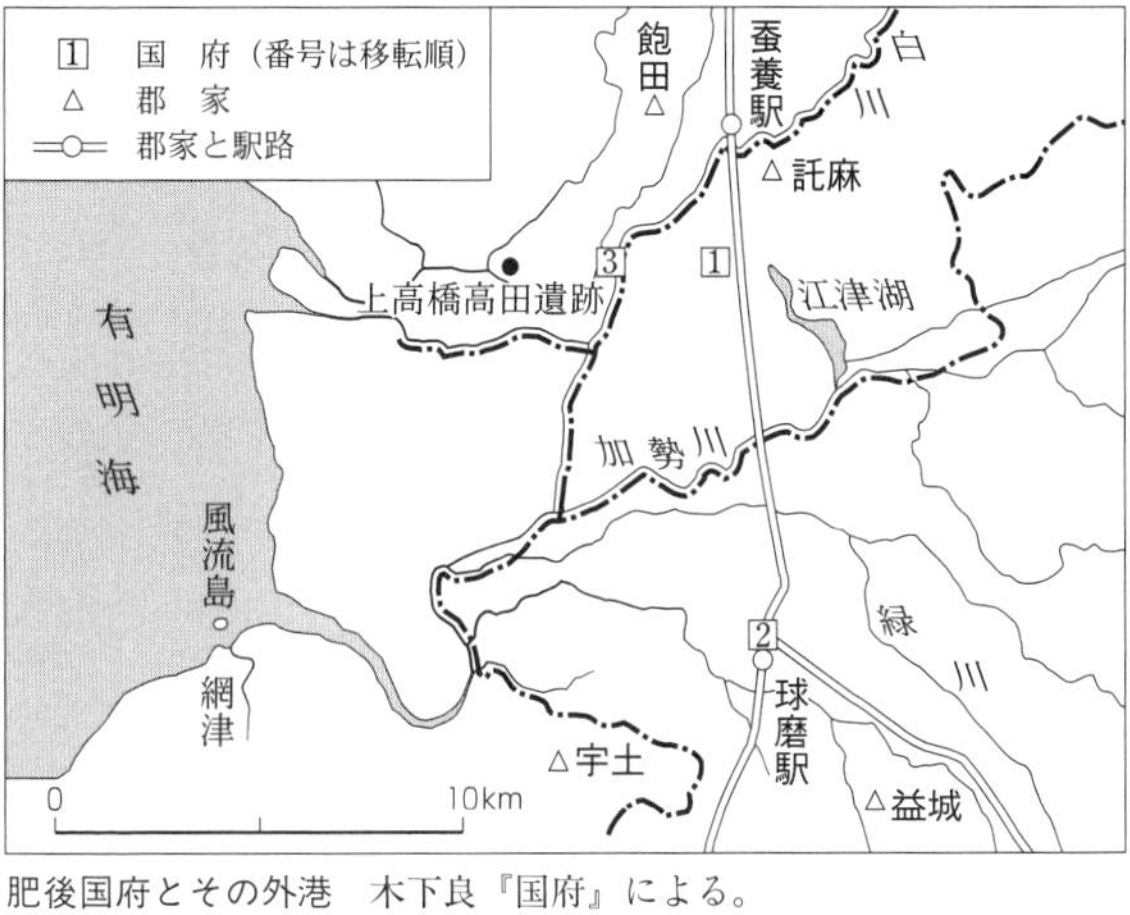

肥後国府とその外港　木下良『国府』による。

り、菊池郡倉や官舎の葺草《ふきくさ》を群鳥数百がくわえて抜き取り、宇土郡の蒲智比咩《かまちひめ》神社前の小河川が赤変するなどの怪異が頻発した。朝廷では陰陽寮《おんみょうりょう》に「風水火疾」いずれの前兆かを卜占《ぼくせん》させ、元慶三（八七九）年二月には肥後国の史生《ししょう》一人を減じて弩師《おおゆみし》（指導者）一人を配置させたが、同年三月には菊池郡城院《じょういん》の兵庫が鳴動するということが報告されている。これら一連の異変は新羅船の侵入を警戒し、防備体制をかためる警鐘として、積極的に利用されたのであろう。宇多天皇の寛平五（八九三）年五月、新羅の海賊船が飽田郡に侵入し、人宅を焼き打ちするという事件がおこった。『日本紀略』によると、五月十一日に新羅船が肥前国松浦《まつら》郡に来航したため、大宰大弐より追討命令がだされたが、その新羅船が肥後国飽田郡沿岸にあらわれ、ふたたび松浦郡方面に逃げ去ったという。このときの被害状況についてはこれ以上記されていないが、『類聚三代格』によると醍醐《だいご》天皇の昌泰二（八九九）年、肥後国より弩《おおゆみ》機教修のため史生一人を減じて弩師一人をおくことが申請され許可されており、有明海や八代海方面の海岸防備が強化されたと思われる。

飽田郡内には「水門郷」や「川内《かわち》郷」があり、熊本市高橋町や河内町一帯に比定されているが、新羅船の襲撃によって放火略奪の被害をうけたのは、この二郷がもっとも可能性が高い。また水門郷はその名のとおり川と海を結ぶ港を中心として形成された集落であり、高田遺跡も水門郷に含まれていたと考えられる。そして高田遺跡は『伊勢物語』に登場する宇土半島網津の地先にある風流島《たわれじま》と相対する水上交通の要衝であり、十世紀以降は飽田国府の外港として栄えていたのではなかろうか。

池辺寺根本中堂と百塔●

かつて肥後守道君首名《みちのきみおびとな》が築造したと伝えられる味生池《あじうのいけ》を東にのぞみ、上高橋高田遺跡を南西にみおろす熊本市池上町平山地区の山中に、池辺寺《ちへんじ》跡は存在する。熊本市文化課による発掘調査の結果、主として平安前期の遺物・遺構が確認されたが、なんといっても圧巻は、地元の人が「百塚」とか「百塔塚」とよんでいる標高一二七〜一四三メートル、斜角一六度をはかる五〇〇〇平方メートルの調査区内に、塼敷基壇《せんじき》を含む建物跡五棟と、その背後に整然と配置された一〇〇基の石積群が検出されたことである（口絵参照）。すなわち、三方を山にかこまれた最奥部の百塚C点には、東側を正面として塼敷基壇をもつ三間×三間の建物を中心として、それを取りまく形で総床張りの入母屋造《いりもやづく》りの建物が復元され、出土した土師器《はじき》は九世紀なかばに位置づけられている。そしてこの建物の背後に続く斜面には、南・西・(北)側に石塁状の石積みがめぐらされ、その内側に二・四メートル四方の石積み、東西一〇列、南北一〇列の計一〇〇基が、おのおの二・四メートルの間隔をもって配置されていることがわかった。ここから出土した土師器は九世紀末から十世紀にかけての年代が想定されている。十四世紀前半の「金子塔《かなこ》」によると、「天台別院肥後国池辺寺側号百塔者当寺根本御座所」とあって発掘の成果と一致することが知られる。相輪《そうりん》をのせて二〜三段に積み上げられたと推測されている石積みは「百塔菩薩之化現《ひゃくとうぼさつのけごん》」を、また石列にかこまれた空間は「曼荼羅《まんだら》」を示すのではないか、という説もだされている。

池辺寺に関する文献史料としては、西平山《にしひらやま》の山中にたてられた建武四（一三三七）年銘の笠塔婆《かさとうば》である「金子塔」や、江戸時代にまとめられた「縁起」類が知られるだけである。これらによって想定できることは、(1)はじめは山中で観音をまつる堂塔であった、(2)十世紀末の貞元元（九七六）年に焼失したあとは、現在の池上神社一帯に移転した、(3)比叡《ひえい》山不動寺で修行した仙海によって十世紀初めに再興され天台別院となった、という点であるが、仙海が比叡山で修行したと伝えられるのは、池辺寺がそれ以前から天台密教や延暦寺《えんりゃくじ》僧との関係があったことを推定させるものである。平安時代の地方寺院の建立や指導監督には、中央寺院から派遣される講師《こうし》・読師《どくし》（最初は国師）や、地元の有力者が大きな影響力をもっていた。平安中ごろ以降になると、従来の南都系僧侶に対していよいよ密教系寺院の講読師が派遣されるようになったが、はじめから地方進出と布教に積極的だったのは天台宗であった。肥後にやってきた講読師の名前は奈良・平安時代をとおして一人もわかっていないが、「金子塔」などにみられる天台宗との関係は、平安時代の天台宗系講読師の派遣とも関連するのではなかろうか。また飽田郡内で奈良・平安時代をつうじての有力者は建部君（公）一族であり、代々にわたって郡司をつとめる一方、京都東明寺《とうみょうじ》や近江石山寺《おうみいしやまでら》に残る奈良時代の写経（口絵参照）に、書師として名前を残している。いずれもみごとな書体であり、建部君一族の仏教に対する高い教養と深い帰依《きえ》を示しているように思われる。おそらく建部

西側よりみた池辺寺跡建物基壇跡(上)

基壇跡と斜面のあいだの石敷(右)

君一族が池辺寺建立に大きく関与しているのではなかろうか。

一方巨費を投じて建立された国分寺は、平安時代にはいると活動が衰退していったが、国家仏教的性格は真言・天台二宗の興隆に左右されながらも、平安初期にはまだ踏襲されていた。しかし仁寿三（八五三）年には国分寺の仏事において陰陽道《おんみょうどう》の祈修が毎年行われるようになり、承和四（八三七）年に真言宗専攻の僧を諸国講読師に補任するようになり、天慶五（九四二）年には天台・真言二宗で諸国講読師僧を交替・補任するようになると、九世紀にはまだ国分寺で行われていた災害・兵難・疫病鎮圧などの祈禱《きとう》行事も、十世紀以降にはほとんど行われなくなった。一方国分寺の僧尼についても仁寿三年の官符は、創建以来ずっと寺封《じふう》・寺田にめぐまれた国分寺僧が、かえって護国滅罪の本旨を忘れ放逸に流れていると記しており、延喜十四（九一四）年の「三善清行意見封事《みよしきよゆきいけんふうじ》」においては、国々の仏教界を指導して監督にあたる講読師さえも持戒の清僧は少なく、国分寺僧にいたってはまったく俗人と異なるところはなく、妻子を蓄え室家《しっか》をいとなみ、耕田《たがや》を力し商価を行い、「無慚《むざん》の徒《と》」と化したと指摘している。その後の肥後国分寺については中世の「鹿子木《かのこぎ》文書」や「託摩文書」に地名や名田・領田名としてみえるほか、「舛田《ますだ》文書」正和四（一三一五）年の直景陳状案には、

　蓮道《れんどう》者《は》肥後国ヽ分之宿《しゅく》仁《に》令現在之□也

という記載があり、癩《らい》にかかった蓮道という人物がはいった「国分宿」とは、肥後国分寺と関係深い非人宿であったと考えられている。

小岱山と日置部氏●

荒尾市小岱山《しょうたいさん》西麓には須恵器の窯跡や鉄関連遺跡が数多く発見されているが、最近ゴルフ場建設にさき

だち、金山《かなやま》・樺《かば》地区鉄関連遺跡について本格的な学術調査が実施され、注目すべき成果が報告された。発掘された遺構は炉跡《ろあと》五基、炭窯《すみがま》一一基、廃滓場《はいさいじょう》五カ所であるが、炉は全長一メートル、炉床幅三〇～四〇センチの半地下式竪型《たてがた》炉であり、従来の所見と照らして有明海浜などで採集される砂鉄と炭窯で焼成された木炭を原料として、平安時代後期から中世初頭を最盛期とする鉄生産が行われたと考えられている。しかし鉄塊系遺物の冶金《やきん》学的な研究によると、近年東北地方を中心として銑鉄《せんてつ》に砂鉄を混合して「鋼《はがね》」を精錬する遺跡が発見されており、金山・樺を含む小岱山麓においても砂鉄製錬ではなく、鋼生産が大規模に行われていたとする見解がだされている。小岱山一帯は鉄生産が本格化する以前は須恵器の生産が行われており、熊本県下でも有数の窯業・鉄生産地帯をなしていた。

須恵器や鉄関連遺跡の分布する小岱山一帯は律令において玉名郡にぞくしていた。郡内において古墳時代以来勢力を保持していたのは、日置部君《ひおきべのきみ》（公）一族である。日置部は大和朝廷において、子部《ちいさこべ》・車持《くるまもち》・笠取《かさとり》・鴨《かも》の各氏とともに「殿部《とのもり》」をつとめており、鴨氏が松柴・炭燎《たんりょう》を奉仕するのに対して、日置部氏は燈燭《とうしょく》を担当していた。江戸時代に玉名郡江田鶯原《うぐいすばる》で発見された銅板の墓誌には、「権擬少領《ごんぎしょうりょう》日置部公」と記されていたらしい。小岱山南西麓、玉名郡家や郡倉・郡寺の所在地と考えられている立願《りゅうがん》寺《じ》地区には、疋野《ひきの》神社が存在しているが、日置は元来ヒオキと訓《よ》まれ、ヒキやヘキと変化したものであり、この神社は日置部氏の奉斎する神であったと考えられている。『続日本後紀』によると疋野神社は承和七（八四〇）年、朝廷の祭祀にあずかる官社へと昇格しており、肥後国においては阿蘇郡内の健磐龍命《たけいわたつのみこと》、阿蘇比咩《ひめ》、国造《くにつくり》神社の三座とならび疋野神社だけが式内社であった。『肥後国誌』には祭神を「大年神又波《は》比岐《びき》神」と記しているが、波比岐神とは『日本書紀』神代巻にみえる「天羽鞴《あまのはぶき》」を神格化したもので、ハブキとは鞴《ふいご》をさすという。また疋野長者は民俗学的には炭焼小五郎長者伝説の一種であり、これを各地に広めたのは宇佐八幡を奉斎する炭焼きや鍛冶・鋳物師《いもじ》たちだったという。

福岡市油山《あぶらやま》山麓の柏原《かしはばる》遺跡では、八世紀後半から九世紀前半を中心とする掘立柱建物、鍛冶炉、鉄滓《てっさい》などが発見されたが、この遺跡で注目されるのは多量の越州窯青磁、石帯、硯などとともに「郷長」や「山守家」などの墨書土器が出土していることである。出土遺物や遺構の性格から、筑前国早良《さわら》郡毗伊《ひい》郷の郷長居館跡ではないかと考えられ、山守家の墨書は油山山林の管理や使用を公認された家柄を示すものであろう。律令の規定では、

国内有下出二銅鉄一処上　官未レ採者　聴二百姓私採一　若納二銅鉄一折二宛庸調一者聴　自餘非二禁処一者　山川藪沢《そうたく》之利　公私共レ之

とあって銅鉄資源は官採優先であり、公用の山林藪沢は一般の私用が禁止されたのである。これらの例からすると玉名郡司であった日置部公一族は、国衙や郡衙から小岱山山

金山・樺地区狐谷遺跡(荒尾市)の1号製錬炉と巨大板状スラグ(鉄滓)

林の活用を公認され、須恵器や鉄生産をとおして財をたくわえた豪族ではないかと考えられる。

玉名郡内に荘園が登場するのは十世紀末から十二世紀にかけてである。まず大宰府安楽寺《あんらくじ》領玉名荘が、十一世紀末に仁和寺《にんなじ》領玉名荘、十一世紀末から十二世紀にかけて宇佐宮領伊倉荘、十二世紀初めに宇佐宮弥勒寺《みろくじ》領野原荘、十二世紀末に筥崎《はこさき》宮領大野荘が存在した。このうち伊倉別符《べっぷ》は承保元（一〇七四）年、筑前講師永源《えいげん》が玉名郡司日置則利《のりとし》の私領を買得したのち宇佐氏に譲渡したものであり、また承元二（一二〇八）年の「広福寺文書」には玉名荘荘官の一人として「日置」姓がみえているが、その後史料のうえに日置氏を確認することはできない。古代末から中世にかけて玉名地方に集中して荘園が設置され、源平争乱を契期として在地領主や菊池氏などの新興勢力が台頭し、古代的氏族の多くは没落していった。この時期に小岱山の製鉄あるいは鋼生産は最盛期を迎えていたのである。

3
章

武家権力の成立と蒙古襲来

大慈禅寺景観(熊本市)

1　武士団の形成と内乱

九州武士団の特色と菊池氏・阿蘇氏●

中世は武士が支配勢力の主体となっていく時代である。

平安後期、肥後《ひご》では北部の菊池氏、中央部の阿蘇《あそ》氏、緑川流域の木原氏が、有力な武士団として成長する。九州の武士団の大きな特徴は、有力武士団の多くが府官系武士団だということである。府官とは大宰《だざい》府の監《げん》・典《てん》などの幹部職員のことで、十一世紀の初め刀伊《とい》賊（女真族《じょしん》）が博多《はかた》湾に来寇《らいこう》したとき、これとたたかい撃退した主要兵力は、藤原蔵規《まさのり》・平致光《むねみつ》・平為賢《ためかた》・大蔵種材《おおくらたねき》ら「府のやんごとなき武者」たちだった。いずれも現任ないし前任の府官たちで、その子孫は、大蔵氏系の原田（筑前《ちくぜん》）・三原・三池《みいけ》（筑後《ちくご》）・板井（豊前《ぶぜん》）・天草《あまくさ》（肥後）・伴《ばん》（薩摩《さつま》）、藤原氏系の山鹿《やまが》・粥田《かゆた》（筑前）・高木（肥前《ひぜん》）・草野（筑後）・菊池（肥後）、平氏系の多比良《たいら》・日向《ひゅうが》（肥前）・阿多《あた》（薩摩）など、九州各地で中核的武士団を形成していく。

大宰府は遠朝廷《とおのみかど》として九州諸国のうえにたち、絶大な権威をもち、都から上級貴族の権帥《ごんのそち》・大弐《だいに》や少《しょう》弐《に》が多くの従者を率いて下向してきた。一方九州の豪族たちは大宰府に子弟を出仕させ、その権威を借りて勢力の拡大をはかった。菊池氏の成長はその典型であった。

昭和三十四（一九五九）年、志方正和氏は論文「菊池氏の起源について」（『熊本史学』一六・一七号）を発表、菊池氏初代とされる則隆《のりたか》などと同時代の、小野宮右大臣藤原実資《さねすけ》の日記『小右記《しょうゆうき》』や春宮権大夫《とうぐうごんだいぶ》藤原資房《すけふさ》の日記『春記《しゅんき》』などの検討から、則隆の父とされる政則は、大宰大監《だいげん》で右大臣藤原実資《さねすけ》の所領である筑前高田牧の牧司《まきし》をつとめ、舶来の孔雀《くじゃく》を関白道長《みちなが》に献じ、刀伊入寇にさいしては、大宰少弐として権帥隆家《たかいえ》のもとで奮戦し、その功で対馬守《つしまのかみ》に補任《ぶにん》された藤原蔵規《まさのり》であること、則隆やその子政隆《まさたか》も隆家の有力郎等《ろうとう》で、ともに「肥後国住人」といわれ、政隆は肥後国の押領使《おうりょうし》として上洛《じょうらく》、肥後前司の藤原定《さだ》任《とう》を殺害した嫌疑で追捕をうけたこと、などをあきらかにした。蔵規自身は大宰少弐・対馬守となっている点からみて在地勢力とは断じがたいが、則隆や政隆は「肥後国住人」であった。おそらく蔵規は隆家の従者として大宰府にくだり、大宰府に出仕していた肥後菊池郡の郡司家ないし軍団長と思われる菊池氏は、

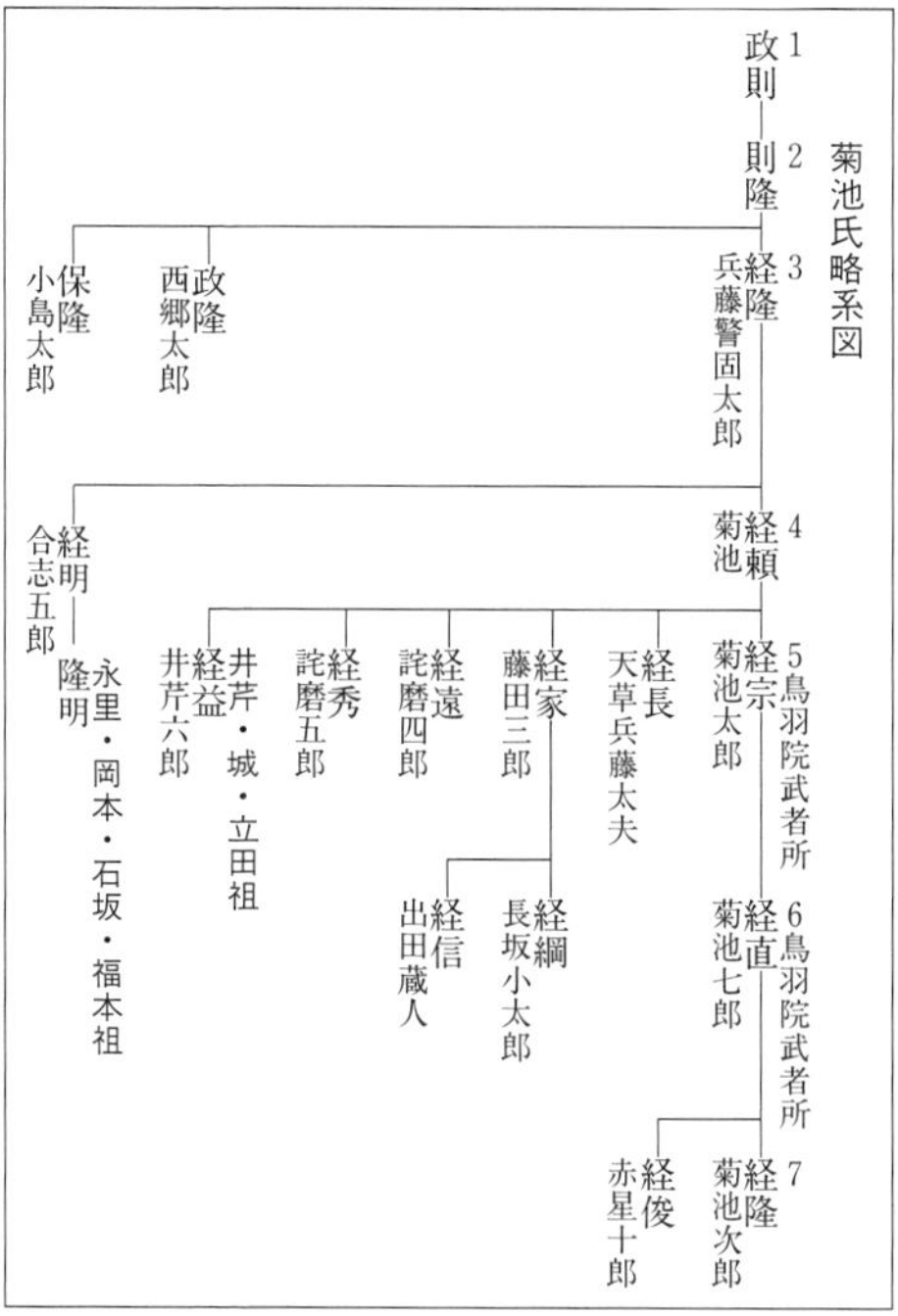

菊池氏略系図

その権威を借りるためにこれとつながり、則隆は蔵規のひきで隆家の従者となり、大監にまでのぼったのであろう。『新撰事蹟通考』などによって一般に伝えられている菊池氏系図でも、政則の刀伊賊撃退や対馬守任官をのせており、彼らが菊池氏の祖であることはほとんど疑いない。ただ則隆が延久年間（一〇六九〜七四）に肥後に下向した、という「菊池武朝申状《たけともももうしじょう》」の記載は、約二世代のずれがあり、成りたたない。彼らの時代は十一世紀前半から中葉であった。

菊池氏の場合、政隆以降は府官になったものは見出せない。政隆が前司殺害で追捕されたことが原因かもしれない。その点十一世紀以降も多くの府官をだした大蔵氏系と対照的である。そして菊池氏はもっぱら肥後の武士団として各地に広がっていく。旧菊池郡を中心に合志《こうし》郡・山鹿《やまが》郡が多く、この一帯が菊池氏の本拠であったことはあきらかであるが、その広がりは肥後中央部から球磨《くま》・天草におよんでいる。球磨郡の合志—永里《ながさと》・岡本氏や天草郡の志岐《しき》氏など、あきらかに平安時代にさかのぼる菊池氏系豪族である。これら本拠から遠くはなれた地域への進出は、国衙《こくが》機構の媒介なしには考えにくい。おそらく院政時代に検田使や収納使などの国使《くにのつかい》として諸郡に赴き、国衙の地方支配の中核となり土着していったものと思われる。その前提には、菊池氏が肥後国衙のなかで相当の地歩と実力をきずいていたことがなければならない。政隆が有力な武力保持を条件とする運上物押領使であったこともその一証左である。

菊池氏についていま一つ注目されるのは、四代経宗《つねむね》・五代経直《つねなお》が鳥羽《とば》院武者所《むしゃどころ》だったとされていることである。それは彼らが国衙ないし荘園関係をつうじて、鳥羽院（王家）と結びついていたことをうかがわせる。保元《ほうげん》の乱にさいして、平基盛にとらえられた大和源氏の宇野親治《ちかはる》が、菊池氏にあずけられて山鹿にくだったという伝承の成立も、王家領菊池荘の成立もそのような人的結合から考えられることである。

このような国衙機構内での地歩と中央権力との結びつきをふまえて、平安最末期には隆直《たかなお》が「菊池権守《ごんのかみ》」とよばれ、一国棟梁《とうりょう》的存在として登場する。

中世肥後の武士団のなかで、菊池氏とならぶ大きな位置を占めるのは阿蘇氏である。中世阿蘇大宮司《だいぐうじ》家となる阿蘇氏は、火山神と地域の農業神の合体である阿蘇の神をまつる国造《くにのみやつこ》阿蘇君《あそのきみ》の系譜を引く有力豪族である。阿蘇氏は施入された神封《しんぷう》と開発活動を基盤に、十一世紀後半から十二世紀にかけて阿蘇郡一帯を社領とする荘園制的領知関係をつくりあげ、保延年間（一一三五～四一）には、領家を中院《ちゅういん》右大臣家（源雅定《まささだ》）、本家を安楽寿院《あんらくじゅいん》とする荘園として阿蘇荘が確立した。

さらに十二世紀なかばには、詫麻《たくま》郡の健軍《けんぐん》社と、宇土《うと》郡の郡浦《こうのうら》社を傘下にいれていた益城《ましき》郡の甲佐《こうさ》社が阿蘇社の末社となり、阿蘇社＝阿蘇氏の勢力圏は、阿蘇・益城両郡を中心に飽田《あきた》・詫麻・宇土・八代《やつしろ》の六郡にまたがる肥後中央部に東西に広がる広大な地域を占めるようになった。

一方阿蘇本社では、十二世紀前半までに阿蘇郡内各地の神々を吸収して「阿蘇十二神」が成立、それに応じて大宮司のもとに十二神をまつる一二社と一二人の祝《はふり》、それに行政官的色彩の強い九人の権官《ごんかん》、そして神仏習合の体制に照応する一五人の供僧《ぐそう》、という中世阿蘇社の組織が確立したとみられる（阿蘇品保夫「阿蘇十二神の成立」『日本歴史』四九三号）。この時期には諸国で一宮が成立する。阿蘇本社の場合、名辞的に一宮としてみえるのは十四世紀以降であるが、阿蘇社は肥後の式内四社中の三社を集めた肥後第一の社であり、その造営や大神宝の調進は「一国平均の役」によって行われ、その権威は絶大なものがあった。

このような阿蘇社の位置を背景に、阿蘇氏は十二世紀、大宮司を称すに至り、一大武士団を形成する。大宮司は、一般に神官のトップが武士団の長となったときの呼称である。阿蘇氏の場合、保延三（一一三七）年の史料にみえる大宮司宇治惟宣《うじこれのり》（阿蘇氏の氏名《うぢな》は宇治である）が初見であり、中世最末期の大宮司惟《これ》光《みつ》でおわる。中世の阿蘇氏惣領《そうりょう》は、武士団のトップであった。そして阿蘇社が健軍・甲佐・郡浦社を末社化し、肥後中央部に勢力をのばすことは、とりもなおさず阿蘇氏系武士団の広がりを示すものであった。この時点で、大宮司は阿蘇南郷《なんごう》を本拠とする。現在の阿蘇郡南阿蘇村の南郷谷の中心部に位置する二本木

米原長者と駄の原長者

古代鞠智《くくち》城がおかれ多くの焼米が出土する米原《よなばる》台地（山鹿市菊鹿町）には、米原長者の伝説がある。米原長者は、奴婢《ぬひ》馬牛は千にあまり、菊池谷から山鹿郡の茂賀浦《もがのうら》まで田底《たそこ》三〇〇〇町を経営、毎年ただ一日で田植をおえるのを誇りにしていた。ある年太陽をよび返し、さらに油槽三〇〇〇を日《ひ》の岡《おか》山にそそぎ、その明かりで田植をおえたが、太陽をよび戻した天罰で、その夜火がでて居倉すべて灰燼《かいじん》に帰し、多量の焼米を残した。

一方、駄《だ》の原《はる》（山鹿市鹿央町千田）には、駄の原長者伝説がある。駄の原長者は多くの奴婢を使い、毎日味噌汁を大量につくり、味噌糟《かす》を近くの山に捨てたので山は高くなった。そのため屋敷のあった駄の原の一番高いところを味噌塚とよぶ。その居館は「朝日射す夕日輝く」高台の湧水のある十壺《とんつぼ》山の辺りで、十壺山は長者が黄金を一〇の壺にいれて埋めたところという。

あるとき米原長者と駄の原長者が宝くらべをした。米原長者は、米原台地下から茂賀浦の坂口まで田底三里に黄金の踏石をならべて出で立ち、駄の原長者は、台地の突端に男子二四人を具して出で立った。米原長者には男子がなく、かねがねそれをなげいていたので、これをみて「男子多きこ

❖コラム

そ浦山し」といったところから、この坂口を浦山口というという（『菊池郡誌』）。この点鹿央側の伝承では、米原長者が黄金一二櫃《ひつ》をならべたのに対し、駄の原長者は美しく着飾った娘一二人をならべ、見物人は娘のほうにばかり注目したという。

　米原長者は田底三〇〇〇町という水田経営の長者であるのに対し、駄の原長者はその名が示すように牧野経営によって特徴づけられる。駄の原は古代官道がとおり、広大な牧野は駅馬・伝馬の供給に適し、鹿央町千田には早馬塚という古墳もある。

　米原長者にしろ駄の原長者にしろ、伝説の主要部分はほとんど全国的に分布する類型的な長者伝説であって、そこから多くのことを歴史的事実に引き付けて解釈するのは危険であるが、水田型・牧野型という両者の違いをみいだし、その舞台を、多くの蓄稲・奴婢馬牛の動産所有を特徴として、開墾を積極的に進めていった「富豪の輩《やから》」の活躍する平安前期の社会に求めることはあながちむりではあるまい。

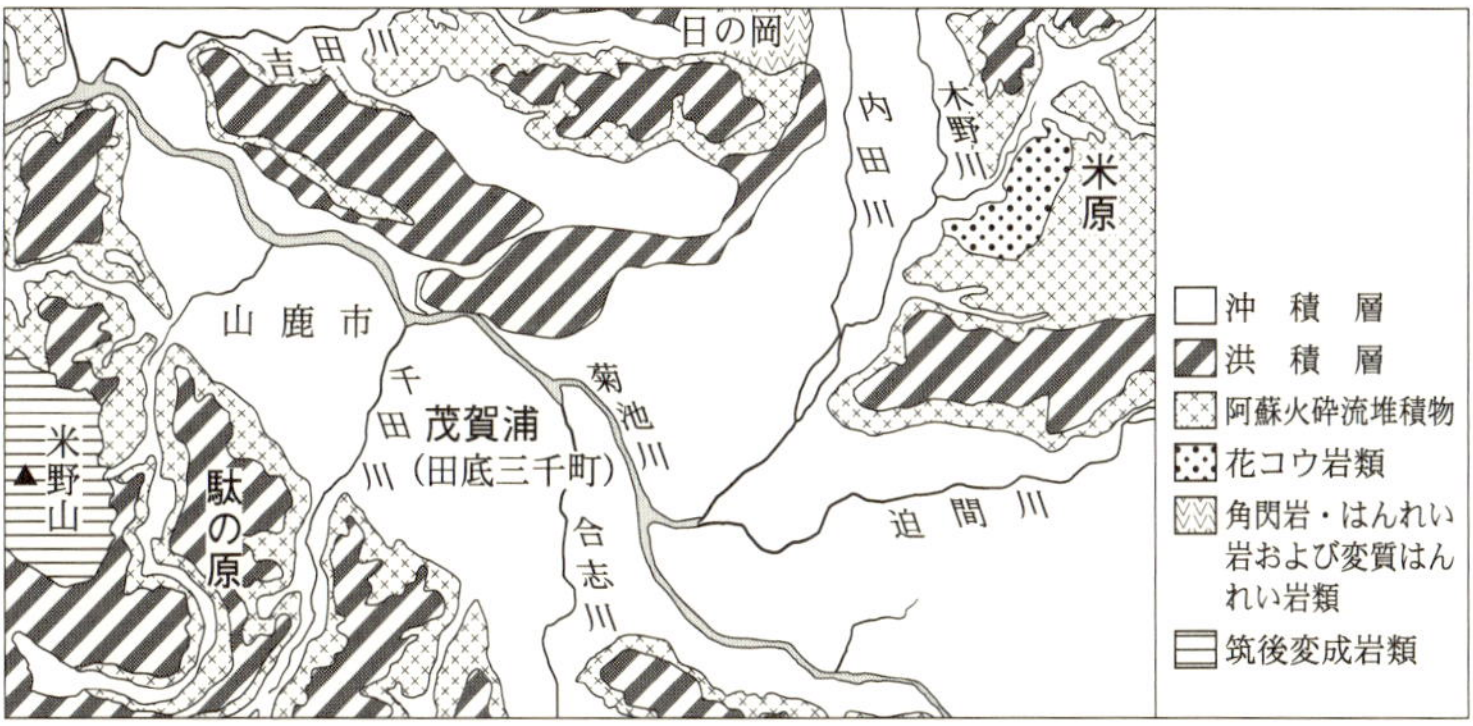

菊池川中流域の地質図　『山鹿市史』別添史料をもとに作成。

前遺跡は、南郷大宮司の当初（鎌倉期）の本拠かと思われる。阿蘇谷よりも南郷谷のほうが、肥後中央部を中心に一国に目配りするのにはるかに好適であった。養和の内乱（八三頁参照）で菊池隆直とともに、一時平家にそむいた阿蘇惟泰《これやす》（安）は、「南郷大宮司惟安」とよばれている。木原氏についてはのちにふれる。

院政期の在地情勢●

白河天皇は応徳三（一〇八六）年皇位を堀川天皇にゆずり上皇となり、天皇の父として政務の実権をとった。それは鳥羽・後白河と三代にわたる院政時代の幕開けであった。院政とは天皇の直系尊族にあたる退位した上皇（院）が、在位中の種々の制約からはなれ、天皇家の家長として自由な立場で朝廷の政治を事実上左右する政治形態で、中世における朝廷の主要な政治形態である。

後三条天皇の延久《えんきゅう》の荘園整理策は白河院政に継承され、摂関家の勢力の抑圧＝院への権力集中が進み、大量の荘園が院に集中することになった。それをふまえてつぎの鳥羽院政期は、院と摂関《せっかん》家も協調関係にはいり、王家・摂関家、そして南都北嶺《なんとほくれい》の大社寺など、それぞれ権門勢家として多くの荘園や知行国をもち、それを院庁《いんのちょう》や政所《まんどころ》など独自の家政機関で管理し、相互に国政上の機能を補完分掌する体制（権門《けんもん》体制）が成立した。院＝治天の君はその頂点にたち、権門間の利害を調整する世俗的王権であった（聖的王権は天皇）。院政期にはじまる種々の「院事・勅事臨時雑役」は、荘園・公領を区別することなく「一国平均の役」として課され、具体的にも象徴的にも王権の発動形態であった。

このような院権力は、とくに西国では国使による国衙支配の強化としてあらわれ、独自の権力基盤の確立をはかる在地諸勢力の動きとあいまって複雑な政治情況を形成していく。

熊本市富合町《とみあいまち》の木原山は別名雁回山《がんかいさん》とよばれる。豪弓で知られる鎮西《ちんぜい》八郎為朝《ためとも》がこの山に陣取ったので、空飛ぶ雁もこの山をさけ迂回《うかい》して飛んだという伝説によるものである。為朝は判官代《ほうがんだい》為義の息子だが、幼少のときから手におえぬ乱暴者で、鎮西に追い下されて阿蘇平四郎忠景《ただかげ》の婿となり、九州の総追捕使《そうついぶし》を自称して乱暴を重ね、九州各国から訴えられた、といわれている（『保元《ほうげん》物語』）。

為朝が本当に雁回山に立てこもった証拠はない。また阿蘇平四郎忠景は薩・隅で武威をふるい、「一国惣領」におよばんとした薩南平氏の阿多《あた》忠景であろうといわれる。九州全体に広がっている為朝伝説の背景には、阿多忠景をはじめとする十二世紀なかば以降各地でおこった局地的争乱があったとみられる。雁回山の為朝伝説の背景となったのは、木原広実《ひろざね》を中心とする反体制活動であったろう。「高野山文書」のなかに、久安二（一一四六）年のものとみられる肥後国から朝廷にだされた反体制活動の取締まりを求める訴状の写がある。前後欠だが、確認される六項目中前半の三項目が木原氏にかかわるものである。

雁回山（木原山）遠景　山麓には九条家領守富荘がある。この地を根拠とする源姓木原氏は，平安末期には菊池氏・阿蘇氏につぐ有力武士団であった。

第一は天養元（一一四四）年末、甘葛《あまかづら》の供御所《くごしょ》である矢部《やべ》山（上益城郡山都町）の専当近包《せんとうちかかね》の宿所をおそい、甘葛を奪い近包を殺害したこと、第二は広実の養子秀実らが、国庁近くの路上で国衙の目代《もくだい》二人と下役二人をおそい、瀕死の重傷を負わせたこと、第三は広実が詫麻西郷の木部保《きべほ》（熊本市御幸《みゆき》木部）と八代北郷豊福保《とよふくほ》（宇城市松橋《まつばせ》町豊福）をおそい、倉庫の大量の公物を奪いとったこと、の三件である。「偏《ひとえ》に国中の乱行、唯広実一人にあり」と非難されている。反体制活動の象徴ともいうべき為朝伝説が、この木原の地に定着した背景には、このような木原氏の活動があったとみられるのである。

この訴状の第四項と第五項は、現在の上益城郡甲佐町の緑川左岸の田口を苗字の地とする菊池氏系豪族田口経延《つねのぶ》・行季《ゆきすえ》父子の濫行《らんぎょう》である。第四項は、康治二（一一四三）年四月三日、行季らが多勢をもって対岸の国衙の役人権介季宗の私領の山手村（上益城郡甲佐町白旗）をおそい、四〇余宇の在家を焼き払い、下役二人を傷つけ、女六人を追い取ったほか、米・籾《もみ》・稲・大豆・塩・絹布など莫大な物資を奪ったことであり、第五項は、行季が久安二年四月、伯父の砥川経盛《とがわつねもり》の死去を機にその本拠砥川（同郡益城町砥川）におしかけ、官物徴収のため現地入りしていた国使の権介近依《ちかより》に瀕死の重傷を負わせ、多量の官物米・稲を奪ったことである。

第四項の山手の地は、国衙の緑川上流への開発拠点として、在庁官人権介季宗が砥川経盛から買得して、膨大な物資を集積していたところであった。砥川・田口氏は同族であり、砥川氏は国衙への協力によって勢力の拡大をはかり、田口氏は反国衙の実力行使によって勢力の拡大をはかったのである。そしてこの山手村にも、「白旗山、里俗伝テ、昔鎮西八郎為朝此山ニ白旗ヲ立テ、武威ヲ近郷ニ震《ふる》ヒシ故名ツクト云」（『肥後国誌』）とあるように、為朝伝説が形成された。

養和の内乱●

東の源氏・西の平家といわれるように、正盛・忠盛以来九州を含む西国は平家の支配が強くおよんだ地域であった。とくに保元三（一一五八）年肥後守、さらに安芸《あき》守・播磨《はりま》守の経歴をもつ清盛《きよもり》がのぞんで大宰《だざい》大弐《だいに》に就任してからはその鎮西経営はいよいよ本格化していった。仁安元（一一六六）年には弟の頼盛《よりもり》が大弐となり、当時の慣例を破りみずから赴任し、熱心に平家の権力基盤の強化にあたった。そして翌二年には清盛は太政大臣となり肥後八代《やつしろ》に大功田を得た。

平家は院権力と密着し、院領（王家領）荘園の領家職や預所職《あずかりどころしき》を占め、南九州では日本一の大荘園島津荘の現地管理権を掌握したほか、知行国主や受領《ずりょう》として大宰府や国衙機構を動かし、多くの「院—平家」領を創出していった。それは在地の有力武士団に、全面的に平家支配をうけいれその爪牙《そうが》となるか、反抗して地域棟梁《とうりょう》化の道をとるか、の二者択一をせまった。前者の代表が府官系武士団大蔵氏の棟梁原田種直《たねなお》であり、後者の代表が肥後の菊池隆直《たかなお》である。

「鎮西の賊菊池権守隆直」を中心とする「筑紫《つくし》の反乱」（『玉葉《ぎょくよう》』）は、治承四（一一八〇）年秋、伊豆《いず》における頼朝《よりとも》の挙兵とほとんど同時期にはじまり、養和二（寿永元＝一一八二）年まで二年半余におよび、一時は平家の九州支配の拠点大宰府まで攻めのぼる勢いだった。

この内乱は、一般に『吾妻鏡《あずまかがみ》』『平家物語』『源平盛衰記』によって構成されたつぎの『歴代鎮西要略』の記事（要旨）によってイメージされている。

肥後国住人菊池隆直とそれに与する南郷大宮司惟安・木原次郎盛実ら、それに豊後の緒方惟能《おがたこれよし》とそれに与する大野六郎家基・高田次郎隆澄・長野太郎・野中次郎らは、源家に属し、大津山の関（玉名郡南関《なんかん》町)に相会し、大宰府にせまった。平家方は原田種直が九州軍士数千をもってこれを追い、菊池の本拠を攻めたが攻略しえず、平家は追討使平貞能を下向させてこれを圧伏し、以後菊池も平家方に組みこまれた。

隆直に同意与力の輩《やから》は、南郷大宮司阿蘇惟安《これやす》・木原次郎盛実という、当時菊池氏につぐ二大武士団を含むものであった。隆直は一国棟梁とでもいうべき存在となっていたのである。

しかし内乱の実態は『歴代鎮西要略』の記事とはかなり異なる。この内乱は源家に属したものではなく、自生的内乱であったし、肥後勢と豊後勢の合同というのも実態ではない。ここには養和の内乱と寿永二(一一八三)年十月九州におちた平家を緒方惟能《これよし》ら豊後勢が中心となって攻撃した二つの大宰府攻撃が混同して描かれている。

反乱は翌治承五年初めには「高(隆)直余勢数万に及ぶ」といわれ、容易に鎮圧できず。四月十四日には平家の強い推挙で原田種直が大宰少弐に補され、隆直追討の宣旨《せんじ》がだされた。そして七月ようやく追討使平貞能の派遣が決まった。貞能はその年の末九州に着き、翌年初め肥後に攻め込み、「国務を押取り」兵糧米と称し「水火の責」を行った。隆直は四月に至り降参し、阿蘇・木原などの諸勢力も平家方に編成された。しかし隆直は最終的には平家と運命をともにしなかったようである。寿永二年義仲に都を追われ、安徳《あんとく》天皇を奉じて九州におちた平家を緒方惟能らが大宰府に攻撃したとき、隆直は平家のための逃げ道として大津山の関をあけるということで、平家の許可を得て肥後に引きあげてしまったという(『平家物語』など)。隆直が平家方の「張本の輩」の一人とされつつも(『吾妻鏡』)、菊池氏が鎌倉幕府のもとでも有力御家人として存続しえたのも、その辺りの事情からきているのかもしれない。

ところで隆直の反乱は、これより少し前、薩・隅で「一国惣領」といわれるほどの猛威をふるった阿多忠景の反乱に続く、一国棟梁をめざすものであった。しかしそれは平家の鎮圧によって挫折《ざせつ》した。養和の内乱は結果的には中央権力（鎌倉幕府）による九州、とりわけ肥後支配のための地ならしの役割をはたしたのである。

2 武家政権の成立と荘園公領

鎌倉幕府体制の成立●

治承四（一一八〇）年八月伊豆《いず》で挙兵した源頼朝は、またたくまに南関東を押さえ、十月六日には父祖ゆかりの地鎌倉にはいり、鎌倉幕府を発足させた。諸国で反平家の兵乱があいつぎ、京都では未曾有の大飢《き》饉《きん》のなかで翌年閏《うるう》二月独裁者清盛は没した。

寿永二（一一八三）年木曽義仲は北陸道を制覇して入京、平家は安徳天皇を奉じ九州におちた。後白河法皇は鎌倉にあって東国支配をかためていた頼朝に東海・東山両道の実質的支配権をあたえた（十月宣《せん》旨《じ》）。その後平家は、義仲と頼朝の代官範頼《のりより》・義経《よしつね》の戦いのあいだに摂津《せっつ》一《いち》の谷《たに》まで戻り京都をうかがったが、義経の奇襲をうけ一の谷そして屋島《やしま》の戦いにやぶれ、元暦二（文治元＝一一八五）年三月二十四日壇浦《だんのうら》に滅んだ。

平家滅亡後、義経をとりたて頼朝に対抗させようとする後白河法皇は、十月十八日義経・行家《ゆきいえ》に頼朝追討の院宣をあたえ、十一月三日義経は九国地頭、行家は四国地頭に任命され西国におちる。そして十一月二十四日北条時政《ほうじょうときまさ》が兵を率いて入京、逆に頼朝に義経・行家追討の院宣がくだされ、二十九日頼朝は「日本国総追捕使・同総地頭」に補任される。いわゆる守護・地頭の設置（文治勅許）である。頼朝はただちに廟堂の改革を要求、九条兼実が摂政《せっしょう》となった。頼朝はこれをもって「天下草創」と称している。そして文治五年には、南は薩摩に至る全国の武士を動員して義経をかくまった奥州藤原氏を滅ぼし、翌建久元（一一九〇）年末には、はじめて上洛し法皇にあい、権大納言《ごんだいなごん》・右近衛大将《うこのえたいしょう》に任じられた。そして建久三年三月の法皇没後、七月には待望の征夷《せいい》大将軍に任じられた。以上が頼朝挙兵から名実ともに鎌倉幕府成立までのごく大雑把な経過である。

ところで文治勅許の内容は、国ごとに守護を、荘園や郷・保（国衙領）に地頭をおくという、のちに幕府支配下で定着した事態と異なり、義経らの追捕のため、「荘公下職」つまり在庁官人や荘官ら在地領主を総体的に指揮し、兵糧米を徴するのみならず、田地の知行権までもつ「国地頭」を全国的に設けることであった。それは事実上の行政権の掌握にまでおよぶような強力な権限であり、時政の畿内《きない》七カ国地頭職をはじめ、有力御家人によって分掌された。天野遠景が九国地頭に補された。遠景は平家とともに滅んだ岩戸少卿《しょうけい》（大宰少弐）原田種直のあとをうけ、事実上大宰府を管掌した。

国地頭は朝廷・公家の存立基盤を否定しかねないものであったから、その反対も強かった。頼朝は義経追捕が長期化するなかで、翌年二月ごろから譲歩をはじめ、六月にはこれを廃止、地頭設置も平家没官領《もっかん》と謀反人（義経・行家）跡に限定され、国には守護、一部の荘園・公領に地頭という鎌倉幕府の守護・地頭制が定着していく。そのさい九州はとくに「帥《そち》の中納言の沙汰《さた》」、つまり大宰権帥藤原経房《つねふさ》の支配とされ、行政権は遠景の手からはなれ、遠景は軍事統率機能を中心とする大宰府守護所の長官として権限を限

鎌倉時代の肥後守護

氏　　名	年次・期間	確認資料
大友能直	建久8？～？	英彦山神宮三所権現懸仏銘
名越(北条)時章	？～建長5・9見～文永9	詫摩文書
少弐資能	？～建治元年末	梵綱戒本疏日珠鈔
安達泰盛(守護代盛宗)	建治元年末～弘安8・11	石清水田中家文書
得宗(北条氏家督)	弘安8・11～正応5・10・五見～？	東寺百合文書
北条兼時	正応6・5・11	阿蘇家文書
金沢(北条)実政	永仁6～正安2・8・26見	〃
〃　政顕	延慶3・2・29見	実相院文書
規矩(北条)高政	嘉暦2・5・10見～元弘3	相良家文書

佐藤進一『鎌倉幕府守護制度の研究』，村井章介「蒙古襲来と鎮西探題の成立」『史学雑誌』87—4などを参照して作成。

定明確化された。

文治勅許以後、平家与同の張本の輩や義経方についたものの所領没収、有功の東国武士への新恩地給与、一般の在地勢力の本領安堵《あんど》（御家人化）が進められた。肥後の平家与同の張本は菊池隆直と南郷大宮司惟安（泰）であった。隆直は一国棟梁的存在であったから、処分の影響も大きかった。隆直の所領で没官されたと思われるのが山本荘と鹿子木《かのこぎ》荘で、その権限はそれぞれ幕府の有力な文官吏僚の大江広元・中原親能《ちかよし》に継承されたとみられる。

幕府の地方支配は、個々の在地勢力の御家人化と、旧来の国衙の行政機構の掌握を二つの柱としていた。九州の場合、旧来の行政機構をになっていた在地勢力は総じて平家方に編成されていた。したがって、これを否定してしまうと行政機能が麻痺《まひ》してしまうので、張本の輩をのぞき彼らを安堵して御家人化した（国御家人）。そして彼らを統制するために後述の守護を加えて、いく人かの国御家人の所領を含む広域所領を対象に、有功の東国御家人に地頭職をあたえた。前者を小《こ》地頭、後者を惣《そう》地頭という。肥後では神蔵《かみくら》荘（詫麻《たくま》郡）・鹿子木荘（飽田郡）の詫磨氏（大友氏庶流）や球磨郡人吉《ひとよし》荘などの相良《さがら》氏、野原荘（玉名郡）の小代《しょうだい》氏などが惣地頭であり、阿蘇本末社領の預所職を得た北条氏も同様の存在であった。そして小地頭は惣地頭の「所堪《しょかん》」（指導統制）にしたがうことを求められた。両者の対抗関係は鎌倉期九州の政治的情況の基本的特徴の一つであったが、一般的に惣地頭は幕府権力を背景にしだいに小地頭の権限を奪っていった。鹿子木荘の地頭詫磨氏・安芸《あき》氏とその内部の山室《やまむろ》氏・長浦氏・大窪《おおくぼ》氏・井芹《いせり》氏などの関係がそうであり、阿蘇本末社領の預所北条氏と阿蘇一族、球磨の関東御領の預所大江氏と須恵《すえ》・平河氏などの関係もそれに準ずるものであった。

幕府の国ごとの支配の中核は守護である。守護は一国の大犯の取締まり権と御家人の統括権をもつ。九州では建久六（一一九五）年まで九国地頭に由来する天野遠景の九国守護が確認され、建久八年末には惟《これ》宗《むね》（島津）忠久が薩摩・大隅《おおすみ》の「家人奉行人」（守護）に補任されている。明証はないものの、古くから伝えられているように筑前・肥前・豊前と壱岐《いき》・対馬《つしま》のいわゆる三前二島の守護に武藤《むとう》（少弐）氏、筑後・肥後・豊後の三国守護に大友能直が補任された可能性が強い。ちなみに英彦《やひこ》山神宮三所権現懸仏《ごんげんかけぼとけ》には「大檀那《おおだんな》左衛門尉能直三箇国守護」の陰刻がある。島津・武藤・大友の三氏はいわゆる九州三人衆として

在地領主の浮沈

鹿子木東荘内の現熊本市打越町永浦《ながうら》を苗字の地とする在地勢力長浦九郎遠貞《とうさだ》（法名行西《ぎょうさい》）は、嘉応元（一一六九）年と治承二（一一七八）年の二回、あわせて五九町余の田地を、藤崎宮神官の三郎丸と紀行近《きのゆきちか》から買得した。しかしまもなくはじまる内乱（源平争乱）のなかで、その保持は困難であった。彼は長浦一六町余を菊池永富《ながとみ》に寄進、さらに建永元（一二〇六）年橘《たちばな》村・神田《しんでん》村など

❖コラム

の田地を大友能直《よしなお》に譲進した。菊池永富は、かねて鹿子木荘にも権限をもっており、一国棟梁的存在であった菊池隆直の仮名とみられる。遠貞はその保護下にはいろうとしたのである。しかし隆直は平家にしたがい、その滅亡後は幕府から「張本の輩」として所領の多くを没収され、その保護下の遠貞の権利も失われ、遠貞は存亡の危機を迎えた。

幕府の九州政策は、平家与同者でも張本の輩以外は安堵し（小地頭）、そのうえにより広域的に東国御家人を配し惣地頭とするものであった。遠貞も菊池への寄進分以外は没官をまぬがれたものの、早急に安定した立場をきずくことが必要であった。肥後の守護で鹿子木東荘にも権益をもつ大友能直への譲進は、そのための措置であった。

しかしこれが没落のはじまりだった。能直はこの所領を「五郎丸名」とし、貞応二（一二二三）年子息詫磨能秀にゆずり、翌年幕府の安堵の下文を得、遠貞の子の遠秀（法名西願《せいがん》）は代官職を宛《あて》行《が》われた。こうして長浦氏の現地管理権は一応保持されたが、遠秀が能秀の代官となったことは、その立場を曖昧《あいまい》にすることであった。

長浦氏の没落は以外にはやかった。建長五（一二五三）年遠貞の孫秀元は、能秀との訴訟にやぶれその権利を喪失する。この訴訟で秀元が御家人であるか否かが争われている。遠貞の譲進により、長浦氏は詫磨氏の代官になってしまった。代官となればもはや御家人でもなければ小地頭でもない。八月二十七日判決の関東下知《げち》状がだされ、秀元は道理のない主張をしたとしてしりぞけられ、能秀の全一的な領知権が確認された。以後長浦氏はいっさい史料に登場しない。いつの時代も変革期の去就はむずかしい。

その後の幕府の九州支配の要《かなめ》の役割をはたすことになる。

建久十年一月、鎌倉殿頼朝が没すると、混乱のなかで幕府の実権は頼朝の舅《しゅうと》北条時政、ついで頼朝未亡人政子とその弟義時に握られた。一方京都では親幕府公卿《くぎょう》が一掃され、頼朝没後の幕府の混乱を倒幕の好機とみる後鳥羽上皇は、承久三（一二二一）年五月義時追討の院宣を発した。しかし東国武士の結集の前にあえなく敗北、後鳥羽上皇は隠岐《おき》に配流《はいる》され、多くの没官領にあらたに地頭がおかれ、幕府の西国支配が強化される一方、朝廷の力は一挙に失墜した（承久の乱）。この乱で京方についたもののなかに菊池氏惣領隆能が含まれていたらしい。弘和四（一三八四）年の年紀をもつ「菊池武朝《たけとも》申状」には、「後鳥羽院の御代承久合戦の時、先祖隆能大番役《おおばんやく》として叔父二人を進め置くにより、院宣に随《したが》って進み戦い畢《おわ》ぬ、それに就《つ》いて当家の本領数箇所、平義時の為に没倒され畢ぬ」とある。しかし「没倒」された所領がどこかも、菊池氏以外の肥後の勢力の去就もわからないし、明確な新補地頭の抽出もできない。ほかの西国一般にくらべ九州の承久の乱とのかかわりは比較的軽微だったのではなかろうか。

乱後京都に六波羅探題《ろくはらたんだい》がおかれ、朝廷の監視と西国の裁判を管轄した。元仁元（一二二四）年に義時、翌年大江広元・北条政子があいついで世を去り、義時のあと執権となった泰時《やすとき》は連署《れんしょ》をおき評定衆《ひょうじょうしゅう》による合議体制をつくり、さらに貞永元（一二三二）年には御成敗式目《ごせいばいしきもく》を制定した。承久の乱の勝利で幕府の基盤が西国に拡大され、政子や広元も没し、頼朝との人格的な関係で結ばれていた有力御家人の世代替りも進み、組織だった政治体制と政務の基準となる法制度が必要になったのである。

御成敗式目は、武家社会の慣習と道理にもとづき、京都の公家政権との裁判管轄の区分、守護・地頭の権限、御家人所領の保全、訴訟手続などを定めたものである。それは律令格式《りつりょうきゃくしき》以下の公家法を否定するものでも荘園制社会を否定するものでもなかったが、その制定自体、法の世界の独立宣言であった。法は権力によって裏付けられてはじめて効力をもつ。承久の乱を経て、幕府の力量が完全に朝廷を圧倒していく現実のなかで、幕府法の法圏が拡大し、その対象が公家社会や非御家人にまで広がっていくのは当然のなりゆきであった。それは地方における東国御家人の支配権の増大をもたらしていった。

北条氏中心の執権政治の確立は、北条氏の対抗馬の有力御家人の排除によって進められ、得宗《とくそう》専制へとつながっていく。

肥後の荘園公領制●

肥後の荘園公領制の特徴は、王家領荘園の圧倒的存在である。それは筑後・肥前・肥後の西九州の三国の特色であるが、肥後ではとくに巨大な王家領の郡名荘《ぐんめい》がきわめて多い。王家領以外では大宰府安楽寺（天満宮）領の荘園が多いが、玉名荘が一〇〇町を超えるほかはいずれも数十町程度で、巨大な王家領郡名荘のなかに小島のように点在しているにすぎない。

肥後の荘園でもっとも有名なのは、その成立と伝領の由緒を記す「鹿子木荘《かのこぎ》条々事書《ことがき》」で寄進地系荘園の典型とされてきた鹿子木荘（熊本市北部）である。しかしこの史料は鎌倉末期の永仁年間（一二九三～九九）に、蒙古合戦の戦勝祈禱報賽《きとうほうさい》としての神領回復運動に連動した徳政＝本主権回復の風潮に乗じて、開発領主権の継承を主張する東寺が、訴訟にさいして提出した、透明な論理につらぬかれたきわめて論争的な文書であることがあきらかになった。その結果、長く定説化していた開発領主権の強大さを主張する「職権留保・上分寄進」の荘園像は大きく修正された。しかも「開発領主」の沙弥寿妙《しゃみじゅみょう》や寄進者である孫の高方《たかがた》が、在地勢力ではなく、中央の受領層であることも判明した。

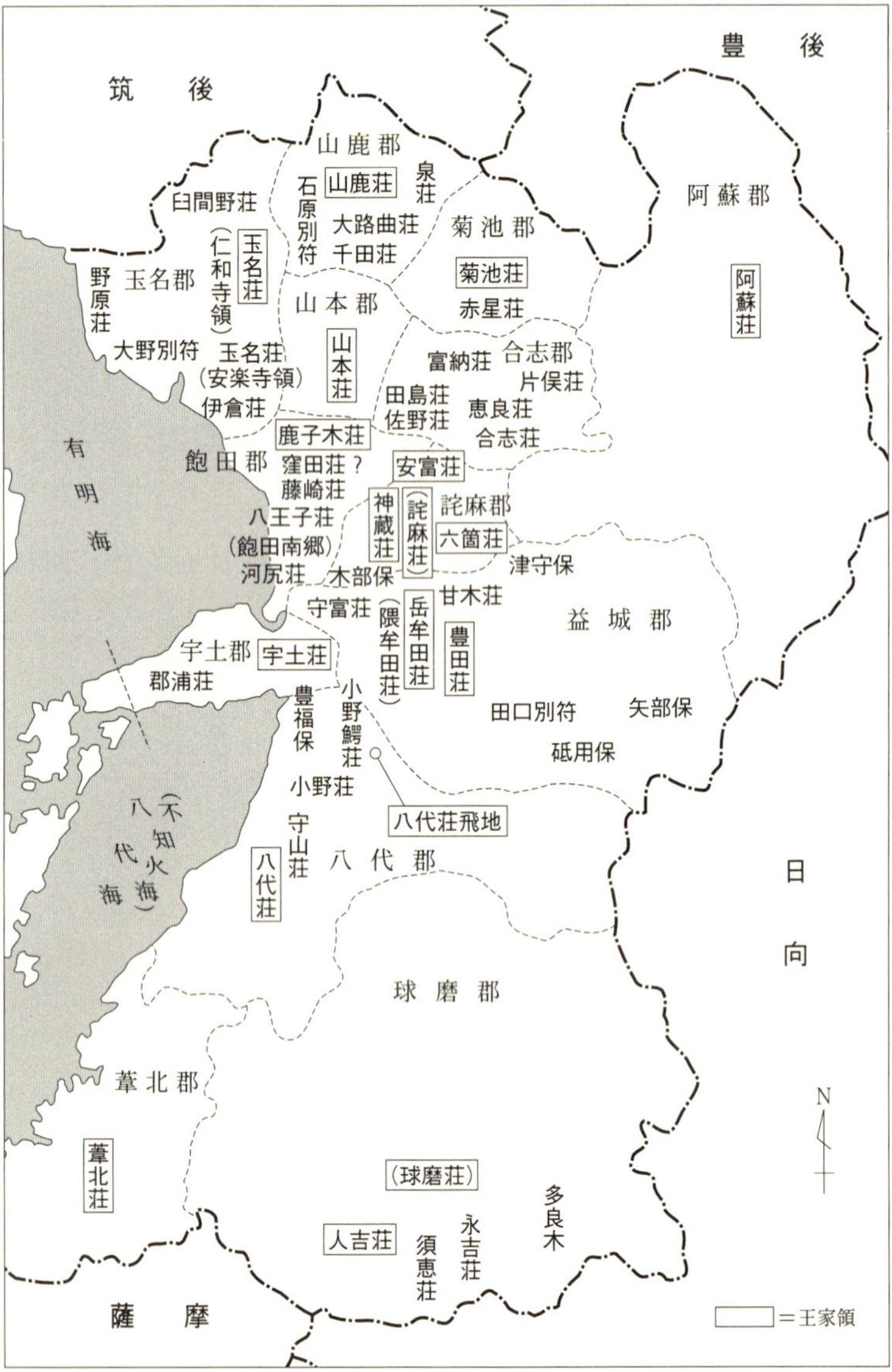

肥後の荘園分布(鎌倉前期)

肥後最大の王家領荘園は、現在の山鹿市域から玉名市域に広がる山鹿荘である。「本主」は壱岐守能高で、その子能輔《よしすけ》が寛治六（一〇九二）年白河院皇女六条院（郁芳《いくほう》門院媞子《ていし》）に近侍する尼蓮妙《れんみょう》を介して立券、同院没後その廟所としてたてられた下醍醐《しもだいご》の無量光院の料所とされた。同荘は山鹿南・北、玉名東・西の四カ郷の公田を加えて拡大し、久安元（一一四五）年当時には田地一四〇〇町、畠四〇〇町を超えていた。鳥羽院はその一部（田五〇〇町・畠二〇〇町）を孔雀明王堂《くじゃくみょうおうどう》（のちの仁和寺仏母院《にんなじぶつぼ》）の料所に割き分け、それは平安最末期に仁和寺領玉名荘となった。

鹿子木荘も山鹿荘も「開発領主」や「本主」が、現地の勢力ではなく中央の受領層であり、彼らの院権力との結びつきを背景とする在地諸勢力への働きかけによって、巨大な王家領荘園が成立したのであった。

いま一つの王家領のタイプは、平安最末期に院と平家の結びつきのもとで成立した荘園で、郡名荘の球磨荘や詫麻荘がその典型である。この二つの荘園は平家の全盛期、国司や在地勢力との連繫《れんけい》によって政治的に設定された半不輸《ふゆ》の王家領郡名所領である。球磨荘は一郡全体が、院・平家・国衙の共同所領であり、幕府成立後の建久三（一一九二）年に、王家領（八条院領）人吉荘六〇〇町、関東御領（永吉荘・須恵荘）五〇〇町、それに公領九〇〇町に「片寄《かたよせ》」された。詫麻荘も建久五年片寄せされ、長講堂領安富《やすとみ》荘（詫麻本荘）、最勝光院領神蔵《かみくら》荘（詫麻新荘）が成立した。この両郡の場合、平家主導で荘園化されたものであったから、幕府成立によって荘園公領の枠組みにまでおよぶ改編がなされるに至ったのである。

建久八年、九州ではいっせいに幕府の命令で図田《ずでん》帳が作成された。いわゆる建久図田帳である（さきの球磨郡の片寄せ後の状況はそこに示されたものである）。それは九州における荘園公領制の確立を示すものであった。

3 蒙古襲来と社会の転換

蒙古合戦と肥後の武士たち●

ユーラシアにまたがる巨大な帝国をつくりあげたモンゴルのチンギスハンの孫フビライ（元の太祖）は都を大都（北京）におき、東アジアの完全制圧をめざした。

文永五（一二六八）年初め、フビライの命をうけた高麗《こうらい》の使者藩阜《はんぷ》が大宰府《だざいふ》に着き、軍事的威嚇を背景に修好をせまった。幕府は返事をせず、文永八年には再度の高麗使に続き、蒙古人趙良弼《ちょうりょうひつ》が、一〇〇人の従者をつれ来航し入貢をせまったが追い返され、蒙古の来襲は必至の情勢となった。幕府は九月十三日鎮西《ちんぜい》に所領をもつ御家人に現地下向を命じた。それは宝治合戦で野原荘（荒尾市域）の地頭職を得ていた武蔵《むさし》国の小代重俊《しょうだいしげとし》の子息などにも届けられた。これを契機にかなりの東国武士が九州に下向した。

文永十一年三万九〇〇〇の元の征東軍は対馬・壱岐・平戸・鷹島《たかしま》を冒し、十月十九日朝大挙して博多湾にはいり、二十日早朝から上陸、博多に結集した九州の武士たちとのあいだで激戦が展開された。肥後からも菊池・詫磨・相良《さがら》・小代以下多くの武士が参戦した。なかでも菊池武房や詫磨頼秀などの活躍は著しかったが、日本軍は元軍の集団戦に圧倒され、夕刻には本営の大宰府に近い水城《みずき》まで退却した。しかし元軍も追撃をあきらめ軍船に引きあげたところ、夕方からの風雨は暴風雨となり、一夜にして多数の軍船が難波、前日の戦とあわせ元軍の死者は一万三〇〇〇にのぼったという。

元軍の敗退が京都に伝えられたのは十一月六日であった。京都も鎌倉も騒然としていた。非常事態のなかで幕府はきわめて重大な指令を発した。十一月一日付で中国以西の国々の守護に対し、御家人以外の「本所一円地の住人」の動員を命じ、軍功あれば彼らにも恩賞をあたえることとした。これは御家人および御家人領のみを支配の対象とする幕府支配の原則から大きくふみだすものであった。

元の再来襲は必至だった。建治元（一二七五）年杜世忠《とせいちゅう》が宣諭《せんゆ》日本使として来航したが、鎌倉に送られ竜《たつ》の口《くち》（神奈川県藤沢市）の刑場で斬られた。幕府は二つの対策をたてた。第一は異国（高麗）征伐の軍を発すること、第二は博多湾岸一帯に石塁をきずくことである。これに伴い、京都大番役を在京武士にゆだね、西国武士を異国警固に専念させることにした。また九州の守護を大幅に更迭《こうてつ》した。肥後でも少弐資能《しょうにすけよし》にかわり執権北条時宗《ときむね》の舅《しゅうと》安達泰盛《あだちやすもり》が守護となり、子息盛宗《もりむね》が守護代となった。

高麗遠征計画はこの年の末に公表され、少弐経資《つねすけ》を司令官に九州軍士をもって翌年四～五月に実施すべく、三月までに動員可能な兵力とその算定基準となる所領内容を守護をつうじて注進させ、四月中旬に博多に結集させる計画であった。これに応じた肥後北部の武士たちの報告書の裏紙を用いて『筥崎《はこさき》八幡宮御神宝記』が作成され、大友頼泰から筥崎宮に奉納された。これが今日伝えられ、それによってこの軍勢注進の実態を垣間みることができる（次頁表参照）。

注進命令は、幕府→少弐経資→肥後守護代→受給者の形でなされ、そのとりまとめは「押領使河尻兵《ひょう》衛尉《えのじょう》」が行っている。河尻氏は当時北条氏と密着し、国衙の在庁官人から守護所の有能な役人として登用されていたのである。注進状の一つに鹿子木西荘下村の名主《みょうしゅ》（小地頭）井芹西向《いせりさいこう》のものがほぼ完全な形で残っている。前半部分では、西向は同東・西荘に二六町六段《たん》三丈の所領（「井芹図田」）をもっていたが、東荘の大窪の所領のうち五町四段は闕所《けっしょ》として召し上げられ大窪四郎兵衛尉にあたえられ、一町三段一丈

「筥崎八幡宮神宝記紙背文書」にみえる肥後の人物たち

人名	在所および身分
築地諸太郎隆能	玉名郡築地が苗字の地か
菊池九郎高時(法名導空)	菊池中西郷地頭か
僧定愉	窪田荘(現，熊本市西里付近か)預所
河尻兵衛尉	飽田南郷河尻地頭，押領使
左衛門尉頼房，同子息	不明
僧某	不明
寺原後家尼	鹿子木東荘寺原(現，熊本市壺川・坪井付近)地頭か
持蓮	鹿子木東荘惣公文後裔か
左衛門尉菅野兼保	千田荘重富名地頭
(某)	千田本荘(現，山鹿市鹿央町千田)地頭
左兵衛少尉貞□	不明
井芹秀重(法名西向)	鹿子木西荘井芹(現，熊本市花園5丁目付近)小地頭
西向妹女子某	
嫡子越前房永秀	
子息弥五郎経秀	
親類又二郎秀尚	
孫二郎高秀	
大窪四郎兵衛尉	鹿子木東荘大窪(現，熊本市大窪)地頭か
右衛門尉宗平	肥後国執行代
藤原重行	久米(現，菊池市泗水町)預所
北山室尼真阿	北山室(現，熊本市山室)地頭
子息三郎光重	
婿久保二郎公保	久保(現，熊本市山室字窪)が苗字の地か
千原兵藤太入道沙弥新仏	不明
小川殿	鹿子木東荘地頭か
沙弥西念(太郎八郎)	鹿子木東荘小川殿代官
藤原秀村(ミのへ殿)	不明
藤原(大屋野)保□	天草郡大矢野
式部房	益城郡味木荘ミなミさんまい

『新熊本市史』通史編第2巻中世による。

は、当国執行代《しぎょうだい》右衛門尉宗平に押領された、さらに東荘の孫二郎高秀の知行地八町のうち四町二段も大窪四郎兵衛尉に押領され、結局西向と孫二郎高秀の実際の知行分は、それぞれ一町三段二丈、三町八段である、と報告している。領有の実情を報告し、賦課の軽減をはかるとともに、みずからが御家人であることを主張し、没収・押領分の回復をも意図したのであった。彼ら名主層はずっと東国御家人である惣地頭に圧迫されており、幕府による軍勢注進の命令は、彼らが幕府公認の位置を占めるための自己主張(保全)の機会でもあったのである。

注進状の後半部には西向の準備できる兵力が書かれている。「弓箭兵杖《きゅうせんへいじょう》」の軍勢は、西向家と庶家の孫二郎高秀家の二家よりなり、老齢の西向にかわる嫡子永秀、その子経秀、親類秀尚(所従二人)と、庶家の高秀(所従一人)の計七人である。また九条家領窪田荘の預所定愉《じょうゆ》は、三五歳で郎従一人・所従三人・乗馬一疋《ぴき》・鎧《よろい》一両・腹巻一両・弓二張・征矢《そや》二腰・太刀を報告している。地方の小領主たちがととのえうる軍勢・軍備は、一〇人にも満たない程度のものであった。

一方石築地《いしついじ》の築造は建治二年三月からはじめられた。高麗出兵と石築地築造の同時遂行は到底困難ということで、遠征計画はとりやめとなった。石築地建設は博多湾岸の香椎《かしい》から今津まで、地区を定めて国ごとに九州の領主たちに保有田数に応じて割りあ

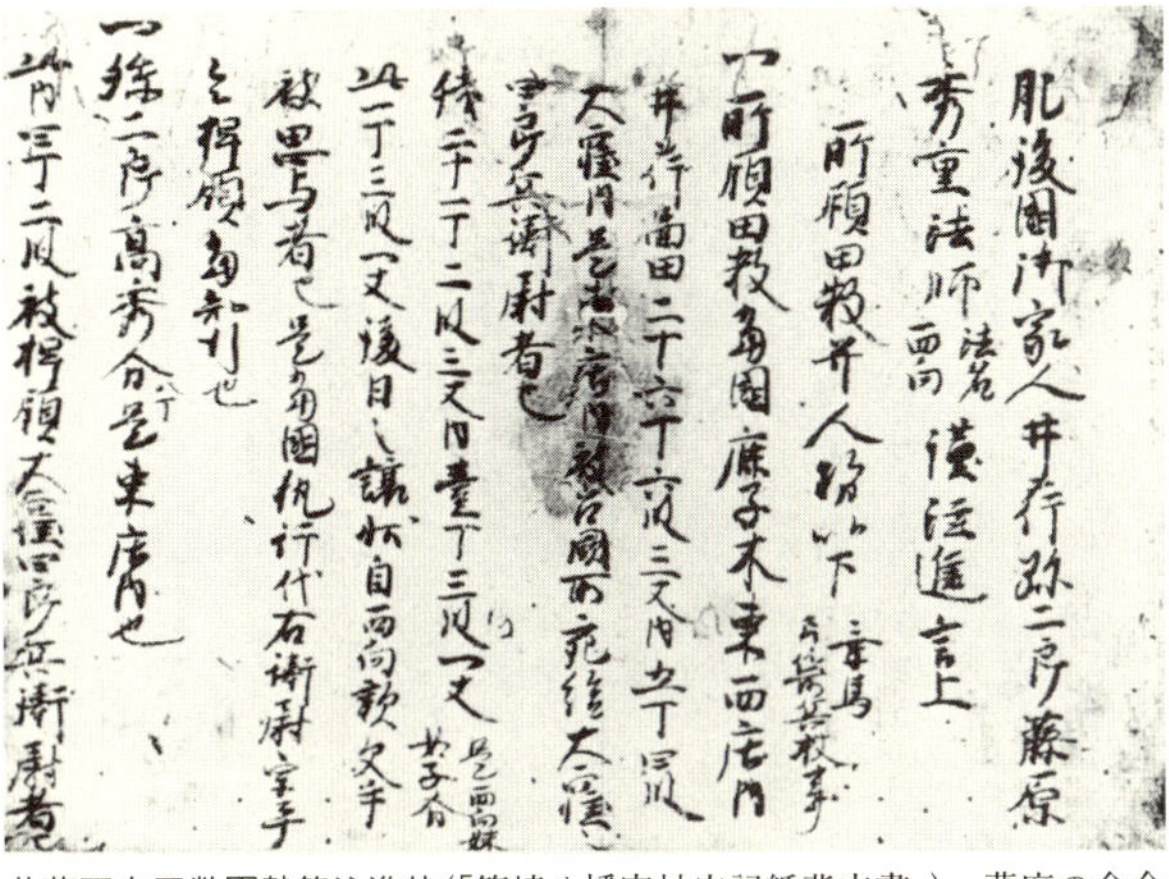

井芹西向田数軍勢等注進状(「筥崎八幡宮神宝記紙背文書」) 幕府の命令で高麗遠征のため出兵可能な兵力などを報告したもの。井芹西向は鹿子木西荘の小地頭(在地領主)。

てられた。大隅国の場合、田地一町について一尺である。その基準でいくと、さきの井芹氏の場合約一五町であるから約四・五メートルとなる。築造は守護の統括下に国ごとに進められ、約一年で一応完成した。そしてそれぞれの担当部分が異国警固の持場とされ、六カ月交替で勤務した。肥後の武士たちの持場は生《いき》の松原（福岡市西区）で、『蒙古襲来絵詞《えことば》』には生の松原の石築地に陣取る菊池武房らの前をとおる竹崎季《すえ》長《なが》主従の姿が描かれている。

建治二年一月、首府臨安《りんあん》はおち、三年後南宋は滅びた。元は南宋軍を動員できることになった。世祖（フビライ）は南宋の名による「宋朝の牒状《ちょうじょう》」を送り入貢をせまった。しかし使者は博多で斬られ、弘安四（一二八一）年世祖は日本再攻を命じ、忻都《ひんと》・洪茶丘《こうさきゅう》の率いる東路軍九〇〇艘・四万人は、六月三日博多湾にはいった。しかし防塁に拠る日本軍にはばまれ、一旦壱岐沖にしりぞき、到着の遅れた江南軍を待ち、七月二十七日鷹島沖に移動した。ところが八月一日前夜からの風雨は大嵐となり、兵船は難破し数万の軍兵が波に飲まれた。今度は台風だった。日本軍は残った軍船に掃討戦《そうとうせん》を展開し、竹崎季長や大矢野種保・種村兄弟、西郷隆政らの奮戦のようすが『蒙古襲来絵詞』（口絵参照）に描かれている。

竹崎季長と『蒙古襲来絵詞』●

蒙古合戦の勇士竹崎季長、彼の名は蒙古合戦の無二の史料『蒙古襲来絵詞』とともに不朽のものとなった。『蒙古襲来絵詞』は季長の人生のハイライトである文永・弘安の二度の蒙古合戦、そしてはるばる鎌倉まで出かけて念願の恩賞を得た事情を記録した絵巻物の逸品である。

彼は肥後国竹崎（宇城市松橋町《まつばせ》）を苗字の地とする国御家人であり、菊池氏の庶流であったとみられる。若くして兵衛尉《ひょうえのじょう》を名乗り、烏帽子親《えぼしおや》の三井《みつい》新左衛門季成《すえなり》が、幕府評定衆で長門《ながと》国守護二階堂行忠《にかいどうゆきただ》の代官

（守護代）であったことなどからみて、かなりの雄族の出であったとみられるのである。

しかし彼が文永の役に参戦したときはわずか五騎、その後恩賞を求めての鎌倉への旅では、馬具などを売って路銀をつくり、したがうのは中間《ちゅうげん》二人という「無足」の状況であった。彼は「ほんそ」（本領についての訴訟）にやぶれ、一族のなかで孤立していた。文永の合戦において、寡兵をもって無謀な先駆けを試み、目的を達せねば出家して帰らぬという悲壮な覚悟ではるばる鎌倉までの旅につくという、すさまじいばかりの恩賞獲得への執念もそこから理解される。

建治二（一二七六）年十月、季長は辛苦の末恩賞奉行の安達泰盛によって勲功を認知され、本貫の地に近い海東《かいとう》郷（宇城市小川町）の地頭職をあたえられ、翌年正月帰国するとただちにここに入部した。

海東郷は肥後二宮甲佐《にのみやこうさ》社領で、地頭職はそれまで北条氏の手にあったものを分与されたものとみられ

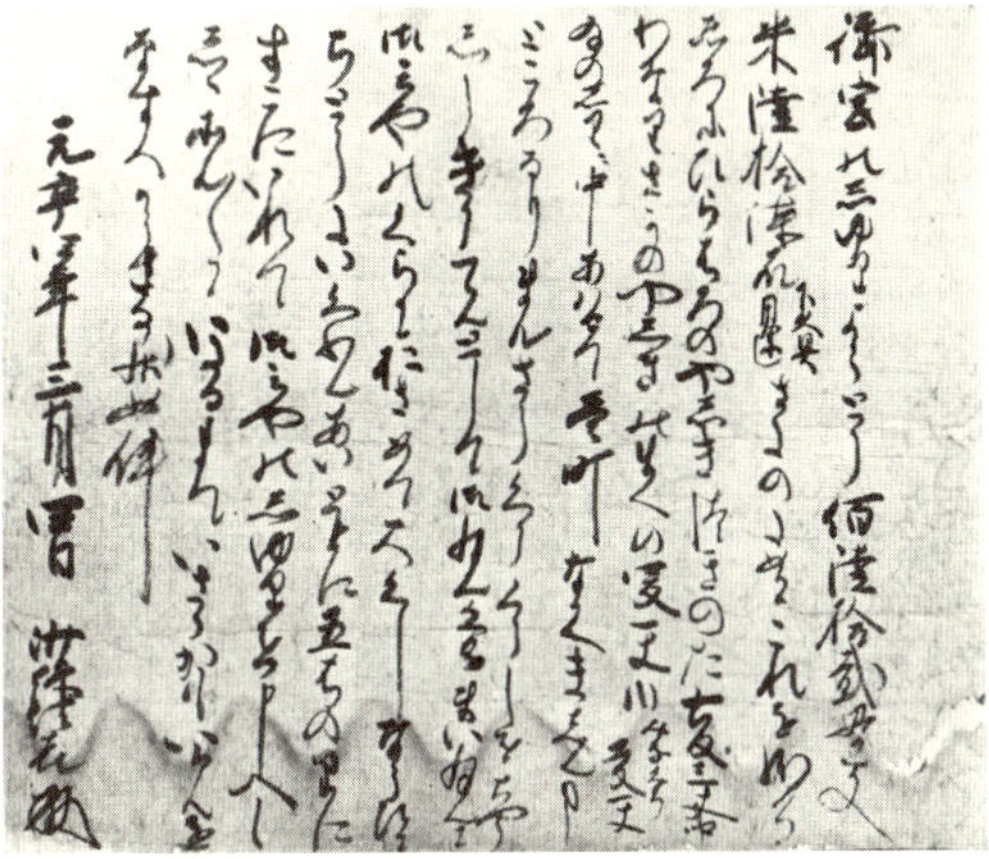

竹崎季長寄進状（元亨４年３月４日）　季長（沙弥法喜）が最晩年に所領海東郷経営の中核となる海東阿蘇神社の経営維持のため料田を寄進したもので，屋敷や所領の広がりが知られる。

る。彼の海東郷経営は、弘安の役をはさんで急速に深化していった。入部後一七年、正応六（永仁元＝一二九三）年、弘安八（一二八五）年安達一族を滅ぼして以来専権をふるってきた得宗被官《とくそうひかん》の平頼綱が得宗貞時に討たれ、季長の恩人泰盛の名誉が回復された。季長は泰盛への感謝の気持をこめて絵詞の作成を発意し、菩提《ぼだい》寺塔福《とうふく》寺をたて出家した（法名は法喜《ほうき》）。

同時に彼は「海東郷社《かいとうごうしゃ》　定置《さだめおき》条々事」ではじまる置文《おきぶみ》をつくっており、それによって所領経営の一端が知られる。海東郷社とは西海東に現存する海東阿蘇神社のことで、初穂米による種籾の貸付けなど、同社は海東郷の村落生活の中心であった。季長は同社の祝《はふり》や出挙《すいこ》をつかさどる御蔵公文《みくらくもん》に自己の被官人をあてるなど、同社のもつ伝統的機能を領主支配のそれに吸収転化していった。海東郷は北条氏時代から地頭請所《うけしょ》となっていたので、彼は存分に経営の力量をふるうことができた。地方の一中級御家人にすぎない季長が、あのみごとな『蒙古襲来絵詞』を作製しえた背景には、海東郷を中心とする所領経営の成功があったのである。

絵詞が完成したとき季長は五〇歳を超えていたが、彼はさらに三〇年近く生きる。その最後の文書は元亨四（正中元＝一三二四）年の海東社への所領寄進状である。その最晩年、都ではすでに後醍醐《ごだいご》天皇の倒幕運動がひそかに進められていた。

得宗専制●

寛元四（一二四六）年執権となった北条時頼は、幕府内の反北条勢力の排除を進め、建長元（一二四九）年裁判機関である引付《ひきつけ》を設けその頭人《とうにん》に北条一族を配した。そして私宅で一門や北条氏直臣《じきしん》（得宗被官）を集めて行われる「寄合《よりあい》」による「深秘《しんぴ》の沙汰」が、政策決定に大きな役割をはたすこととなり、評定《ひょうじょう》衆による合議体制は形骸《けいがい》化していった。同三年には陰謀《いんぼう》ありとして摂家《せっけ》将軍が廃され、後嵯峨《ごさが》院皇子の宗《むね》尊《たか》親王が迎えられ、将軍は名目的存在とされる一方、時頼は執権の座をしりぞいてのちも一八年間にわたり実権をもち続けた。権力は執権という公的地位ではなく得宗という北条氏家督の掌握するところとなった。いわゆる得宗専制のはじまりである。

そして、蒙古合戦という「国難」をテコに幕府は、外交権、非御家人への軍役動員権、諸国一宮の造営などのための一国平均の役の賦課権などを獲得し、実質的に統治権者となっていった。将軍のことを「公《く》方《ぼう》」と称するのも、弘安六（一二八三）年からのことである。

得宗権力の基盤は、国司の権限を吸収して国務を掌握するに至った守護職の集中（弘安末年二八カ国・幕府滅亡時三二カ国）と、膨大な得宗領の集積、流通の拠点となる港湾都市の掌握であった。

肥後の守護は文永の蒙古合戦後弘安八年の霜月《しもつき》騒動までは安達泰盛、それ以降は得宗ないし北条一門によって占められた。すでに十三世紀から一国平均の所役である阿蘇社上分《じょうぶんとう》稲の徴収なども国衙の力量のみではかなわず、「関東の下知《げち》」を必要とするようになっていたが、鎌倉末期になると実務までが守護所によってになわれるようになっていく。在庁官人で守護所の役人化するものもあったと思われる。高麗出兵のための軍勢注進のとりまとめにあたった押領使河尻兵衛尉などもそのような人物とみてよかろう。

肥後の得宗領には、鎌倉初期からの阿蘇本末社領、関東御領として出発したと思われる球磨郡の永吉荘や詫麻郡の安富荘、寛元二年相良氏から奪った人吉荘北方のほか、天草郡の志岐浦、国府・守護府の外港としての位置を占める飽田郡の大浦・皆代《みなしろ》（熊本市高橋町）、詫麻郡の六箇荘《ろっかのしょう》、八代郡の八代荘、宇土郡の宇土荘、葦北《あしきた》郡の佐敷《さしき》・久多良木《くたらぎ》、益城郡の守富荘、菊池郡の菊池荘などがあげられる。いずれも預所職や地頭職である。

北条氏の港湾支配は全国におよび、北は十三湊《とさみなと》(青森県)から南は西海の島々まで得宗の廻船が動きまわり、備後《びんご》福山(草戸千軒《くさどせんげん》、広島県)の常福寺や尾道《おのみち》の浄土寺など、北条氏と関係の深かった叡尊《えいそん》や忍性《にんしょう》の息のかかった僧侶によってたてられた真言律宗の寺院が、港湾都市にあって得宗支配の拠点となった。肥後では沙門恵空《しゃもんえくう》の玉名築地の浄光寺のほか、天福寺・春日寺《かすが》(以上熊本市)、正法寺・玉泉寺(以上八代)、金剛光明寺《こんごうこうみょう》(山鹿)、観音寺(川尻)、大琳寺《だいりん》(菊池)などの律宗寺院の存在が知られる。宇土荘の住人の右衛門三郎重教《しげのり》は、「相模守殿《さがみ》(北条師時《もろとき》)の梶取《かじとり》」であった。白川と緑川の合する要港河尻には北条氏の強い影響下寒巌義尹《かんがんぎいん》の大慈寺《だいじ》(一〇七頁参照)も建立された。

弘安七年五月二十日、安達泰盛の主導する幕府は、三八カ条の「新御式目」を発布した。これは実質的に統治権者となった幕府による「武家一統」のための法の整備であった。なかでも「神領興行法」「鎮西名主職安堵令」の影響は大きかった。前者は異国調伏祈禱への報賽《ほうさい》として「非器《ひき》の輩《やから》」(神官以外)の手にわたっている元神領を返付するというもので、これによって全国の寺社への保護統制をめざすものであった。後者はとくに東国御家人に圧迫されていた本所一円領の非御家人や国御家人に安堵・自立の機会をあたえ、彼らを「武家一統」体制に組みこもうとするものであった。

しかしあまりに急激な改革は、所領没収された「非器の輩」の反発を招き、彼らを反体制の「悪党」化させていった。そのなかで反泰盛勢力のクーデタ霜月騒動がおこり安達氏は滅亡するが、社会の矛盾は急速に深化していった。「職の体系」にもとづく社会秩序が混乱し、得宗そしてこれに依存する治天(朝廷)による「徳政」の風潮のなかで、荘園公領制にもとづく旧来の秩序にかわるあらたな社会秩序形成へむけて激動の時代を迎える。

大百姓徳王丸西仏●

下益城郡豊野町下郷の舛田《ますだ》家の屋敷は、鎌倉後期の大百姓徳王丸西仏《さいぶつ》の本拠と考えられ、同家は鎌倉時代以来の文書を伝え、今も元旦早朝屋敷前を流れる徳王丸堰《ぜき》からの用水にかかる小橋で徳王丸の祭が行われている。

西仏は鎌倉時代のなかば、南方の守山荘（宇城市小川町）に生まれ、八代荘の飛地であった小熊野村宮山（同市豊野町下郷）の草分け百姓大畠《おおばたけ》宗入道《むねにゅうどう》の孫女十方《じっぽう》と結婚して移り住んだ。彼は「徳公の松」と伝承される松木の辺りから得られた（現在は小熊野川の徳王丸堰）豊富な用水を利用できるところに屋敷をかまえ周辺の開発と経営に力をそそぎ、一代にして「大百姓」といわれる地位をきずき、さらに西仏の女《むすめ》鬼久曽《おにくそ》が宮山の本主職をつぐ鬼勝《おにかつ》（十方の姉）の養女となったことから、宮山本主職も手にいれることができた。西仏の死後、その女《むすめ》と称する犬子女《いぬこめ》は、「西仏は当村内の大百姓で、所従・眷族《けんぞく》・牛馬・名田等の所持は余の百姓に准ぜず」といっている。

寄住者の一人与三《よぞう》は肥前からやってきて作子となった。西仏の経営は家族や下人らによる自己の大経営と、与三ら寄作人による小作小経営の組み合せにより成りたっていたと思われるが、それはいつしか「百姓職」として保証されるものになっていった。

西仏は晩年、南小川福岡の出身の尼性妙《せいみょう》を後妻に迎えた。性妙は西仏没後、女の鬼久曽とともに、九〇余歳の西仏の母を扶持するよう遺言されて西仏の遺跡を相続した。しかし西仏の女を称する犬子女は、自分にも相続権ありとして八代荘の領主であった肥後守護金沢氏（北条一門）の法廷に訴え、相互に相手

山本荘大清水村の田畠屋敷

	田地分		屋敷
A	中野間分	3町3反2丈中	2所(うち1所は観音堂敷地)
	弥次郎丸分	1町6反1丈中	1所
	五郎丸分	1町6反中	2所(「屋敷不足之間小屋敷加之」)
	弥三次跡分	1町5反中	1所
B	又太郎	1反3丈	1所
	左衛門二郎	2反	1所(小屋敷)
	一安	2反	
	用作	7反(うち2反浄善給)	
C	観音堂免	1反	
	天神免	1反	
	比丘尼免	3反	
	法橋跡	3反	
	香阿給	2反	
	莚打給	2反	
	又六	2反	

を「死骸敵対」（遺言違反）として非難した。性妙は守護の法廷を不利とみたようで、縁を使って鎮西探題（北条英時）の法廷にもちこみ、元徳三（元弘元＝一三三一）年勝訴した。

しかし犬子女側はしたがわず、性妙の後夫蓮道《れんどう》は、犬子女の夫西得《さいとく》を相手に訴訟をおこした。当事者が双方とも男性に移っているのが注目される。その間に鎌倉幕府は滅び、建武政権下双方半分ずつの知行ということで和与が成立した。その一方とみられる正平三（貞和四＝一三四八）年の「徳王丸検見《けみ》坪付」では、田は一町余にすぎない。南北朝期の「百姓錯乱」による経営の破綻《はたん》があったのだろう。しかし徳王丸という開発百姓の遺跡が定着し、今日にその名称を伝えていることは、草分け百姓にはじまる肥後の中世村落の形成の一コマをうかがわせるものである。

鎌倉末から南北朝期菊池の正観《しょうかん》寺（大方元恢《たいほうげんかい》を開山に菊池武光建立の菩提寺）領となった山本荘大《おお》

清水村《そうず》(熊本市)の田畠屋敷注進状の記載を整理したのが前頁表である。Aの四人の百姓の田地は、中野間分以外は一町五～六反に均分されている(中野間分も二分すると一町六反余となる)。彼らはいわゆる百姓名《みょう》の名主に相当する上層農民、Bの三人はなかば自立しつつある小百姓であろう。このような均等な名編成は、強力な領主支配による公事徴収の単位でもありやや特殊なケースであるが、一般的にもこの時期肥後でも農民の土地との結合は確実に進展をみていた。

4 中世肥後の宗教文化

浄土教の浸透●

永承七(一〇五二)年は末法元年と考えられた。弥勒下生《みろくげしょう》に救いを求める埋経《まいきょう》や瓦経《かわらきょう》が流行し、浄土教が広がっていった。肥後では永保元(一〇八一)年の玉虫の如法《にょほう》経塔(上益城郡御船《みふね》町滝尾)がもっともはやい例であるが、久安元(一一四五)年の山鹿市蒲生《がもう》の凡導《ぼんどう》寺の滑石《かっせき》製の経筒《きょうづつ》がもっとも著名である。この時期はさきにのべたように(八一・八二頁参照)、肥後でも各地で反体制的騒乱があいついでいた。勧進《かんじん》僧慶有《そうけいゆう》は弥勒下生にあうことを念願してこの埋経を行ったのである。北部九州の埋経は十二世紀前半に著しい集中度を示しており、これは天台系勢力の広がりに照応するものであった。

平安末から鎌倉初期、叡山《えいざん》に学び、そこからでて専修念仏のあらたな宗派をたてたのが法然《ほうねん》である。そしてその弟子の一人が浄土宗鎮西派の始祖弁長《べんちょう》(聖光房弁阿《べんあ》)である。肥後に新仏教をもたらしたのはこの弁阿であった。弁阿は筑前遠賀《おんが》郡香月《かつき》(福岡県北九州市八幡西区)の人で、六年間法然に親炙《しんしゃ》、元久元

（一二〇四）年帰郷、筑後の有力豪族草野氏の帰依《きえ》をうけ筑後山本郷（久留米市）に善導寺をたて、ここを本拠に活動した。肥後では安貞二（一二二八）年白川の辺りの往生院で二〇余人の衆徒を集め、四八日間の別時念仏を修し、さらに同年末には宇土西光院において別時念仏を修し、それぞれ、法然から相伝した念仏の真意義を記し、手印を押す「末代念仏授手印」を作成した。前者の正本は佐賀大覚寺に蔵されている。この奥書には「此授手印善導寺開山聖光上人御自筆也、表書之御判形直判也、于時貞和二（正平元＝一三四六）年六月十四日　肥後国満善寺住圓寂（花押）」とある。満善寺は河尻の大慈寺建立以前からその北辺に存在し、今日京都禅林寺蔵の大幅の当麻曼荼羅《たいままんだら》（浄土三曼荼羅の一つ、重文）は、寛喜二（一二三〇）年河尻の玄通山満善寺の開基河尻遠実《とおざね》と開山教阿《きょうあ》上人が、西国結縁《けちえん》のために当麻寺の曼荼羅を書写し、満善寺に安置したものであった。これらのことから満善寺は河尻氏を檀那《だんな》とした

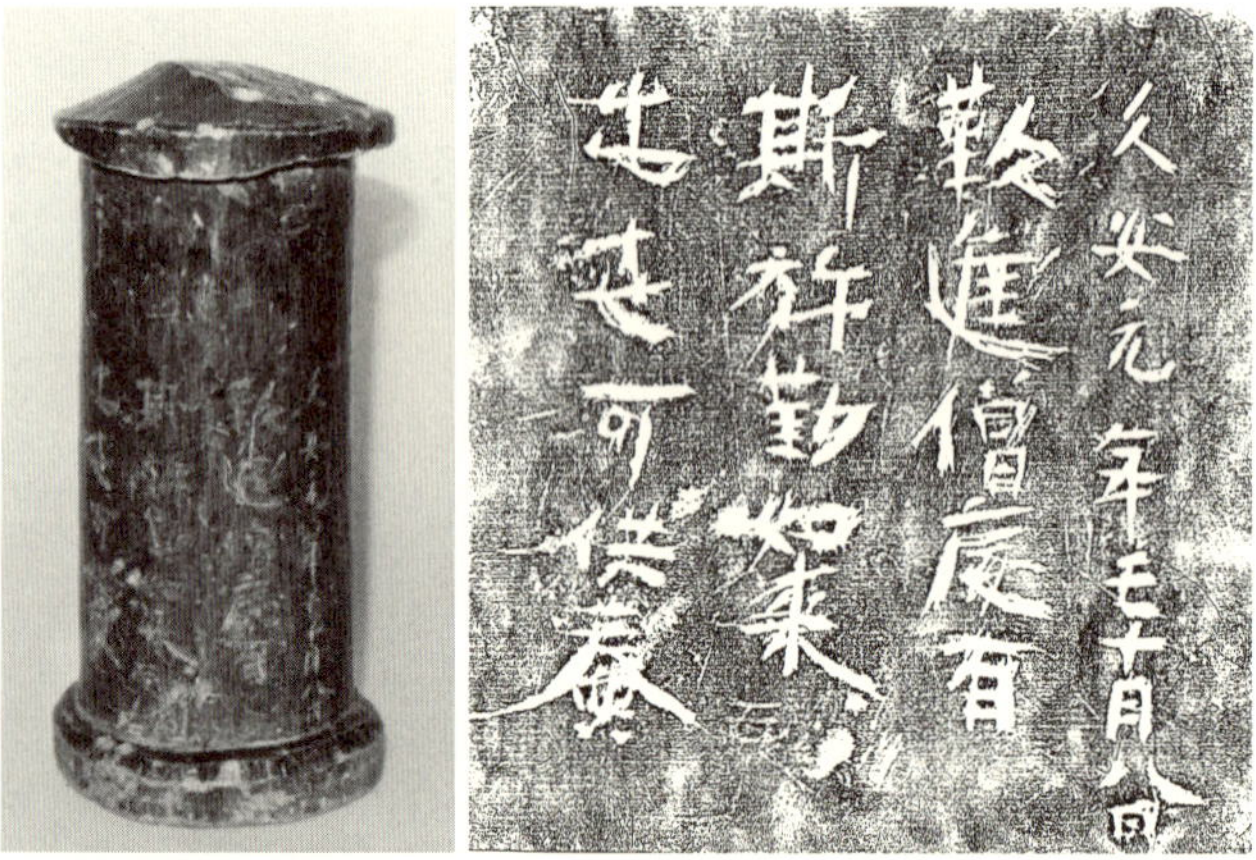

凡導寺の経筒　白雲母岩製。円形の台座のうえに直径9.2cm，深さ25cmの同孔をもつ身部がのる。陰刻の銘文によって勧進僧慶有が弥勒下生に期待して埋経したものであることがわかる。

浄土宗鎮西派の寺院であったことが知られる。

鎌倉時代は宗派を超えて浄土教の広範な浸透がみられた。浄土往生への願望から各地で阿弥陀《あみだ》堂の建立や阿弥陀仏像の造立が行われ、今日に伝来するものも多い。なかでも人吉・球磨地域の文化遺産は、質量ともにきわだった存在である。中世の球磨郡は盆地としての地域内一体性のうえに、鎌倉初期以来近世まで一貫して相良氏の支配下にあって、中世末の戦乱をまぬがれたからである。

鎌倉期球磨の仏教文化を代表するのは湯前《ゆのまえ》町の明導寺飛地となっている城泉寺と多良木《たらぎ》町の青蓮寺である。城泉寺は「沙弥浄心」(相良一族か在地系の久米氏か不明)が極楽往生を願い、貞応年間(一二二二～二四)に建立したもので、阿弥陀堂(口絵参照)と阿弥陀三尊(寛喜元年僧実明制作)、そして境内の十三重塔(現在は八代市米《よね》邸)・九重塔・七重塔は、いずれも宋文化の強い影響をうけたもっともすぐれた文化遺産である。一方青蓮寺は相良頼宗によって永仁三(一二九五)年建立され、木造阿弥陀三尊像(口絵参照)は院玄の作である。院玄は京都蓮華王院の千体千手観音のうち七体の作者として知られる。また多良木町愛宕《あたご》山麓の東光寺経塚からは、朱書の法華経八巻をおさめる八口の銅製経筒が出土した。いずれも文永十(一二七三)年十一月四日相良頼氏《よりうじ》一族が現世と来世の多幸を祈って埋経したものであることが線刻の銘文から知られる。

大慈寺と満願寺●

熊本市の南郊緑川の北岸に、寒巌義尹《かんがんぎいん》を開山とする大梁《だいりょう》山大慈禅寺(七三頁写真参照)が、近時の大改修を経てよみがえっている。大慈寺は、蒙古合戦の機に大きく勢力をのばす北条氏と、順徳天皇の皇子といわれる名門の遁世《とんせい》僧寒巌義尹、そして現地の国御家人河尻氏の三者の結合の産物であった。

義尹は建保五（一二一七）年京都北山に生まれ、比叡山に学んだのち、二五歳で道元《どうげん》に参じ、二度の入《にっ》宋《そう》後、文永六（一二六九）年、肥後古保里《こうざと》の素妙尼《そみょうに》に招かれ、三日《さんち》山如来《さんにょらい》寺（宇土市花園町、中世末現在地の同市岩古曽《いわこそ》町に移る）を開いたとされてきた。しかし昭和五十四（一九七九）年宇土市岩古曽の如来寺の本尊釈迦如来像の解体修理にさいし、「正元二（一二六〇）年庚申正月十日建立、如来院本尊釈迦如来、同二月九日収之　開山比丘義尹　密壇尼修寧《しゅうねい》」の銘文をもつ舎利容器が発見され、如来寺は本来如来院とよばれた密教寺院で、義尹は二度目の入宋以前に肥後と関わりをもっていたことがわかった。修寧尼の出自も不明であるが、皇子の出自をもつ義尹が肥後の在地勢力と直接結びついたとは考えにくい。如来院がたてられたこの地域は、執権時頼の弟北条時定が地頭職をもつところで、隣接する九条家領の守富荘にも阿蘇末社の甲佐社領の入組みをつうじて北条氏の力が強くおよんでおり、義尹と肥後との結びつきには当初

如来寺釈迦如来像　胎内の舎利容器の銘文により義尹と肥後の関わりが正元 2 (1260) 年以前にさかのぼることがわかる。

から北条氏の関与があったとみられる（上田純一「寒巌義尹肥後進出の背景」『熊本史学』五七・五八合併号）。

文永十一年の蒙古襲来から二年、建治二（一二七六）年義尹は大渡《おおわたり》（熊本市川尻）架橋の勧進活動にのりだす。当時白川は飽田国府（熊本市二本木）の東を南流し、現在の大慈禅寺の南で「大川」とよばれた緑川に合流しており、大渡は激流うずまく九州第一の交通の難所であった。義尹は文武両官・僧俗・庶民に助縁を求め、二年後に長さ一五〇メートル・幅五メートルの大橋を完成させ、三日間にわたる盛大な落慶法《らっけいほう》要《よう》が行われた。この事業はその時期からみて、蒙古合戦にそなえての南九州からの兵員・物資の輸送とけっして無関係ではなかったはずで、当然北条氏の力が大きくあずかっていたにちがいない。

北条氏とともに義尹を助けたのは河尻の地頭

伝北条時宗(左)・時定画像　時定は阿蘇北条氏の祖。のち肥前の守護となった。伝時宗像は実は時定の猶子定宗像か。

河尻泰明である。彼は弘安五（一二八二）年義尹の求めに応じ、大渡橋の北に方四町の寺地を寄進して大慈寺の大檀那となり、二年後には牟田荒野三〇町も寄進した。そして同十年には伽藍《がらん》檀主泰明をはじめ十方檀那一〇〇余人、合力結縁《ごうりきけちえん》三〇〇余人の力で大梵鐘《ぼんしょう》も完成し寺容もととのった。関東祈禱寺、そして正応元（一二八八）年には後深草上皇の勅許で曹洞宗最初の官寺となり、大慈寺の基礎はかたまった。河尻氏は在地勢力でありながら北条氏と密着して発展し、南北朝期には河尻幸俊が足利直冬《あしかがただふゆ》を迎え、いわゆる「佐殿方《すけどのかた》」の中心勢力として活動するに至るのである。

阿蘇郡南小国《みなみおぐに》町の満願寺は、文永十一（一二七四）年北条時定を開基、亀山天皇の皇子といわれる醍醐《だいご》三宝院《さんぽういん》の僧経杲《きょうこう》を開山として創建された。満願寺の開山も大慈寺の義尹と同様、天皇の皇子というのが注目される。時定は建長七（一二五五）年九州中部の支配の強化のため定宗・随時《ゆきとき》（阿蘇北条氏）を伴って小国に下向し、敵国降伏祈願の勅宣をうけ、この寺を建立したといわれる。小国は阿蘇北条氏の拠点となり満願寺はその菩提寺となった。寺域内には時定・定宗・随時三代の墓といわれる五輪塔がある。また同寺には鎌倉期の肖像画として著名な重文絹本着色《けんぽんちゃくしょく》の伝北条時定・時宗像がある。頂相《ちんぞう》形式の武将像としては最古のものである。これについて梶谷亮二氏は『国郡一統志』が二つの肖像画を時定・定宗像と認識していたことを紹介し、時定・定宗と南浦紹明《なんぽしょうみん》のつながりをたどって、時定・定宗に近侍する和泉法眼《いずみほうげん》道恵《どうけい》が定宗像を描かせ、永仁三（一二九五）年紹明が大宰府崇福《すうふく》寺で著賛したものであることをあきらかにした（「伝北条時定・時宗の画像」『美術史』一〇八号）。

満願寺は肥後の北条氏の残した代表的な文化遺産である。

4章

内乱から地域的世界へ

三彩鳥型水注(「浜の館」の出土品)

1　肥後の南北朝内乱

博多合戦と肥後の建武政権●

正中《しょうちゅう》の変（一三二四年）・元弘《げんこう》の変（一三三一年）と二度の後醍醐《ごだいご》天皇の倒幕計画は失敗し、天皇はとらえられて隠岐《おき》に流され、幕府は持明院統《じみょういんとう》の光厳《こうごん》天皇をたてた。しかし反幕府の空気はいよいよ強まり、「高時《たかとき》法師を討伐」せよ、との尊雲法親王《そんうんほっしんのう》（還俗して護良《もりよし》親王）の令旨《りょうじ》は九州の諸勢力にも届けられた。元弘三（正慶二＝一三三三）年初め、少弐《しょうに》貞経《さだつね》・大友頼泰《よりやす》・菊池武時《たけとき》らは、鎮《ちん》西探題《ぜいたんだい》攻撃を密約、これを察知した探題北条英時《ひでとき》は、彼らを博多に招集した。三月十二日探題館に出頭した菊池武時・阿蘇《あそ》惟直《これなお》らは、遅参を責められ「着到につける」ことを拒否された。計画が察知されたと判断した武時は、少弐・大友両氏に決起を求めたが拒否され、十三日早朝手勢一五〇騎で孤軍探題館に討ち入り、激戦の末武時以下大多数が討死した。

菊池氏一族(？)の頭骨群　地表下1.5mのところに幅１m・長さ2.5mにわたって発見された。博多合戦にやぶれた菊池武時以下の頭骨の可能性が高い。

昭和五十三（一九七八）年地下鉄工事のさい、福岡市祇園《ぎおん》町東長寺前から多数の頭骨群が発見された。伴出遺物から十四世紀前半のもので、首の数は一一〇、刀傷《かたなきず》をもつものもあり、「犬射《いぬい》の馬場」にかけられたといわれる菊池一族の首級《しるし》である可能性が強い。少弐・大友両氏の裏切りは、菊池氏に両氏に対する深い恨みを残した。

探題英時は、肥後の守護規矩《きく》（北条）高政《たかまさ》に菊池・阿蘇を討たせ、高政は三月二十九日に両氏の逃げこもった日向鞍岡《ひゅうがくらおか》城を攻略して、四月四日には博多に凱旋《がいせん》した（以上『博多日記』による）。

こうして九州の倒幕運動は一旦は失敗した。しかしまもなく都では、伯耆船上山《ほうきせんじょうさん》からの綸旨《りんじ》をうけた足利高氏《あしかがたかうじ》（尊氏）が、丹波篠村八幡《たんばしのむらはちまん》に源氏再興の願文を奉げて寝返り、六波羅探題を攻略、鎌倉では新田《にった》義貞《よしさだ》が幕府を倒した。これらとほぼときを同じくして五月二十五日鎮西探題も少弐・大友氏らによって滅ぼされた。

六月五日、後醍醐天皇は京都に戻り、持明院統の光厳天皇と正慶の元号を廃し、建武《けんむ》と改元、「朕《ちん》の新儀は未来の先例たるべし」（『梅松論《ばいしょうろん》』）と、摂政《せっしょう》・関白《かんぱく》・幕府などすべてを否定し、天皇のもとに記録所・恩賞方・雑訴決断所《ざっそけつだんしょ》・武者所《むしゃどころ》などをおき、千種忠顕《ちくさただあき》らの側近公卿《くぎょう》と楠木正成《くすのきまさしげ》・名和長年《なわながとし》・結城親光《ゆうきちかみつ》らの少数の武士に運営させた。

一方、地方には国司と守護を併置、国司には多く公家《くげ》が任じられ、その権限は守護を上まわった。鎌倉以来の武士の権利は無視され、すべての所領は新政権による再安堵が必要とされた。まさしく「公家一統」の天下であった。

阿蘇本末社（領）の預所《あずかりどころ》として大宮司の補任《ぶにん》権をもった北条氏の滅亡と、みずから神仏の統括者たらんとする天皇による諸国一・二宮の本家・領家職の廃止（官社解放令）は、阿蘇氏に独自の支配権の発展を保障した。一方菊池氏は嫡男武重《たけしげ》が肥後守、武敏《たけとし》が掃部助《かもんのすけ》、武茂《たけもち》が対馬守、武澄《たけずみ》が肥前守と、一族そろって破格の恩賞をうけた。『太平記』は楠木正成が武時の博多合戦における討死を勲功第一と賞したことを記している。以来「肥後守藤原朝臣」が菊池氏惣領の名乗りとなり、それが以後の南朝一辺倒といわれる菊池氏の去就を決定的に規定した。守護には大友千代松丸（氏泰《うじやす》）が補任されたほか、阿蘇惟時《これとき》が国《くに》上使《じょうし》に任じられた。国上使は肥後のほか出雲《いずも》・丹波《たんば》など数カ国でその存在が確認されている。その権限など不明であるが、国司・守護とほぼ同格の職であり、肥後の場合、武重の肥後守とのバランスを考えた補任であったと思われ、阿蘇氏の存在の大きさがうかがわれる。

このほか建武新政下、肥後であらたに所領を得たものに名和氏がある。建武元（一三三四）年正月、名和長年の長子義高《よしたか》が八代荘の地頭職を得、その子顕興《あきおき》は正平十三（延文三＝一三五八）年一族を率いて肥後に土着した。

ところで肥後守菊池武重が建武政権から直接受給した文書は、建武二年六月一日の雑訴決断所牒《ちょう》一通のみしか確認されない。これは規矩《きく》高政跡の大浦・皆代《みなしろ》（飽田郡、現在の熊本市高橋町）を詫磨宗直《たくまむねなお》に沙汰しつけるように、という命令である。しかるに三カ月後決断所は、これについて「先度武重に仰せられ候ところ、事行か」ないので、「綸旨に任せ宗直に下地を沙汰しすえるべし」と守護大友千代松丸に命じている。武重の威令が行われないというより、得宗跡の国府近傍の要衝（港湾）の引渡しを武重がきらったものとみるべきだろう。とにかく建武政権の地方支配はけっしてスムーズに行われたわけではなかったのである。

内乱のはじまりと菊池氏●

旧慣を無視した天皇親政、恩賞の不公平、大内裏《だいだいり》造営のための二〇分の一税の賦課、朝令暮改の政策と、新政権は成立直後から倒幕運動をささえた各地の武士や民衆の期待を裏切るものであった。

建武二年七月、得宗北条高時の遺児時行《ときゆき》が蜂起したさい、尊氏は勅許を得ず鎌倉に下向、十一月、新田義貞誅伐《ちゅうばつ》を名目に反新政の立場を明確にした。天皇は新田義貞を大将に追討軍を東下させた。尊氏は十二月十一日箱根竹の下で新田軍を破った。このとき菊池武重や弟武吉も新田軍にしたがい、「菊池千本槍《やり》」を用いてたたかったという。阿蘇惟時・惟直父子も催促の綸旨を受け、この戦いに加わっている（口絵参照）。

足利軍は退却する新田軍を追って上京、建武三（延元元＝一三三六）年一月十一日京都を占領、天皇は比叡山にのがれ、武重もこれに供奉《ぐぶ》した。しかし尊氏は奥州から長駆西上した北畠顕家《あきいえ》にやぶれ、丹波を経て兵庫にのがれ、態勢をたて直すべく九州にむかい、二月二十九日赤間関《あかまがせき》（下関《しものせき》）から筑

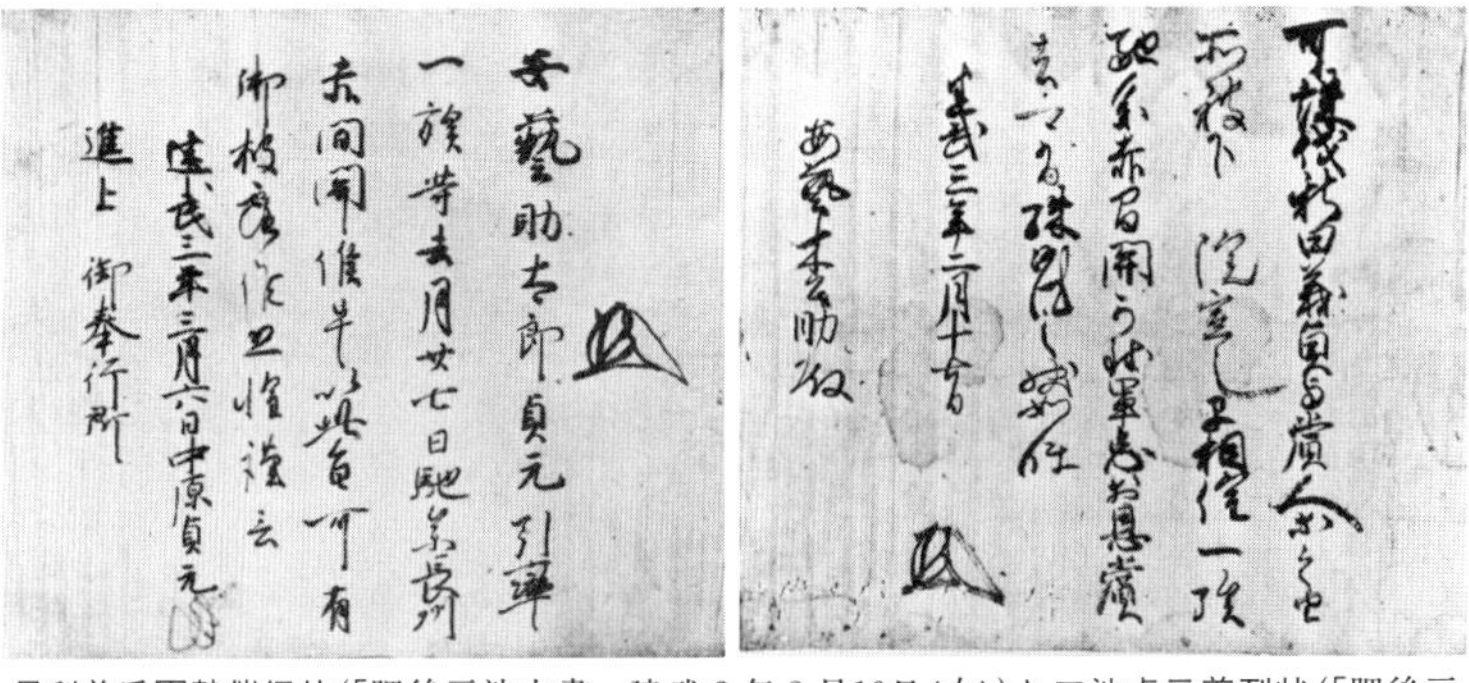

足利尊氏軍勢催促状（「肥後三池文書」建武３年２月10日〈右〉）と三池貞元着到状（「肥後三池文書」建武３年３月６日）　尊氏は九州にくだる途中，安芸木工助（三池貞元）に，赤間関（下関）に馳せ参ずべきことを命じ，貞元はこれに応じた。

前芦屋津に上陸した。この間に島津・大友・相良氏らに軍勢催促状を送り、後醍醐天皇に没収された所領の回復を認める「元弘没収地返付令」をだし、西国武士の支持をとりつけ、備後《びんご》鞆《とも》の津で光厳上皇の院宣を得て、合戦を「君と君」すなわち天皇と上皇の争いに仕立てあげた。建武三年二月十七日の鹿子木西荘下村の地頭安芸木工助《あきもくのすけ》（貞鑑《さだあき》）宛の尊氏の軍勢催促状には、「新田義貞与党人など誅伐すべきの由院宣を下さる所なり、早く一族を相催し、赤間関に馳参《はせさん》じ、軍忠を致すべし、恩賞においては、殊に沙汰あるべきの状件《くだん》の如《ごと》し」とある。そして貞鑑の子息貞元は二十七日赤間関に馳せ参じている（「三池貞元着到状」、以上いずれも「肥後三池文書」）。

西下の尊氏を迎え討ったのは惣領武重《たけしげ》の留守をまもる菊池武敏であった。武敏は手兵三〇〇〇で北上、二月二十九日大宰府有智山《うちやま》城で少弐貞経（妙恵）を自殺させ、三月一日博多にはいり、翌二日多々良浜で尊氏とこれを迎えた少弐頼尚の軍と激突した。『太平記』や『梅松論』によると、足利・少弐軍八〇〇〜一〇〇〇騎に対し、菊池軍は五、六万騎という。しかし北風の巻きあげる砂塵《さじん》をうけ、寝返りもあいつぎ菊池軍は大敗、菊池軍とともにたたかった阿蘇大宮司惟直・惟成兄弟は肥前天山《てんざん》で討死した。

建武政権に失望し、ふたたび武士の天下になることを期待する九州の武士たちは一挙に尊氏方になびき、尊氏は適切な恩賞付与と元弘没収地の返還で巧みに人心を収攬《しゅうらん》した。四月三日、尊氏は北部九州に一色《いっしき》範氏《のりうじ》（道猷《どうゆう》、九州探題のはじまり）、南九州に畠山直顕《なおあき》を配して、少弐頼尚や大友氏泰ら九州軍士を率いて七〇〇〇余艘の大船団で東上した。

尊氏は途中摂津湊川《みなとがわ》の戦いで楠木正成らを討死させ、六月入京、八月光明天皇を即位させ、光厳上皇が院政を行うこととした。十月、尊氏は比叡山にのがれていた後醍醐天皇に両統迭立《てつりつ》を条件に還幸を申し入れ、後醍醐もこれをうけいれ、天皇親政は完全に崩壊した。尊氏は十一月七日、建武式目を定め施政方針をあきらかにした。事実上の室町幕府の成立である。後醍醐は十二月二十一日、ひそかに幽閉中の花山院を脱出し吉野にはいった。文字通り南北朝時代となった。

尊氏が東上すると、菊池武敏らの活動はまた活発化し、建武三（延元元＝一三三六）年四月十三日には安楽寺（玉名市）、同十六日には鳥栖原《とりのすばる》（合志市）で合戦、六月には今川助時が「大将軍」として肥後国府にはいり、八〜十月には唐川《からかわ》（菊池郡菊陽町）などで合戦があった。そしてこの年の暮れには後醍醐に供奉し監禁されていた惣領武重が帰国、翌年二月寺尾野《てらおの》城（菊池市）で挙兵、以後益城郡を中心に、菊池と建武政権によって八代荘の地頭職を得て活動していた名和氏とを結ぶ戦略ラインの確保をはかる恵良惟澄《えらこれずみ》の活動も活発化した。惟澄は四月十九日には武重軍と合流し犬《いぬ》塚原《つかばる》（上益城郡御船町）で一色軍とたたかい、道猷の弟頼行を討ち取り、さらに、翌建武五（暦応元・延元三＝一三三八）年にも飽田国府の掌握に力をそそいでいるが成功し

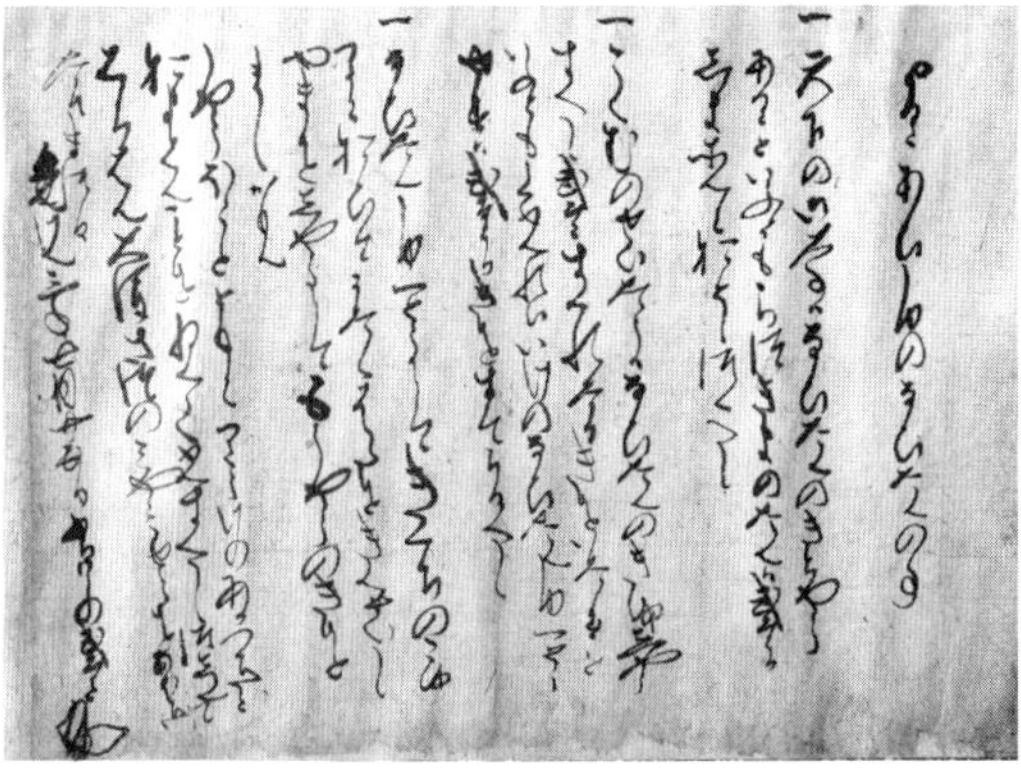

菊池武重起請文（「菊池神社所蔵文書」）　菊池武重置文とか菊池家憲ともよばれ，日本最初の血判起請文としても知られる。

なかった。

　このころから各武士団では所領の単独相続の傾向が強まり、惣領と庶子の対立が激化する。阿蘇大宮司惟時（惟直討死後大宮司に復帰）は、南北両朝に分かれた一族を超えて中立的立場を維持することで一族の保全をはかり、菊池氏では武重が肥後出身の曹洞宗瑩山《けいざん》派の僧大智を鳳儀《ほうぎ》山聖護寺《しょうごじ》（菊池市朴木《ほうぎ》）に招き、その指導理念のもとにいわゆる菊池家憲《かけん》を定めた。延元三（暦応元＝一三三八）年七月二十五日付のわが国最初の血判《けっぱん》起請文《きしょうもん》「よりあいしゅ《（寄合衆）》のないたん《（内談）》の事」がそれである。これは「天下の大事」つまり菊池一族の政治的去就は惣領武重が決する。しかし「国務の政道」すなわち肥後守としての行政は寄合衆（内談衆）の議によるとし、一族の団結と正法護持を強く表明したものである。これをうけて、内談衆の筆頭木野武茂《たけもち》以下の一族がつぎつぎにそれをまもるという趣旨の起請文を書いている。翌年前半までに武重は没し、惣領には嫡腹の弟と思われる武士《たけひと》があげられるが、苦境のなかでその任にたえずとして引退、本城を北朝方の合志幸隆に奪われ、菊池氏はしばらく沈滞の時代が続く。

　中央では暦応元（延元三）年閏七月新田義貞が越前《えちぜん》藤島で討死、八月尊氏は正式に将軍宣下をうけた。そして翌年八月後醍醐天皇は吉野で没し、南朝側の衰勢はいよいよおおいがたいものとなった。

肥後の観応の擾乱●

九州の状況に転機をもたらしたのは、征西将軍宮懐良《かねよし》親王と足利直冬《ただふゆ》の下向《げこう》＝肥後入国である。後醍醐天皇の命で暦応二（延元四＝一三三九）年六月九州にむかった親王は、伊予忽那《くつな》島にしばらく滞在し、暦応五（興国三＝一三四二）年薩摩《さつま》谷山《たにやま》に到着した。目的は肥後入国であった。頼みは当時不振の菊池氏ではなく、阿蘇惟時・惟澄であった。

惟澄は惟時の女婿で恵良《えら》姓を称し、阿蘇末社の益城郡甲佐社領を基盤に、一貫して建武政権＝南朝方として活躍し、同じく益城郡の大覚寺統系の荘園豊田荘（熊本市）にゆかりをもち、豊田十郎とよばれていた菊池氏の庶子武光を助けて貞和元（興国六＝一三四五）年三月、合志幸隆に占領されていた菊池本城（深川城）を回復させ、武光は南朝から肥後守に補され、事実上菊池氏の惣領となった。こうして肥後の親王うけいれ態勢がととのい、貞和四（正平三＝一三四八）年正月親王一行は「宇土津」に到着した。期待された惟時は出頭せず、武光が迎え、惟澄の根拠地御船を経て菊池にはいり隈部山《くまべさん》城（守山城、現菊池神社一帯）を本拠とし、今後の九州経営に思いをめぐらせた。

事態は思わぬ展開をとげる。足利直冬の下向である。直冬は尊氏の庶子だが父にうとまれ、叔父直義《ただよし》が面倒をみて左兵衛佐《さひょうえのすけ》に任官させ、養子としていた。当時尊氏の執事高師直《こうのもろなお》・師泰《もろやす》兄弟と直義が対立関係にあり、直義は直冬を中国探題として備後鞆の浦（広島県福山市）に下向させ、中国一帯をおさえようとした。しかし直冬は師直勢の攻撃をうけ、河尻幸俊《ゆきとし》に迎えられて海路肥後河尻にくだる。河尻幸俊はかねて足利氏の本拠に近い京都高辻高倉に屋敷をもち、少弐頼尚の仲介で直冬にしたがって従軍していたらしい（柳田快明「河尻幸俊の足利直冬との『出会い』をめぐって」『地域史研究と歴史教育』所収）。

肥後にはいった直冬は、ただちに「両殿（尊氏と直義）の御意を息《やす》んぜんがため」将軍の名代としての下向と称して、所領の安堵給与を行い、九州武士の結集をよびかけた。高師直と尊氏はただちに直冬追討の命を九州の有力勢力にだした。直冬は幸俊を肥後守に補任し、詫磨宗直を筑後国の守護に補した。

直冬方は河尻幸俊・詫磨宗直が主力となって肥後国府近傍の探題方の「大和左衛門尉城」（宇都宮氏）、「鹿子木安芸大炊助《かのこぎあきおおいのすけ》城」（三池氏）をおとして、観応元（正平五＝一三五〇）年四月には大宰府にはいった。

やがて、かねて尊氏に親近感をもちつつも探題一色氏の存在を目のうえのこぶとしていた少弐頼尚が直冬方に与同し、その活動はいよいよ活発となり、九州の情勢は、従来の宮方（南朝方）と探題方（武家方・北朝方）の対立から、宮方・探題方・佐殿《すけどの》（直冬）方の三派鼎立《ていりつ》の形となり、正平・観応・貞和（直冬は観応改元後も貞和年号を用いた）の三つの元号が用いられた。九州の観応の擾乱《じょうらん》の特色はそこにある。

中央では尊氏・師直と直義の対立抗争のなかで、観応二（正平六）年二月師直・師泰兄弟が殺され、直義が主導権をにぎり、六月直冬は鎮西探題に就任、河尻幸俊は肥前守護に任じ所務を行う。一方、一色道猷は南朝方と結び勢力の維持をはかった。この年後半には筑後進出をはかる懐良親王・菊池武光と少弐氏ら直冬方とのあいだで肥後北部で激戦が展開された。

この年中央の情勢はめまぐるしくかわり、八月京都からのがれた直義は、尊氏に攻められて翌年二月鎌倉で死去した（毒殺といわれる）。後ろだてを失った直冬は急速に勢いを失い、十一月長門《ながと》に脱出した。三年二カ月の九州滞在であった。

武家方の内部対立のあいだに宮方は大きく勢力をのばした。征西将軍宮の権威と旺盛な軍事活動で武光の指導性も確立され、肥後は完全に宮方の制圧するところとなった。

直冬が九州を去ると、少弐頼尚は宮方にくだり、九州はふたたび宮方と武家方（探題方）の対立となった。文和二（正平八＝一三五三）年二月、武光は筑前針摺原《はりすりばる》（福岡県筑紫野《ちくしの》市）に一色直氏・田原貞広らを大破、同四年には遂に博多に攻め込んだ。それから八年間征西府は筑後高良山におかれたらしい。一色道猷は長門に遁走、建武二年以来二〇余年におよぶ一色道猷の九州経営はむなしく終了した。

筑後川の戦いと征西府●

探題の九州退去で、少弐・大友ら旧守護勢力は宮方とくむ必要はなくなった。延文三（正平十三＝一三五八）年二月、大友氏時《うじとき》は、菊池武光の日向遠征のすきに豊後高崎山で挙兵、これに呼応して少弐頼尚も大宰府で兵をあげ、菊池氏の本拠に攻めこもうとした。武光は菊池一族や五条頼元らの親王近臣の総力を結集して北上、一方、頼尚は龍造寺《りゅうぞうじ》・深堀・松浦《まつら》党など武家方を結集、翌年七〜八月、両軍は筑後川の平野で会戦した。『太平記』によると宮方八〇〇〇、少弐勢六万という。七月十九日菊池勢五〇〇〇は筑後川をわたって仕かけ、少弐勢はしりぞいて大保原に陣をとった。菊池はこのとき、文和二（正平八＝一三五三）年頼尚が一色氏との戦いで菊池に助けられたときに記したという「今ヨリ後子孫七代ニ至ルマデ菊池ノ人々ニ向テ弓ヲ引キ矢ヲ放ツ事有ルヘカラス」という血判起請文を旗先にはりつけ、少弐氏をはずかしめたという。八月六日夜半、菊池方は兵を四手に分けいっせいに攻めかかった。暗夜の大混戦となり双方とも一族のおもだったものを含め多数の戦死者をだした（宮方一八〇〇、少弐方三二〇〇という）。少弐軍はやぶれ宝満山に逃げこもった。しかし宮方にも追撃の力はなく一旦兵を菊池に戻した。

この戦いは九州の南北朝内乱のハイライトであった。少弐氏はこれによってすっかり力を失い、菊池氏は少弐氏への積年の恨みをはらした。一色氏が去り、少弐氏も衰え、「宮方ノ一統ト成ヌト」みゆる情勢となった。

康安元（正平十六＝一三六一）年八月七日懐良は大宰府にはいった。都をでてから二四年、九州いりから一八年の歳月を経ていた。大宰府は外港博多とセットで古代以来九州統治の中心であり、その掌握によって支配ははじめて正統性をもちえた。以来応安五（文中元＝一三七二）年八月、今川了俊《りょうしゅん》におわれて高良山にしりぞくまで一二年間にわたる征西府の時代を迎えた。

征西府の支配機構については十分わかっていない。入府直後の「大宰府庁下文」(「武雄神社文書」)には執行藤原朝臣以下一二人の府官が名を連ねている。執行藤原朝臣は父頼尚にそむいた次子の少弐頼澄である。征西府のもとでも府政所《ふまんどころ》の機構は鎌倉期と変化なく、少弐氏の制度的位置も尊重されたのであろう。しかしこの種の文書はその後まったくない。一方親王の令旨《りょうじ》は(入府前五〇余通、入府後七〇余通)で、入府以前にあっては所領の給付・安堵を約束しての軍勢催促が圧倒的であったが、入府後は寺社領への押妨《おうぼう》停止や武士相互の押妨停止と訴訟裁決が大部分を占め、地域的には肥後以北の北部九州が圧倒的に多い。征西府が北部九州の統治権者で、その実権が親王と「奉行所」を構成する一部の側近に集中していたことがうかがわれる。

しかし征西府をささえる中心勢力は武光以下の菊池氏であった。この時期一族の一国規模の地位で判明するのは、武光=肥後守・肥後守護・肥前守護・筑前守護、武澄—武安—武照=肥前守、武尚=豊前守護代、武貫・武宗(窪田)=肥後守護代である。そして一族の所領は北部九州に広く存在した。しかし肥後以外の諸国では、それは軍事的制圧で獲得したものであったから、しっかりした基盤をもたず、一旦軍事的優位がくずれると、一挙にくずされる性質のものであった。

ところで懐良親王は九州下向の当初から、吉野の朝廷から九州統治をゆだねられていたが、とくに菊池にはいり親王が元服してからは、その令旨の形式が「仰せによって執達件《しったつくだん》の如し」で結ぶ武家文書風にかわっている。中央で南朝がすっかり衰えた時点で、九州を制圧した大宰府征西府は、不十分ながら事実上自立した軍事政権であった。

そのような征西府のあり方は、対明《みん》関係であきらかになる。観応元（正平五＝一三五〇）年二月倭寇《わこう》が大挙して朝鮮半島南岸をおそった。『高麗史《こうらい》』は「倭寇の侵此に始まる」と記している。その跳梁《ちょうりょう》は十四世紀後半とくに甚だしく、襲撃は山東半島に至り、高麗朝はそのために滅亡するに至る。一方中国では、一三六八（洪武元）年朱元璋《しゅげんしょう》が明朝をおこし（太祖）、翌年には称臣入貢と倭寇禁圧を脅迫的に求めた図《ず》書《しょ》を征西府につかわした。征西将軍こそ倭寇を取り締まれる日本の国王だとみていたのである。そのときは親王は無礼だとして使者五人を斬り二人を追い返した。太祖は翌年再度趙秩《ちょうちつ》を使者としてつかわした。趙秩の巧みな説明を聞き「良懐」（懐良）は、「表箋を奉り臣を称し、祖来を遣し秩（趙秩）に随《したが》い入貢する」こととし、倭寇の捕虜七〇余人を送還した。太祖は「大統暦及び文綺・沙羅」を贈り、良懐を「日本正君」に冊封《さくほう》した（しかし明使が博多に着いたとき、すでに博多は今川了俊の支配下にあった）。

懐良の態度急変は、称臣入貢をうけいれれば貿易の利益を独占し、巨大な軍事的後ろだてが期待できることにあったと思われるが、その前提には征西府が菊池氏はじめ九州の武士によって独立の権力とされていたことがあったにちがいない。

筑後川の戦い直後の延文四（正平十四＝一三五九）年八月、幕府は大友氏時を肥後守護職に補任、そして貞治三（正平十六＝一三六四）年の氏時の当知行注進状には合志荘・千田荘・山本荘・健軍社領などがみえる。しかし宮方の圧倒的優勢下ではほとんど有名無実であったと思われる。氏時は延文六年には当時の大宮司恵良惟澄を守護とするよう幕府に推挙し情勢をかえようとするが、惟澄はこれを拒否し、貞治元年その子惟村を推挙する。惟村は一貫して武家方につくが、征西府の最盛期にはもとより守護職も実効あるものではなかったであろう。

征西府の崩壊と今川了俊の肥後制圧●

応安三（建徳元＝一三七〇）年将軍足利義満《よしみつ》は、一族の侍所頭人今川了俊（貞世《さだよ》）を九州探題に任じた。了俊は細川・大内・吉川《きっかわ》・山内ら中国地方の諸勢力を組織し、九州の武家方にも周到な工作を行ったのち、子息義範《よしのり》（のちの貞臣《さだおみ》）を豊後にいれ、大友氏とともに菊池の背後をつかせ、弟の仲秋《なかあき》を肥前にいれて松浦党などの勢力を糾合して西方から、みずからは豊前から大宰府にせまった。応安五（文中元＝一三七二）年八月十二日大宰府は陥落し、親王・武光は高良山に退却した。以来二年筑後川をはさんで攻防が繰りかえされたが、その間に征西府の柱石《ちゅうせき》である武光、そして子息の武政が没し、応安七年十月若年の嗣子賀々丸《かがまる》（武朝《たけとも》）は親王とともに菊池にしりぞいた。

今川軍はこれを追って肥後に兵を進め、永和元（文中四＝一三七五）年春、肥後北部の現山鹿市周辺は武家方の大軍で埋めつくされた。了俊は一挙に菊池軍を壊滅させるべく、菊池氏の本拠隈部《くまべ》山《さん》城から六キロほどの日岡《ひのおか》（山鹿市域）に陣し、七月には水島（台《うてな》城、菊池市七城《しちじょう》町）に進出、島津氏久《うじひさ》・大友親世《ちかよ》・少弐冬資《ふゆすけ》の九州三人衆の参陣を求めた。親世に続き氏久も参陣したが、冬資は容易に参陣せず、氏久に働きかけさせた。冬資が参陣するや了俊はこれを殺害してしまった。氏久らは怒って軍勢を引きあげ、この武家方の混乱に乗じて菊池勢は討ってでて、了俊は一旦肥前に退却した。

冬資の殺害で多年探題を悩まし続けた少弐氏は決定的に衰退した。しかし反面島津氏の頑強な反抗を招き、了俊は以後島津氏対策に多大のエネルギーをそそがねばならなくなった。永和二（天授二＝一三七六）年了俊は、島津氏久の大隅守護、同伊久《これひさ》の薩摩守護を解任させてみずからこれを兼帯、子息義範を薩・隅・日三カ国の大将として派遣し、渋谷・禰寝《ねじめ》ら有力国人《こくじん》六三人に島津氏封じ込めの一揆《いっき》をつくらせた。

一方、宮方では水島合戦を前に賀々丸との意見の不一致もあって懐良親王が引退、五条良遠《よしとう》によって筑後黒木に迎えられ、後村上天皇の皇子とみられる良成《よしなり》親王が後継者（のち征西将軍宮）となった。賀々丸は親王を奉じ永和二（天授二＝一三七六）年後半から肥前に進出したが、千布《ちふ》・蜷内《になうち》（ともに佐賀市北部）で大敗、さらに肥後臼間野《うすまの》・大水《おおむつ》（玉名郡南関《なんかん》町）で壊滅的打撃をうけた。

了俊は南九州の反島津一揆の成立をまって永和三年、大内義弘・盛見《もりはる》兄弟をはじめ吉川・毛利《もうり》・熊谷《くまがい》などの中国勢を含む大軍をもって菊池氏の本拠を攻撃する態勢をととのえ、翌年にはみずから隈本・藤崎に陣し、菊池氏の糧道を断つ作戦をとった。九月二十五日武朝の奇襲に一旦敗れる（詫麻原《たくまばる》の戦い）が、大勢は動かず、永徳元（弘和元＝一三八一）年夏、木野城・菊池陣城（深川城）・隈部山城と菊池氏の本拠の各城がおち、武朝は親王を奉じ岳の陣（熊本市西郊の三の岳）を経て宇土・八代にのがれた。その後了俊は河尻・宇土を攻略し、明徳二（元中八＝一三九一）年八代古麓《ふるふもと》城の名和顕興《あきおき》も降伏した。それより前嘉慶元（元中四＝一三八七）年には了俊をさんざん手こずらせた島津氏久も没しており、ここに了俊の九州制圧は一段落をみた。そして翌年閏十月、中央でも南北朝の合一がなった。

九州統一をはたした了俊の功績はまことに大きかった。にもかかわらず応永二（一三九五）年閏七月将軍義満によって召還され、渋川満頼《みつより》がこれにかわる。了俊支持の細川頼之が没し、斯波義将《しばよしまさ》が管領《かんれい》となり、満頼は義満の従兄弟で義将の女婿であった。このような事情に加え了俊の力の増大を快く思わぬ大内義弘・大友親世の働きかけがあった。停戦直後の応永元（一三九四）年、阿蘇社の「本神領所々ならびに神用米等」を大宮司惟政《これまさ》に沙汰しつけるように、という武朝宛の了俊の意をうけた今川貞臣の施行状《しぎょうじょう》がだされている。了俊は探題分国である肥後の守護代に、降伏した武朝を任用したのである。了俊の目的は南朝の撲滅もさることながら、大内・大友・島津ら有力守護の力をおさえ宮方・武家方を問わず国人たちを掌握して、幕府支配下の九州経営を安定させることにあったからである。しかしあまりに強大化した了俊の支配は、九州政権としての征西府の継承（自立化）とみられる要素をも含んでいた。義満はそれをきらったものと思われる。

一方、菊池武朝は了俊にしたがうことで本領を安堵され、新探題と対立しつつも勢力を強め守護大名への道を歩むことになる。

2　地域的世界の展開と交流

菊池氏と守護府隈府●

今川了俊《りょうしゅん》にかわって九州探題に補されたのは同じく足利一門の渋川満頼であった。そして大内義弘がその後見役として大宰大弐《だざいのだいに》となった。満頼は応永三（一三九六）年四月博多にはいった。了俊にくだり本領を安堵されていた少弐貞頼・菊池武朝らはこれにしたがわず、応永年間（一三九四～一四二八）をつうじて、北部九州では断続的に戦闘が繰りかえされた。そのなかで肥後の国人層の再編成が進む。満頼のもとで勢力を拡大したのはその一字を名乗る詫磨《たくま》満親《みつちか》であった。満親は満頼の庇護のもと、六箇荘小山村（熊本市小山）地頭職などの肥後国のみならず、肥前神埼《かんざき》荘・筑後鯵坂《あじさか》荘などにも所領を得、詫磨氏惣領としての力を強めた。

しかるに応永期をすぎると詫磨氏関係の文書は急速に消滅する。そして南北朝期には、はなばなしい活躍をした河尻氏もまた応永十七年の「河尻実昭起請文」（「阿蘇文書」）を最後に姿を消す。

一方、十五世紀の第二四半期、国人勢力のなかで菊池氏の指導性が確立する。とくに永享三（一四三一）年家督をついだ持朝《もちとも》は、それまでの菊池氏の姿勢をかえ、将軍義持《よしもち》の一字を得て親幕府・親大内の立場をとることで、筑後・肥後の守護職を得、菊池氏の本拠隈部《くまべ》山城の城下は、隈本にかわって肥後の守護府（＝隈府《わいふ》）となった。持朝は有力庶家に自分の子を養子としていれることで宗家の統制力を強め、積極的に領国経営を進めた。持朝は文安三（一四四六）年三八歳で没し、為邦《ためくに》があとをつぐ。為邦は日朝貿易に大きな意欲をみせ、その前半期は菊池氏の対外貿易の最盛期であった。そして城下に玉祥《ぎょくしょう》寺や碧巌《へきがん》寺をたて、京都東福寺の僧清韓《せいかん》は、為邦を「菊池氏二十代の英主、富は一国に有り徳は九州に甲《まさ》る、知名・勇名誰ぞ敢て雄を角《きそ》はん」と絶讃している。しかし後半期には、肥後南部では相良氏の八代進出を認めざるをえなくなり、寛正三（一四六二）年には筑後守護職を奪われ、博多への道を断たれ日朝貿易も途絶、政治的には菊池氏衰退のはじまりであった。

文正元（一四六六）年重朝《しげとも》が家督をつぐ。重朝は幕府（義政《よしまさ》）から正式に肥後守護職の補任をうけ、守護公権を行使した支配を展開する。文明四（一四七二）年には阿蘇十二神の御社と本堂修理の棟別銭《むなべつせん》徴収のため、一族庶家のみならず名和顕忠《あきただ》や相良為続《ためつぐ》にも「奔走」を命じている。一宮の修造は本来国司の任務で、一国平均の役によってなされるものであったが、その権限は守護に継承された。この守護公権をテコに重朝は守護府隈府の整備をはかり、惣領家の支配の強化をはかった。隈部山城のすぐ南には武光以来の菩提寺正観寺があり、東福寺・西福寺・南福寺および大琳《だいりん》寺の通称菊池五山が城下を囲繞《いにょう》し、城下の現菊池市隈府には城下町が形成された。城下・院馬場・堀木屋敷・堀ノ内・堀ノ外などの字名が碁盤目《ごばんめ》の地割のなかに残っている。青木勝士氏は今日の隈府町の中心である字「町」の北側の字「屋敷」に南北九七メートル余、東西九二メートル余の方形の区画を確認し、これを「御屋形御座敷」跡とし、この守護館を中心に直臣《じきしん》たちの出仕屋敷（これが後述の万句連歌の行われた「亭会《ていかい》」である）が配置され、彼らの集住化を進め、屋形と直臣屋敷を中核とする政治都市としての守護町「隈府」はこの時期に成立したという（「肥後菊池氏の守護町『隈府』の成立」『熊本史学』七二・七三合併号）。

後述するように重朝の時代は全体としては菊池氏の衰退期だったが、城下がもっとも栄えたのはこの時期だった。文明四年重朝は重臣隈部忠直とはかって「孔子《こうし》堂」を府下高野瀬にたて、春秋に釈奠《せきてん》の儀を行った。同九年二月には「薩南《さつなん》学派」の祖となった臨済系南禅寺の僧桂庵玄樹《けいあんげんじゅ》を招き釈奠を行った。玄樹はそのようすを「菊城客舎の上丁日、孔廟春祀之盛礼を観る」と題し漢詩に読んでいる。文明七年には一〇〇年前の武光時代以来の課題であった藤崎宮の造営を完成し、翌年五月には新社殿で法楽の千句連歌を興行した。そして同十三年八月には本拠地隈府で万句連歌を興行する。連歌は南北朝期以来大流行した寄合の文芸で、とくに文明十二年の宗祇《そうぎ》の九州入りは連歌の大流行をもたらした。万句連歌はその翌年で「月」を句題に重朝と重臣の邸宅（「亭会」）二〇カ所で五句ずつ一〇〇回よんだものであった。発句の一〇〇句と揚句を弘治二（一五五六）年城親賢《じょうちかかた》が書写したものが今に伝来しており、その参加者から当時の菊池氏の勢力圏がうかがえる。武家は重朝のほか八五人、出家者一四人で、ほとんどが肥後北部の者で、その約半分が重朝や先代為邦の名前の一字を称している。彼らは菊池宗家の直臣である。なかでも隈部氏は、三代の宿老忠直をはじめ亭主三人、参加者一三人を数える。一方菊池一族は城・赤星《あかぼし》・方保田《かとうだ》・嶋崎《しまざき》ぐらいで、高瀬家・肥前家・詫磨家・木野家・宇土家など有力庶家の参加はみられない。当時菊池宗家の運営は隈部忠直を中心に城・赤星の三老者によってになわれ、武重時代の一族庶家による合議体（内談衆）による国務執行体制とはまったく異なるものとなっていたのである。

二つの阿蘇大宮司家と浜の館●

終始南朝方としてたたかった大宮司阿蘇惟澄《これずみ》であったが、最晩年におよび一族の将来を考え、かねて大友氏時の推挙を得て室町幕府から肥後の守護職に補任されていた嫡子の惟村《これむら》を大宮司の後継者とした。惟村の弟の惟武《これたけ》はこれを不満とし、惟澄の遺跡安堵を征西府に求め、正平二十（貞治四＝一三六五）年三月の征西将軍宮令旨で大宮司に補任された。一方惟村は貞治六（正平二十二）年十月将軍義詮《よしあきら》から大宮司職と神領の安堵をうけた。以来阿蘇氏は、南・北両朝に分かれて対立する朝廷さながらに、両系に分かれて対立を続ける。それは中央における両朝合一、肥後における武家一統のあとも継続し、惟村系は矢部にあって武家奉公と家督継承の正当性を主張し、惟武系は阿蘇南郷を根拠地に本社大宮司職以下の相伝知行を主張する。一貫して武家方として活動し、九州探題や大友氏の支持を得る惟村系（惟村―惟郷《これさと》―惟忠）であ

阿蘇大宮司家略系図

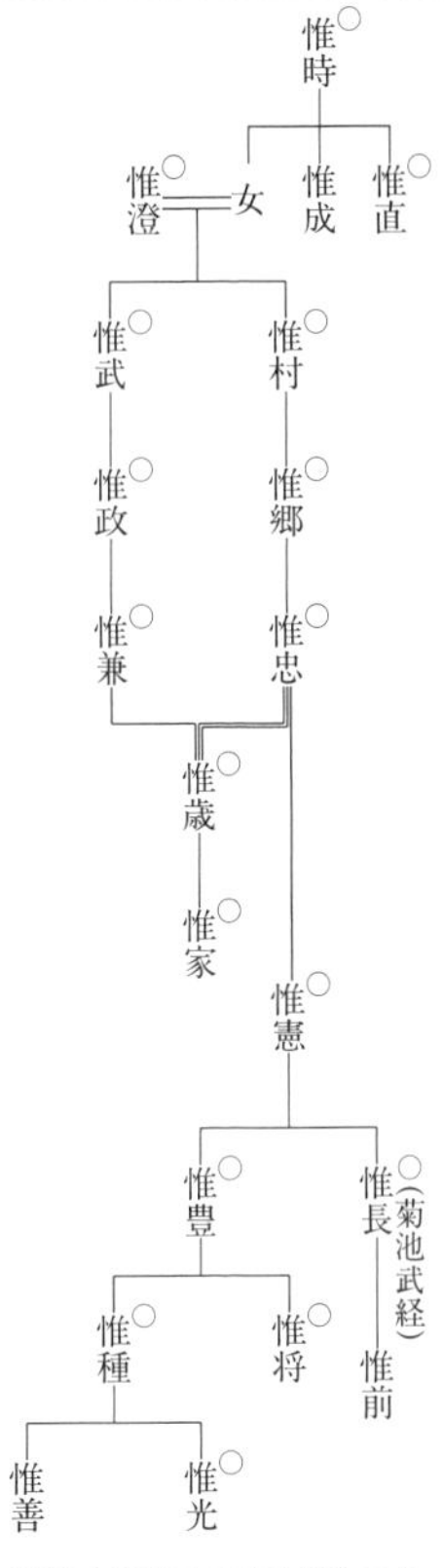

○印は大宮司の継承者を示す。

るが、南北朝合一後は、南郷にあって阿蘇本社領により強い影響力をもつ惟武系の惟政—惟兼の勢力を排除できない。応永十一（一四〇四）年探題渋川満頼は、惟村を肥後守護とし、国人たちに惟村への忠節を命じ、惟政とこれを支持する菊池武朝に対抗させ、惟郷の相続後には相続安堵の将軍義持の御判御教書《ごはんみぎょうしょ》もあたえられた。

幕府のお墨付を得た惟郷は、応永二十九年探題と大友氏（親著《ちかあき》）の支持を得て、実力によって南郷水口《みなくち》城に進出し合戦におよんだ。幕府は上使小早川則平《のりひら》をつかわし、たがいに退散すべきことを命じた。その後この問題について惟郷と惟兼は京都で訴陳を番《つが》えた。

両者の対立はその後も続き、宝徳三（一四五一）年、惟兼の子惟歳《これとし》を惟郷の子惟忠の養子とすることが、惟郷ら一族老者によって決められ、阿蘇氏はようやく統一にむかうことになった。そして惟忠の居館地矢部が大宮司の本拠となった。しかし惟忠は惟歳の子惟家を大宮司としたのちも実権を手ばなさず、惟歳・惟家は守護菊池重朝の支援をうけ、惟忠の子惟憲は相良為続と結び、両者は文明十七（一四八五）年幕《まく》の平《たいら》（馬門原《まかどはる》、現上益城郡山都町山田）でたたかった。そしてこれに勝利した惟憲によって阿蘇氏は統一された。

その後惟憲の子の大宮司惟長《これなが》は、大友氏の支援を得て菊池氏正系能運《よしかず》没後の肥後の守護職の獲得をめざし、菊池氏家臣の支持をとりつけ、永正二（一五〇五）年大宮司の地位を弟惟豊にゆずり、隈府にはいり守護となり菊池武経と称した。大宮司となった惟豊は、永正八年、守護としての地位を維持できず大宮司復活をはかる惟長を破り、矢部浜の館を拠点に益城・阿蘇両郡を中心に安定した支配を確立した。

矢部岩尾城のかたわらに「陣の内・浜の御所・浜の御殿・浜の屋形」などとよばれる館があって、天正十四（一五八六）年正月島津氏の攻撃でおとされたさい、大宮司惟光は代々の綸旨《りんじ》などは男成《おとこなり》神社の宝殿にかくし、このほかの諸宝物は人知れず穴蔵にかくして目丸《めまる》に退去した、という伝承があった（『拾集昔話』）。

県教育委員会は昭和四十八（一九七三）年から二回にわたり県立矢部高校校舎の全面改築に伴う調査を行い、浜の館の建物群と庭園遺構を確認した。第一次調査の最終日昭和四十九年二月二十二日、庭園跡の一角の二つの穴から、黄金延板一・白磁唐獅子一・白磁貘《ばく》一・瑠璃《るり》製坏《つき》三（以上第一坑）、三《さん》彩《さい》鳥型水注《すいちゅう》四（一二一頁写真参照）・三彩牡丹文瓶《ぼたんもんへい》二、緑釉《りょくゆう》瓶二・緑釉陰刻牡丹水注二・緑釉水注二、染付牡丹唐草文瓶二・青磁盒子《せいじごうす》一（以上第二坑）、以上二一点の宝物類が発見され、浜の館の伝承が裏付けられた。

調査によると、桁行七間・梁間四間の礎石をもつ坪数二八坪を数える大きな客殿様の建物、三間四面の神殿と考えられる建物などを中心に、いくつもの建物群の存在や庭園遺構が確認され、浜の館がその間いく度も建物の焼失建替えはあるが、南北朝以降天正十四年に至る阿蘇大宮司の館跡であった

「浜の館」の出土品　豪華な舶来の出土品(染付牡丹唐草文瓶一対と青磁盒子)の発見により，県立矢部高校の校地(字城の平)は，伝承どおり阿蘇大宮司館跡であり，その隆盛が確認された。

ことがあきらかになった。

この浜の館の全盛時代はおそらく大宮司惟豊の時代であったろう。惟豊は永正四（一五〇七）年から大永・天文年間（一五二一〜五五）三〇余年にわたり大宮司の地位にあり、天文十三（一五四四）年九月には禁裏修理料献上の功によって正四位下から従三位に昇叙、さらに同十八年には従二位に昇っている。大内義隆の仲介によるものであった。従三位は中納言相当、従二位は大臣相当位である。戦国時代には下剋《げこく》上《じょう》の世となり、荘園からの収入もとだえ、朝廷も貴族もひどい経済的困窮におちいっており、高位の官職や位階で権威付けをねらう地方武士からの献金や、その斡旋料で辛うじて生活を維持した。惟豊の従三位昇叙にさいしては、勅使として日野《ひの》中納言烏丸《からすま》光康が矢部浜の館に下向して、後奈良天皇が阿蘇社に奉納した自筆の般若心経《はんにゃしんぎょう》とともに昇叙の口宣案《くぜんあん》・綸旨・女房奉書・上卿《しょうけい》広橋兼秀の添状を持参した。これらの文書は大内義隆の祝状とともに「阿蘇家文書」（熊本大学附属図書館蔵）にまとまって伝来している。なお般若心経は、惟豊の添状とともに今日西巌殿寺《さいがんでんじ》に伝えられている。

相良氏の八代進出●

南北朝期以来、相良氏では多良木の上相良と人吉の下相良の対立が続いていたが、そのなかから文安五（一四四八）年、下相良の一族の永富《ながとみ》（留）長続《ながつぐ》が、上相良を滅ぼして人吉城（原城）にはいり球磨郡を統一したと「相良文書」は伝える。しかし、それは庶家ないし家臣による主家の簒奪《さんだつ》、つまり「下剋上」にほかならなかったとみられる。長続は守護菊池為邦から葦北《あしきた》郡の領有を認められ、さらに寛正四（一四六三）年には、領内の反乱で人吉にのがれた名和顕忠の八代領主復帰を援《たす》け、その謝礼として高田郷《こうだごう》（八代市南部）三五〇町を領有することになった。相良氏の球磨・葦北・八代三郡支配の起点はそこにある。長続の三男為続《ためつぐ》とその子長毎《ながつね》、その養子晴広の三代は、戦国大名相良氏の成立時代である。

為続は文明八（一四七六）年薩摩牛屎院《うしくそいん》の確保のため出兵、その隙に顕忠は高田郷奪回を企てた。為続は天草の上津浦《こうつうら》氏らの援けを得てこれをしりぞけたが、同十四年にもふたたび顕忠は為続の牛屎院出征の留守に高田郷奪回をはかる。為続は上津浦・志岐《しき》・栖本《すもと》らの天草勢を加えて名和氏の本拠八代古麓《ふるふもと》を攻撃、同十六年八代を制圧した。その後長享元（一四八七）年には豊福（宇城市松橋《まつばせ》町）まで進出、明応二（一四九三）年には七カ条の為続法度《はっと》を制定した。その特徴は経済的諸関係など領内相互間の調整にある。しかし為続は明応八年名和氏を援ける菊池能運《よしかず》にやぶれ、八代古麓を失い球磨に引きあげ、顕忠は八代を回復した。その後隈府《わいふ》を追われた能運は、相良長毎の力を借りて復活、長毎は能運の支持のもと顕忠を攻め、永正元（一五〇四）年完全に古麓を占領、以来八代は相良領となった。そして名和氏は菊池系の宇土氏を宇土から追いだし、みずから宇土氏を称した。長毎も一三カ条の法度を定めている。その特色は家臣

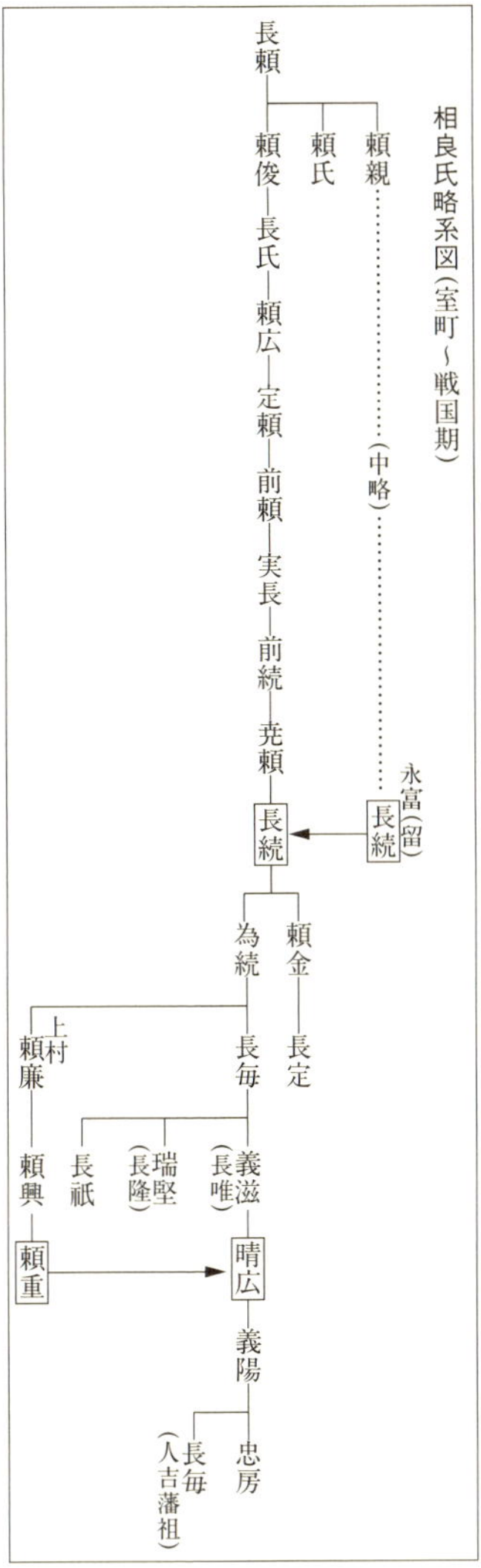

団統制の強化、主従関係の安定化にあった。

長毎は永正九年隠居、長祇《ながまさ》は長続の嫡孫長定《ながさだ》に殺されるが、長祇の庶兄長唯《ながただ》(義滋《よししげ》)は、一族の上村《うえむら》城主上村頼興《よりおき》の援けをうけて大永六(一五二六)年家督となった。そのとき頼興の子頼重《よりしげ》を後継とする約束があり、頼重は将軍足利義晴の一字を得て相良晴広として登場する。そして天文三(一五三四)年八代に新城(鷹峰《たかがみね》)を構築し、球磨を実父頼興にゆだねつつ、本格的に三郡支配の体制をかためる。晴広治世の総決算とでもいうべきものが天文二十四年の晴広法度二十一カ条である。その内容は農政・徴税・治安維持など領内統制の色彩が濃厚で、為続・長毎の法度を継承しつつも、大名領国法としての性格を明瞭に読みとることができる。

天草五人衆●

天草五人衆といわれるのは、戦国期天文二十三(一五五四)年長嶋氏が相良氏に領地を奪われたのち、天草を分治した志岐・天草(河内浦)・上津浦・大矢野・栖本の五人の領主のことである。

鎌倉前期天草の武士団として知られるのは、下島《しもじま》西北部の菊池系といわれる藤原姓の志岐氏と、本砥《ほんど》島(下島中南部)の地頭大蔵氏系の天草氏および同じく大蔵系の大矢野島の大矢野氏である。志岐氏は元久二(一二〇五)年、光弘が下島西北部六カ浦(佐伊津《さいつ》沢張《さわはり》・鬼池・蒲牟田《かばむた》・大浦・須志浦《すしうら》・志岐浦)の地頭職に補された。一方天草氏は種有《たねあり》が本砥島の地頭職を有し、貞永二(一二三三)年嫡子播磨局《はりまのつぼね》に譲与した。志岐氏はその所領を得宗領化し、北条氏の勢力を背景に本砥への進出をはかる。大矢野島の大矢野氏は天草氏と同族とされ、『蒙古襲来絵詞《えことば》』によって大矢野種保・種村などの奮戦が知られる。

正和二(一三一三)年志岐景弘《かげひろ》(弘円《こうえん》)は、継母妙性が天草氏の当主であったことを利用して、鎮西下知状を得て本砥島の地頭職を獲得、その後建武四（一三三七）年には九州探題一色道猷、貞和五（一三四九）年には足利直冬、そして応永六（一三九八）年には菊池武朝の安堵を得るなど、状況に対応しつつその勢力保持につとめた。一方、本砥の天草氏は没落したが、河内浦の分家が天草氏を継承し、南北朝期には北朝側の志岐氏に対抗して南朝方につき、正平二十（貞治四＝一三六五）年には天草種国が菊池氏ゆかりの玉名石貫《いしぬき》の広福寺に仏物を寄進している。天草氏の支流の宮地氏は、下島中部の宮地（天草市新和町）にあって南朝方に、上島北部の上津浦氏と、長嶋氏は北朝方についている。

室町中期になると、上島南西部の栖本氏と下島南部の久玉《くたま》氏が史料に出現、いわゆる天草八人衆の連合と抗争が展開される。明応十（一五〇一）年には、彼らは「天草御一揆中」として菊池氏から八代郡の小野・豊福（ともに宇城市）を宛行《あてが》われている。おそらく菊池氏と相良氏の争いにさいしての戦功によるものであろう。しかし一方では河内浦の天草氏が勢力を拡大し、本砥・島子《しまご》をめぐって志岐氏・上津浦氏と争う。永正二（一五〇五）年天草氏は、相良長毎と結び守護権を回復した菊池能運の命で本砥を志岐氏に、島子を上津浦氏にわたし、河内浦に一旦退去するが、まもなく天草尚種は久玉・宮地両氏を併合し、享禄年間（一五二八〜三二）には本砥を奪回、ついで島子の奪回をはかり、志岐・栖本・大矢野・長嶋氏を糾合し上津浦氏を攻撃した。上津浦氏は相良義滋に援を請い、天草勢はやぶれ、以来天草は全体として相良氏の支配下に組みこまれた。そして天文二十三年には相良晴広の圧迫をうけ長嶋鎮貴《しづたか》が薩摩にのがれ、以後いわゆる天草五人衆の時代となる。そして長嶋は永禄八（一五六五）年島津領となり近世を迎える。

十六世紀なかばから十七世紀にかけて天草はキリシタンの島となる。肥後全体が大友宗麟《そうりん》の制圧するところとなり、隣接する島原には熱心なキリシタン大名有馬晴信《ありまはるのぶ》がおり、長崎・横瀬浦・口ノ津などにはすでに宣教師とともに貿易船が出入りしていた。天草で最初にキリシタンをうけいれたのは志岐麟泉《りんせん》（鎮経《ちんけい》）である。志岐氏は本砥の支配を争う隣接する天草氏に対抗するためにも軍備の増強をせまられており、永禄九年宣教師の派遣を有馬氏に依頼、ルイス＝アルメイダが大歓迎をうけてやってくる。そして、麟泉自身も洗礼をうけ、一両年のうちに志岐はヤソ会布教の中心地となった。

しかし麟泉の目的は、貿易の利益と高麗の軍事技術（武器）の輸入にあった。それが期待はずれにおわり、隣接の天草氏がキリスト教を受容すると一転して迫害にむかう。一方天草氏は、領内に河内浦・本砥・軍ケ浦《いくさがうら》など、海外にも知られた良港を有し、はやくから南蛮貿易に関心をもっており、永禄十二年アルメイダを河内浦に迎えいれ、家老（レオン）の勧めもあって信者は急速に増加したが、同時に寺僧などの反発も強まり、元亀四（一五七三）年ごろまで反キリシタン派の久玉城を中心に争乱が続いた。

天正五（一五七七）年までに尚種（ミゲル）はじめ妻や嗣子久種も受洗、領内の仏教徒にキリシタンとなるか領外退去かとせまったので、天草氏の領民はほとんどキリシタンとなり、その数は一万にのぼったといわれる。

久玉の争乱後、天草に島津氏の勢力がおよんでくる。天正六年島津氏が大友宗麟を日向耳川《ひゅうがみみがわ》（宮崎県木城町）の戦いで破ると、天草五人衆は一挙に島津氏の支配下に繰りこまれ、島津軍の一翼として、対龍造寺氏の戦いや大友氏につながる阿蘇氏との戦いに加わっていった。

高瀬・河尻・八代●

高瀬・河尻・八代の三カ所は中世後期いずれも海外にも知られる港湾都市であった。

高瀬（玉名市）は菊池川と繁根木《はねぎ》川にはさまれた三角州に位置する。中世には繁根木川右岸の繁根木とともに筥崎宮《はこさきぐう》領大野別符《べっぷ》の中村に属し、繁根木村にある繁根木八幡と神宮寺寿福寺は高瀬の鎮守であり、高瀬と繁根木は一体の港湾都市として発達した。

鎌倉時代以前からの寿福寺・宝成就寺・清源寺に加えて、十四世紀なかばには、最上位の時宗末寺願行寺が五世他阿《たあ》によって、臨済宗永徳寺が渡来僧石屛子介《せきへいしかい》によって開かれ、応安元（正平二十三＝一三六八）年には、入明を前に絶海中津《ぜっかいちゅうしん》が博多から高瀬にやってきた。

高瀬の発展は当然諸勢力の注目するところで、文和二（正平八＝一三五三）年には菊池武光の弟武尚が、保田木に館をかまえその子孫は高瀬氏を称した。南北朝内乱後、一時九州探題渋川満頼の支配がおよび、奉行人板倉宗寿《そうじゅ》は河上守助を代官にして津料の徴収にあたらせた。

十五世紀になると高瀬武楯《たけたて》は保田木城により、繁根木社や寿福寺・清源寺・宝成就寺などに多くの所領を寄進し、これらの大社寺は大発展期を迎え、現在の菊池川と浦川の合流点付近（浮津江《うきつえ》）にあったと思われる高瀬津から繁根木社・寿福寺に至る道には中門が設けられ、問屋がならび、宝成就寺の門前には銀細工屋敷・籠手屋敷などの職人町も形成された。武楯時代の発展のうえに孫の武教《たけのり》が日朝貿易を行ったことは『海東諸国紀』にみえている。高瀬は高瀬氏の城下の港湾都市として発展した。

しかし十六世紀の初期、高瀬武基《たけもと》が菊池能運と宇土為光の争いのなかで戦死、以後大友氏の支配下となり、町の総鎮守繁根木社＝寿福寺の祭祀《さいし》集団のなかに、町衆も大きな位置を占めるようになり、しだいに自治都市的様相を強めていった。十六世紀末には、大友宗麟の援助でイエズス会の宣教師も来訪し教会もたてられている。

なお、高瀬の川底からは大量の元《げん》や明初期の青磁などが採集されており、貿易港としての繁栄がうかが

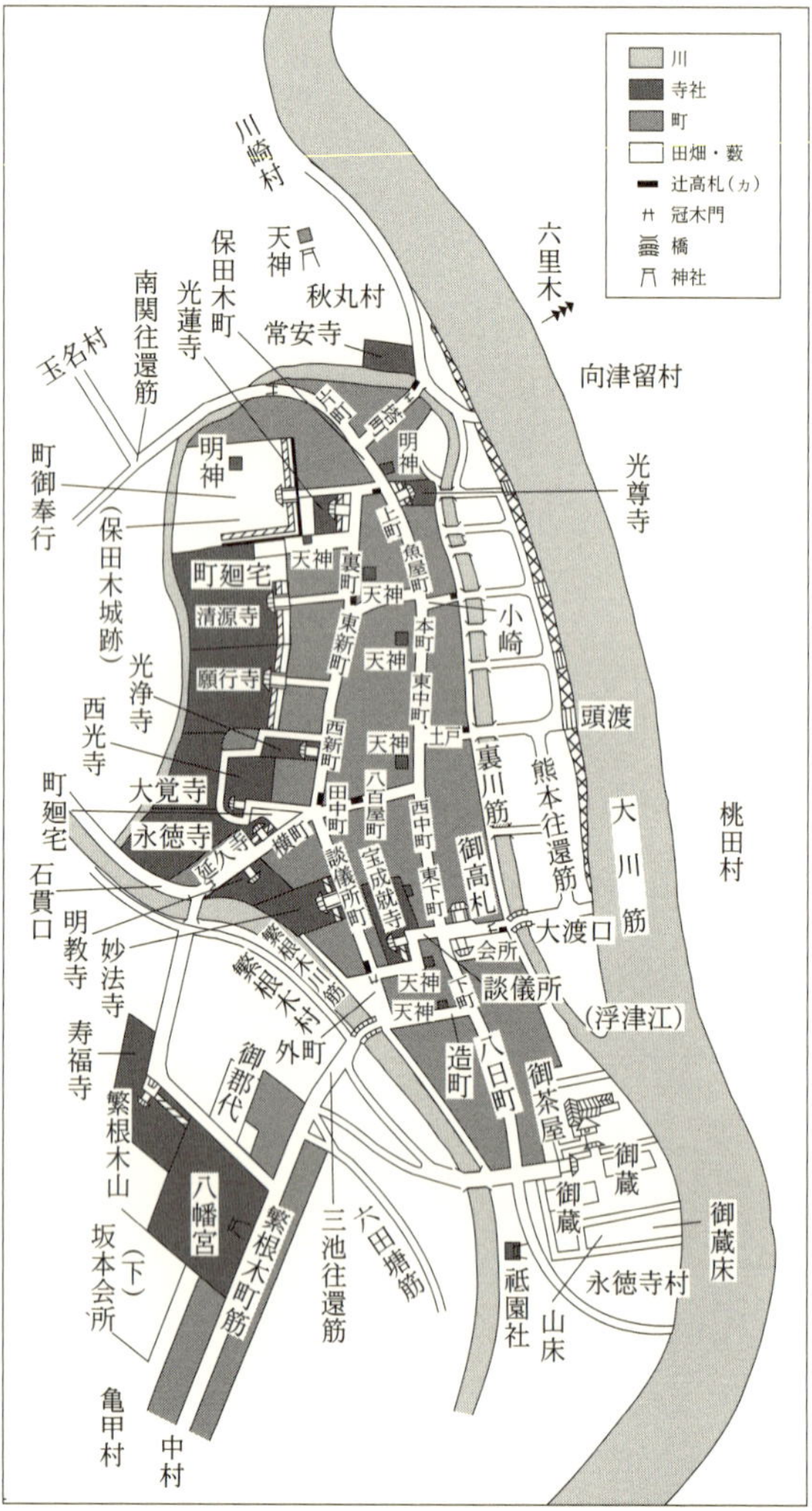

近世末の高瀬町図(原図は熊本県立図書館蔵)　中世の遺構は約３ｍの地下にある。中世の港は大川筋(菊池川)と裏川筋の合流点辺り(浮津江)にあった。「町御奉行」のところが保田木城跡。『玉名市史』資料編Ⅰによる。

われる。右の図は幕末嘉永期の「高瀬町図」である。今日の高瀬は中世からみると二〜三メートルの堆積がみられるが、街の基本的な範囲や街筋は大きくはかわっていないとみられる。

中世河尻は、「大川」といわれた緑川と白川が合流して有明海にそそぐ河港として発展する。白川の右岸は飽田郡で河尻は飽田南郷に属した。この地の在地領主は国衙の在庁官人そして神蔵荘の荘官ともなった源姓の河尻氏であった。鎌倉中期河尻泰明《やすあき》は、寒巌義尹《かんがんぎいん》の大渡《おおわたり》架橋や大慈寺建立を助け、北条氏と結んで勢力をのばし、南北朝期河尻幸俊《ゆきとし》は足利直冬を河尻に迎え、九州の観応《かんのう》の擾乱《じょうらん》の一翼をになった。

しかし十五世紀前半の応永末年、河尻氏は勢力を失い、河尻は特定の在地領主の支配をうけない「公界《くがい》」の地となったらしい。『八代日記』によると天文八（一五三九）年、菊池義宗の老者鹿子木親員《かのこぎちかかず》と田島重賢《しげかた》は、相良氏の使僧光勝寺・養福寺と河尻で和談している。「公界」の地なればこそである。天正三（一五七五）年、社寺参詣などのため上京した中書家久《ちゅうしょ》（島津貴久四男）の一行は、大渡・河尻で関銭をとられている。それも領主ではない「公界」の関銭であったろう。

永正十四（一五一七）年七月肥後にはいった連歌師宗碩《そうせき》は、河尻の会所で「千舟より川やちりはう柳かげ」とよんでいる。また、天正八年肥後に出兵していた島津勢は三〇〇〇余艘の兵船で河尻を一度に出港している。河尻津の規模が推しはかられる。

永禄七（一五六四）年のアルメイダの書翰《しょかん》によると、イエズス会の宣教師は、河尻を「異教徒の町」「大なる町」とよび、熱心な布教活動を行っている。高瀬の町衆が繁根木社＝寿福寺の祭祀集団であったのに対し、「異教徒の町」河尻の町衆がよるのは大慈寺であったろうか。いずれにせよ戦国期の河尻は多分に自由都市的性格をそなえていたとみられる。

天文三年の相良義滋《よししげ》の鷹峰《たかがみね》築城以来、相良氏治下の八代は、球磨川右岸の居城古麓の城下町と外港の徳淵《とくぶち》津を発達させた。『八代日記』には、「八代七日市九日市焼候」「八代杭瀬《くいぜ》三町焼失」「杭瀬一日市・九日市両町西方一方焼亡、廿日町其全不焼候」などの記事がある。この古麓に隣接してすでに名和氏の時代から妙見宮の門前町（宮地町）が一定の発展をみせていたと思われ、相良氏の戦国大名としての成長のなかで、両者あいまって城下町として発展していった。

これらの市町は、「両町西方一方焼亡」とあるように、南北の道路をはさんで東西にあり、相互に隣接していた。一日市・七日市・九日市という市日の間隔の長短から、阿蘇品保夫氏はそれは同業者単位の集住ではなく、いくつかの別個の地域的商圏を背景とした市の商人集団であったろうという。

一方徳淵津は、外港として相良氏の対外貿易の基地であった。相良氏の官船市来丸《いちきまる》は天文七年徳淵津で新造された。義滋は琉球貿易を行った。天文十一年、琉球の円覚寺全叢《ぜんそう》が「国料の商船渡越」と義滋への返書に記す「国料の商船」は、この市来丸であったと思われる。

つぎの晴広の時代の天文二十三年、二代目の市来丸が建造されている。この時期八代の対外貿易はいちだんと活発化し、八代の「さか屋」、徳淵の「森」などと名乗る町衆も渡唐船を仕立てている。天文二十四年五月十六日出港の一八艘の渡唐船のうち一六艘は八代船であったという。徳淵津は近世八代城の城下町として発展する。

八代神社(妙見下宮，八代市妙見町)　妙見宮は上・中・下宮からなる。下宮は文治２(1186)年の創建と伝えられ，中世末には門前町(宮地町)が形成された。

3　隣国勢力の肥後侵攻

菊池氏の滅亡と守護職の争奪●

肥後では永正元（一五〇四）年三月の菊池氏正系能運《よしかず》の死去をもって戦国時代のはじまりとするのがふつうである。守護菊池氏の力は重朝《しげとも》が阿蘇氏の幕の平合戦に介入敗北して以来、肥後北部にかぎられるようになった。とくに能運は就封後直臣団の一部の反抗にあい文亀元（一五〇一）年島原に亡命、一族（大叔父）の宇土為光が守護職を得た。これは一般には『新撰事蹟通考』により為光の反逆簒奪《さんだつ》とされているが、阿蘇品保夫氏は同年七月七日の「城重岑《じょうしげみね》寄進状」で、隈部上総介《くまべかずさのすけ》の謀反で能運は島原に亡命し、国侍たちが為光を屋形に推戴《すいたい》したとする『歴代参考』の記事が裏付けられるとの新説を提示した（『新熊本市史』通史編第二巻中世）。

島原に亡命した能運は、大友氏とつながる阿蘇氏や八代回復をはかる相良氏と連繫して復活をはかり、文亀三年天草勢などの支持を得て復活に成功、為光は筑後にのがれたが、立花氏によって隈府《わいふ》に送還され殺害された。しかし翌永正元年三月能運は死去、その遺言で玉名石貫《いしぬき》の肥前家の政隆が屋形となったものの一致した支持を得られず、翌年末には、国侍八四人が阿蘇大宮司惟長を推戴した。その背後には肥後掌握をめざす大友氏の意向があった。永正三年冬、大友勢が肥後に攻めいり、政隆は山本郡の内空閑《うちくが》城に退去、惟長は大宮司職を弟惟豊にゆずり隈府にはいり「菊池武経」と名乗った。政隆は本拠玉名や島原で抵抗するが、同六年とらえられ久米安国寺（菊池市泗水《しすい》町）で生害した。

武経の隈府滞在もわずか三年であった。武経が驕慢《きょうまん》で支持を得られなかったといわれるが、阿蘇品氏は、大友親治《ちかはる》のシナリオである親治の孫菊法師丸（重治）を肥後の太守とするまでのつなぎとしての役割を武経が逸脱したところに失敗の原因があったという（同前）。

武経退去後、一時菊池系詫磨氏の武包《たけかね》が迎えられたが、形ばかりでまもなく隈府を追われ、天文元（一五三二）年島原半島の高来《たかく》で没した。

親治のシナリオにより重治は、永正十七年二月、菊池老臣の影響の強い隈府をさけ、隈本にはいり、名を義国（ついで義宗・義武）に改め肥後の守護を称した。彼をささえたのは、飽田・詫麻を本拠とする鹿子木親員（寂心）・本郷長賢・田島重賢らであった。とくに親員の役割が大きかった。

鹿子木氏は鹿子木西荘の地頭安芸《あき》氏の系統を引くと思われる飽田郡の国人で、親員は重治入国にさいし隈本城を整備してこれを迎えいれ側近として補佐した。親員は大友氏の支配の一端をにないつつも国中諸勢力の対立紛争の仲介解決に政治的力量を発揮したほか、文人武将としても名を残している。享禄二（一五二九）年には藤崎宮再建の綸旨や勅額下賜に奔走し、連歌師宗牧《そうぼく》・宗碩との交流をもち、二〇〇〇疋の礼銭で三条西実隆《さねたか》筆の『源氏物語』を入手するなど、豊かな教養の持主であった。

ところで入国後数年義宗（重治改め）は、大友氏惣領の兄義鑑《よしあき》から自立する動きを示す。天文二（一五三三）年、豊前・筑前に勢をのばす大内義隆の、かつて菊池氏が保持した筑後守護職への推挙を好餌《こうじ》とする筑後出兵要請に応じたことで対立は決定的となった。義鑑は肥後に出兵、義宗は島原に亡命さらに相良氏をたよる。義鑑は天文十二年、みずから将軍義晴から肥後守護補任状を得、肥後は大方その支配に服した。

しかし天文十九年二月義鑑は家臣に殺され、それに乗じ義武（義宗改め）は田島重賢・鹿子木鑑員（鎮有）らと結んで隈本に戻り、相良・名和などの協力も得、一時は大きな勢力となった。一方混乱をたて直した義鑑の後継義鎮《よししげ》は、小原鑑元《おばるあきもと》らを肥後に攻めいらせ、阿蘇氏や小代氏・城氏などの協力を得、翌二十年には肥後中・北部を制圧、相良晴広も異心なきを誓った。義武は各地を転々としたのち、二十三年豊後竹田で自殺した。

義鎮は隈府城に赤星親家、隈本城に城親冬をいれ、一族の志賀親守を守護代とし、大津山城に小原鑑元を城督としていれ、小代実忠とともに筑後境をかためさせた。その後弘治二（一五五六）年、小原鑑元が謀反ありとして滅ぼされることはあったが、以来二〇年近く肥後北部は、赤星・城・隈部ら旧菊池家家臣の支配を承認し、それをとりまとめる形で大友氏の支配下に一応の安定を得た。

龍造寺氏の侵攻と島津氏の肥後制圧●

大友氏の支配下、菊池氏老臣の赤星親家《ちかいえ》（道雲《どううん》）と隈部親永《ちかなが》の主導権争いは深刻化し、永禄二（一五五九）年合勢川《あわせがわ》（山鹿市菊鹿《きくか》町木野）の戦いとなる。これにやぶれた親家の嗣子親隆（道半）は大友氏の援けを求め、これに対抗して親永は、天文年間（一五三二～五五）の終わりから肥前一国を制圧し、筑前・筑後への進出をはかっていた龍造寺隆信《たかのぶ》の援けを借りる。隆信は天正六（一五七七）年十一月、大友宗麟が日向耳川の戦いに大敗したのを機に、筑後を制圧、そして肥後侵攻を開始する。同八年、隆信の将鍋島信昌《なべしまのぶまさ》は大友方の三池鎮実《しずざね》を三池城に破って肥後に攻めこみ、小代親伝《ちかゆき》を筒ケ嶽《つつがたけ》城（荒尾市）に破る。七月末には隆信の弟江上家種を大将とする龍造寺勢は、隈部勢とともに赤星統家《むねいえ》（親隆）の臣星子《ほしこ》中務廉正《なかつかさかどまさ》の長坂城（山鹿市）を攻撃、統家の叔父合志親賢は星子に援軍を送るがやぶれ、八月二日廉正は自刃、その跡には隈部氏の族縁山鹿彦次郎重安の臣、有働《うどう》兼元が城番としてはいり龍造寺軍は引きあげた。

翌九年、龍造寺は隆信の嫡子政家を将としてふたたび肥後に侵攻、和仁《わに》・大津山・小代氏らをくだし、赤星氏の本拠隈府城を攻め、統家は人質をだしてくだり、隈府城を退去、合志氏の竹迫《たかば》城（合志市）に移る。隈部親永が隈府城主となり、肥後北部は龍造寺の支配するところとなった。

一方、大友宗麟のもとで天文十九年以後鹿子木氏にかわって隈本城主となり、飽田・詫麻二郡を支配する城親冬は、隈部親永の龍造寺勢引きいれに脅威を感じていた。親冬から家督をゆずられた親賢は、耳川合戦でやぶれた大友氏に見切りをつけ、天正七年かねて北進を進めていた島津氏と結んで、大友氏につながる阿蘇氏、龍造寺氏につながる隈部氏に対抗する。

島津氏は十六世紀なかば貴久《たかひさ》が戦国大名としての地位を確立、その後嗣義久は永禄十一、十二年大口を

合勢川の戦い

菊池氏の滅亡後、その本拠地で勢力を競ったのが宿老の隈部氏と赤星氏であり、合勢川《あわせがわ》の戦いは両者の激突であった。その発端は、弘治二（一五五六）年、小原鑑元《あきもと》を討つ大友宗麟《そうりん》に属し蕪ケ岳《あまずらがたけ》城の戦いで討死した木野親政の遺跡をめぐる争いであった。かつての菊池氏の本拠隈府《わいふ》城による赤星道雲（親家）は、永禄二（一五五九）年家人の山鹿長坂城主星子中務を大手の将として四〇〇、一族の若大将赤星蔵人《くらんど》を搦手《からめて》の将として四〇〇、みずから総大将として七〇〇、計一五〇〇騎で出陣木山に陣した。永野城（猿返《さるがえし》城＝隈部館）を本拠とする隈部親永は、寡兵《かへい》で地の利をいかすべく池田の灰塚に陣をとった。両人のあいだは初田川をはさんで三町ばかりであった。

❖コラム

五月二十一日隈部方より鉄炮《てっぽう》五〇、弓一〇〇本が一度に放たれ合戦がはじまった。本隊からはなれて隈部軍の側面道場《どうじょう》に布陣していた赤星蔵人は、一気に雌雄を決すべく真一文字に斬りいらんと、高所に馳せのぼったところで隈部の砲弾が命中、「よけ」（苗代田の水口におく藁《わら》でつくった枕《まくら》状のもの）を枕に討死、後世この地を「よけまくら」→横枕とよぶようになったという。それから両軍あわせて一〇〇〇余騎が、炎天下に死闘を繰り広げ、死骸《しがい》山をなしたという。しかし道雲は多勢をたのんで動かず、五月晦日隈部軍は、篠《しの》突く雨のなか夜襲をかけ、赤星方は総崩れとなり、八〇〇騎が討ちとられ、三〇〇騎が隈府城に逃げ帰ったという。

　この合戦については、同時代の史料がまったくなく、以上の記述もすべて近世の編纂《へんさん》物『隈部実記』の記事による伝承である。

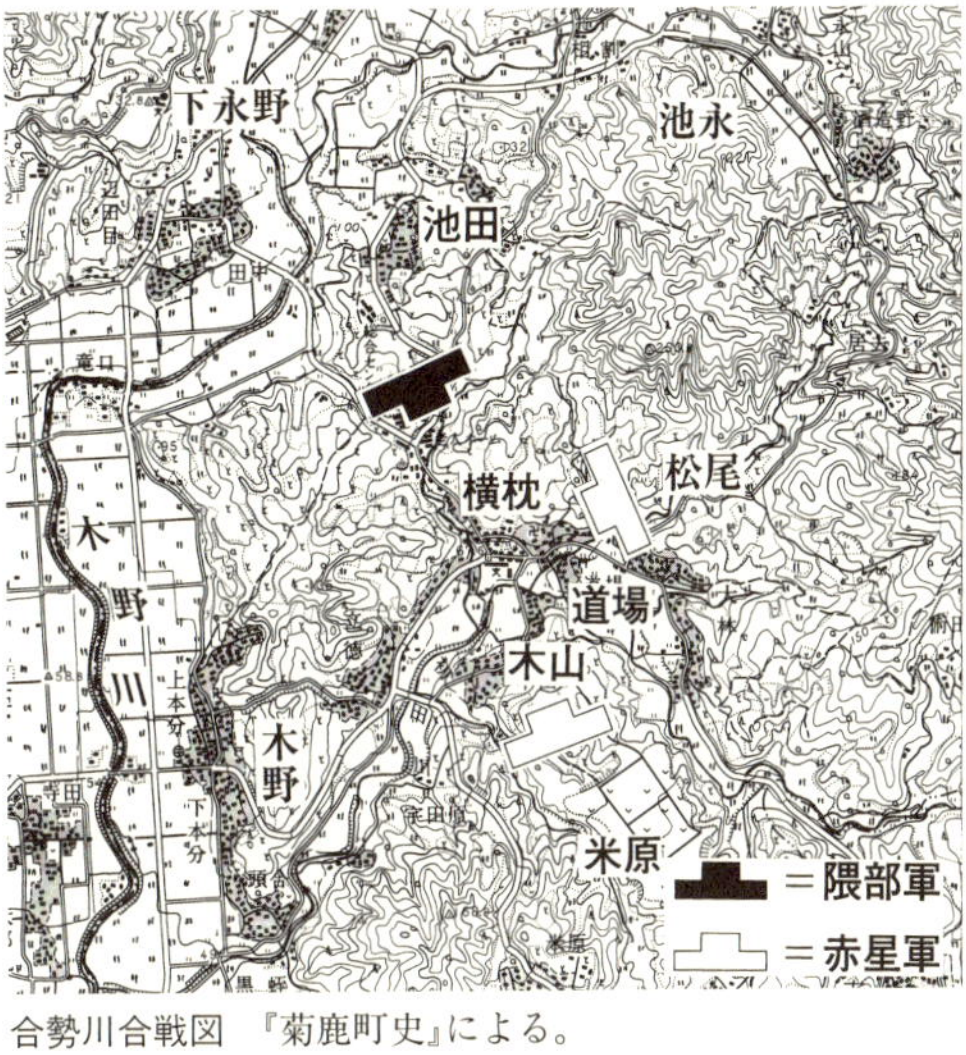

合勢川合戦図　『菊鹿町史』による。

攻略して相良氏の勢力を薩摩から追いだし、ついで天正四年には高原の戦いで伊東義祐を追い、薩摩・大隈と日向の大半を押さえ、同六年十一月耳川の戦いで大友宗麟を破り、北進の態勢をかためた。

天正八年には城氏の求めで島津義久は、佐多久政・川上忠智らを肥後番衆として派遣、隈本城内宮内に駐屯させ、ここを根拠に大友方の中村惟冬の矢崎城（宇城市三角町郡浦《こうのうら》）や合志親為の竹迫《たかば》城などを攻撃した。しかしこの時点では葦北・八代はなお相良氏の勢力下にあったので、島津氏の肥後攻略はいまだ本格化するには至らず、島津軍はその年の暮れわずかの番衆を残し、河尻から薩摩に引きあげている。

一旦、肥後から退去した島津氏であったが、同年九月義久は新納《にいろ》忠元《ただもと》に大軍で相良氏配下の水俣《みなまた》城を攻めさせ、相良義陽《よしひ》は水俣・湯浦・津奈木・佐敷・一野瀬の五城（いわゆる葦北七浦）を島津氏に割譲して和を結んだ。そして十二月には島津軍の先鋒として、かつての盟友甲斐《かい》宗運《そううん》とたたかうことを余儀なくされ、響ケ原《ひびきがはら》（宇城市豊野糸石）で討死する。義久は義陽の子忠房を人吉に封じ、八代に弟の忠平（義弘）をおいて肥後経営の拠点とした。

天正十二年初め龍造寺にそむいた有馬鎮貴《しずたか》を討つため隆信は兵を島原に進める。島津義久はこの機に肥後を制圧し龍造寺氏と雌雄を決すべく、弟の中務家久を大将に、新納忠元らの大軍を派遣、島津軍は三月宇土から肥前高来に押しわたり、激戦の末隆信以下数千人を討ちとって大勝した。以来龍造寺の肥後への影響力は急速に衰えていく。

島原での大勝ののち、島津勢の主力は一旦薩摩に引きあげるが、八月末からふたたび肥後に進攻、九月五日には義弘も八代にはいった。もはや肥後衆の大部分は島津氏の旗下に参ずる勢いであった。八日には上井《うわい》覚兼《かっけん》ら老中三人連署の肥後表への高札がだされた。

禁制

一、神社・仏閣幷構《かまえ》四壁などの竹木切とる事、

一、諸耕作あらし濫妨《らんぼう》之事、

一、所・たび（旅）の衆によらず、喧嘩《けんか》口論いたす事、

右条々、堅《かた》く停止《ちょうじ》せめ畢《おわん》ぬ、若《もし》、違犯の輩《ともがら》においては、速《すみやか》に罪科に処せらるべきものなり、仍《よ》って下《げ》知件《ちくだん》のごとし、

天正十二年九月八日

伊勢守（上井覚兼）判

右衛門大（伊集院忠棟）判

図書頭（島津定長）判

島津氏による具体的な肥後施政のはじまりである。この日島津勢は海陸両路から隈本にむかい、十二日には隈本城主城氏の歓迎をうけ、十三日には陣を吉松（鹿本郡植木町）に進め、肥後北部制圧工作をはじめた。この日山鹿の宇藤《うどう》（有働）左衛門尉が降を請い、十四日には肥後北部の中心勢力である隈部親泰が城一要《いちよう》をつうじて投降条件を示してきた。島津勢の山鹿入城について、宇藤は「三里四方の事は、あかり（上）城仕、女童取り乱し罷《まかり》居り候間、城用に御人数ハ成ましく候、麓ニむなかた（宗方）と申す村候、是ニ御番衆者召し置くべし」との意向を示している。当時拠点の城は、非常のとき周辺の民衆の避難場でもあったのである。まもなく小代・臼間野もくだり、隈部親泰からも人質がだされ、龍造寺政家も肥後から引きあげ、島津氏の幕下となることを誓った。二十三、二十四日島津勢は高瀬にはいり、十月初めまでに肥後北部の国

人らは大方島津氏の幕下となった。しかし依然大友氏の影響は強く、島津は筑後進出をあきらめ、八代帰陣を条件に、大友勢の豊後引きあげを要求、十月十九日義弘は八代に帰陣した。

翌十三年七月三日、大友氏につながる阿蘇勢の智将甲斐宗運が没すると、島津氏は阿蘇氏攻略を決意、閏八月、甲佐・堅志田・御船・隈庄・木山・津守とあいついで阿蘇氏配下の城をおとし、九月には合志親房も城をあけわたした。翌年一月には高森惟直の高森城もおち、矢部浜の館の阿蘇大宮司惟光も没落、島津氏の肥後制圧はおわった。

天正七年以来、島津氏の肥後出兵はほとんど毎年におよび、服従させた要地には番衆をおいて確保をはかった。八代はその拠点であり、隈本も城氏が島津氏を引きいれた関係から八代につぐ前進基地となった。島津氏は日向などでは城主クラスの支配権を否定し、かわって島津氏家臣を地頭に任命し、彼らに地下《じげ》衆《しゅう》を組織させて自己の軍事体制に編成した。肥後でもそれを意図したのであるが、実際にはその余裕を得ぬままに、天正十五年秀吉の大軍を迎えることになった。

5章

藩の成立と展開

山鹿灯籠

1　秀吉の九州仕置

佐々成政と国衆一揆●

熊本では通常、近世のはじまりを豊臣秀吉の九州統一においている。中世末期には肥後《ひご》国は東部は大友氏、北西部は龍造寺《りゅうぞうじ》氏、南部は島津氏の勢力下におかれ三分されており、国人《こくじん》層は三氏の勢力になびいていたが、天正十五（一五八七）年三月秀吉が大軍を率いて九州に進出すると、あいついで秀吉のもとに馳せ参じた。秀吉は四月十一日肥後南関《なんかん》にはいり、玉名筒ヶ岳《たまなつつがたけ》城小代伊勢守《しょうだいいせのかみ》を開城させ、十六日には城久基《じょうひさもと》を降して隈本《くまもと》城にはいった。同月十九日には八代《やつしろ》城、二十五日佐敷《さじき》、二十六日水俣《みなまた》と進軍し、五月八日出《いず》水《み》において島津義久《よしひさ》（竜伯《りゅうはく》）を降伏させ、旧領を安堵《あんど》した。さらに島津義弘《よしひろ》、新納忠元《にいろただもと》の降伏を許し、二十七日薩摩をたって水俣に着き、六月二日隈本に至り、肥後一国を佐々成政《さっさなりまさ》にあたえ、七日箱崎において、小早川隆景《こばやかわたかかげ》に筑前《ちくぜん》・筑後《ちくご》、黒田孝高《よしたか》に豊前《ぶぜん》六郡をあたえるなど九州の国割《くにわり》を行い、大坂に帰還した。

佐々成政は織田信長《おだのぶなが》の家臣で猛将として名高かった。天正三年、信長が越前《えちぜん》を平定すると府中城をあたえられ、ついで越中《えっちゅう》をあたえられて富山城主となった。本能寺《ほんのうじ》の変ののち柴田勝家《しばたかついえ》に属したが、勝家の滅亡によって秀吉に降った。しかし天正十二年、小牧《こまき》の戦いには織田信雄《のぶかつ》にくみし、秀吉方の前田利家《としいえ》とたたかった。四国を平定した秀吉が十三年八月、大軍を率いて富山城に迫ったので降伏した。秀吉は越中国を前田利家にあたえたが、信雄の命乞いによって成政を許し新川一郡をあたえた。

秀吉は九州平定後、五月晦日《みそか》に国衆相良長毎《さがらながつね》・大矢野種基《たねもと》に領知安堵の朱印状をあたえているが、これには「羽柴陸奥守《はしばむつのかみ》に与力《よりき》せしむ」（「大矢野文書」）とあって、すでにこの時点で佐々内蔵助《くらのすけ》成政を陸奥守に登用し、羽柴姓をあたえて一門に擬し肥後の国主とすることを予定していた。成政への宛行《あてがい》状には「肥後一国之事、宛行　訖《おわんぬ》、可全領知候也《すべてりょうちすべきそうろうなり》、天正拾五。六月二日　秀吉花押　羽柴肥後侍従とのへ」（「楓軒文書纂《ふうけんもんじょさん》」）とあって、侍従にも任命しており相当期待しているさまがうかがえる。

一方、国衆に対しても六月二日領知安堵状をあたえたが、これには領知の所付《ところづけ》目録は成政からうけとるよう指示している。これら一連の動きをみると、成政の肥後国主任命は六月七日の九州国割にさきだって行われたものであり、それだけ成政への期待も大きかったといえよう。秀吉は六月六日、肥後国支配の基本として「一、五十二人の国人、先規のごとく知行相渡すべき事　一、三年検地あるまじき事　一、百姓等痛まざるよう、肝要の事　一、一揆《いっき》起きざるよう、遠慮あるべきの事　一、上方普請《かみがたぶしん》、三年免許せしむの事」（「圃庵太閤記《ほあんたいこうき》」）の五カ条の定書をあたえたというが、この定書の宛名は佐々内蔵助となっていて

藩主略系図(1)

熊本藩

●佐々氏
成政

●加藤氏
清正―忠広

●細川氏
1忠利―2光尚―3綱利＝4宣紀―5宗孝＝6重賢―7治年＝8斉茲―9斉樹＝10斉護―11韶邦

佐々成政像

疑わしい文書である。この直後に検地をめぐって国衆一揆がおきたのである。

国主成政はとりあえず国衆に領知を配分し、知行目録を交付せねばならなかった。そこで国衆の所領の実態を調査するための差出しの提出を求めた。これに対して国衆は、秀吉に安堵された領知権の侵害だと感じたのである。もともと秀吉の領知安堵状は安堵の要件として成政へ与力すべきことを指示したものであったが、一匹狼《おおかみ》として身を処してきた国衆にはこうした与力体制は理解できなかったのではないだろうか。新領主佐々成政の所領差出しの要求に対して抵抗し、国衆一揆に進展したのであった。

国衆一揆は菊池郡隈部《くまべ》城を本拠とする隈部但馬守親永《たじまのかみちかなが》が、秀吉の朱印状を楯に所領の差出検地を拒否したことからおこった。八月六日成政は、佐々宗能《むねよし》に討伐を命じたがかえって反撃にあい、みずから家臣・国衆連合軍六〇〇〇を率いて隈《わい》府《ふ》城を攻めたので、親永は息子の山鹿親安《やまがちかやす》の山鹿郡城村《じょうむら》城に周辺の住民一万三〇〇〇人とともに籠城した。城内の有働《うどう》大隅守《おおすみのかみ》らは寄せ手の国衆に成政の非を訴え檄《げき》を飛ばしたの

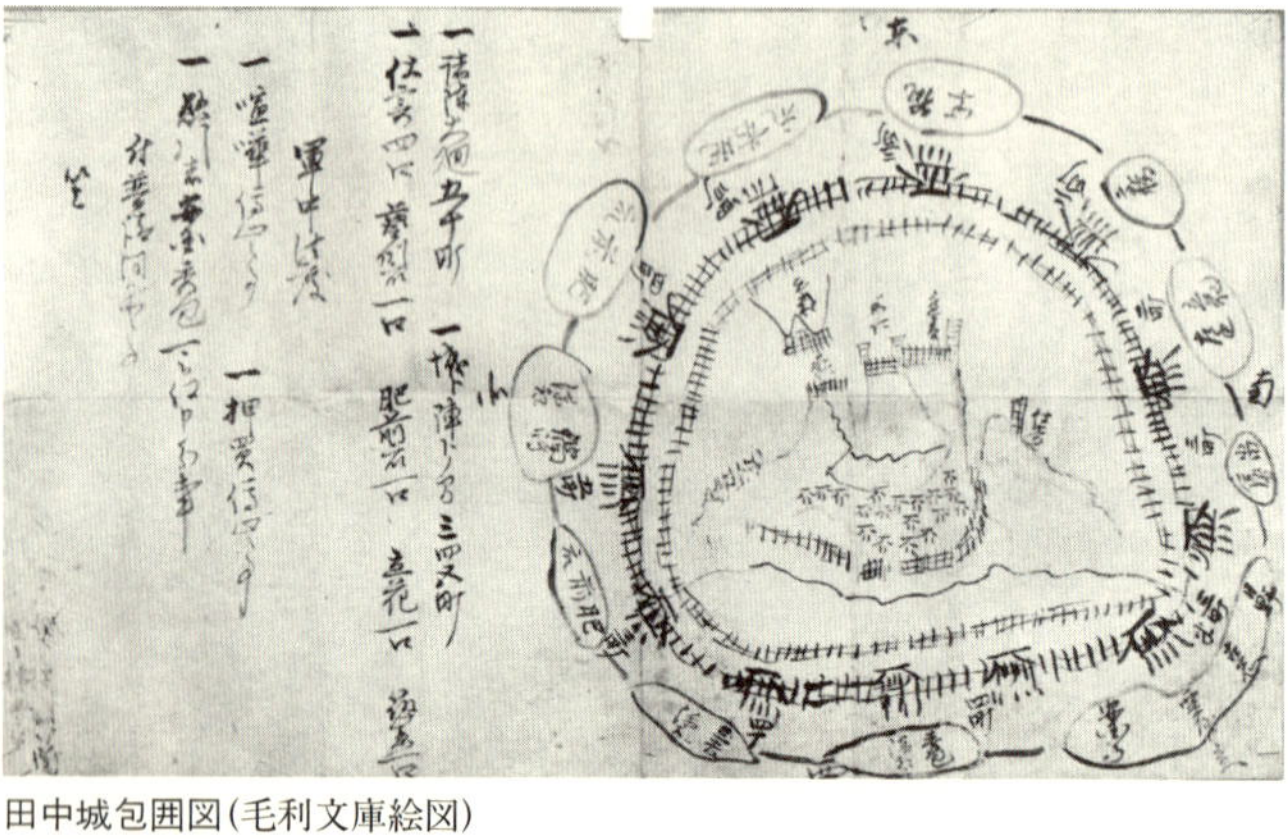
田中城包囲図(毛利文庫絵図)

で、国衆のなかには一揆に呼応するものもでた。御船《みふね》城主甲斐親房《かいちかふさ》は赤星・城・詫摩《たくま》氏ら有力国衆を糾合し、三万五〇〇〇の兵をもって隈本城に迫った。成政は城村城に付城《つけじろ》を構築して隈部氏を封じ、兵を返して一揆軍を坪井川に破り隈本城にはいった。隈本付近が鎮まったので成政は柳川《やながわ》の立花宗茂《たちばなむねしげ》に救援を求め、宗茂は二〇〇〇の兵を率いて城村城を攻めた。県北部では和仁親実《わにちかざね》・辺春親行《へばるちかゆき》らが兵をあげ田中城によったが、安国寺恵瓊《あんこくじえけい》・鍋島《なべしま》勢・立花勢の攻撃をうけ陥落した。

秀吉は一揆蜂起の知らせをうけると、その原因は佐々成政がにわかに検地を申しつけ、百姓以下が迷惑におよび一揆を企てたもの、陸奥守の所業は沙汰《さた》の限りである（「小早川文書」）としたが、鎮圧のため肥後との境目にいる諸大名を動員し、九州のみせしめのため、一人残さず誅伐《ちゅうばつ》すべしとの強硬な姿勢でのぞんだ。城村城の隈部親永・親安らは安国寺恵瓊のすすめによって城を明け渡し、親永は立花氏、親安は毛利《もうり》氏にあずけられ、ついで処刑された。

国衆一揆がほぼ鎮圧にむかった天正十六年一月二十日、秀吉は一揆の残党の弾圧と事態収拾のため、浅野長吉《ながよし》以下の上使衆七人と兵二万人を派遣した。彼らは三月肥後にはいり、山鹿に生駒親正《いこまちかまさ》、菊池に蜂須《はちす》賀家政《かいえまさ》、隈本に浅野長吉、八代に福島正則《まさのり》、宇土に加藤清正《きよまさ》・戸田勝隆《かつたか》・小西行長《ゆきなが》、内牧に毛利勝信、御船に黒田孝高がはいり、残党の検索、城番、領民統治にあたり、検地を行った。

秀吉は佐々成政が任命後一カ月もしないうちに、失政によって一揆をおこさせ秀吉の面目を失わせたことをきびしくとがめ、召喚《しょうかん》させ、閏五月十四日尼崎《あまがさき》で切腹させた。

加藤清正と小西行長●

秀吉は天正十六（一五八八）年閏五月十四日佐々成政を切腹させたあと、翌十五日付で肥後国を加藤清正・小西行長に分けあたえた。この日、領知の朱印状・領知方目録とともに肥後統治にあたっては隈本に在城し、佐々の遺臣を召し抱えるよう指示した朱印状をあたえた（口絵参照）。

加藤清正は一介の武将から隈本城を本拠とし、飽田《あきた》・詫摩・玉名・山鹿・山本・菊池・合志《こうし》・阿蘇《あそ》・葦北《あしきた》の九郡一九万五〇〇〇石を領する大名となり、川尻城に嘉悦飛騨守《かえつひだのかみ》、佐敷城に渋谷与左衛門（のち加藤大和守《やまとのかみ》と改める）・長尾豊前守、津奈木《つなき》城に小代下総守《しもうさ》・森本儀大夫・平野五郎左衛門、水俣城に中川将監《しょうげん》、萱ヶ岳《かやがたけ》城に加藤清兵衛、内牧《うちまき》城に加藤清左衛門、隈府城に加藤伝蔵《でんぞう》を配置した。うち嘉悦、小代氏は国衆の生き残りであり、ほかにも臼間《うすま》右衛門佐《うえもんのすけ》や大野左馬助《さまのすけ》、八代十三人衆・三十人衆が清正への合宿《がっしゅく》（与力）を命ぜられて所領を安堵された。清正はこれら国衆のほか、佐々成政の旧臣、尾張《おわり》・近江《おうみ》や中国出身の浪人、のちには大友・相良・宇土・柳川などの浪人を召し抱えて軍団を構成した。

一方、一万石の小西行長は宇土に在城し、城南の宇土・益城・八代・天草四郡一四万五〇〇〇石があたえられた。小西行長は隈庄城に弟小西主殿亮《とのものすけ》、矢部愛藤寺《あいとうじ》・岩尾城に結城弥《ゆうきや》

加藤清正像

平次《へいじ》・大田市兵衛、八代麦島《むぎしま》城に木戸作右衛門（のち小西美作《みまさか》と改める）を城代としておいた。天草の国衆、天草・志岐《しき》・大矢野氏は行長へ合宿が命ぜられた。ところが天正十七年春、天草五人衆は行長が宇土城普請のための資材と賦役提供を命じたのに反発して一揆をおこした。天草衆は秀吉から朱印状をうけたもので、行長と同格であると称して抵抗したのであった。

この一揆はまず志岐麟泉《りんせん》が異議をとなえ、天草種元《たねもと》がこれに応じ、上津浦《こうつうら》種直・大矢野種基・栖本親高《すもとちかたか》の三人も同調した。行長は秀吉に注進しその命によって三〇〇〇の軍を派遣して志岐氏を攻めたが、天草勢は連合し五六〇〇の兵をもって袋浦にこれを撃破したのであった。行長は清正の応援を得て討伐にむかい、有馬《ありま》・大村ら肥前勢の援助をうけて天草を包囲した。このとき五人衆の鎮定に威をふるったのは清正のほうで、仏木《ぶっき》坂の戦いで天草勢の将木山弾正《きやまだんじょう》を討ち、志岐城を鎮定した。さらに本渡《ほんど》城攻撃にむかった。行長はキリシタン宗門のよしみをもって陰で援助を送り、降伏を勧告したが、城兵は婦女子まで銃をとってたたかい、城と運命をともにした。本渡城陥落をみて天草氏は降伏し、続いて大矢野・栖本・上津浦三氏も降伏した。天草五人衆はすべての領地を没収され、完全に小西領となった。志岐麟泉は薩摩にのがれ、ほかの四氏は小西の家臣に編入された。

秀吉は数ある家臣のなかで、子飼いの武将である清正と渉外に長《た》けた文治派の行長をセットにして九州に送り込んできたのである。すでに朝鮮出兵の野望が芽生えていた秀吉の布石であった。

朝鮮出兵●

秀吉は九州平定以前の段階で明《みん》への侵攻の意思をもっており、九州平定後の国割にはその方向づけがあきらかに示されている。九州を五畿内《ごきない》同然の地と位置づけ、筑前に信任厚い小早川隆景を配し、貿易の拠点博多商人との関係強化をはかった。豊前に軍《いくさ》奉行黒田孝高・側近の毛利勝信、筑後に小早川秀包《ひでかね》・立花宗茂・高橋直次《なおつぐ》を配して国人を与力とした。こうした武将の配置をみると、肥後に佐々成政を配したのは大陸侵攻の戦力として予定されたものであったといえよう。その成政失脚のあと腹心の清正・行長が送り込まれてその任にあたることとなった。こうして秀吉は対馬《つしま》の宗《そう》氏をつうじて、朝鮮に服属と明への誘導を要求した。天正十八（一五九〇）年秀吉は、一年後の朝鮮出兵のため立花宗茂らに肥前名護《なご》屋《や》出陣の準備を命じ、翌十九年八月には黒田孝高・小西行長・加藤清正に名護屋御座所の普請を命じた。二十年名護屋に集結した秀吉軍は三月、朝鮮にむけて出発した。行長は対馬の宗氏・肥前の松浦・大村氏らとともに一番隊に、清正は鍋島・相良氏らと二番隊となり、両隊は先陣争いをして漢城《ハンソン》（現、ソウル）を攻略し、その後行長軍は平壌《ピョンヤン》をめざし、清正軍は咸鏡道《ハムギョンド》を北進して二王子をとらえた。清正・行長は、清正は武将の代表とされ、とくに出発前から「大唐において十ケ国を拝領する」とこの戦いに征服欲をあらわにしているのに対して、吏僚派の行長は戦いの終結に意を用いて講話談判を開始するなど、対照的な行動をとっている。清正は和議を喜ばず自兵で安康《アンカン》を攻め朝鮮僧惟政《ユジョン》の和議交渉を拒否し、秀吉の不興を買い伏見《ふしみ》に召喚された。慶長元（一五九六）年五月のことである。おりからの伏見大地震にいち早く駆けつけゆるされたという。

行長は石田三成《みつなり》とともに講和締結をはかり、沈惟敬《ちんいけい》と内藤如安《じょあん》を北京《ペキン》に派遣して交渉を進めた。同年、明の冊封《さくほう》使《し》楊方亨《ようほうてい》・沈惟敬が来朝し、大坂城において秀吉に謁見、明皇帝の詔勅を呈上したが、秀吉の求めた七カ条がまったく無視されたところから講和は決裂し、秀吉は慶長二年二月、ふたたび朝鮮出兵を命じた。こうして第二次朝鮮侵略戦争、慶長の役《えき》がはじまった。今度の出兵は和議七カ条にあった朝鮮南四道の割譲を実力で強行することを目的としていた。全軍一四万一五〇〇人、今度も先手は清正（一万人）と行長（七〇〇〇人）であった。二人が鬮《くじ》取りによって一番手を定め、二日替わりで二番手と交替するものとした。

実際には日本軍を二手に分け、一手は宇《う》喜《き》多《た》秀《ひで》家《いえ》を大将、小西行長を先鋒《せんぽう》として島津・蜂須賀・長曾《ちょうそ》我《か》部《べ》氏らが全羅道《チョンラド》南原《ナムウォン》にむかい、八月南原城を陥落させた。行長は順天《スンチョン》に番城をきずき守備した。もう一手は毛利秀元を大将、加藤清正を先鋒として浅野・黒田氏らが忠清道《チュンチョンド》を占領した。十二月清正は浅野幸《よし》長《なが》とともに拠点としようとした蔚山《ウルサン》城の築城にとりかかったが、明・朝鮮連合軍は大挙して普請なかばの蔚山城を包囲しきびしく攻撃し、水道を断ったので、籠城した日本軍は日ごとに死者を増し、食糧はつき、水道は涸《か》れ、深刻な事態におちいった。翌年一月四日毛利秀元らが明軍の背後をついたので明軍は囲みを解いてしりぞき、蔚山籠城から解放された。同年九月明軍は清正の蔚山城、島津勢の泗川《サチョン》城、行長の順

朝鮮出兵概略図（文禄・慶長の役出兵経路）

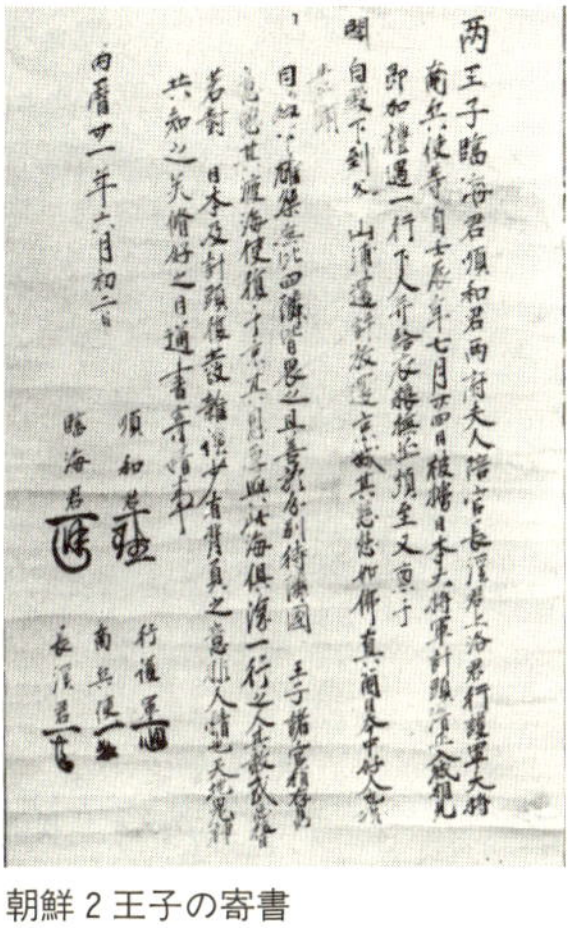
朝鮮2王子の寄書

天城を攻めたがいずれも成功しなかった。八月の秀吉の死後もたたかっていた清正・行長らは、十月なかば家康からの撤兵指示によって十二月までに撤兵し、前後七年にわたる侵略はおわった。

第二次朝鮮侵略にさいしては敵対するものを放火・略奪し、首級《しるし》にかえて鼻を削いで秀吉のもとに送った。諸大名は朝鮮農民・陶工・職人を捕虜として日本に連行した。

清正軍の将沙也可ら朝鮮軍に加わる●近年、朝鮮出兵のさいに朝鮮軍に投降し、そのまま朝鮮軍に加わって戦争後朝鮮に帰化した日本兵の存在が知られるようになった。そのひとりが加藤清正配下の先鋒将として釜山《プサン》に上陸した降将沙也可《さやか》（朝鮮名は金忠善《キムチュンソン》）である。

沙也可は清正軍の先鋒となったが、理由のない出兵を否定し、兵三〇〇〇を率いて慶尚道《キョンサンド》節度使の軍に投降した。その後は手兵を率いて慶尚道の義兵と提携して東莱《トンネ》・梁山《リャンサン》・機張《キジャン》で日本軍と対戦し、鉄砲を知らなかった朝鮮軍に鉄砲、火薬の製法を伝授した。鉄砲の訓練には部下の降倭《こうわ》金継守《キムグス》・金継忠《キムグチュン》らを各地の軍団に派遣し、九八年には明軍の麻貴《マクウイ》将軍の指揮下にはいり、慶尚道密陽《ミルヤン》に布陣し洛東江《ナクトガン》沿岸の日本軍を攻撃した。この沙也可の功績は慶尚道招諭使《チェユサ》金誠一《ソンイル》や節度使朴晋《パクチン》の報告によって朝鮮政府に認められ、朝鮮の姓と嘉善大夫《カソンテフ》（従二品）が下賜され、以後朝鮮人金忠善と名乗った。

沙也可とは日本のだれなのか、兵三〇〇〇の将であれば大名クラスであり、投降の記録は残らないにしても、日本側の史料になにか残るべきであるが、だれともはっきりしない。

一方、李《イ》氏朝鮮の正史である『李朝実録《イチョウウイロク》』宣祖三〇（慶長二＝一五九七）年十一月二十二日の条に「降倭孫時老（孫次郎）は弾にあたり死亡、降倭延時老（延次郎）は落馬したところを斬られて死亡、降倭僉《チョム》知《ジ》沙古汝武（作衛門）は二人の日本兵を斬り、降倭同知《トンジ》要此其（要七）・僉知沙也可（サヤカ）・降倭念之（ネンジ）はそれぞれ一人を斬った」と降倭たちの奮闘ぶりを記録している。そのなかに沙也可の活躍はでており、僉知（正三品）の官職についていることが知られる。かなりの高官になっているのである。

また国王の命令を記録した『承政院日記《スンジョンウォンイルギ》』仁祖六（寛永五＝一六二八）年四月二十三日の条には、「降倭領将金忠善（沙也可）は胆勇にすぐれているばかりでなく、人となりも誠実である。李适《イカル》の乱にさいしては一味の降倭を逮捕した。本道の監司が降倭たちを忠善に統制させたところうまくいった。その功績は大である。降倭の子孫で漏《も》れているものも多くいるので、政府がもし別動隊をつくるならば、忠善を使うといい」とある。沙也可の統率力を高く評価し、積極的な活用を提案している。

金忠善の一四代の子孫金在徳《キムジェドク》は慶尚北道《キョンサンブクド》友鹿《ウロク》村に住んでいる。その族譜には金忠善について「日本人ノ姓、沙氏、諱《いみな》ハ也可ナリ」ではじまっており、日本人であることを明記しているという（貫井正之『秀吉と戦った朝鮮武将』）。

梅北一揆●

天正二十（一五九二）年六月十五日の朝、島津義弘の臣梅北国兼《うめきたくにかね》・田尻但馬《たじりたじま》らは朝鮮出兵途中のものたちを一揆に糾合して佐敷城にのりこんできた。「井上弥一郎梅北一揆始末覚」によれば、佐敷城代加藤与左衛門は朝鮮に出兵したあとであった。六月十日ころから島津勢が佐敷の町に船待ちと称して滞在していたが、この朝、梅北と東郷甚右衛門《とうごうじんえもん》の二人は使いを佐敷城留守居《るすい》の安田弥右衛門のもとにつかわし、秀吉の命によって城をうけとりにきたといって明け渡しを要求した。これに対してちょうど来訪中の井上弥一郎が、熊本留守居衆の命がないことを理由に拒否したが、一揆勢は佐敷の町人・庄屋・百姓まで一揆に取りこんで大手門《おおてもん》から城中にはいりこみ、城を占拠したのであった。一揆は家人を近郷につかわし蜂起をよびかけたので周辺地域に拡大し、田浦《たのうら》まで進出し、翌日には麦島《むぎしま》城をおとしいれようと海路八代にむかった。さらに梅北は相良《さがら》氏にも書を送り、参加をよびかけた。

佐敷城の留守居は、すばやく一揆鎮圧に着手、熊本への注進、相良氏への救援依頼、土豪《どごう》層の結集などの手を打ち、十七日朝、佐敷城に陣中見舞いの酒・肴《さかな》を献上する席で、すきをみて梅北国兼を殺害し、一揆勢を討伐した。肥後国衆は容易に立ちあがらなかった。土豪のあるものは留守居の一致攻撃の要請にもすぐには動かず、一揆の帰趨《きすう》をみきわめ、梅北国兼の死亡、麦島城奪取失敗、一揆の敗北をみきわめたうえで反一揆の行動にでた。

梅北一揆は失敗におわったが、ねらいとしては豊臣秀吉の統一政権の朝鮮出兵に反旗を翻し、島津勢ばかりでなく加藤・小西・相良領の土豪・町人・百姓を糾合する構想をもつものであった。朝鮮出兵中の豊臣政権にとって政権基盤を動揺させる大事件であった。名護屋にいた秀吉は梅北

佐敷城の破城跡

佐敷城跡出土の鬼瓦　「天下泰平国土安隠(穏)」銘(上),「七七桐紋」(豊臣家の紋)が出土。

一揆の報を聞くと、すぐに熊本留守居衆に対して領内諸所の城々の厳重な警備を命じ、浅野長政・幸長父子に一揆征伐の出兵を命じた。まもなく一揆鎮圧の知らせがもたらされたが、浅野父子は以後の政治的改革のために行動する。島津氏においては反豊臣勢力の中心人物と目された歳久《としひさ》の成敗と太閤《たいこう》検地を命じ、加藤氏では梅北の乱の背後に阿蘇《あそ》氏がいたという訴えがとりあげられ阿蘇惟光《これみつ》が成敗された。

豊臣政権は梅北一揆を奇貨として九州の大名権力を強化し、ひいては豊臣政権の大名支配を強化したのである（紙屋敦之「梅北一揆の歴史的意義」『日本史研究』第五七号）。

2 藩の成立

加藤清正の肥後一国支配●

慶長五（一六〇〇）年、関ヶ原の戦で全国の大名は東軍（徳川方）と西軍（石田方）に二分したが、九州では東軍に加藤・黒田・鍋島・細川氏、西軍には小西・島津・大友・立花氏らが属した。ほかに相良・秋月《あきづき》・高橋氏ははじめ西軍に属していたが、大垣《おおがき》城攻防戦で東軍に寝返った。関ヶ原の対決は九州にも波及した。加藤清正の室は大坂の邸をのがれて帰国した。清正は細川氏が石田軍に攻撃されると聞き、細川氏の杵築《きつき》城代松井康之《やすゆき》に援助を約し、兵糧・武器を送った。大友義統《よしむね》が豊後速見《はやみ》郡に上陸して松井氏と対決したとき救援にむかったが、途中で黒田孝高の救援によって勝利したことを知り、引き返して宇土城による小西隼人《はやと》を攻めた。隼人は八代勢および島津氏の援助をうけて対抗、清正も有馬・大村氏の援軍を得て攻撃したが、堅牢な守りで持久戦となった。十月なかば八代城がおち、関ヶ原の敗戦と小西行長処刑の報が伝わると、城代小西隼人は城兵の助命を願い開城して自決した。島津氏は小西氏救援のため佐敷城を包囲していたが、囲みを解いて帰国した。筑後柳川《ちくごやながわ》の立花宗茂は西軍に属したので、家康は鍋島直茂に攻撃を命じた。清正は朝鮮出兵以来の親友である宗茂を殺すにしのびず、家康にとりなして柳川城を開城させ、清正がうけとった。十一月、加藤・黒田・鍋島・立花諸氏は島津氏を攻撃しようとしたが、家康の命により中止した。

関ヶ原の戦の結果、九州諸大名の所替え・加増・減封《げんぽう》・改易がなされた。小早川秀秋は岡山に加増、中津の黒田長政は福岡五二万石に、丹後宮津《たんごみやづ》の細川忠興《ただおき》は中津三〇万石に加増された。肥後では石田三成と行動をともにした小西行長の所領は没収され、加藤清正にあたえられたが、小西領のうち天草郡は唐津《からつ》の寺沢志摩守《てらさわしまのかみ》にあたえられ、かわりに豊後鶴崎《ぶんごつるさき》・野津原《のつはら》・久住《くじゅう》を宛行《あてがわ》れて五四万石の大大名となった。これは以前からの加藤領一九万五〇〇〇石、小西領一四万五〇〇〇石のほか、豊臣蔵入地《くらいりち》や国衆の所領をすべて取りこんだものである。清正は所領の増大とともに家臣団の編成に苦労し、入国時に国衆の一部、佐々氏の遺臣三〇余人を召し抱えたが、今度は小西・立花氏の遺臣も召し抱えた。彼らは京町に屋敷を賜ったので、宇土小路・柳川小路の名がある。

寺沢氏の天草支配と人吉藩の成立●

天正十七（一五八九）年、寺沢広高は志摩守に任ぜられて唐津《からつ》八万石をあたえられ、名護屋城の普請奉行を命ぜられた。慶長六（一六〇一）年二月、関ヶ原の戦功によって天草二万三〇〇〇石を加増された。通説では、関ヶ原の戦ののち天草は加藤清正にあたえられたが、清正はキリシタンの地をきらい、豊後鶴崎との替え地を申しでて慶長八年寺沢氏にあたえられたとされていた。しかし研究の結果、寺沢氏は少なくとも慶長六年には天草を支配していること、清正領には同年二月の段階で豊後二郡がはいっており、天草ははいっていないことがあきらかとなった。以来、天草・島原の乱の結果堅高《かたたか》が召しあげられるまで、天草は寺沢氏の統治下にあった。寺沢氏の家臣団もまた、尾張以来の家臣に加えて、九州の波多《はた》氏の旧臣のほか原田伊与《いよ》・三宅《みやけ》藤兵衛・天草新助など他藩の浪人を召し抱えていた。天草の統治は、富岡《とみおか》城に派遣された番代・大目付・勘定方《かんじょうかた》・郡奉行《こおりぶぎょう》二人・代官四人・浦方支配・山奉行が担当した。そのうち役方の頭である郡代は変更がなかったが、番代は初代寺沢熊之助(広高甥)以来一〜二年で目まぐるしく交代している。元和七(一六二一)年は三宅藤兵衛(二五〇〇石)が任ぜられ、寛永十四(一六三七)年、天草・島原の乱で戦死するまで番代をつとめた。

相良《さがら》氏は中世以来球磨《くま》・八代・葦北の三郡を領していたが、天正十五年五月豊臣秀吉から相良長毎《ながつね》が安堵されたのは球磨郡一郡であり、佐々成政へ与力を命ぜられた。このとき相良氏は島津氏にしたがって転戦しており、重臣深水《ふかみ》

藩主略系図(2)

人吉藩

●相良氏

1長毎─2頼寛─3頼喬═4頼福─5長興═6長在─7頼峯═8頼央═9晃長═10頼完═11頼将═12長寛─13頼徳─14頼之─15長福═16頼基

人吉城御下門跡

宗方《むなかた》の秀吉へのいち早い取りなしによって所領を安堵されたのであった。天正十六年、佐々成政失脚後の肥後国に上使衆による検地が行われたが、相良領は免除された。しかしその後指出《さしだし》検地がなされたとみえて、郷帳では一万九〇一七石を計上している。相良領の検地は文禄五（一五九六）年に行われているが、郷帳との関係はあきらかでない。

近世人吉城の築城の起源は文禄二年に求められるが、文禄・慶長の役で中断し慶長十二年から本格的に再開、胸《むね》川と球磨《くま》川に面する惣曲輪《そうくるわ》をもった城郭が造築されたが、天守閣は完成しなかった。城は高《たか》城《じょう》・本丸・二の丸・惣曲輪よりなる。武家屋敷は城のある球磨川南岸に、麓《ふもと》・原《はら》城・土手馬場《どてばば》・老神《おいかみ》馬場・灰久保《はいくぼ》が形成され、のちに出水田・大村小路《こうじ》・青井馬場などに拡大された。城下町は文禄三年に町立てがなされ、青井宮《あおいぐう》の南の町を移して、九日町・五日町・七日町・二日町に、諸郷より職人を移して大工町（弓組）・鍛冶屋《かじや》町（鉄砲組）・紺屋《こうや》町をつくり、朝鮮人を住まわせた唐人《とうじん》町が形成された。町には町別《べっ》当《とう》がおかれて町政を行い、その下に五人組が組織された。人吉藩では兵農分離が行われずに、一三の外《と》城《じょう》に知行取り・扶持方の侍が居住していたし、さらにほとんどの村に郷侍が居住していた。

馬方・牛方騒動●

慶長五（一六〇〇）年、加藤清正は肥後一国の大名になったが、一介の武将から成りあがっただけに家臣団に構造的な弱点があった。加藤家の家臣団は、秀吉の九州統一までは家臣団といっても一〇〇か二〇〇の軍団であったが、肥後半国の大名として取り立てられた段階では、知行取りだけでも五〇〇、軽輩《けいはい》ともに二〇〇〇の家臣を召し抱える必要があった。こうして形成された家臣団には、尾張者、阿蘇・大友の旧臣、佐々・小西・立花の遺臣など種々のものがおり、それぞれに清正との個人的なつながりによって召し

加藤氏時代の城と城代

城	城　代	破　城
南関城代	加藤美作	元和元(1615)年
内牧城代	加藤右馬允	元和元年
矢部城代	加藤越後	慶長17(1612)年
佐敷城代	加藤与左衛門	元和元年
水俣城代	中村将監	慶長17年
宇土城代	中川豊後	慶長17年
八代城在番	田寺久大夫	
熊本城留守居	中川寿林	
熊本城留守居	下川又左衛門	

抱えられた新参者の集団であり、譜代《ふだい》家臣のように主君のために身命を賭すという固い結束力は欠けるが、反面働きしだいでは恩賞にあずかれるということで、積極的な面をもつ家臣団であった。清正は家老をおかず、政務はすべて清正の指示のもと三人の奉行と知行・町方担当らが実務にあたった。領内支配は、一門のものに各地の城をあずけて統治させた。彼は天正十七（一五八九）年・慶長十二、三年に総検地を行っているが、郡村支配については大庄屋をおいて郷組制を行ったことのほかはあきらかでない。

慶長十六年、徳川家康と豊臣秀頼《ひでより》の二条《にじょう》城の会見に立ちあった清正は、大坂から帰国の船中で発病し、六月二十四日波瀾に満ちた一生を閉じた。この年、二条城の会見のあと四月に浅野長政《ながまさ》、六月に堀《ほり》尾《お》吉晴《よしはる》、清正とあいついで死去した。あまり突然の清正の死であったので家康から毒を盛られたとの説があったが、死因は脳溢血《のういっけつ》という。加藤家は一〇歳の虎藤《とらふじ》（忠広《ただひろ》）の相続を願い出、重臣らは本多正純《まさずみ》に家康への取りなしを依頼した。幕府は城代衆・重臣から人質をとり、家臣の知行高を書き上げさせて加藤家の全体像を把握したうえで、虎藤に当座の襲封《しゅうほう》を許可し、安藤対馬守《つしまのかみ》を派遣して家督を相続させ、並河《なみかわ》金右衛門・下川又左衛門・加藤与左衛門・加藤清左衛門・加藤美作《みまさか》の五人を家老に任命し、家老合議制による執政とした。また幕府は藤堂高虎《とうどうたかとら》を肥後監国として派遣、高虎は翌十七年正月まで肥後に滞在して監督し、肥後国絵図をたずさえて家康と秀忠に報告している。虎藤は十七年四月、遺領相続を許され、五四万石の領知朱印状をあたえられたが、幕府は水俣・宇土・矢部三城の破却、城代の異動など九カ条の掟書《おきてがき》をだして藩政の組み替えを行った。この結果、加藤右馬允《うまのじょう》が筆頭家老兼八代城代となり、下津棒庵《ぼうあん》は一〇〇〇石加増、家老職の筆頭であった加藤美作は南関《なんかん》城代をはずされ、並みの三〇〇〇石に格下げとなった。これがのちのお家騒動のきっかけとなった。十八年二月、虎藤は将軍秀忠から一字をもらって忠広と名乗ったが、その翌月、家老らの対立から清正の遺領についての訴状が幕府に提出された。翌十九年四月、幕府は将軍秀忠の養女を忠広に嫁がせ、徳川陣営に取りこんだが、監督の手はゆるめず、阿部正之《まさゆき》・朝比奈《あさひな》正重《まさしげ》を監国に任じている。大坂冬の陣に忠広は出陣した。翌年の夏の陣には九州諸大名は出陣したが、待機中の忠広には出動命令がでなかった。これは家老加藤美作とその外舅玉目丹波《たまめたんば》らが大坂方に内通したとの風聞がたち、幕府は阿部・朝比奈らに糾弾《きゅうだん》させていることと関係あるという。

加藤家の内紛は元和四（一六一八）年五月、加藤右馬允派（馬方）の下津棒庵が藤堂高虎をたよって美作派（牛方）の謀反《むほん》を幕府に訴えたことから表面化した。美作らも棒庵の訴状に反駁書《はんばくしょ》を提出し、棒庵の無断出奔《しゅっぽん》、棒庵・下川又左衛門らの私曲を暴露して泥仕合いとなった。八月酒井雅楽頭《うたのかみ》邸で、阿部・朝比奈両監国立会いで審判が行われたが決着がつかず、将軍秀忠の直裁となった。十日江戸城で行われた直裁で、美作一派が大坂の陣で豊臣方に立ち横江清四郎を上坂させて状況を見物させ、領内には徳川家がやぶれて大御所は二条城に、将軍は伏見に立てこもっていると悪宣伝した点を指摘し、秀忠の判断をあおいだ結果、馬方の勝利となった。牛方は流罪・斬罪となって壊滅した。忠広は幼少で直接事件に関係なしとして責めを免れたが、将軍の養女との婚姻が幸いしたと思われる。加藤氏はこの後、右馬允派の重臣を中心にして展開していくが、過大な家臣団の知行、幕府への普請役負担、松江城普請など出費に苦しみ、重税につぐ重税によって藩内は疲弊の極みにあった。

慶長国絵図●

秀吉は天正十九（一五九一）年、全国の大名に命じて御前帳《ごぜんちょう》と国絵図《くにえず》を提出させた。御前帳は規格や記載様式が指示されており、国ごとに複数の大名がいる場合は調整をして作成させている。絵図には隣領《りんりょう》との境目、山・川・道を入念に書くよう指示している。肥後国のものは残っていないけれども、薩摩・大隅《おおすみ》・日向《ひゅうが》で御前帳と国絵図が提出されているので、肥後でも作成されたとみるべきであろう。肥後国では天正十六年、秀吉の家臣らが行った上使衆検地をもとに、肥後五四万石で作成されたものであろう。

ついで徳川家康は慶長十（一六〇五）年、国絵図と郷帳《ごうちょう》を提出させた。このとき肥後国は高も領主もかわっていない。提出された国絵図・郷帳には、天正時のものを指示どおりに写して提出したと思われる。永青文庫蔵《えいせい》「肥後国絵図」（口絵参照）は慶長国絵図の写しとみられ、里数木《りすうぎ》一里四寸程度、村高は郷帳高と一致する。熊本城・人吉城・富岡城のほか、八代城（麦島《むぎしま》城、元和五年の地震で松江に移転）、水俣・宇土《うと》・矢部（三城は慶長十七年破城）、関・内牧・佐敷（元和元〈一六一五〉年破城）、大畑《おこば》・湯前《ゆのまえ》・栖本《すもと》の城が描かれている。天正～慶長期、人吉城は相良氏領、天草郡は唐津城主寺沢氏領であったが、それぞれから郡高・村高・山・川・道などの資料提供を得て加藤氏が作成したものである。国絵図は郷帳と対《つい》になっており、家康は両者を照合することによって、いながらにして日本国中を手のひらのなかにすることができたのであった。

このあと幕府は正保元（一六四四）年・元禄十（一六九七）年・天保二（一八三一）年の三度、国絵図・郷帳・城絵図の提出を命じた。肥後国ではその都度細川氏が担当して作成した。正保の国絵図は一里六寸に統一され、里数木が表示されている、村高が石までとなる、複数の領主の場合は色分けされる、海に水色で描かれ航路と道程が示される、山は鷹巣山・芝山など種類が記載されるなど、以後の国絵図の基本となるものである。郷帳も田畑の別が記載された。元禄の国絵図は正保の絵図をもとにしてさらに厳密に誤りを正し、全国の統一をはかって江戸に下書きを送り、幕府の御用絵師狩野良信《かのうよしのぶ》と弟子らに依頼したものであった。郷帳は以前の郡高・村高を踏襲している。

天保の国絵図は元禄国絵図をもとに国許で道路・川筋・海岸線・新田の変化を改定した下図を提出、あとは幕府の手でなされたので、諸藩には下絵も残っていない。このときは郷帳改訂がなされ、大名領ごとに実高《じったか》記載の郷帳提出が求められた。国ごとの郷帳作成は幕府の手で行われている。

加藤忠広の改易と細川氏の入国●

二代将軍秀忠は家光《いえみつ》に将軍職をゆずって大御所《おおごしょ》となったが、次男の駿河大納言忠長《するがだいなごんただなが》を溺愛《できあい》していた。兄家光が将軍に就任したのちも、忠長は目にあまる振舞いがやまなかった。寛永九（一六三二）年正月、大御所秀忠が死去、家光の親政がはじまると、忠長をめぐって政局は大きく展開した。秀忠の死亡直後、在府の諸大名のもとに老中土井利勝《としかつ》名の廻状がとどけられたが、その内容は、秀忠の死を機会に将軍家光を暗殺し、駿河大納言忠長を将軍に推戴《すいたい》しようというものであった。諸大名はこの怪文書を幕府にとどけたが、駿河大納言と加藤氏は届出をおこたっていた。駿河大納言はあまりにもくだらない文書だと黙殺したのであろう。加藤氏では当主忠広は国許肥後熊本に在国しており、江戸には嫡子光正《みつまさ》(光広)がいたが、とどけでなかったのである。家光は張本人土井利勝を詰問したが、利勝はみずからは関知しない文書であることを申し開きし、家光もこれを了承した。ここで問題になったのが、忠長と親しい関係にあった加藤氏の動向であった。

この年四月ころから肥後の加藤氏をめぐってキナ臭い情報が飛びかっていたが、五月熊本の忠広に至急出府せよとの幕命がとどいた。忠広が品川に着いたとき、江戸にはいらず池上の本門寺《ほんもんじ》で待機せよとの指示がなされた。そして六月一日幕命がとどいた。嫡子光正に不届きな行いがあった。忠広は江戸から母子を無断で帰国させた。この罪により肥後五四万石は没収、忠広は改易され出羽庄内《でわしょうない》一万石に、光正は飛驒高山《ひだたかやま》に配流となった。忠広父子の罪状は具体的にはよくわからない部分が多い。土井利勝の怪文書も陰謀くさいし、光正が臆病者の家来をおどろかすためにわざと出陣の支度をして、幕府の役人にとがめられ、謀反人にされたという俗説もあるが、これもこじつけくさい。この年十月、駿河大納言忠長が改易になり高崎に幽閉されているのをみると、家光の御代始めの粛正とみるのが適当であろう。幕府は内藤政長以下四人に城地の受取り、その他の仕置きを行わせ、九州の諸大名には肥後国への出向を命じた。

十月三日参勤のため江戸に着いた小倉《こくら》城主細川忠利《ただとし》は肥後への転封《てんぽう》を命じられた。十二月九日忠利は熊本城にはいり、父忠興は立孝《たつたか》とともに八代城にはいった。

細川氏は足利《あしかが》氏の一門で三河国額田《みかわぬかた》郡細川を本拠とし苗字としたものである。足利義季《よしすえ》がはじめて細川を名乗り足利幕府の管領《かんれい》となった。足利義満《よしみつ》政権をささえた管領細川頼之《よりゆき》の弟頼有《よりあり》(和泉半国守護)が肥後細川氏の遠祖である。代々和泉守護職をつぎ将軍側近の御供衆をつとめていた。

近世細川氏の初代藤孝《ふじたか》は頼有から八代目の元常《もとつね》の弟三淵晴員《みつぶちはるかず》の子である。伯父元常の養子となって細川氏をついだ。藤孝の母は清原宣賢《のぶかた》の娘で、三淵晴員の妻となり藤孝を生んだが、実は将軍義晴が宣賢の娘を懐妊させ、これを晴員の妻としてあたえたという。藤孝は将軍の側近としてつかえ、一四代義輝《よしてる》が暗殺されたあと、義昭《よしあき》を信長に引き合わせ、一五代将軍としての地位につかせたのは藤孝の力であった。しかし藤孝は信長が義昭をみはなすと信長について、勝竜寺城主となり、天正六（一五七八）年丹後宮津《たんごみやづ》一二万石の大名となり、信長亡きあとは秀吉の側近になり、幽斎《ゆうさい》と称して有職故実《ゆうそくこじつ》・歌道・茶道の指導者として重きをなした。ついで家康が政権をにぎると、家康に取りたてられて巧みに生き残った。関ヶ原の戦においては、居城田辺城を圧倒的な石田三成軍に包囲された藤孝は、みずからが伝承した古今相伝《こきんそうでん》の箱、『二十一代集』『源氏物語』などを朝廷に献上し、城中で古今伝授を行い、籠城にそなえたが、希有《けう》の文化人の失われるのを惜しんだ朝廷の仲介によって和議の勅使が派遣され、籠城一カ月にして下城した。

藤孝の長男忠興は慶長五（一六〇〇）年春、豊後杵築六万石を加増されたが、関ヶ原の戦の功によって豊前中津城主三〇万石となった。細川氏は関ヶ原の戦までは、松井康之と忠興の弟興元《おきもと》を両備とする体制をとっていたが、六年に興元が出奔すると、忠興は小倉城を改修して居城とし、中津城を三男忠利にあずけ、藩の体制を確立し、勝竜寺以来の家臣である松井・米田《よねだ》・有吉《ありよし》三氏を世襲家老とした。

松井氏は細川氏とともに足利将軍の御供衆であったが、松井勝之は足利義輝とともに討ち死した。弟康之は永禄十一（一五六八）年、岐阜の織田信長を頼っていた足利義昭のもとに参上し、細川藤孝の勢に加えられ、以来藤孝に属して転戦した。藤孝は勝竜寺城にはいると、城下に屋敷をあたえ客分に定め、妻の姪を養女として嫁がせた。細川氏は丹後宮津一二万石の領主になると、康之を熊野郡久美《くみ》城主一万三〇〇〇石に任じ、細川忠興が豊後中津三〇万石に任ぜられると、松井興長《おきなが》(忠興の娘婿)を家老・杵築城主とし二万六〇〇〇石をあたえた。康之は秀吉から石見《いわみ》一八万石をあたえられたが固辞し、文禄二(一五九三)年山城《やましろ》国のうち二カ村一七〇石余を拝領した。この地は家康以来代々の将軍から安堵され、自家の代替わりには江戸に参勤した。米田氏も松井氏と同じころ細川藤孝につかえ、米田求政《もとまさ》は丹後では宮津城をあずかった。大坂の陣にさいして細川興秋《おきあき》とともに大坂城にはいったが、落城後の元和九(一六二三)年、小倉の細川忠利のもとに至り家老に復帰し、六五〇〇石を拝領した。有吉氏も藤孝につかえ丹後で将監は安良山《やすらさん》城をあずけられ、豊後で武蔵守《むさし》立行《たつゆき》は高田城主一万五〇〇〇石・家老をつとめたが、元和の一国一城令以後は城主格の家老をつとめた。

主君への心中立て●

戦国時代には主君がなくなると、家臣はその場で追い腹を切ってお供をするということが流行した。この傾向は平和になった江戸初頭にも余風が残って、主従関係の一種の美徳として礼賛する風潮があった。熊本藩では寛永十八(一六四一)年三月藩主忠利の死去にさいし一九人が殉死、正保二(一六四五)年閏五月立孝死去には殉死五人、同年十二月前藩主三斎忠興死去に殉死五人、慶安二(一六四九)年十二月藩主光尚《みつなお》死去には一一人が殉死した。

これら殉死者のうちもっとも著名なものは、森鷗外《おうがい》の小説『阿部一族』『興津弥五右衛門の遺書』に取りあげられた阿部弥一右衛門と興津弥五右衛門である。興津弥五右衛門の場合は主君忠興に殉じた美談として語られるが、『阿部一族』では弥一右衛門は忠利に殉死しながら結果的には子孫が討伐されるという悲劇の物語である。弥一右衛門は豊後出身の地方《じかた》巧者で、忠利に登用され惣庄屋から取りたてられて藩士

藩主への殉死

忠利へ殉死(19人)	
1,000石	寺本八左衛門
500石	大塚喜兵衛
1,100石	阿部弥一右衛門
150石	太田小十郎
150石	内藤長十郎
150石	原田十次郎
200石	宗像加兵衛
200石	宗像吉大夫
100石	橋田市蔵
5人扶持15石	本庄喜助
100石	右田因幡
5人扶持20石	田中意徳
3人扶持10石	野田喜兵衛
2人扶持10石	宮永庄左衛門
10人扶持15石	林与左衛門
3人扶持10石	伊藤太左衛門
2人扶持10石	小林理右衛門
3人扶持10石	井原十三郎
2人扶持6石	津崎五助
三斎へ殉死(5人)	
500石	蓑田平七
150石	久野与右衛門
3人扶持10石	小野伝兵衛
250石	宝泉院勝延
200石	興津弥五右衛門
光尚へ殉死(11人)	
1,000石	遠坂孫九郎
700石	堀平左衛門
200石	小原無楽
200石	山中又兵衛
300石	宗像庄右衛門
500石	富田小左衛門
200石	里杢之助
3人扶持10石	渡辺伊左衛門
3人扶持10石	池田久五郎
3人扶持10石	松岡喜兵衛
1人扶持6石	古閑文之丞

として熊本につかえ、一代で一一〇〇石御国廻りの奉行として腕をふるい、藩主の来駕《らいが》をあおぐなど重く用いられる存在であった。

鷗外の小説は流布本の『阿部茶事談』を種本として物語を進めている。ほかの一八人は忠利の許可があったが、弥一右衛門だけは許可がなく追腹を切らなかったが、弥一右衛門は命を惜しんでいるというものがでて殉死した。ところが嫡子権兵衛は、ほかの遺族と異なり、父の知行を弟たちにも分割され、それに不満をもって忠利の三周忌に髻《まげ》を切って墓前にそなえたために、縛り首となり、残った兄弟四人は一族郎党山崎の屋敷に立てこもり討手とたたかって全員討死したというのであるが、藤本千鶴子が『阿部茶事談』と史実の相違を指摘して（「歴史上の『阿部一族事件』―殉死の真相と鷗外の『阿部一族』―」『日本文学』二二巻）以来、鷗外の『阿部一族』を史実とする見解はなくなり、事件を史実によって検討する方向にむかった。

その結果、⑴殉死をしたものすべてが許可をうけたものでなかったこと、⑵むしろつぎの藩主光尚の制止をふり切って殉死していること、⑶弥一右衛門の出世は異例であり、藩主忠利との特別な事情が想定されること、(4)弥一右衛門跡の知行は何度かの修正の結果没収され、子どもたちは先知のままに差し置かれたこと、(5)先君忠利の三周忌法事での行為は「髻を切って位牌《いはい》にそなえた」のではなくて、「方丈にてカミを切り目安をあげた」こと、などいくつかの事実があきらかとなった。弥一右衛門の殉死は、彼の墓がほかの殉死者と同じく忠利の墓前にまつられていることからみても、なんら異質のものではなかった。

忠利による異例の弥一右衛門の抜擢《ばってき》は、家臣団の門閥秩序と軋轢《あつれき》を生じ、忠利の死亡によって後ろ楯を失なったあとは弥一右衛門への反感となり、彼の切腹後は阿部一族の知行の削減となったこと、光尚政権下においては阿部家の居場所がなくなっていることへの頼りとして、権兵衛は先君に目安をあげたのであるが、このことはとりもなおさず新政権への批判であり、結果として一族の討伐となり、縛り首の極刑が課せられたのである（吉村豊雄「『阿部一族』事件の実像」『入門江戸時代の熊本』）。

3 城下町と農村

城下町の建設●

天正十六（一五八八）年、肥後に封ぜられた加藤清正（北部半国）・小西行長（南部半国）は、それぞれ隈本古城・宇土古城にはいったが、ただちに領内統治にあたるとともに城の修復に取りかかった。小西行長はさっそく新城建設に取りかかり、普請役賦課《ふしんやく》を拒否した天草の土豪の抵抗をうけたが、加藤清正の援軍を得てこれを押さえ新城の建設をなしとげた。「宇土城旧絵図」そのほかによれば、本丸・二の丸・三の丸をそなえ、三層の天守をもつ近世城郭であった。小西氏は関ヶ原の戦で滅亡し、その天守閣はのち熊本城に移された宇土櫓《やぐら》だという。

清正は隈本古城にはいったが、城の修復について伝えるところはない。しかし天正十九年五月十一日付の「熊本細工《さいく》町地割図《じわりず》」は、細工町通六〇間を、東側八軒・西側一〇軒（大坂や・天満や・扇や・あかねや・ちゃわんや・なや・堺や・はりまや・ならや・小間物や・平野や・やハタやなど、間口一〇間〜五間）に割り渡し、しかも「細工町の者をハ次第々ニ末町を渡すべ」しという、細工町職人の主要な機能であった古城の修築が完了し、職人を末町に移しているのである。城下町建設の進行を物語るものである。小西氏の宇土築城、相良氏の天正十七年築城と考えあわせると、清正の熊本城築城は天正の古城修築に引き続いて、築城が継続されていた。慶長十二（一六〇七）年熊本城は完成し、隈本から熊本へ改められた。

熊本城下町では本丸を取りまく二の丸・古城・山崎・宮内《みやうち》・内坪井・寺原《てらばる》・藪《やぶ》の内《うち》・千反畑《せんだんばた》などに武家屋敷がおかれ、町人町は坪井川と白川のあいだに方一町（六〇間）・道幅約二間三尺の整然と区画した「一町一寺制」の市街地を造成し、古府中から寺院・商工業者を移住させた。これが古町《ふるまち》で北から唐人《とうじん》町《まち》・魚屋《うおや》町・万《よろず》町・阿弥陀寺《あみだいじ》町、東から紺屋《こうや》町・米屋町・呉服《ごふく》町・細工町とならんだ、それぞれの町に同業者が集住したという。区画の中央に寺院を配置したのは坪井川と井芹《いせり》川の合流地点に寺院の密集地帯をつくったのと同じ意図で、軍事的要請に基づく都市計画であった。前述のように天正十九年に町家の割替えがなされているので、それ以前の成立といえる。ついで大手門の外、坪井川の内側に新町をつくっている。この町は短冊《たんざく》型の町筋で、道路を食い違いにして見通しがきかないよう計画された。ここの大通りは新一〜三丁目と蔚山《うるさん》町だけで、裏通りに馬借《ばしゃく》町・桶屋《おけや》町・檜物屋《ひもんや》町・塩屋町・瓶屋《びんや》町など運送業・手工業者がおかれた。このほか豊前街道ぞいに京町、豊後街道ぞいに坪井町がおかれた。

「慶長国絵図」では白川が大きく蛇行して城下町を分断している。清正はこの蛇行部分を切断して白川を直行させ、山崎《やまさき》と高田原《こうだばる》を陸続きとした。この部分が古川町と追廻田畑《おいまわしたばた》といわれる低地である（富田紘一「白川・坪井川流路考」『熊本城』復刊一九号）。加藤時代の城下町構成は同業者の集住であったが、町家の盛衰によってこの原則はくずれた。細川氏は基本的には加藤時代の町割を継承しており、細川時代での構造的な変化はみられない。

検地と農村●

肥後国における最初の検地《けんち》は天正十五（一五八七）年、佐々成政によって行われた。この検地は国衆の反対にあい、国衆一揆を引きおこしたため肥後全域には施行されなかったが、同年七月十九日付の「合志郡富納村《とみのう》宰府《ざいふ》天満宮《てんまんぐう》領《りょう》御指出置日記《おんさしだしおく》」にみるように指出検地がなされた。成政の宛行状《あてがいじょう》からも相当広い範囲での指出の実施が推測できる。肥後国の本格的検地は天正十六年、一揆の残党検索のために派遣された九人の上使衆によって行われた。文字どおり秀吉の家臣によってなされた「太閤検地」であった。

この検地の結果は天正御前帳《てんしょうごぜんちょう》となったと推測され、慶長九（一六〇四）年九月の検地帳として残存し、慶長国絵図、寛永郷帳高としてのちのちまで生き続けた。太閤検地の原則は一筆ごとに田畑を正確に測量し、耕作者を名請人《なうけにん》として登録し、年貢負担者として確定することにあったが、この検地帳にはこの原則に合致するものもあるが、なかには耕地一筆が一町以上のもの、畝《せ》以下の単位が省略されているものが多数みられること、集落ないし屋敷を名請人とする例が少なくないなど原則からはなれているものも多く、指出検地ではないかと疑われるものも多い。天正十七年加藤清正は改めて検地を行い、その検地帳の一部は現存する。ただしそれらは原本の体裁をよく残した写しであり、上使衆検地帳を反映しているかいなかについては議論が分かれている。

清正による惣国《そうこく》検地は慶長十二〜十三年に行われた。郡ごとに三〜四組の検地奉行が担当した。単位となる村は郷帳外の村、蔵納《くらのう》と知行地別、出分《でぶん》、牟田《むた》などを別帳に作成したものであり、村高には新田高を取りこんだ現高（七五万石）が採用されている。以後領内では現高が用いられ、郷高は表高として対外的に用いられた。

細川忠利は入国と同時に土地・人民の把握をはかり、加藤時代の検地帳をもとに百姓らの立会いのうえで田畑を実測し、村高を割りあてた「地撫帳《じならしちょう》」を作成し、土地と高の不均衡を正した。加藤時代の年貢不公平感を逆手にとって、検地を行ったものであった。地撫検地も蔵納と知行地は別個になされた。細川氏のもとでは、その後宝暦六（一七五六）年から地引合《じひきあわせ》検地を行って検地帳と田畑を

肥後の太閤検地

担当者	検地面積	
		町
浅野弾正	山本郡	550
	飽田郡	550
	詫摩郡	1,100
	川尻	300
生駒雅楽頭	玉名郡	3,800
	山鹿郡	550
蜂須賀阿波	菊池郡	1,000
	合志郡	1,800
戸田・黒田・森	阿蘇郡	3,000
	益城郡	1,500
福島・加藤・小西	宇土郡	1,000
	八代郡	3,800
	葦北郡	深水分のほか
	天草郡	350

「相良統俊肥後国検地覚書」による。

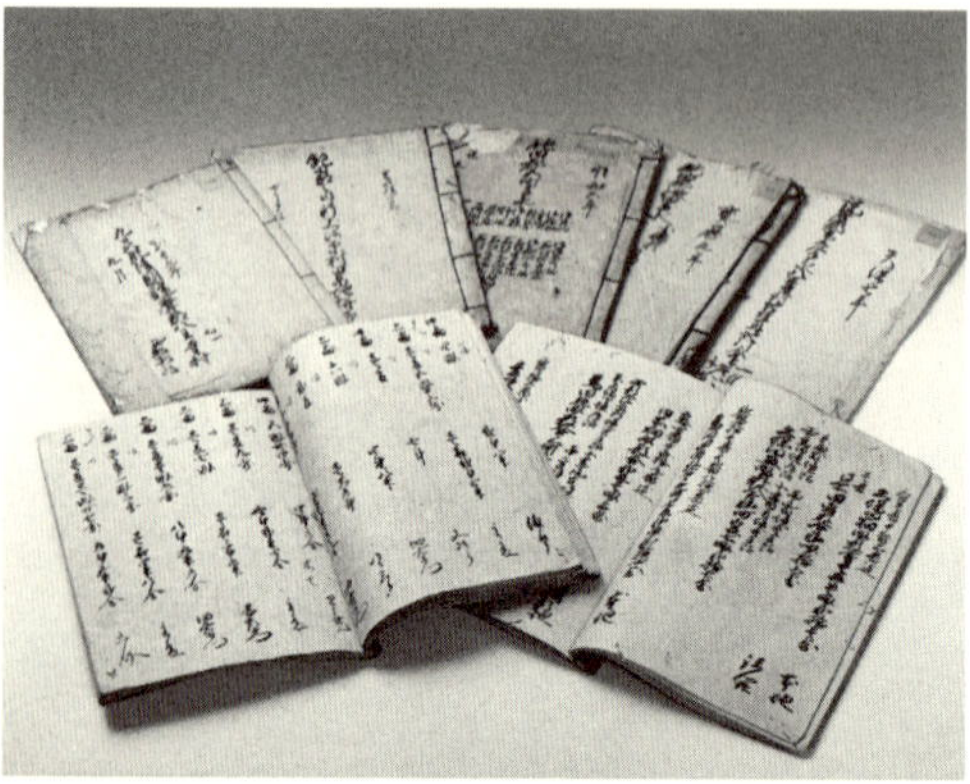
検地帳

照合して隠し田七〇〇町を摘発し、文政六（一八二三）年からの地《じ》押《おし》検地では、田畑ばかりでなく、水路、墓地までも含んだ土地台帳を作成して、財源の確保をはかった。

肥後藩人畜改帳●

細川忠利は前任地豊前で慶長年間（一五九六～一六一五）と元和八（一六二二）年に人畜《にんちく》改《あらた》めを行っている（「小倉藩人畜改帳」）が、肥後に入国するとすぐに人数・家数・牛馬数の調査を命じた。その結果、寛永十（一六三三）年合志郡・葦北郡・玉名郡（八カ村）・山鹿郡（五カ村）の人畜改帳が残されている。人畜改帳に記載される内容は、高・家族構成（性別・家族関係・年齢）・牛・馬・家数（間数・種類・持ち主）・屋敷面積であり、この記載をとおして、各戸の経営実態の詳細を把握できるものである。近世初頭の農村構造の一端を垣間みる好史料といえるだろう。

合志郡人畜改帳を検討した原田敏丸は、合志郡の村々では、全地域諸村に万遍なく名子《なご》・下人《げにん》・作子《つくりこ》など隷農の存在がみられること、村ごとの比較では畠がちの村に隷農の比率が高く、水田がちの村においては比率が低いこと、全本百姓一三三〇戸中五三・二％が隷農をかかえていること、隷農をかかえた本百姓が多くの高を所持する

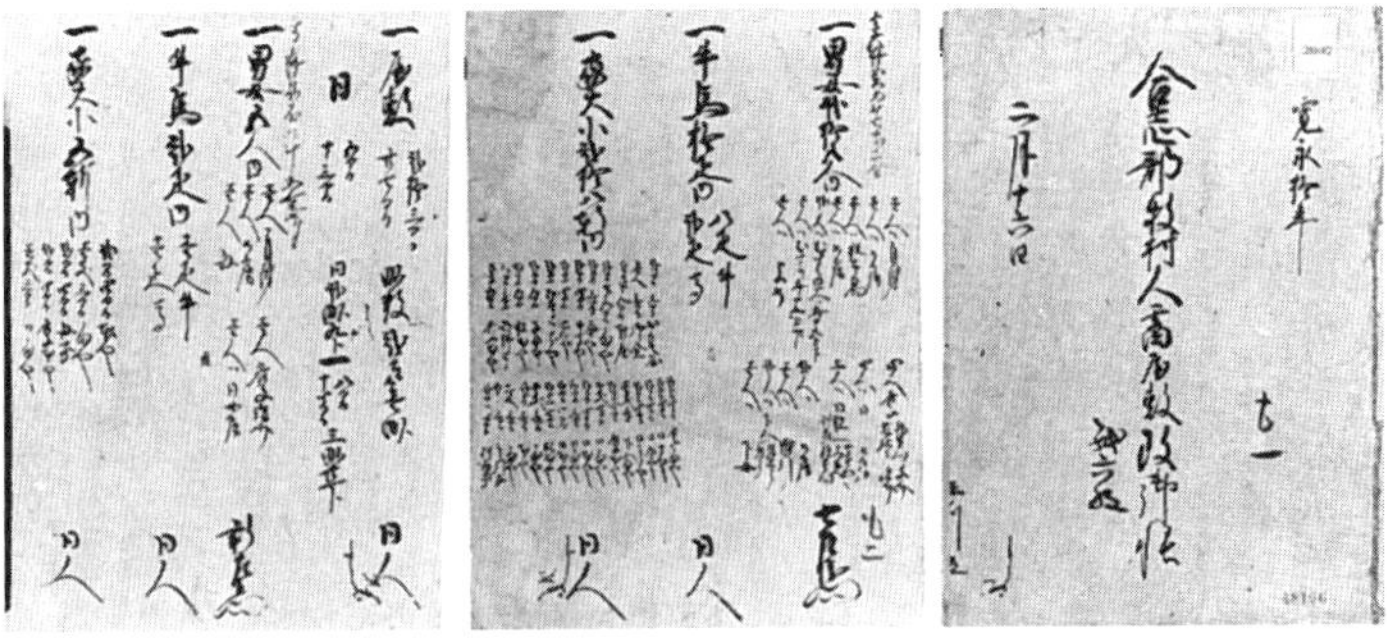
人畜改帳

結果、持高では六八・八％に達し、とくに高五〇石以上の高持百姓は大方隷農をかかえていること、名子のなかには若干ながら主家とは別に屋敷をもち高をかかえ家族をかかえている「半独立名子」が存在していること、を指摘している（「肥後藩農村における家族の構成」『大分大学経済論集』一一―二）。こうした性格は合志郡に限定されることではなく、その他の地域の村々にも共通しており、この時期の農村構造の特質を示すものである。この人畜調べはやがて「宗門人別帳《しゅうもんにんべっちょう》」と「人別竈数改帳《にんべつかまどすうあらためちょう》」に分解していくが、戸籍調べ、戸数割税負担の台帳作成などの性格に規定された数値を記録するにとどまり、一戸一戸のトータルとしての経営体の表示からはなれ、統計のための数字の集計になってしまう。

人畜改めは天草・島原の乱後、島原に移住させる人畜調査のため寛永十八年になされ、その後もときとしてなされたが、おおかたはその役割を宗門改帳・竈数改帳にゆずった。

これを当時の検地帳と比較してみると、検地帳においては名請人は、耕地片の名請人として記され、年貢負担者として位置づけられているのであるが、いかなる家族構成のもとに生活し、農業経営をなしているのかなどはいっさい示されない。人畜改帳では名請人の一戸ごとの生活単位が示され、検地帳ではうかがえない本百姓の農業経営の実態が示されている。

町と村の行政●

細川忠利は熊本藩の郡村支配機構として手永《てなが》制度を施行したが、町方支配のために五カ町《ごかまち》制度をとった。五カ町とは熊本城下町・八代町・川尻《かわしり》町・高瀬町・高橋町の称で、それぞれ町奉行がおかれ郡《こおり》奉行から独立しており、町別当《まちべっとう》以下の町役人がおかれ、商工業についても熊本町なみに取り扱われることとなった。

熊本町は城下町として政庁がおかれ政治・経済の中心地として特権的な地位にあった。八代町は中世以

熊本藩の町

往還宿（17町）	南関町，**高瀬町**，山鹿町，味取新町，川尻町，宇土町，小川町，**八代町**，日奈久町，田浦町，佐敷町，水俣町，内牧町，大津町，久住町，野津原町，鶴崎町
町と唱える所（31町）	**熊本町**，**川尻町**，**高橋町**，宝町，浜町，岩下町，御船町，小川町，**八代町**，鏡町，吉本町，宮原町，佐敷町，日奈久町，陳町，浜村町，味取新町，下新町，**高瀬町**，唐人町，関町，肥猪町，湯町，隈府町，大津町，新町，竹迫町，宇土町，馬見原町，吉田新町，宮原町
村中にある町（22町）	枯木町，小島町，鹿子木町，木山町，隈庄町，堅志田町，松橋町，原町，田浦町，水俣町，長洲町，大島町，大浜町，高森町，内牧町，坂梨町，宮地町，久住町，白丹町，野津原町，佐賀関町，鶴崎町

太字は五カ町，——は准町を示す。熊本近世史料叢書１『肥後国中寺社御家人名附』による。

来の居城があり、港湾都市として栄えたところであったが、一国一城令下でも八代城は南への備えとして残され、細川忠興の隠居城となり、忠興の死後は首席家老松井佐渡守にあたえられた。さらに八代は川尻・高瀬とともに津端三《つばたさん》御倉《おくら》として、益城・宇土・八代・葦北のうち一二手永の年貢米を集め、大坂への積出し港であった。川尻町も中世以来の河港で、藩の御船手がおかれ、江戸中期には町奉行・船頭頭・作事奉行・船方作事方目付・船頭・水主《かこ》など三七〇人がつめていた。また川尻御倉は飽田・益城・宇土三郡のうち一八手永の年貢米を集めた。高瀬町は菊池川の河口にあり、中世には高瀬の津として知られたところである。高瀬御倉には菊池川の舟運によって菊池・山鹿・山本・玉名四郡の年貢米を集め、大坂へ積みだす量は三倉のうち最大であった。また商人の取りあつかう納屋物《なやもの》の取引場（御口屋《おくちや》）でもあり、とくに菊池川流域の菜種取引の中心地であった。高橋町は熊本城下町の外港的役割をはたしており、熊本城下町の日用消費物資の大半は高橋川から坪井川をさかのぼって運ばれた。とくに城下町の薪炭《しんたん》は天草からここの薪炭会所に集められたし、長崎からの旅人の上陸地でもあった。

熊本藩の各地には地方の中心地となる町場があったが、なかでも宇土・佐敷・鶴崎は支藩の館であったり、国境の拠点であるところから、宝暦年間（一七五一～六四）準町となり、五カ町に準ずる取扱いをうけた。

このほか地方の拠点に、御郡方《おこおりかた》に属し、行政的には村の一部でありながら町場を形成し、本手（株）や商札など営業許可をもって商工業も行う在町があらわれる。宝暦期の「肥後国中寺社御家人名附《なつけ》」は、熊本藩内の町を「往還宿一七町、所々町《しょしょまち》と唱え候所付《ところづけ》三一町、町立《まちだて》候内村《うちむら》と唱候所付二二町」の三つに分類している（前頁表参照）。

いずれも町数・屋敷数が登録されているところであり、在町は手永会所《かいしょ》がおかれるなど、地方の政治・経済の中心であった。

手永制●

寛永九（一六三二）年、肥後に入国した細川忠利は、加藤氏時代の大庄屋を取りこみながら郡組制を解体して、十二年ころ全域に手永《てなが》をおいた。惣庄屋《そうじょうや》には阿蘇氏や菊池氏の旧臣など由緒《ゆいしょ》ある有力者が一〇〇人ほど登用されたが、漸次整理統合し、正保元（一六四四）年五八手永に、延宝

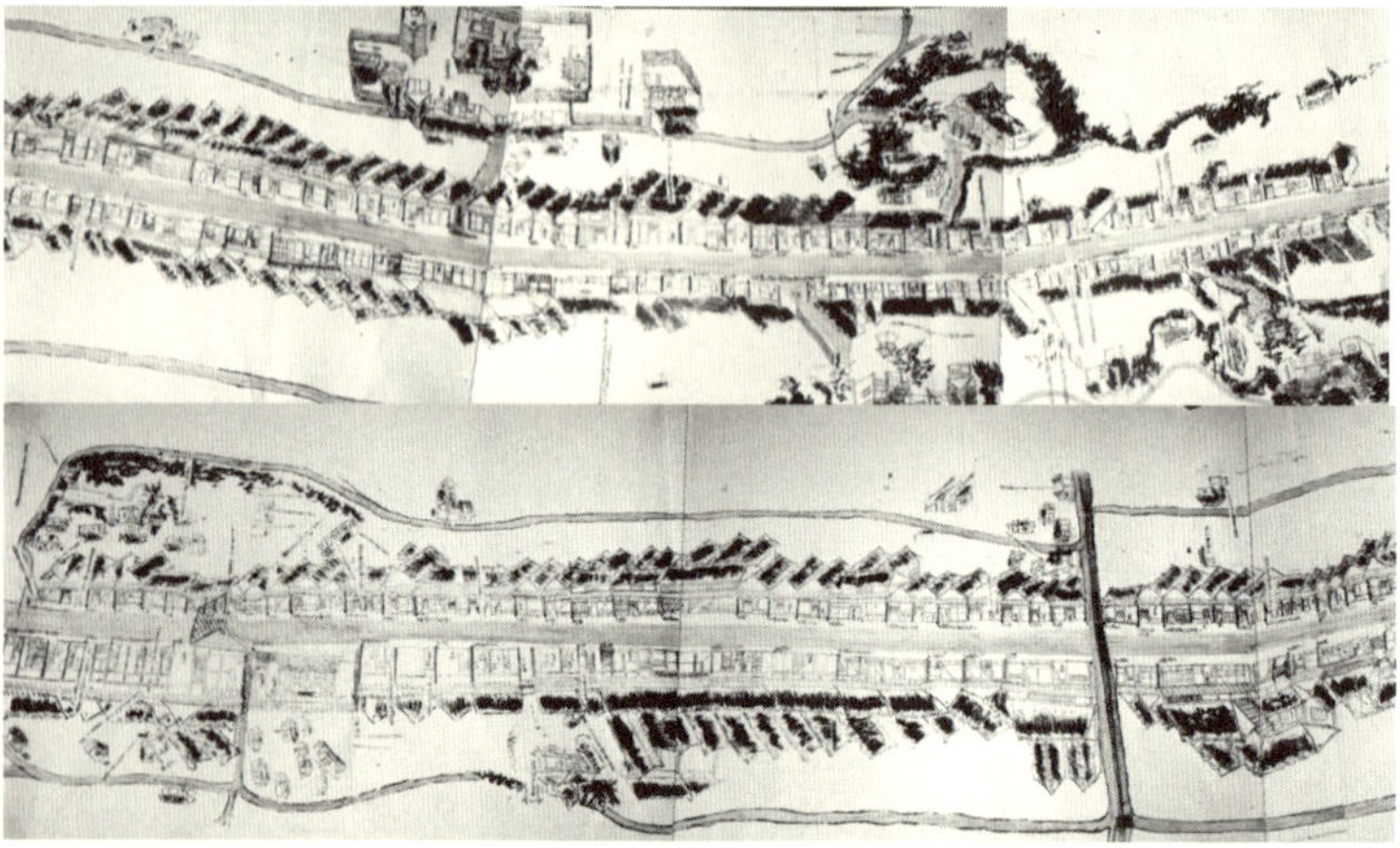

山鹿新町中村手永会所絵図

年間（一六七三〜八一）には五三手永、文化年間（一八〇四〜一八）に五一手永になって安定した（左表参照）。手永の最大規模は八代郡高田《こうだ》手永の二万六三三三石、村数では益城郡矢部手永の七六村、最小は葦北郡久木野《くぎの》手永の一村五一八石、平均一万五〇〇〇石（約四〇村）である。初期の手永は惣庄屋の役宅の村名を称し、惣庄屋の交代によって、田井島《たいのしま》五郎左衛門手永から田迎《たむかえ》二郎左衛門手永にと改称している。延宝年間以後は手永名は固定化したが、この時期から旧族の初期惣庄屋にかわって一領一疋《いちりょういっぴき》・地侍《じざむらい》・庄屋などから登用されるものも多くなり、また頻繁に所替えが行われて土地から切りはなされ、農政官僚化が進んだ。家の格式と地域の特殊性から先祖の地を動かずに惣庄屋を世襲したのは水俣（深水《ふかみ》氏一五〇石）・田浦（檜前《ひのくま》氏一五〇石）・北里《きたざと》（北里氏五〇石）・菅尾《すげお》（山村氏）・郡浦《こうのうら》（並河《なみかわ》氏）の五家だけである。いずれも国境の警備をになっていた。そのほかの惣庄屋には二〇〜三〇石の知行と筆紙墨料が給された。惣庄屋・御山支配役《おやましはいやく》・手附横目《てつきよこめ》を手永三役といい、郡代の指揮下にあって行政・郡中の取締りにあたった。

熊本藩の手永

郡	手永	村数
飽田	五町　池田　横手　銭《ぜん》塘《ども》	166
詫麻	本庄　田迎	60
上益城	鯰　沼山津　木倉　甲佐　矢部　中島	240
下益城	杉島　廻江　河江　砥用　中山	175
宇土	松山　郡浦	61
八代	種山　野津　高田	87
葦北	田浦　佐敷　湯浦　津奈木　久木野　水俣	31
山本	正院	63
山鹿	山鹿　中村	65
菊池	深川　河原	79
合志	大津　竹迫	97
玉名	小田　坂下　荒尾　内田　南関　中富	252
阿蘇	内牧　坂梨	44
南郷	布田　高森　野尻　菅尾	148
小国	北里　馬場	26
野津原	久住　野津原　谷村	55
鶴崎	高田　関	47

『肥後藩寺社国中名付』（宝暦年中）による。

手永会所には手代（助役《すけやく》）・下代《げだい》（徴税担当）・会所詰・小頭《こがしら》・走り番など二〇人ほどの役人がいて、村々を総括する役所として自治機能を有していた。通常の連絡は郡代から惣庄屋へ順達されたが、重要事項は御郡間《おこおりのま》に国中の惣庄屋を集合して伝達され、惣庄屋はこれを手永の庄屋寄合で伝達し、周知徹底させた。

村については、「慶長国絵図・郷帳」にみる村は熊本藩領内九三七村であるが、享保十三（一七二八）年の「肥後国志草稿《こくしそうこう》」では一七八七村に分化している。村では庄屋・頭百姓《かしらびゃくしょう》（村に三～四人）が村内をとりまとめ、村人は組頭のもと五人組を構成しており、村内の諸行事は村の決定にゆだねられ、紛争は内済で解決するのが原則であったが、村内で解決できない場合は惣庄屋まで達せられた。

4　藩政の展開

相良頼兄の浮き沈み●

人吉藩相良《さがら》氏は天正十五（一五八七）年、豊臣秀吉の九州進攻のさいには島津氏に属して敵対したが、老臣深水宗方《ふかみむねかた》の尽力で旧領球磨《くま》郡を安堵された。宗方は格別に球磨郡内の本知に加えて葦北郡津奈木・水俣にて七三町の知行をあたえられ、水俣城代に任ぜられるなど、藩主頼房《よりふさ》にも動かしがたい存在になり、御家騒動の原因ともなった。宗方は嫡男を失い弟織部《おりべ》の子頼蔵《らいぞう》を名代につけたが、頼房は犬童頼兄《いんどうよりもり》を登用し、頼蔵・頼兄の二人が執政《しっせい》職をめぐって争うこととなった。深水一族は朝鮮出兵を喜ばず、忌避して所領を没収されるものもあり、頼蔵は名護屋集結のさいに意見不一致を理由に球磨へ帰ってしまうという事件があった。結局、頼蔵は一族有力者竹下監物《けんもつ》の説得で朝鮮に出兵したが、頼蔵は藩主頼房・頼兄から疎《うと》んじられる存在となった。

球磨郡ではあせった深水一族が、藩主の朝鮮出兵中に犬童頼兄の勢力を排除すべく騒動をおこした。このことは朝鮮在陣中の藩主の耳にはいり、文禄三（一五九四）年藩主は湯前城《ゆのまえ》に籠城した竹下監物を上意切腹させ、頼兄を帰国させて領内の治安維持にあたらせた。この結果、深水一族の勢力は急速に衰えた。

慶長元（一五九六）年、一時講和により藩主は帰国したが、頼蔵は葦北郡佐敷で突然出奔《しゅっぽん》し、加藤清正をたよって熊本に走り、父織部もあとを追って熊本領にはいった。織部・頼蔵父子の妻子は球磨領の治安維持にあたっていた頼兄にとらえられたので、監物一味の湯前衆は奪還をはかって人吉城下町で乱暴を働き押さえられた。藩主は深水一族の動きを不快とし、織部の佐敷滞留に一族がひそかに佐敷に終結したことを知って、頼兄に命じて深水一族七三人を討伐させた。ここに織部は、頼兄が私怨《しえん》をもって深水一族の絶滅をはかっている旨を大坂の五奉行石田三成に訴え地位の保全をはかったが、奉行所での対決の結果頼兄の行為は藩主の承認のもとになされていることがあきらかとなり、かえって頼蔵逮捕の許可をあたえられた。訴訟にやぶれた頼蔵はふたたび熊本に清正をたよって朝鮮に出征し、蔚山《ウルサン》城の戦いで戦死した。また熊本にいた父織部も病死し、深水一族の勢威は失われてしまった。

犬童頼兄は関ヶ原の戦にさいして西軍に加わっていたが、事前に徳川家に内通の約を交わし、大垣合戦に秋月種実《あきづきたねざね》・高橋元種《もとたね》とともに福原忠隆《ふくはらただたか》を討って勝利に導き、相良氏の御家安泰をもたらした。頼兄は相良清兵衛と称し、徳川家康に御目見えを許され、勢威を増し、やがてつぎの藩主長毎《ながつね》の晩年には専横の振舞いも多く、長毎は寛永十三（一六三六）年、遺言状に清兵衛・内蔵助《くらのすけ》・喜平次《きへいじ》の三人について時機をみて善処すべしといい残した。新藩主頼寛《よりひろ》も、島原の乱後とくに清兵衛の専横ぶりが著しくこのままでは相良家存亡にかかわるとして、幕府による断罪を願い出、清兵衛の私曲一三条を提訴した。幕府は藩主権力の安定化を第一として、寛永十七年清兵衛父子を江戸に召喚した。箱根に着いた清兵衛主従六〇余人は帯刀を取りあげられ、清兵衛は稲葉正利《いなばまさとし》の預かりとなり、江戸に護送された。人吉では清兵衛の養子頼昌《よりまさ》が清兵衛屋敷（お下《しも》屋敷）に立てこもり、一族とともに滅亡した。評定所《ひょうじょうしょ》での対決によって、清兵衛の私曲はあきらかとなったが、若年以来の功績と家康御目見えのものであるところから、津軽《つがる》侯へお預けとなって事件は解決した。

人吉藩では正保二（一六四五）年にも家老村上左近《さこん》（名和《なわ》氏の後裔《こうえい》）が養子角兵衛の乱心によって、一門上下三四人が自滅する事件があった。

十七世紀前半の三つの事件によって、相良氏は権勢をほこった深水・犬童・村上ら重臣を排斥し藩主権力の確立をもたらしたが、これらの動きを一門による有力家老の排除とする人もいる。このあと相良氏では一門と家老の対立が顕在化する。

天草のキリシタン●

天草におけるキリシタン伝道は、天草氏が南蛮《なんばん》貿易によって鉄砲を獲得しようとする戦時的欲求から展開したものであった。永禄三（一五六〇）年、上津浦《こうつうら》氏と栖本《すもと》氏の戦いにおいて、上津浦氏に加担した松浦隆信《たかのぶ》の鉄砲隊三〇人はものすごい威力を発揮し、参戦した軍勢は松浦鉄砲の威力におどろき鉄砲の導入をはかったのであった。そのためには宣教師の派遣が優先した。それにはつぎのような裏話がある。松浦隆信がポルトガル人に火薬の製法をたずねたところ、ポルトガル人は「我が宗門に成り給うべし、さもなくば教え難し」と答えたという（松浦家『壺陽録《こようろく》』）。永禄六年、天草氏はトルレスに宣教師の派遣を要請したが、派遣されたのはキリシタン大名大村純忠《すみただ》の子を養子にしていた志岐《しき》氏のほうがさきであった。

永禄九年、有馬《ありま》領口之津《くちのつ》（長崎県南島原市）にいた日本布教長トルレスは、志岐鎮経《しげつね》の要請に応じて修道士アルメイダを派遣した。鎮経はアルメイダから洗礼をうけてドンジョアンと称し、志岐には教会堂も建てられた。天草がキリスト教の一大拠点になるのはここからであった。永禄十一年、全日本の宣教師を招集して志岐宗教会議が開かれた。二度目は元亀元（一五七〇）年、トルレスが二一年間つとめた布教長職を新任のカブラルと交代するための会議が開かれた。カブラルは同年五月、有名な神父オルガンティノとともに富岡港にのりつけたばかりであった。この後トルレス神父は死に、志岐鎮経は棄教したので、キリシタン布教の中心は天草氏に移った。棄教の原因として、南蛮船の乗組員と家臣のあいだにトラブルがあったこと、新任のカブラルとそりがあわなかったこと、富岡港を南蛮貿易の根拠地にと考えていたが長崎港になってしまったことなどがあげられている。

元亀二年、天草鎮尚《しげなお》（ミゲル）はアルメイダの派遣を要請し、みずからの居城である河内浦城で嫡子久種《ひさたね》（ジョアン）や多くの家臣とともに洗礼をうけた。以後、河内浦はキリシタン伝道の拠点となるが、天草全土にキリシタンが広まるのはさらに数年後のことであった。天正十五（一五八七）年春、天草久種をはじめ大矢野種基《たねもと》・栖本親高《ちかたか》ら天草の領主は島津家久にしたがって豊後にあり、羽柴秀長《はしばひでなが》率いる豊臣軍と対峙《たいじ》した。天草勢は大友方の志賀親次《しがちかつぐ》に包囲されたが、親次はキリシタン同士の友情を示して久種を助け、久種の縁故によって種基・親高も助けられた。天正十六年天草郡は小西行長の領するところとなった、宇土城普請役を志岐氏とともに拒否、行長は志岐城を攻撃して失敗し、加藤清正に援軍を依頼して志岐城をおとし、本渡《ほんど》城を攻撃したが、行長は本渡城のキリシタンを救出しようとしてはたせなかった。天草久種は行長に降伏し、自領にとどまることを許され、本渡《ほんど》代官に任ぜられた。

天正十五年六月十九日、秀吉の禁教令発布によって国内では公然たる布教はできなくなったが、天草久種は河内浦教会のゴンサルヴェス神父に自領内でのキリシタン保護を宣言し、翌日崎津《さきつ》港に入港した南蛮船の船長にもこのことを申し入れている。大矢野種基が一族・家臣二三七一人とともに入信したのも禁教令のあとである。二年後の天正十七年六月十七日、栖本では親高の一族がルイス＝フロイスから洗礼をうけている。最後に入信したのが上津浦氏で栖本氏をつうじて勧誘がなされた。土地のおもだった僧侶が改宗すると、彼らを師匠とあおいでいた民衆はことごとく改宗したという（フロイス『日本史』）。天草のキリシタンは禁教令以後に広まったのである。天草がキリシタンの根拠地になると教育機関が天草に移されてきた。天正十六年五月ころ、ノビシアド（修練院）が河内浦に建てられた。翌年、天草合戦の戦火をさけて大村に移されたが、天正十九年有馬領にあったコレジヨ（学院）とともにふたたび河内浦に移された。天草コレジヨにはイエズス会の司祭六人・修道士一七人が住み、修道士の卵たちはイエズス会の課程にしたがってカトリックの信仰についての購読、日本の諸宗派との討論にそなえての研究、外部の人びととの交際に必要な事項、受けもちの村々での伝道の実習などをおさめた。天草コレジヨの特色は、ここで遣欧少年使節たちが帰国後学習したこと、彼らがヨーロッパから持ち帰った活版印刷機を用いて、『イソップ物語』や『平家物語』『ラホ日辞典』などの書物が出版されたことである。

文禄元（一五九二）年、志岐・栖本・上津浦・大矢野の四カ所にレジデンシア（司祭館）がおかれ、天草全島にバテレン（神父）一一人、イルマン（修道士）五〇人、同宿（修道士）五一人、計一一二人の聖職者が働いていた。慶長四（一五九九）年、長崎のセルケイラ司教がセミナリヨ（神学校）を志岐に移し、翌五年新しく七つの天主堂が建設され、全島三、四万人のうち二、三万人がキリシタン信徒であった。天草は文字どおりキリシタンの島となっていたのである。

慶長六年、天草を加増された寺沢広高は長崎奉行のときに洗礼をうけたが、ほどなく棄教した転びキリシタンであった。徳川家康がイエズス会と親しくしているのを知ってイエズス会との融和をはかり、天草統治にあたってすべての修道院と教会を返還し、会堂の復興と新設を認め、慶長七年富岡城が築城されると修道院をそこに移し、教会の建設を援助した。ところが慶長九年、長崎代官を罷免《ひめん》されると教会の迫害

天草郡寺社領(慶安2〈1649〉年)

石高	寺社領名	宗派
45石	志岐村 国照寺領	禅宗
15石	富岡 瑞林寺領	禅宗
10石 志岐村の内	大江村 江月院領	禅宗
13石 同	富岡 寿覚院領	浄土宗
10石 同	富岡 飛龍権現領	
以上93石		
50石 本村の内	新休村 東向寺領	禅宗
12石 同	本戸村 明徳寺領	禅宗
内2石	小宮地薬師堂領	
10石 本村の内	内野村 観音寺領	禅宗
12石 同	御領村 芳證寺領	禅宗
内2石	御領村 薬師堂領	禅宗
10石 本村の内	上津浦村 正覚寺領	禅宗
13石 同	大矢野村 遍照院領	禅宗
内3石	内野河内村 金性寺領	禅宗
以上107石		
30石 内田村の内	栖本村 円性寺領	浄土宗
7石 同	栖本村 諏訪宮領	
10石 同	棚底村 江岸寺領	浄土宗
30石 平床村の内	河内浦 崇円寺領	浄土宗
10石 同	久玉村 無量寺領	浄土宗
5石 同	河内浦 信福寺領	浄土宗
以上92石		
3石 佐井津村の内	才津村 阿弥陀寺領	真言宗
5石 大浦村の内	大浦村 九品寺領	浄土宗
以上8石		
合計300石		

天草島鏡「天草寺社領之覚」による。

花文字でつづるキリシタンの短歌

城山の梢《こずえ》は春の嵐かな
　ハライソかけて走る叢雲《むらくも》

恥ずかしく候えども、涙を水にして、心を墨にすり申し候は、サンマリア様、サンチアゴ様、ミゲル様、イナショ様、フランシスコ様、みなもほし、道あこ様のお力を以《もっ》て、一筆申し上げ候、必ず必ずハライソにては合い申すべくと存じ候、ともかくもディウスの計らい次第に候

渡部　佐太郎　千

瀬戸　小兵衛様

尚々申し上げ候、ともかくも御あるじ計らいのままに仕るべく候、いづれ様に御心得頼み申し候、以上

（かな書きの部分を漢字・カナにした―文責筆者）

寛永十五（一六三八）年一月肥前原城《ひぜんはらじょう》に籠城する一揆軍《いっきぐん》に対して、幕府軍の指揮をとった老中松平信綱《のぶつな》は、細川氏がとらえていた天草四郎の母や姉らをよびよせ懐柔の矢文《やぶみ》を城内に放った。日にちは確定できないが、二月の初めには四郎の甥《おい》小兵衛が、母や姉婿で一揆の指導者の一人で囚《とら》われの身となった渡部小左衛門らの手紙をもって城内にはいり、説得を試みたのであった。

この手紙は籠城軍にいる渡部佐太郎（小左衛門の弟）が、小兵衛に託した手紙である。当時二一歳の佐太郎が戦陣においてよんだ歌として、あるいはとっさのまに書いた手紙としては、簡潔ながら要を得たすぐれた手紙であり、なみなみならぬ素養を感じさせるもので、彼がひたすらハライソ（パライソ＝天国）を願望している心情が読みとれる。私はこの文章にはじめて接したときに、鹿児

❖コラム

島県知覧《ちらん》の平和記念館に残された特別攻撃隊員の少年の遺書に共通する純粋な心情を感得した。

この内容は一揆の性格を検討するうえでも注目に値するものであるが、キリシタン文学史のうえでも注目すべきものである。その一は短歌の書き出しの「しろ」を城の花文字(象形文字)で表記している点である。日本語・漢字を花文字で表記するという書法は日本近世の文学にはみられないように思うので、これはポルトガル文字の影響ではないかと考える。しかもその後近代に至っては無数の花文字文化が受容されたけれども、日本語・漢字の花文字表記はまったくない。とすればこの花文字は日本語・漢字表記の花文字として唯一の事例ではないだろうか。

もう一つ、この和歌によみこまれた南蛮語「ハライソ」は、日本文学史上用いられた外国語の初例ではないかということである（『本渡市史』）。

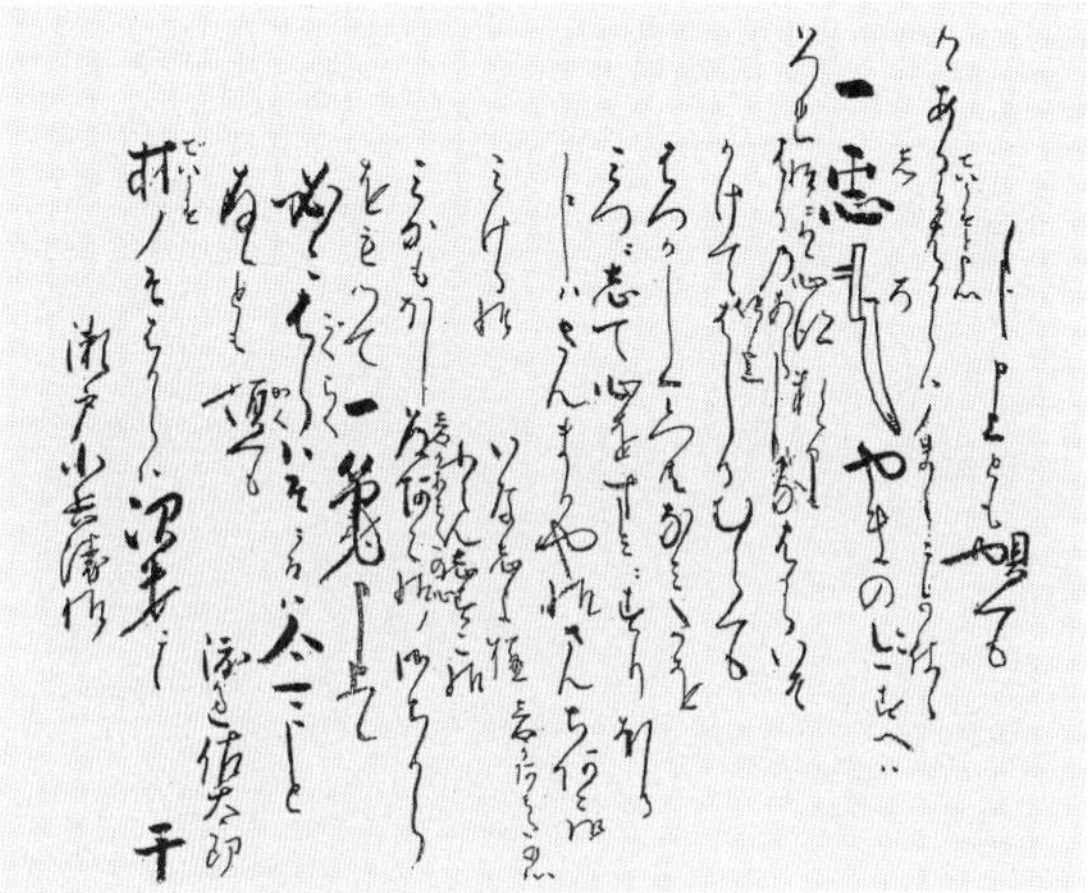

渡部佐太郎が小兵衛に託した手紙

に転じ、上津浦と志岐の司祭館以外の会堂を破壊させた。

天草キリシタンが本格的に弾圧されるのは、慶長十八年十二月の宣教師追放令以後である。このとき両司祭館は破却され、上津浦のマルコス神父・志岐のガルシア神父は長崎に召集されたのちマニラに追放された。この上津浦のマルコス＝フェレイラ神父こそ、天草島原の乱で名をあげたママコス上人《しょうにん》である。キリシタンの指導者たちは棄教するまで拷問され、あくまでも転宗しなければ処刑された。島の代官は一般のキリシタンを転宗させた。なかには本人の意思でなく転宗とされたものもあるという。「役人たちは、集合しているキリシタン衆には目もくれず、自由みんの頭である男の家に行って、その村の年寄りたちをせめて降伏させ、そこには居なかった者まで転んだとして記名させた。このようにして実際の取しらべもなく、記名された者の抗議に耳をかす事もなく転んだのは誰々だと、第三者によって書き込まれた名を読み上げて、すべて棄教した事にしてしまった」（『一六一四年の年報』）。

寛永十四（一六三七）年秋の「天草にて切支丹《キリシタン》に立帰《たちかえ》申す候村々覚」は、その年天草に牛を買いにいった馬喰《ばくろう》の報告であるが、それによれば彼らがまわった村々では渡辺小左衛門の肝煎《きもいり》によって、上・下津浦村、赤崎《あかさき》村、須子《すじ》村、大浦村は全村民が、合津《あいつ》村は庄屋一人が立ち帰らず半田村に立ちのき、阿《あ》村は仏教徒二人で残りはキリシタン、今泉村・内野河内村は半分がキリシタンに立ち帰り、くすぼ村だけが仏教徒だという。ほかの書では大矢野村・ぞうぞう村・ぞうばる村・やなぎ村もキリシタンに立ち帰ったという。天草では領主がキリシタンに帰依《きえ》したばかりでなく、領主の保護のもと、村々では庄屋以下村の共同体組織がコンフラリヤ（信心講）組織として編成されていたという（『本渡市史』）。

天草・島原の乱●

天草・島原の乱は江戸時代最大の反乱である。百姓一揆ともキリシタン一揆とも評価されるこの一揆は、一六歳の少年天草四郎を中心に、寛永十四（一六三七）年秋からおよそ三万七〇〇〇人の天草・島原領民が原城址《はらじょうし》に籠城して幕府軍一二万六〇〇〇人と相対し、翌年二月二十七日までの四カ月間にわたって抵抗したものである。天草は寺沢志摩守領であり島原は松倉領であるが、いずれも新入国大名の強圧的な領域支配とキリシタン弾圧があったとされる。

第一の段階は農民の減税要求の段階である。島原南目《みなみめ》の農村で十月初めから不穏な動きがあったが、二十五日に島原有馬村代官林兵右衛門を殺害して気勢をあげ、西は口之津・加津佐《かづさ》・小浜《おばま》・千々岩《ちぢわ》、東は有家《ありえ》・堂崎《どうざき》・深江《ふかえ》と南目の村々が蜂起し、一揆勢は島原城下に攻め寄せ、本丸に迫ったがおとしいれることができず近くの村々に陣を張った。天草でも同じころ大矢野で一揆ののろしがあがったので、番代三宅《みやけ》

天草四郎像（天草市立天草キリシタン館前）

藤兵衛《とうべえ》は事態を唐津に報じ、援軍一五〇〇が天草にむかった。十一月十四日一揆軍は唐津勢を島子《しまこ》で破り、勢いにのって本渡に進出、唐津の番代三宅藤兵衛を広瀬に敗死させ、十九日には富岡城を取り囲んで攻撃したがおとせず、熊本藩から大軍が押し渡ってくるとの風聞によって、富岡城攻撃をあきらめ、二十五日ごろ天草の一揆勢は島原に渡った。

第二段階は十一月二十二日藩主松倉勝家《かついえ》の帰国後で、島原の一揆勢は島原城攻略をあきらめ原城址を修築して籠城することとなる。天草勢はこれに合流したのである。島原の一四カ村二万四〇〇〇人、天草勢一万三〇〇〇人、計三万七〇〇〇人であった。

十一月九日島原一揆の報をうけた幕府は、板倉重昌《いたくらしげまさ》を上使として派遣したが、十二日天草一揆が伝えられると、事態の重大さをさとり九州諸大名の嫡子に帰国を命じ、月末に改めて老中松平信綱《のぶつな》を上使として派遣した。まず熊本藩は十二月二・三・四日に一万五〇〇〇余を天草に派遣、藩主忠利の帰国を待って正月二十

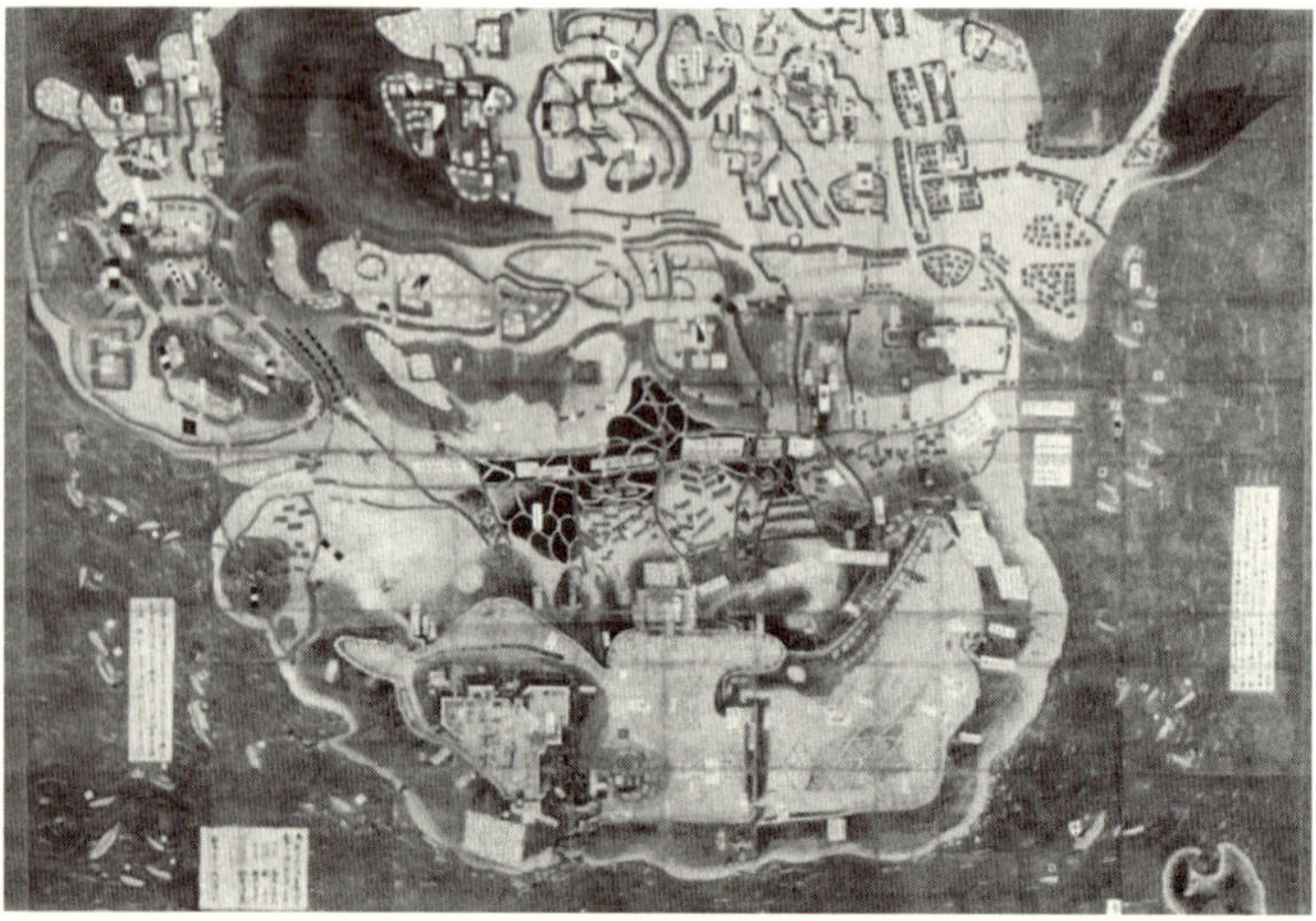

原城攻囲陣営並城中図

六日二万八六〇〇余が島原に出陣した。幕府軍は板倉重昌戦死のあと、松平信綱が九州諸藩の軍一三万余を指揮して原城を包囲、二月二十七日の総攻撃で一揆を粉砕した。幕府軍の被害は死者一一二七人、負傷者六九七二人であるが、熊本藩は城攻めの先手をつとめ、本丸一番乗り・大将天草四郎の兜首《かぶとくび》などの功をあげたが、被害も大きく死者二八五人、負傷者一八二六人の犠牲をはらった。

天草・島原の乱に関しての大きな疑問は、原城址に立てこもった段階での一揆側の動きである。彼らは幕府軍の攻撃に対して抵抗はしているが、要求はなにもしていない。一揆側の意思を伝えるものとして城内からの矢文《やぶみ》があげられるが、そのいずれもがキリシタン弾圧に抗して原城址に立てこもったもので、公儀に抵抗するとか領土的要求はないと訴えるのみで、彼らにとって籠城以後は、「はらいそ」にいくことのみがただ一つの願いであるとしている。年貢減免の要求から一揆は発生したのだが、籠城以後は宗教的一揆に変質しているといえよう。

天領天草の成立と熊本藩分割案●

天草・島原の乱ののち、島原の松倉重政は改易、天草は寺沢志摩守堅高《かたたか》から取り上げられ備中成羽《なりわ》の山崎甲斐守家治《かいのかみいえはる》にあたえられた。「天草知行高并定米目録《ちぎょうだかならびにじょうまい》」(「山崎家文書　天草移封書翰録《いほうしょかん》」)によれば高三万八七三二石余、うち六七三二石亡所分《もうしょ》、三三〇二石当荒《とうあれ》分とある。乱後の荒廃のすさまじさがうかがえる。富岡に入城した山崎家治は、富岡城の修築に着手し城域を拡大し百間塘《ひゃっけんとも》を築造した。城が完成したところで、讃岐丸亀《さぬきまるがめ》(香川県丸亀市)に転じたので天草は天領となった。代官鈴木重成《しげなり》は富岡町をおき、郡中に十組(八七村)を設け、組に大庄屋、村に庄屋・年寄・百姓代をおいて郡村支配体制を確立した。復興のために近隣諸藩から移民が行われ、熊本藩からも天草へ一七〇人・馬二疋、島原へ一八〇人・馬九

天草郡の富岡町と十組

組　名	村数	村　　名
富岡町	1	富岡町
志岐組	4	志岐，内田，上津深江，坂瀬川
井手組	6	井手，城木場，上野原，荒河内，下内野，二江
御領組	8	御領，鬼池，佐伊津，広瀬，本泉，下河内，新休，本
本戸組	9	本戸馬場，町山口，櫨宇土，食場，亀川，楠浦，大宮地　小宮地，大多尾
栖本組	14	大浦，須子，赤崎，上津浦，下津浦，大島子，小島子，志柿，下浦，古江，河内，打田，湯舟原，馬場
大矢野組	9	上，中，登立，合津，今泉，阿，楠甫，教良木，内野河内
砥岐組	9	樋島，高戸，大道，姫浦，浦，二間戸，御所浦，棚底，宮田
一町田組	13	一町田，下田，益田，今，久留，津留，市之浦，平床，白木河内，立浪，碇石，宮地岳，中田
久玉組	7	久玉，牛深，魚貫，深海，早浦，亀浦，宮野河内
大江組	8	大江，今富，崎津，高浜，小田床，下津深江，福連木，都呂々

「天草近代年譜」による。

疋の移住が計画された。

万治二（一六五九）年、検地によって石高は半減し二万一〇〇〇石となったが、これは重成が死をもって願いでた結果という。その後寛文四（一六六四）年、三河《みかわ》国田原《たはら》から戸田忠昌《ただまさ》が城主に任ぜられて天草はふたたび私領となったが、同十年忠昌は奏者番《そうじゃばん》となり、武蔵《むさし》国岩槻《いわつき》（さいたま市岩槻区）に転封となったおりに、天草は永久に直轄領たることを幕府に建議し、いわゆる戸田の破城となった。以来、天草はふたたび天領となる。富岡城の本丸・二の丸を破却し、三の丸に代官の陣屋がおかれることとなった。

一方、熊本藩では、忠利のあとをついだ光尚《みつなお》は在位八年、三一歳の若さで慶安二（一六四九）年十二月二十六日、江戸の藩邸で病死した。嗣子六丸（綱利《つなとし》）はわずか六歳であったから、薩摩に睨《にら》みをきかせるという熊本藩の役割から後継者について問題が生じてきた。長岡勘解由《かげゆ》が伝えてきた幕府の意向では、六歳の六丸では心もとない、細川氏を国替えさせ有力大名をいれるか、もしくは五四万石を宇土の行孝《ゆきたか》と二分して互いに協力させ抑えの守りとさせるの二案であった。重臣らは忠興以来の功労書を幕閣に提出して跡目《あとめ》相続に奔走《ほんそう》したが、光尚は病にふしたとき「大国を賜りながら何のご奉公もせずにおわったことは残念」、幼い男子二人は成長の暁には召使い賜りたいといって領地の返上を願いでていた。将軍家光は細川氏の忠節を評価し、四月十八日遺領相続を許可、六丸成長まで藩政を家老の合議と幕府目付および親戚にあたる小倉城主小笠原忠真《おがさわらただざね》の監督のもとにおくこととした。忠興以来の親幕的な行動が細川家分割の危機を救ったのである。

綱利は寛文六（一六六六）年、弟利重《としじげ》に新田《しんでん》のうち三万五〇〇〇石を内分（蔵米《くらまい》支給）して、江戸鉄砲《てっぽう》洲《ず》に定府の新田支藩を創設した。正保三（一六四六）年、忠興のあとをついだ宮松（行孝）が立てた宇土支藩とあわせて、宣紀《のぶのり》・斉茲《なりしげ》・斉護《なりもり》の三人が本家を継承し、藩主の家系を維持するための支藩として機能したのである。

6章

産業の発達と生活

通潤橋の橋面

1　産業の発達

灌漑・治水工事●

近世初頭の「肥後国郷帳《ひごのくにごうちょう》」の肥後国石高《こくだか》は五四万石である。これは天正十六（一五八八）年の国衆一揆《くにしゅういっき》直後、豊臣秀吉《とよとみひでよし》の上使によってなされた太閤検地高《たいこうけんちだか》という。肥後に入国した加藤清正《きよまさ》は五四万石（郷高《ごうたか》＝表高《おもてだか》）を領したが、菊池川下流の改修、白川《しらかわ》中流の瀬田上井手《せたうわいで》・馬場楠《ばばくす》井手、下流熊本町の掘削、緑川中流の鵜《う》の瀬堰《せぜき》、球磨《くま》川下流の遙拝堰《おうはいぜき》に代表されるさまざまな灌漑《かんがい》・治水工事を行った。これらの開発を反映して慶長十三（一六〇八）年の総検地では現高《げんだか》七五万石にのびている。前回にくらべて四〇％の伸びである。

寛永九（一六三二）年細川氏は肥後五四万石を拝領して入国したが、入国直後に行った書き上げには、加藤時代の開発として、阿蘇郡に先代開一〇六〇町、玉名郡に新地開六三九町、詫麻《たくま》郡に野開《のびらき》一三二〇町、合志《こうし》郡に野開二四八町、山鹿《やまが》郡に新地開七七町の開地を書き上げている。細川氏もまた開発を進め、城下町の周辺部の荒れ地に八カ所の新地鉄砲組《てっぽうぐみ》（屯田兵《とんでんへい》）を配置したほか、阿蘇郡に阿蘇組、葦北郡に葦北《あしきた》郡筒《こおりづつ》を配置して国境警備にあたらせた。

元禄七（一六九四）年藩営の開所として、益城《ましき》郡九八町、宇土《うと》郡笠松《かさまつ》村七三町、八代《やつしろ》郡鹿島《かしま》御開所《おひらきしょ》ほか一四五町、葦北郡馬刀潟《まとがた》開・日奈田《ひなた》開ほか四六町など、免税の特権をもつ御赦免開《ごしゃめんびらき》として飽田《あきた》郡三二〇町・詫麻郡八五五町・玉名《たまな》郡七四三町・合志郡七七〇町・菊池郡一九〇町・阿蘇郡四六一町・益城郡七八

惣庄屋による土木工事

年　代	名　　称	灌漑面積	場　　　所	建　造　者
天明6年	天明新川		熊本市	惣庄屋　藤井常右衛門
文化5年	津留井手	77町	山鹿市三岳	〃　金粟瀬助
文政2年	柏川井手	65町	下益城郡美里町柏川	〃　三隅丈八
文政3年	白石堰改修	110町	玉名市白石	〃　小森田七右衛門
文政4年	田所井手	45町	上益城郡山都町上川井野	〃　布田太郎右衛門
文政7年	下豊新井手		上益城郡甲佐町	〃　木原寿八郎
文政8年	羚羊井手	54町	上益城郡山都町	〃　布田太郎右衛門
文政8年	立岡堤掘添	205町	宇土市立岡	〃　三隅丈八
文政12年	寺田樋門改修	2,100町	玉名市寺田	〃　三村章太郎
天保年間	川崎樋門	1,000町	玉名市川崎	〃　〃
嘉永3年	福良井手	60町	上益城郡山都町中島	〃　布田保之助
嘉永4年	秋丸井樋改修	160町	玉名市秋丸	〃　関　忠之丞
嘉永5年	浮田溜池	137町	玉名市岱明町	〃　〃
嘉永5年	京の女郎井手	20町	上益城郡山都町下矢部	〃　布田保之助
嘉永年間	裏井手	600町 排水	熊本市秋津町	(惣庄屋の子　河瀬典次)
安政元年	通潤井手	108町	上益城郡山都町浜町	惣庄屋　布田保之助
安政2年	花園溜池	308町	宇土市花園	〃　久保桂助
安政3年	宮ノ谷溜池	63町	山鹿市上吉田	〃　遠山弥二兵衛
安政4年	湯ノ口溜池	79町	山鹿市蒲生	〃　〃
安政6年	嘉永井手	220町	上益城郡御船町七滝	〃　光永平蔵
安政6年	大切畑溜池	110町	阿蘇郡西原村大切畑	〃　矢野甚兵衛
安政年間	湯舟ノ堤	64町	菊池市旭志麓	〃　山隈権兵衛

七百町新地の潮止め(「潮止め絵図」)

〇町があげられ、百姓の野開とあわせて八七四三町を計上している。御赦免開は藩士（御中小姓以上）・陪臣《ばいしん》・御惣庄《ごそうじょう》屋《や》・一領一疋・地侍に許された開発権であったが、享保十七（一七三二）年禁止された。

宝暦七（一七五七）年以後には新田開発はあらたな局面を迎える。細川氏の干拓の類型には、(1)藩の費用によって築造する藩営新地、(2)藩主のポケットマネーによる御側開《おそばびらき》、(3)

霊台橋(下益城郡美里町)

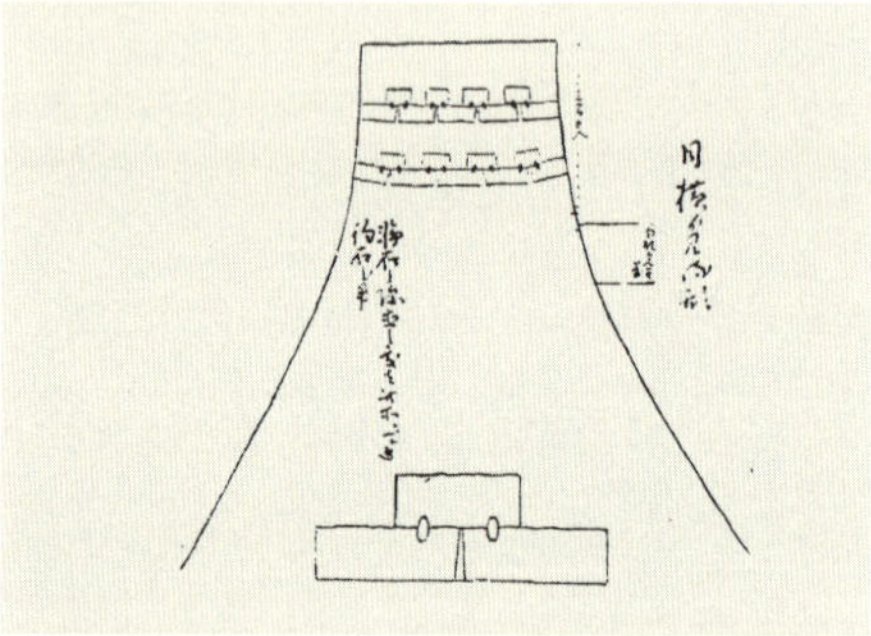

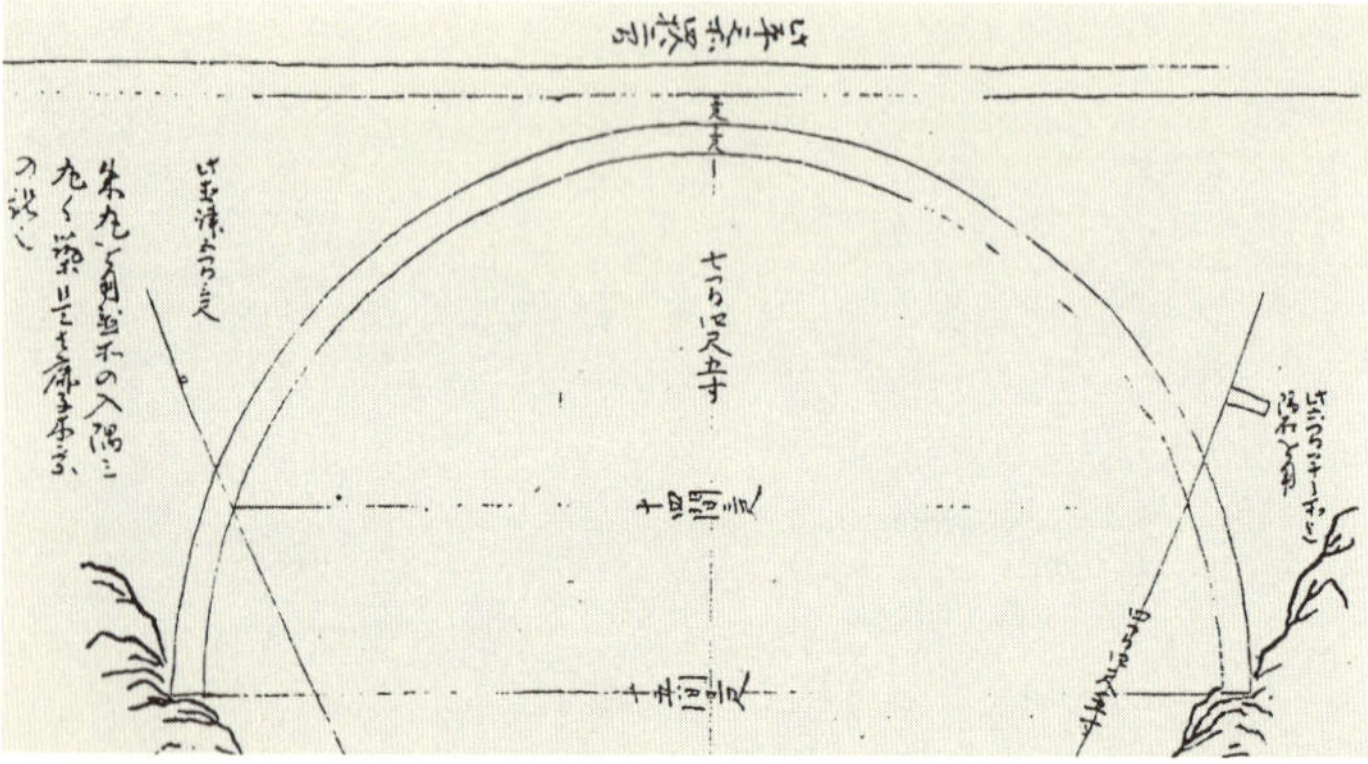

通潤橋仕法書

一門や家老が築造する士族開、⑷手永《てなが》の費用をもって行う手永開の四種があるが、後期の新田開発には惣庄屋らが農村救済のために行う事業が多くなる。宝暦・明和期（一七五一～七二）以後、農村の疲弊が顕著になってくると、かつては地方の名門から登用した御惣庄屋に地方《じかた》巧者が登用されるようになった。鹿《かの》子《こ》木量平《ぎりょうへい》は文政年間（一八一八～二九）、八代郡など三郡の百姓を動員して百町・四百町・七百町新地を築造したが、後期の新地のなかには学料開《がくりょうひらき》（藩校の費用捻出）・鯨油開《げいゆひらき》（水田の虫殺し用の鯨油代にあてる）・鰥寡新地《かんかしんち》（ひとり暮らしの老幼を救済するため）など、特殊な費用を捻出するために築造されるものがあった。

文化年間（一八〇四～一八）以後、土木工事の特徴は石造眼鏡橋《めがねばし》である。下益城郡砥用《ともち》惣庄屋の三隅《みすみ》丈八は石工岩永三五郎を用いて、柏川《かしわがわ》井手に水道橋の雄亀滝橋《おきだきばし》をかけて農民の労苦をやわらげた。三五郎は七百町新地築造のさいは石工惣引回しをつとめる名工で、のち鹿児島藩に招かれて甲突《こうつき》川に西田橋など五つの眼鏡橋をかけた。また笹原善兵衛は種山村の石工卯助《うすけ》・丈八（橋本勘五郎）を招いて霊台橋《れいだいきょう》をかけた。玉名郡の惣庄屋三村《みむら》章太郎は寺田・川崎樋門《ひもん》の改修に力をそそぎ、上益城郡矢部《やべ》手永の惣庄屋布田保《ふたやす》之助《のすけ》は安政元（一八五四）年、種山石工宇一を棟梁《とうりょう》として水路式眼鏡橋である通潤橋《つうじゅんきょう》（口絵、一九七頁写真参照）を架設、白糸台地八カ村四〇町に通水し、村人の生活安定をはかった。保之助はこのほか矢部手永に一三の石橋をかけ、溜池・用水路一二三カ所、道路改修一六四カ所を行って、勧農富民につとめた。丈八はのち明治政府に招かれ、東京の日本橋・皇居の二重橋の建造にもたずさわった。山鹿《やまが》郡の惣庄屋遠《とお》山弥二兵衛《やまやじべえ》は湯の口の堤を築造し、用水の確保につとめた（一九九頁表参照）。

人吉藩と天草郡の開発●

人吉《ひとよし》藩では古くから谷頭《たにがしら》に水田が開かれてきたが、球磨《くま》川からの水路を引いての開田も行われている。なかでも百姓たちによって掘りつがれたのが百太郎溝である。多良木《たらき》町松下の百太郎堰で球磨川の水を取りいれたこの溝の初発は十六世紀末と考えられている。十七世紀なかばごろ多良木町鳴《しぎ》まで取水していた水路を、延宝八（一六八〇）年あさぎり町築地《ついじ》まで延長、ついであさぎり町上《うえ》村の村人によって免田川まで掘りつがれ、宝永二（一六七四）年には錦町原田川、さらに高柱《たかはしら》川まで、五期三〇年がかりで掘りつがれた大工事であった。多良木町からあさぎり町を経て錦町一武《いちぶ》まで、本流だけで一八キロ、支流を加えれば数十キロのこの工事は、いつ、だれの手によってはじめられたものか、百太郎溝とはなにに由来するのかさえもあきらかにしえない、無数の百姓の手になる謎の用水路である。

百太郎溝よりさらに上流から取水する幸野《こうの》溝は、高橋政重がみずから資金を調達し、元禄十（一六九七）年から取りかかり、十二年・十四年の二度の水害による決壊を克服し、九年の歳月と銀一〇〇貫目を費やして完成した。幸野堰で取水し湯前《ゆのまえ》町・多良木町・あさぎり町を貫流する、全長一七キロ、球磨川左岸のこの二つの用水路によって、直接には上・中球磨一四〇〇ヘクタールの荒野が美田となったが、既墾の田畑地への灌漑の便もまし、地域生産力の向上にはかりしれない効果をもたらした。

天領天草《あまくさ》はもともと平地が少なく、平地はすべて干拓地だという。しかし小規模の干拓地は小人数の農民の干拓のため、記録的にあきらかなものは少ない。初期の新田では、上天草市登立《のぼりたて》の田鋤之越《たすきのこし》新田は寛文元（一六六一）年紀州浪人佐藤四郎左衛門の築造、同市の亀之迫《かめのさこ》新田も延宝二年同人の築造、天草市新和町の小宮地新田一〇〇町は同年熊本商人合志弥兵衛《ごうしやへえ》の築造である。

化政期（一八〇四〜三〇）には銀主《ぎんす》による干拓がみられ、同市有明町の大楠《おおくす》新田六〇町は御領の銀主石本勝之丞《かつのじょう》が着手、文久三（一八六三）年完成した。文政四（一八二一）年、富岡役所は天草郡中に追々新開を開始すると令し、捨て石の他国への売り出しを禁じ、今、捨て石を他国へ売りだせば多少の稼ぎにはなるであろうが、銀銭は一時の潤いにしかならない。「田畑は聊《いささか》たりとも百姓永続の基《もとい》」であると、役所主導で新開にのりだした。天保二（一八三一）年には一四二町余の開発計画、四年には一六〇町余の開発計画がでて、長崎代官高木作右衛門の検分のもと、干拓指導には八代野津《のづ》手永の惣庄屋犬塚安太《やすた》が招聘《しょうへい》

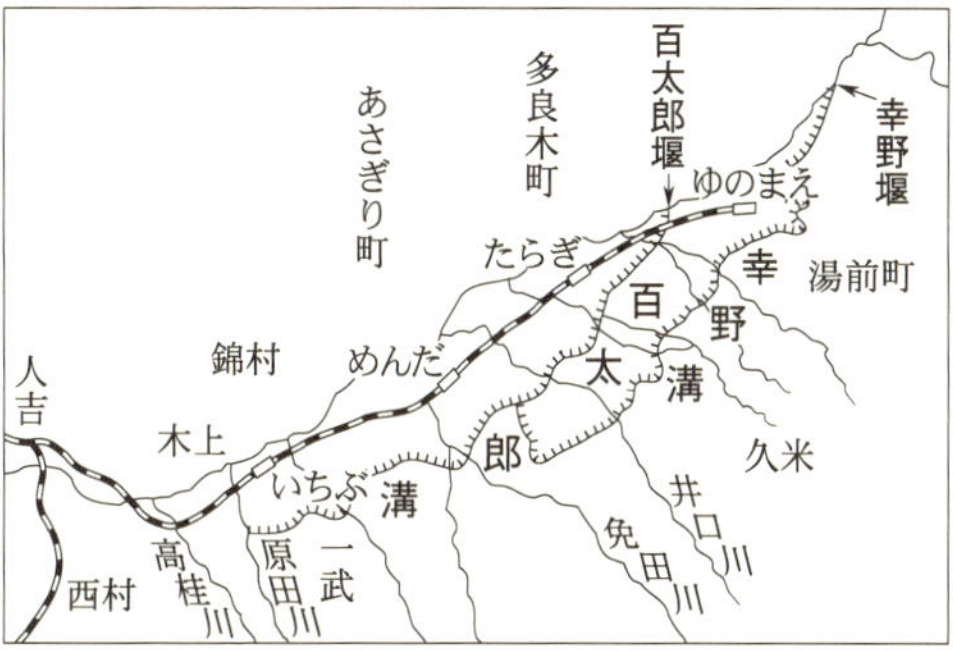

百太郎溝と幸野溝　森田誠一『熊本県の歴史』による。

百太郎溝取水口

幸野溝取水口

されて干拓に取りかかっている。

干拓新田村●

干拓によって新しく形成された村方は、当然のことながら郷帳にはのせられていない。郷帳は御前帳として朝廷に提出される性格のものであるから、国郡制的原理によっており、肥後国の場合、近世大名としては天領、加藤・細川氏、相良《さがら》氏が分有しているが、国として一冊になっている。寛永（天正期を反映という）・元禄・天保の各期の村も同様である。郷帳高においては、新田の村は郷帳の村のなかに含まれている。これを加藤氏の慶長十三（一六〇八）年の総検地にみれば、現高の村（郷帳外の村）ということになる。こちらは国内統治上の村把握ということになる。

寛永十（一六三三）年の「玉名郡伊倉之内八ケ村家数人畜改帳《にんちくあらためちょう》」では新開地の北牟田《きたむた》村は高でなく「田畑五拾壱町三反九畝三歩」と表示される。同年の「玉名郡之内大浜村新地御検地野帳」も同じである。八代郡の新田松崎村三六町余、高子原《こうごばる》村五五町余は『肥後国誌』に「当村ハ明暦万治ノ間長岡佐渡《さど》興長《おきながやつ》八代《しろ》在城の時海辺長渚《なぎさ》ニ塘《とも》ヲ築き墾田トシ当郡松球磨村ノ内松崎村（八代市）ノ民ヲ移テ一村トス」というあきらかな新田村である。同じ『肥後国誌』でも合志郡新町・南方・中尾・馬場・北方村は新地高を書きあげている。寛永期（一六二四〜四四）の諸帳が郷高によっているのに対して、『国誌』は現高によっているといえる。

寛永十二年設置された八カ所の新地鉄砲者《てっぽうもの》は御郡《おこおり》方《かた》に属しないので高には結ばれていない。「元禄国絵図」の説明には「保田窪《ほたくぼ》村ニハ地筒之者召しおかれ候《そうろう》所《ところ》ニ而《て》村とは申さず」とある。ほかにも家老が設定した新所などの鉄砲者も御郡方では把握していなかった。

「諸郷地竈万納物寄」

人吉藩は鎌倉時代以来の相良《さがら》氏の領地である。近世にいたっても兵農未分離で城下町のほか一四外城《とじょう》に知行取、一九の村に扶持人《ふちにん》が居を構えており、知行取も扶持人もいない残りの九カ村を含む全部の村に郷侍《ごうざむらい》がいた。城下をのぞく人口の三七%が郷士《ごうし》、百姓が六一%であった（二%は寺社）。村々の役人は御扶持人または郷侍がつとめ、合間《あいま》に手作り地の耕作に従事した。「諸郷地竈万納物寄《しょごうちかまどよろずおさめものよせ》」は村々の土地・竈・諸税の書き上げである。この藩の貢租は年貢のほかに多種多様の公事《くじ》が課せられている点に特色がある。

　近世諸藩では分米は生産高を示しているが、人吉藩では貢米（納米）二万三一〇五石余で表示される。この点中世的である。畠銀一三一貫余のうち半分は大豆《だいず》納《おさめ》である。小物成《こものなり》は四木《しぼく》への課税で、桑綿《くわわた》・上羽綿《じょうはわた》一八貫目、漆《うるし》は全生産高二九二貫目、楮《こうぞ》七四五貫目、茶三万五六〇斤余は現物で諸蔵におさめる。第三の税は上納銀で、反別《たんべつ》取り立てによる、万銀《よろずぎん》—多武退米《たぶよけまい》

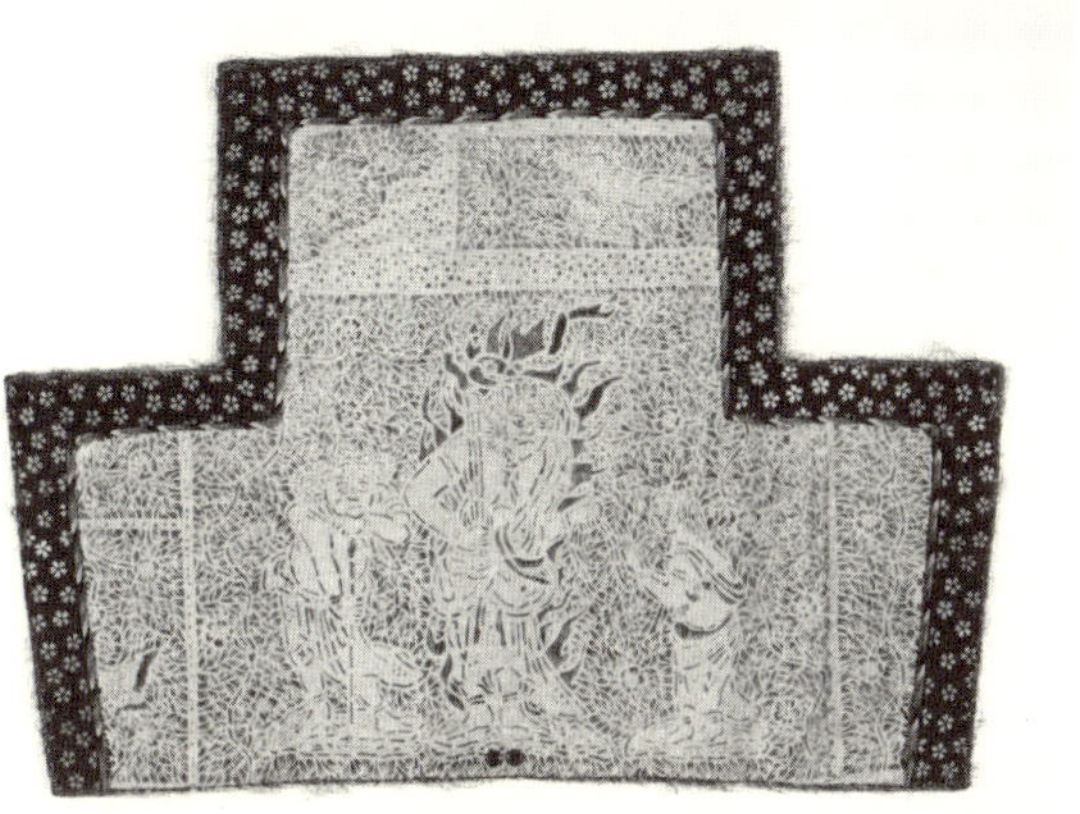

天平韋弦走韋《てんぴょうがわつるばしりがわ》(江戸時代)　鎧《よろい》の胴に張られていたもので，不動三尊像を染めた典型的な八代産の天平韋。縁には小桜韋《こざくらがわ》が施されている。

下賃《くだりちん》・八代苫銀《やつしろとまぎん》・田町薪《まき》代・畳代銀、檜物山銀《ひものやまぎん》・屋敷炭代・伊勢奉納銀《いせほうのうぎん》など地域に応じた付加税である。第四の税、定例諸納物は諸役所へ現物でおさめるもので、大御台所《おおみだいどころ》へは胡麻《ごま》・シイタケ・木くらげ・柿・芋《いも》から・実けし・切梅・山椒《さんしょう》・かたし・渋・いのしし、御役所へは櫨《はぜ》の実・竹の皮・薪《まき》・たいまつ、木屋敷へは筏木《いかだき》、御馬屋へは大豆葉・糠《ぬか》・藁《わら》、御作事所へは置萱《おきかや》・置竹、下御屋敷へは薪をおさめた。第五の税は大御台所への臨時納め物で、青井阿蘇神社の法楽《ほうらく》納め物として、薪・こんにゃく・芋・大根・ごぼう・芹《せり》・豆・わらび・徳利《とくり》・上箸《はし》・からし・胡麻・キノコ・山椒《さんしょう》を、盆の納め物として、ささげ・干しわらび・シイタケ・木くらげ・茄子《なす》・ごぼう・胡麻・はしかみ・子芋《こいも》・山椒・からしなど、藩邸で消費するすべてのものを村々から徴収しているのである。現物の納め物はそれぞれの収穫時、シイタケ・木くらげは三月、菜種は五月、芋から・実けし・山椒・柿・栗は十月に徴収される。

街道と舟路●

肥後の主要街道は熊本札《ふだ》の辻《つじ》が起点になっている。豊前《ぶぜん》街道は熊本から小倉・大利《だいり》を経て中国路に至る道である。加藤清正によって整備されたこの道は、熊本京町《きょうまち》から植木町までの台地の真ん中を掘りくぼめた凹道で、鹿子木《かのこぎ》（二里、熊本市）・味取《みとり》新町（同市）・味取（同市）・広町（五里、山鹿市）・山鹿《やまが》湯町（同市）・肥猪《こえい》（南関町）・関町（一〇里余、同町）の山鹿道と植木から高瀬《たかせ》を経由して関町に至る高瀬道がある。宝暦期（一七五一～六四）以後、細川氏は参勤交代に主として山鹿道を用いた。豊臣秀吉の九州進攻の道、島津氏・相良氏の参勤の道は高瀬道であった。高瀬道はやや長いが平坦《へいたん》で大砲の輸送に適していたため、西南《せいなん》戦争のさいには陸軍はこの道を熊本にむかい、植木台地にのぼる田原坂《たばるざか》が激戦地となった。

豊後《ぶんご》街道は城下坪井から東へ、枯木《かれき》新町《しんまち》・大津《おおづ》（五里、大津町）・内牧《うちのまき》（阿蘇市）・坂梨《さかなし》（七里余、同市）・久住《くじゅう》（大分県竹田市）・野津原《のづはら》（同県大分市）を経て鶴崎（大分市）に至る。熊本から大津までは屋久《やく》杉の並木道であり、大津からは阿蘇外輪山を越えてカルデラ内の内牧・坂梨を経て、ふたたび外輪を越える、豊後との国境までは急峻な山坂の連続である。久住から鶴崎までの豊後領は宿場だけが熊本領の飛び地であり、鶴崎からは船路になる。加藤氏・細川氏の初期参勤路であったが、風待ちの関係からか宝暦以後は帰国路になった。幕末には柳川の立花氏や三池氏がとおっている。

薩摩街道は、熊本城下長六橋《ちょうろくばし》・川尻（二里、熊本市）・松橋《まつばせ》（宇城市）・小川（七里、同市）・八代（一一里、八代市）・日奈久《ひなく》（同市）・田浦《たのうら》（一五里、芦北町）・佐敷《さしき》（一九里、芦北町）・水俣（二三里、水俣市）を経て袋《ふくろ》（同市）で薩摩国境となる。田浦までは平坦であるが、田浦からは三太郎峠（赤松《あかまつ》太郎・佐敷太郎・津奈木《つなぎ》太郎）の急坂の連続である。島津氏の参勤交代に用いられた。人吉街道は佐敷から分かれて告《つげ》から人吉領にはいり、球磨川の左岸を一勝地《いっしょうち》までのぼり、渡利《わたり》の渡しで右岸へ渡り、中神《なかがみ》を経て人吉城下町に至る。相良氏の参勤交代に用いられた。寛文五（一六六五）年球磨川舟路が開発されてからも、往路は球磨川下りで八代にでたが、復路は八代・佐敷から人吉街道の陸路をとった。人吉から日向《ひゅうが》への道は南下して大畑から霧島へ至る加久藤《かくとう》越えと、東進して湯前から米良《めら》に至る横谷《よこたに》峠越えとがある。加久藤越えはこの付近では最大の難所であったが、人吉藩と薩摩・日向との重要な交通路であり、巡見使もこの道をとおっている。横谷峠越えは交代寄合《こうたいよりあい》旗本米良主膳《しゅぜん》領米良山と人吉との交通路で旅人の出入りは許されなかったという。米良山は明治五（一八七二）年、日向国児湯《こゆ》郡へ組み替えられ、美々津《みみつ》県に移管されるまで、肥後国球磨郡に属していたのである。

日向街道は城下長六橋を渡ったところで薩摩街道から分岐し、御船《みふね》（御船町）・浜町（山都町）・馬見原《まみはら》

（同町）から日向に至る路である。

肥後国内の舟路として慶安四年の「江戸江差し上げ候御帳の控《ひかえ》」には、

玉名郡のうち　大島浦、荒尾浦、長洲浦、清源寺《せいげんじ》浦、沖洲《おきす》浦、晒《さらし》浦、高瀬船着川湊、横島浦、小天《おあま》浦、

飽田郡のうち　高橋川湊、川尻川口、川尻船着、

宇土郡のうち　三角《みすみ》浦、

益城郡のうち　久具《くぐ》浦、

八代郡のうち　鏡入江、徳淵《とくぶち》、

葦北郡のうち　日奈久《ひなぐ》浦、田浦《たのうら》、海浦、佐敷浦、津奈木浦、水俣浦、袋浦、

天草郡のうち　富岡船着、さしの津船着、魚貫崎《おぬきざき》船着、牛深船着、山野浦船着、浅海《あさみ》浦船着、深海《ふかみ》浦、松崎浦船着、中田浦船着、雨告《あめつぎ》船着、棚底《たなぞこ》浦船着、姫浦《ひめのうら》船着、岩屋泊、なれう津船着

三七の浦があげられている。熊本領内の有明海・不知火海沿岸は遠浅のため満潮時には利用できたが、干潮時には小舟も利用出来ない船着場であり、かぎられた利用に供されるにすぎなかった。一方、天草郡の船着は十分に深度もあり、台風時にも船懸《ふながか》りが可能であった。

熊本藩領では高瀬湊、川尻湊、八代徳淵に藩の蔵が設けられ、大坂蔵屋敷に回漕された。高橋湊は熊本城下町の外港として、物資の陸揚げがなされ、ここから川舟に積み替えられ坪井川をさかのぼって城下町に運ばれた。その他の浦々も交通の要所として高札場《こうさつば》が設けられ、最高の一一枚の高札が懸けられていた

し、番所が設けられて知行取番が警備にあたっている。

海上交通路のおもな路線は、川尻から茂木を経て長崎に至る三四里、川尻から鶴崎へ一六七里、富岡から長崎への航路があるが、そのほかにも、頼山陽《らいさんよう》は長崎・茂木・島原・熊本郊外の小島・熊本・松橋・天草・津奈木をとおっているし、河井継之助《つぐのすけ》は長崎・熊本郊外の学料《がくりょう》間の船を利用している。江戸後期には定期的な航路が開設されているのである。

2 町と村の暮らし

都市の生活●

城下町における生活スタイルの特徴は、武家の屋敷町と町人町の峻別《しゅんべつ》にある。熊本城下町では武家屋敷は熊本城を取りまく二の丸・千葉城《ちばじょう》・宮内《みやうち》・桜馬場・古城《ふるしろ》・内坪井・山崎を上中級藩士の屋敷とし、手取・京町本庁・柳川小路《やながわこうじ》・宇土《うと》小路・千反畑・高田原《こうだばる》・外坪井から建部《たけべ》・子養《こかい》など周辺に中下級藩士・組屋敷を配した。藩士の屋敷はすべて拝領屋敷であり、屋敷方の担当のもと、「城下侍屋敷大小身より中間にいたるまで住居の屋敷出入りの指揮をする屋敷方奉行の府なり、屋敷の広狭は禄秩の多寡《たか》位階の上下によって常則あり」と知行高に応じて拝領した。府中《ふちゅう》小路・侍屋敷の支配は組頭をつうじてなされるので、特別な支配系統は示されない。

細川刑部《ぎょうぶ》二万五〇〇〇石の上下屋敷は寛文三（一六六三）年、古京町の本屋敷一三二三坪のほか、下屋敷は古京町・宮内・高麗門《こうらいもん》・山崎・内坪井・京町・子養・千反畑・立田口の九カ所に一〇〇筆一万七九六

N
出京町
京町
寺原
向寺原
建部
坪井
内坪井
外坪井
千反畑
二の丸
手取
井芹川
山崎
高田原
堤防
白川
高麗門
新町
塩屋町
古町
坪井川
迎宝町
追廻馬場
武家地
町人地
熊本城下町図

一坪あり、知行取《ちぎょうどり》・切米取《きりまいどり》・足軽《あしがる》など陪臣《ばいしん》の屋敷としている。名ある知行取は古京町の本屋敷周辺に住んだほか、知行職は熊本城周辺に、切米取・足軽は千反畑・子養など周辺部におかれるなど、家臣団配置の原則がここでも適用されている。

町家の支配は町局の担当である。町方奉行のもとに根取《ねとり》・書記・横目廻役《よこめまわりやく》が町支配にあたった。熊本町は新町《しんまち》・古町《ふるまち》（長六橋を経て薩摩・日向街道へ）・坪井《つぼい》（豊後街道ぞい）・京町（豊前街道ぞい）の四区からなり、新町（一丁目・二丁目・三丁目・蔚山《うるさん》町・職人町の五懸り）・古町（東古町・中古町・西古町・細工《さいく》町・紺屋《こうや》町の五懸り）・坪井（本坪井町・新坪井町の二懸り）・京町（一丁目・二丁目・今京町・出京町《できょうまち》の四懸り）の一六懸り八六丁からなる。城下町の町屋には士・農その他遊民の雑居は禁じられた。一懸りに二、三人から五、六人の別当《べっとう》がおり、丁には一人ずつの丁頭《ちょうがしら》がおかれた。一懸りに肝煎《きもいり》・物書《ものかき》がおかれた。宝永三（一七〇六）年城下町の統計的数値は、軒数三三六八、男女一万九九三九人、町別当三六人、蔵数六〇五、客屋二五、造酒屋《つくりざかや》九四、こうじ屋六〇、揚酒屋《あげざけや》一八七である。熊本町の人口はほぼ二万人前後で推移した。これには武士の人口は含まれない。ちなみに明治九（一八七六）年の熊本の人口は五万四五六人、士族三三五二戸、平民七八二八戸であった。

熊本町では古町は一町四方の街の奥に寺院を配した一町一寺の碁盤目《ごばんめ》の町づくりであり、そのほかの町は幅一町・奥行四〇間の短冊《たんざく》型の街づくりである。天明八（一七八八）年、熊本町の間口調査が行われたが、総間数一万二四〇間である。おおよその竈《かまど》数でみると、平均間数は二・五間である。平均的な商家の造りは間口二間・奥行二〇間であり、なかには別当、丁頭、御用達《ごようたし》をつとめる有力商人が間口五、六～一〇間の大店《おおだな》を構えていた。藩財政の窮迫化に伴い、これら有力商人のなかから献金によって武士の株を手にいれる寸志知行取・士席浪人格《しせきろうにんかく》がでてくる。あるいは苗字《みょうじ》帯刀《たいとう》を許される商人が増加してくるのである。

城下士の暮らし●

熊本藩の家臣団構成は、知行取・切米・扶持取《ふちどり》からなる。知行取の家財政の基盤は知行地百姓の年貢《ねんぐ》・賦《ぶ》役《やく》および御赦免《ごしゃめん》開地《ひらきち》の年貢であり、ときとして開墾地の上地《あげち》による知行高への高結びがあったが、大方は地方《じかた》知行の物成《ものなり》が生計をささえた。入国当初は撫高制《ならしだかせい》による四ツ物成が保証されていたが、寛永十（一六三二）年代の連年の凶作と収奪の強化によって農村の疲弊が恒常化すると、物成の低額化も恒常化し、知行取の財政は窮乏化の一途をたどることになる。藩財政はわずか数年のうちに財政破綻《はたん》の状態においこまれた。このしわよせは知行取への一〇分の一米、五分の一の「家中《かちゅう》出米」、切米・扶持取への「万拾《よろずじゅう》歩壱米《ぶいちまい》」となってあらわれてくる。財政破綻は家臣の生活にもおよんでいき、寛文・延宝期（一六六一〜八一）知行取の多くは大分の借米銀をかかえ、身代をつぶしかねない事態にたちいたったという。借物返済のために知行を一時的に返上し、手取《てどり》米によって生計をいとなみ、余米をもって借財を返済する「上知手取」や、在方居住によって財政再建をはかる「在宅《ざいたく》」など緊急避難的便宜政策がとられた。

延宝八（一六八〇）年、藩は年貢直所務《じきしょむ》を廃止し、蔵米《くらまい》支給とした。その後一時的に地方知行は復活したが、正徳三（一七一三）年ふたたび年貢直所務は禁止され、手取米制が実施され幕末に至った。正徳三年、家中手取は一〇〇石につき無役二〇石であったが、享保十一（一七二六）年一六石、寛保三（一七四三）年には財政困難により家中手取扶持米ばかり、明和五（一七六八）年の一三石を最悪として、一七石前後で推移した。文化十一（一八一四）年、扶持方渡しを実施したが、それによれば、知行四〇〇石で手取四三石余、三〇〇石で三五石余、二〇〇石で二三石余、一〇〇石では一八石となり、一〇〇石では生活を引き締めても三石八斗の不足であった（「御知行取四百石以下一ケ年暮方《くらしかた》大数《おおかず》見積《みつもり》しらべ帳」）。文化九・十年、藩の救恤《きゅうじゅつ》をうけた知行取は七〇余人に達したという。彼らは手取米をすべて借財の返済にあて、「打替へ借替へ一升二升づつ粮米《ろうまい》相調へ候」生活であったという。

藩士の家計再建の方法として、五〇〇石以下無役のものには「在宅」が許された。一〇カ年をかぎって地方に居住して生活を切り詰めて、余米をもって借財の返済にあてる救済措置である。文政四（一八二一）年の「十二組名前帳」によれば、番方《ばんかた》五三九人の三五・八％にあたる一九七人が在宅である。御擬作《ごぎさく》、切米取、扶持方では在宅の比率はさらに高い。

農民の暮らし●

肥後国の近世の村はいくつかの顔をもっている。天正十六（一五八八）年検地の村、これは近世的な村切《むらぎ》りであって郷帳の村であり、慶長九（一六〇四）年九月の検地帳の村で総計五四万石である。慶長十三年総国検地の村（現高の村）になると村高は四〇％のび、七五万石となり、これが近世をつうじての村高の基礎となっている。寛永期（一六二四〜四四）の村々では少なからぬ村で出入り作がみられる。

農民の社会構成の一端を寛永十（一六三三）年の「人畜改帳」によってみると、合志郡では本百姓一三三二、半独立名子《なご》二八、名子九八〇、下人《げにん》三六四、作子《つくりこ》二四、本百姓以外二四となっている。名子の分布は畑作地帯では濃厚で、平野部の水田地帯では希薄である。本百姓は多くは一〇石以上がふつうであるが、村に四〜五人庄屋クラスの大高持ちが名子をかかえている。半独立名子は高持で屋敷も別にもつものもいる。名子が主家と別に家を構え家族で暮らしているのに対して、下人・作子は主家に同居している。名子は検地帳では名子百姓として名請人《なうけにん》となっており、なかには主家よりも多くの高をかかえているものもいる。天正期の大高持は減少し、名子が上昇して平均化の傾向にある。

農民生活は高札《こうさつ》・掟書《おきてがき》・触《ふれ》（口達）によって規定される。高札は幕府から達せられる法令で、藩内の交通の要所・在町など一〇〇カ所の高札場があった。川尻町・高橋町ほか港々二五カ所に(1)切支丹《キリシタン》、(2)公儀《こうぎ》之船、(3)忠孝、(4)毒薬《どくやく》、(5)質地《しっち》、(6)人売買、(7)西国中国、(8)従前々浦々高札を建、(9)於浦々舟を借り候而《て》異国抜荷《ぬけに》、(10)伴天連《バテレン》、(11)異国船《いこくせん》抜荷を買取候金元の一一枚立、河内村・湯浦村の二カ所は(1)・(2)・(8)・(9)・(10)・(11)の六枚立、新一丁目・御船町ほか宿場町・在町二〇カ所に(1)・(3)・(4)・(5)・(6)・(7)・(10)の七枚立、鹿子木町・重富村ほか交通の要所五三カ所は(1)・(10)の二枚立であった。

掟書は入国直後に定めた年貢上納に関する三カ条で、庄屋の木戸口に立てられた。触はキリシタン禁制や倹約令《けんやくれい》などの法令で、手永《てなが》会所での庄屋寄合で惣庄屋から庄屋に伝達された。村では毎月の惣百姓寄合で高札の面を読み聞かせて徹底をはかり、庄屋宅に張りだされた。初寄合では村の共同体としての諸事項、年中行事、肝煎・水番・触《ふ》れ番などの役人、氏神祭礼の当番などの決定がなされる。

貨幣経済の伸展、天災地変、飢饉凶作《ききんきょうさく》、病気の流行など農民を取りまく状況はきびしく、正徳三（一七一三）年、飽田・詫麻郡では身帯潰《しんたいつぶ》れ百姓の取扱いの仕法が、五年には質地・譲地《ゆずりち》証文の格が確立されているが、階層分解が進行した。土地を手放して没落した農民はそれでも容易に転業したり村をはなれることはできなかったから、小作人となり、奉公人になる以外になかった。

豪商石本勝之丞●

天草の高利貸し資本兼地主は銀主《ぎんす》とよばれた。彼らは年貢上納に差しつかえる小前百姓に銀銭を貸し付け、担保《たんぽ》にとった田畑の地主として成長し、浦々で特権的な浦問屋《うらといや》を経営し、御用商人となり、幕府への上納の請負人として豪福になったものである。天領天草には浦々に銀主がいたが、大坂屋・池田屋・三木屋など屋号を称する町人に対して、「石本勝之丞様」と名字《みょうじ》つきでうたわれている。名字帯刀《たいとう》を許されたのである。

石本家はもと長崎の町人の出で、寛永（一六二四〜四四）のころ天草郡御領《ごりょう》に移住し百姓身分であったが、松坂屋と称して商業にたずさわっていた。二代目のときには大庄屋と縁組みするほどの有力者であった。三代目の平兵衛は文政元（一八一八）年、富岡町の松屋吉右衛門が掛屋《かけや》役を辞退したあと、富岡町以外からはじめて掛屋に任ぜられ、以後、御領村小山清四郎・石本勝之丞の両人が隔年につとめることとなった。文政六年、小山が掛屋役を辞退したあとは石本勝之丞の専任となった。掛屋役は郡内の金納租税を徴収する役職であった。ほかに窮民救済のため丁銀三〇〇〇貫目を差しだして、文政五年、諸色大問屋株《しょしきおおといやかぶ》を得、綿・苧《お》・油座引請をしている。天保三（一八三二）年、平兵衛と悴《せがれ》勝之丞は貧民救済のため、作徳米のうちから毎年籾《もみ》五〇〇石宛手船をもって回漕《かいそう》し差しだすことを願いで、八カ年分の籾四〇〇〇石をあらかじめ納入することを申し立て、永々帯刀御免《ごめん》、三人扶持を給せられた。この年、江戸勘定所《かんじょうしょ》御用達・中国四国筋金銀引替方《きんぎんひきかえかた》御用をつとめ、九州諸藩への金品の融通に応じ、人吉藩の産米の売りさばき方、苧の独占販売を行った。薩摩藩に対しては銀二〇〇貫目を金利三朱で貸しだし、利銀のかわりに八〇人扶持をうけ、調所笑左衛門《ずしょしょうざえもん》と提携して琉球《りゅうきゅう》貿易にものりだしている。これには廻船《かいせん》宝徳丸・順幸丸を用いた。このほかにも佐賀藩・柳川藩とも密接な関係をもち、扶持その他の特権を得た。

天保十三年、高島秋帆《たかしましゅうはん》事件に関連して長崎代官高木作右衛門が取り調べをうけたさい、代官所納戸金《なんどきん》紛失が発覚、出入りの御用達石本勝之丞父子にも嫌疑がかかり、翌十四年唐丸籠《とうまるかご》で江戸に送られ、獄中で非業《ひごう》の死をとげた。

町人への御書出●

宝暦五（一七五五）年、熊本呉服《ごふく》二丁目の伊津野屋《いづのや》長左衛門は町家では類もなき家柄のものであるが、極々難渋しているので、惣町中の家持から一月に一銅、年に一二銅ずつ拠出するよう達せられた。九年後の明和元（一七六四）年十二月には、倍増して月に二銅、年に二四銅拠出するよう達せられた。

　長左衛門家の由緒は先祖善左衛門の功績によるものであった。ときは天正十五（一五八七）年にさかのぼる。善左衛門は二本木中町で造酒屋をいとなんでいた。当時、肥後熊本では国衆一揆《くにしゅういっき》が荒れ狂っていた。佐々成政《さっさなりまさ》は山鹿郡城村《じょうむら》城にたてこもる隈部親永《くまべちかなが》を攻撃していたが、その隙《すき》を突いて熊本周辺の国衆は隈本城を取りかこんだ。このとき国衆の軍に追われて善左衛門家に逃げこんだ若侍をかくまい、やがて隈本城に入城した成政のもとに送

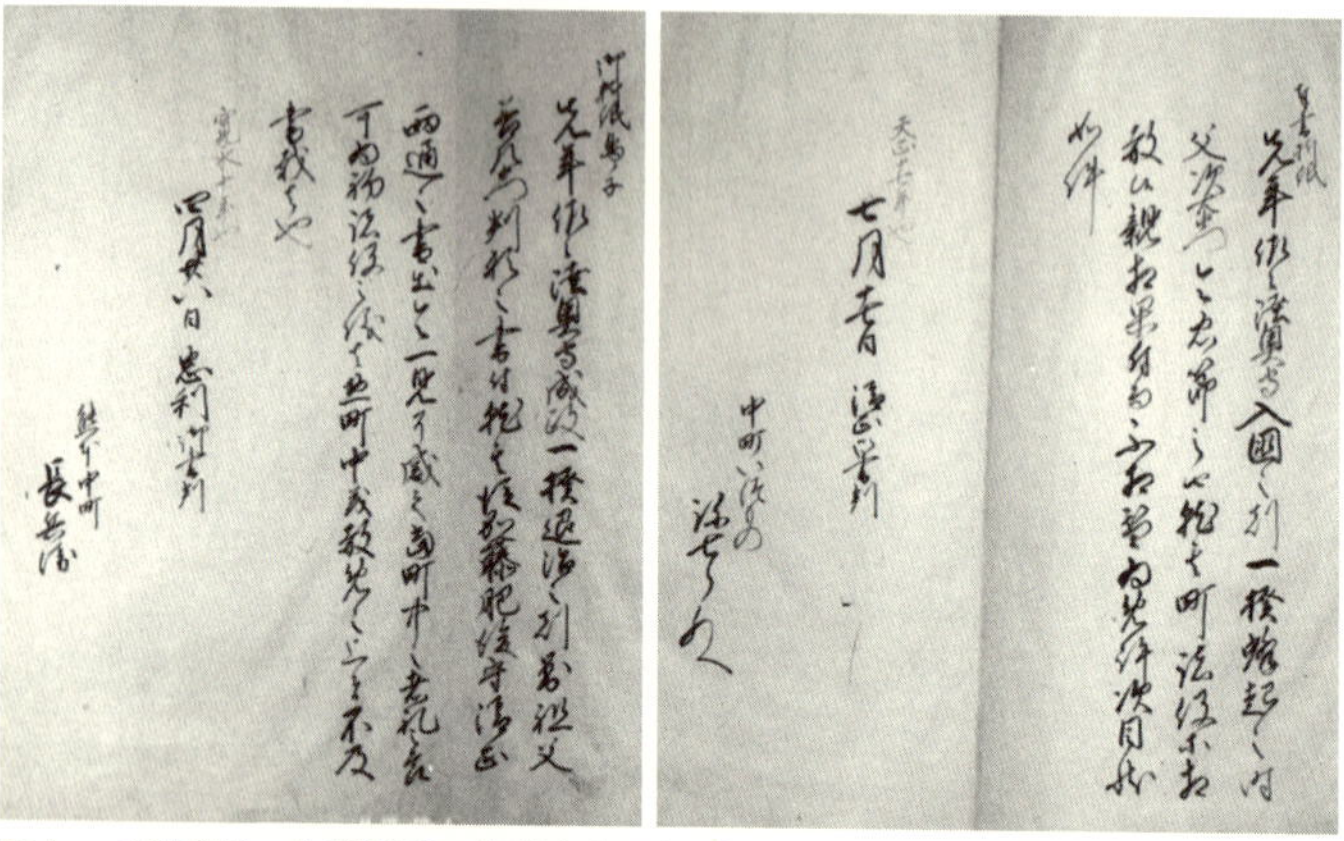

町人への御書出　加藤清正の御書出（天正17年７月17日付，右）と細川忠利の御書出（寛永10年４月28日付）。

りとどけたのであった。感悦した成政は善左衛門に知行《ちぎょう》をあたえようとしたがうけなかったので、以後町家の頭として諸事を沙汰《さた》するようにと、「このたび一揆蜂起《ほうき》の刻《とき》、平左衛門家来のものに馳走《ちそう》せしむの旨、忠節の条、町諸役など免除せしむべき者なり　八月十七日成政御書判　中町いつもの　善左衛門」の御書出《おかきだし》をあたえ、町役免除の特権をあたえたのであった。

善左衛門のこの特権は、佐々氏が改易されたあと隈本に入城した加藤清正にうけつがれた。天正十六年七月、清正は「去年一揆の所、平左衛門家来の者馳走の由、平左申され候間、相替らず町役など免許せしめ候なり　七月十日加藤主計頭清正　中町いつもの次右衛門」との御書出をあたえて、町役免除を保証した。この特権は子の弥七郎にうけつがれ、細川氏が入国すると、寛永十（一六三三）年四月、細川忠利《ただとし》は「先年佐々陸奥守《むつのかみ》成政一揆退治の刻、祖父《おわ》善左衛門に対し判形の書付け、其について加藤肥後守清正よりの両通の書出一見せしめ、これに感じ了んぬ、当町中の者礼の節初めたるべし、諸役の儀は惣町中も赦免の上は書き載に及ばざる者なり　四月二八日忠利御書判　熊本中町　長兵衛」の御書出をあたえた。細川氏は熊本町中に町役免除を申し渡したのでそのことは書き載せないが、町のものの頭としての地位を保証したのである。長兵衛は別当役の首座に任ぜられ、定紋を古町のしるしとするよう仰せつけられた。

御書出は藩士に知行を安堵《あんど》する辞令で、代々の藩主からあたえられるものであるが、伊津野家は町家ではただひとり、幕末の万延二（一八六一）年まで、代々の藩主から御書出を拝領、これによって特権は保証されたのであった。

球磨川の大石割って水路開発●

人吉城は、日本三大急流の一つ球磨《くま》川に面して築城されている。この川は、人吉と八代を結ぶ交通路にあたっているが、水量は豊富であっても川中のいたるところに奇岩が突出して、舟の運行は不可能であった。古代以来の道は照岳《てるだけ》越えの尾根道、もしくは球磨川沿岸の小道であった。寛文二（一六六二）年、藩主相《さが》良頼喬《らよりたか》の叔父（母の弟）で、人吉で商業をいとなんでいた林藤左衛門正盛《まさもり》は、独力で球磨川の水路開削を願いでて許された。正盛は丹波篠山《たんばささやま》（兵庫県篠山市）の出身であったが、藩主との関係からみて特権商人であったと考えられている。しかも京坂商人とつながっている商人で、人吉藩が税として徴集する多様な球磨地方の山林産物（二〇五・二〇六頁参照）の商品化をはかったのであろう。

正盛が水路開削にあたってもっとも苦心したのは、川底の岩石の除去であった。とくに頭痛の種は、神瀬村から四キロほどのぼった大瀬の亀石とよばれる巨岩の除去であった。伝説では、岩石の上で火を焚いて熱し、それを急激に冷やしてたがねを打ちこんで砕く方法を、夢のなかで狐が教えたとする。この方法はすでに京坂地方では知られた技術であったろうが、九州では神のお告げに匹敵する出来事であった。多額の費用と二年の歳月を費やして寛文四年、人吉・八代間の水運が開かれ、参勤交代に利用されるようになった。

正盛は領主からその功として郡中の荷物問屋・川舟取締役、舟問屋の特権をあたえられた。一方、郡中産物の輸送の道が開かれて、人吉町は山林商品の集散地として繁栄が約束された。寛政元（一七八九）年、人吉町には土蔵九五棟、問屋一七軒（川舟問屋二、他領川舟問屋四、商品問屋六、日雇問屋二、杣子《そまこ》問屋三）、酒造本手《ほて》二〇、酒造屋一二軒を数えているが、八代河港までの水路を球磨地方の産物がくだり、戻り船によって塩・古手・肥料その他の商品が多量に運搬され、人吉の流通経済は急速に発展した。

3 学問と文化

秋山玉山と時習館教授●

熊本藩においては寛文年間（一六六一～七三）、陽明学《ようめいがく》が隆盛をきわめていた。陽明学は比較的高禄の士の集まりであったが、同学あいよって研鑽《けんさん》学習し、旗幟《きしょく》は鮮明となった。陽明学のなかには「知行合一《ちぎょうごういつ》」の論を日常生活に実行するため集団ができ、冠婚葬祭も集団を中心になすところもあり、宗派に属さないものもあらわれた。こうして一種の危険集団のように思われた陽明学に対して、幕府は強硬な態度をとったので、藩では寛文九（一六六九）年十月、藩主の帰国とともに異学徒の集団として処断された。

この日御暇《おひま》を申し渡されたものは、御小姓頭《おこしょうがしら》朝山次郎左衛門、鉄炮《てっぽう》十五挺頭《ちょうかしら》小笠原勘介《おがさわらかんすけ》、御医師大《おお》庭慶閑《ばけいかん》、湯浅角兵衛、鉄炮三十挺副頭西川与助、同本庄四郎兵衛ら一九人の陽明学を奉ずるものたちであった。これに対し家老長岡左近元知《さこんもととも》は強く反対し、ついには病気を理由に上知蟄居《ちっきょ》した。このほかにも処罰されたが数年後に許されたものがかなりいるところをみると、藩内には陽明学に心をよせるものは相当いた。

これよりさき、幕府は朱子学を官学と定め、林羅山《はやしらざん》を登用して幕藩教学を確立したのであったが、寛文六年、古学を主張する山鹿素行《やまがそこう》が赤穂《あこう》に流され、寛文七年には池田光政《みつまさ》につかえた熊沢蕃山《くまざわばんざん》が吉野に隠退するなど思想統制が強化され、熊本での陽明学排斥《はいせき》となったのであった。

その後、藩主綱利《つなとし》は林家《りんけ》宋学の佐藤竹塢《ちくう》・林三陽《さんよう》・熊谷藍田《くまがいらんでん》を招聘《しょうへい》し侍講としたので、林三陽が享保四（一七一九）年隠居するまで、林派の宋学全盛となった。

ついで藩主宣紀《のぶのり》に重用されたのが、秋山玉山《ぎょくざん》であった。玉山は豊後《ぶんご》鶴崎（熊本藩領、大分市）で生まれ医家をついだが、熊本に遊学し、伯父《おじ》水足屏山《みずたりへいざん》の家に寄寓して医学・儒学をおさめたが学業の進歩著しく、藩主の命により儒学生に転じ、中小姓に登用された。藩主にしたがって江戸へのぼり、江戸の昌平黌《しょうへいこう》に入学した。留学五年で一旦帰国するが、翌年ふたたび東上し、さらに五年の留学をした。昌平黌では林《はやし》鳳岡《ほうこう》の代講を命ぜられるなど盛名をはせた。

玉山は藩主宣紀の侍講として月次《つきなみ》の進講を任としていたが、藩主の死により国に帰り、つぎの宗孝《むねたか》の代には熊本で藩士学問指南方《しなんかた》を命ぜられ、藩士の子弟一〇〇〇人余が玉山について学んだという。ついで延享二（一七四五）年に侍読となり、月三回殿中で経学を講じた。延享四年、宗孝が不慮の死にあい、重賢《しげかた》があとをついだ。重賢には部屋住みの時代から進講の命をうけ信任が厚かった。実は就封にさいして名を改めるとき、玉山に命じて選上させたのが重賢の名であったという。それからますます藩主の寵愛《ちょうあい》をうけ重用され、つねに左右に侍して補弼《ほひつ》し、重賢参勤の途次はつねに随行を命ぜられ、旅館において、または船中において、経史を進講した。宝暦四（一七五四）年、藩校時習館《はんこうじしゅうかん》を創設すると玉山は教授職に任ぜられ、熊本藩の学政を担当した。

玉山の学風は、「古義を重んずると雖《いえど》も、新註を廃せず、彼是《かれこれ》参考とすれば、必ず至当に帰すのみ」とする点であった。彼は林家の門人であり、古義派に親しみ、また水足博泉《はくせん》の影響をうけて折衷《せっちゅう》派の立場をとった。

重賢は玉山に熊本藩の教育を託するにあたって、「汝《なんじ》は国家の大工なり、家中の子弟を導くに、一所《ひとところ》に橋を架けぬ様にして、川上の者は川上の橋を渡り、川下の者は川下の橋を渡り行かば、其者共廻り路なしに、才能を達すべし、兎角《とかく》川向うの孝悌忠信《こうていちゅうしん》の道にさへ、橋をかけてもらへば、我用に立つべし、其橋の架ける所は汝の心に在るべし」と仰せられたという。ここに重賢と玉山の教育学問の方針をみることができる。玉山はこの後一〇年間にわたって時習館教授の職にあって人材の育成にあたったが、宝暦十三年死去した。

第二代教授には、藪《やぶ》茂次郎孤山《こざん》が登用された。孤山は時習館訓導・助教あがりで、中井竹山《ちくざん》・履軒《りけん》、頼《らい》春水《しゅんすい》とまじわり、その門から薩摩藩の赤崎彦助《あかさきげんすけ》、佐賀藩の古賀弥助らを輩出したすぐれた学者であった。孤山は玉山の信任あつく第二代教授に登用されたが、老師を超えて教授に栄進したため諸訓導の反発をうけた。翌年、教育が行われがたいとの理由で辞職を願いでたが、君命によって辞表を撤回し二三年間教授をつとめた。孤山は朱学派であったから、時習館の学風は一変した。三代教授高本紫溟《たかもとしめい》のときは寛政異学の禁がでたころで、宋学はますます隆盛となり、以後教授になった辛島塩井《からしまえんせい》・近藤淡泉《たんせん》も宋学者であったから、時習館の学風は宋学全盛となった。

時習館の教育●

時習館の教育方針は、初代教授秋山玉山の撰になる「時習館学規《がっき》」に示されている。そこには時習館設立の趣旨、教育方針ならびに教師・生徒の態度心得がのべられている。こうして、時習館は学制を定め（「時習館学規科條大意《かじょうたいい》」）、総教以下、教授一人、助教一人、訓導六人、句読《くとう》師一〇人、習書師四人、故実《こじつ》師一人、数学師七人、居合《いあい》師一一人、剣術師一六人（以下略）など教官を擁する学校として発足した。

時習館教育の理念は文と武の両輪をそなえることにあった。文芸は漢学・習学・習礼、算術・天文測量・音楽・故実があり、時習館において教授し、平日は師範《しはん》宅で修業する。武芸は馬術・居合・薙刀《なぎなた》・剣術・槍術・炮術・火術船軍術・射術・軍学・柔術《じゅうじゅつ》・棒野大刀《ぼうのだち》・陣貝太鼓《じんかいたいこ》があり、これらは、定日に東西両榭《しゃ》において演習するが、平日は師範宅において修業する。ほかに犬追物《いぬおうもの》・遊泳《ゆうえい》があり、それぞれの教場で修業することとなっていた。

時習館には初等生の句読《くとう》斎からはじまって蒙養斎《もうようさい》、中等の講堂生のうち優秀なものは高等教育の菁莪《せいが》斎に進学し、三年を一期として入寮、勉学させた。居寮《きょりょう》生という。これらの居寮生の費用は藩費によってまかなわれた。時習館教育が高い評価を得た一つに試験制度があげられる。試験には月次と定期の二種があり、毎月一回行われる月次試験には、教授・助教・学校目付一人・訓導一人が列席、居寮生二人と外生には輪講、句読生には読書、習書生には席書を課した。一年おきの春と秋には定期試験があった。文芸の試験は教授・助講が担当し、講堂生には儒学の篇章《へんしょう》を選んでその講釈口述が課せられ、句読生もこれに準じた。習書生は半切紙に五字・七字、または全紙に二三字・五七言全首、その他三〇字ほどが課せられ、また善書のものは五七絶句などを揮毫《きごう》した。算術は総教の目前で算題をあたえ、すぐに解答することになっていた。武芸は学校目付が担当し、とくに犬追物は学校方が取りあつかい、馬術は追廻馬場《おいまわしばば》で、その他の武芸は東榭で試験があった。

学校では勘考簿《かんこうぼ》をつくって精勤・出席の生徒を調査して、句読・習書生は三年・六年・九年精勤すれば賞せられる。講堂生は六年出精すれば七年目に賞せられ、八、九年出精進歩すれば藩主から紋付の麻上下《あさかみしも》、徒士《かち》・足軽《あしがる》ははじめ金子を給し、居寮生のうち学業進歩のものには毎年銀五枚または米一〇俵、士分で留学が七年におよぶものには藩主から紋付《もんつき》の麻上下を賞した。居寮生の最大の名誉は江戸その他への遊学であった。これは容易にはなされないことで、横井小楠《しょうなん》ほか数人に遊学が命ぜられただけであった。時習館には藩士ばかりでなく、軽輩《けいはい》・陪臣《ばいしん》・農商の子どもも成績抜群のものは推薦によって学ぶことができた。句読斎から講堂生に進んで勉学をおさめたばかりでなく、居寮生に選ばれるものもでた。そのなかから数人の訓導・師役に登用されるものもあらわれた。

時習館のもう一つの特色は、藩校でありながら、開講直後から他領・他国から、学問に武芸に、医学修業に、時習館・両榭・再春館に遊学者がたえなかった。他国からの入学者も本藩の場合と同じく、時習館の教官の門下生となり、時習館で学んだのである。

時習館の教育制度は諸藩の注目するところとなり、備前《びぜん》藩士湯浅子祐《しゆう》は『肥後侯賢行録』、南海舟師《なんかいしゅうし》は『肥後順見記』(いずれも安永五〈一七七六〉年著)でいち早く紹介しているが、亀井南冥《なんめい》の『肥後物語』(天明元〈一七八一〉年)に詳細に紹介し、諸藩から見学者が熊本を訪れ、時習館に学ぶものが続出した。安永七年十二月、薩摩藩の赤崎源助は藪孤山の門人となって時習館に学んだが、帰国後、藩校造士館《ぞうしかん》の造立に力をつくしたという。幕末には河井継之助《かわいつぐのすけ》が、山田先生の悴《せがれ》栄太郎を訓導木下宇太郎の塾にいれるための下交渉にくるなど、遊学者がたえなかった。

再春館●

時習館と前後して宝暦六(一七五六)年十二月、村井見朴《けんぼく》が藩主に設立を願い出、翌年一月横手手永古町《てなが》村に開講したのが、医学校の再春館《さいしゅんかん》である。再春館の教育方針は「壁書《かべがき》」として館内に掲示されたが、三カ条である。

(1)医の道は仁術を基本とする。したがって身分の高下、貧富の差、謝礼の多少によらず、もっぱら医師の本分を守るべし。

⑵治療が先、学問は後という意見があるが、学理を第一とし、これを治療の基準とすべし。

⑶師弟関係を尊重し、経史子集は時習館で学び、この寮では本業の医学を学ぶこと。

さらに、再春館の創立の動機、学習の心得、規則、日課をもりこんだ「再春館会約」が再春館師役（盲目の医師）村井見朴によって作成された。これは「時習館学規」とともに肥後教育の双璧《そうへき》といわれるものである。日課には「内経《だいきょう》」二書（「素問《すもん》経」と「霊枢《けすう》経」）を主科目とし、「傷寒論《しょうかんろん》」「金匱要略《きんきようりゃく》」「諸病《しょびょう》原候論《げんこうろん》」などが必須科目であった。

師役は見朴が失明しているため岩本原理《げんり》も師役をつとめ、助教、句読師、蔵書監、司薬が任命された。おもな分科はつぎのとおりである。

本道（内科）

外科　金創《きんそう》科（切り傷）、瘍瘡《ようそう》科（腫《は》れ物）、整骨科（骨折、捻挫《ねんざ》、脱臼《だっきゅう》）

眼科　児《じ》科、婦科、口科、鍼《はり》科、按摩《あんま》科、引経《いんぎょう》科（解剖）、物産科（薬物）

再春館の生徒数は開校時二〇〇人を超え、宝暦九（一七五九）年には三〇〇人を超える盛況ぶりであったが、見朴が十年九月に辞職し、十一月に死去すると急激に衰えた。明和八（一七七一）年、再春館は山崎町に移転したが、創立時の身分差別撤廃の精神は失われ、のちには医師の階級制度を反映して階級格式が重んじられるようになった。化政期（一八〇四〜三〇）ころには、講堂の座席まで身分によって分けられるようになった。ちなみに熊本藩の医師の階級はつぎのようになっていた。

一、士席医師　⑴御匙《おさじ》御医師（侍医）、⑵御次御医師（次の間に伺候）、⑶外様《とざま》御医師（新任）、⑷御次

御中小姓医師、(5)外様御中小姓御医師

二、軽輩《けいはい》医師　(1)御目見《おめみえ》医師（藩主に面会）、(2)独礼医師（独りで出頭）、(3)諸役人段医師

再春館の薬園は宝暦六年六月、坪井建部《つぼいたけべ》（熊本市薬園町）に約五〇〇坪の土地を選び薬用植物を栽培することとした。「蕃滋園《ばんじえん》」の扁額は、幕府の医官で和漢本草学《ほんぞうがく》の第一人者野呂元丈《のろげんじょう》の書である。村井見朴は薬物の研修のために闘草会《とうそうかい》を定例化し、物産を基本にしながら薬物への知識を深めることにつとめた。再春館での闘草会は、宝暦九年から年中行事として毎年行われ、物産師役が再春館寮生を引率して、熊本藩内の阿蘇・宇土・益城・菊池など各方面に採集旅行に出かけている。採集品は毎日再春館に送られ、例年五月六日に闘草会が開かれるが、これには今回あらたに採集した品にかぎらず、ほかにも多くの薬物や物産を陳列して参会者の見学に供した。

闘草の方法は、寮生が一人五種類ずつ漢名もしくは和名を書き、採集地名を記入して物産師役に提出、物産師はそれを鑑定して、まちがっているものを訂正して再春館役員に渡し、順番に参会の医師や学生らに回覧される。こうして薬用植物の名称と品質・応用について研究したのである。見朴の長子村井琴山《きんざん》は、父の死後も再春館で闘草会を開いた。宝暦十三年みずから主催して、善音堂《ぜんおんどう》薬物会を開催したが、その記録は「能府薬物会目録」として今日に伝えられている。

藩主重賢は、当時もっとも貴重な朝鮮人参の栽培に取りくみ、福間元斎《ふくまげんさい》に朝鮮人参植方ならびに製法一切を命じ、御薬園でその栽培に力をそそぎ、広畑村保田窪《ほたくぼ》（熊本市保田窪）で試作したが成功せず、阿蘇郡坂梨村・北坂梨村の二カ所で栽培をはじめた。ここの人参畑は藩営で行われたが明治になって民営に移り、相場の急落で採算がとれず廃止してしまった。

寛政二（一七九〇）年十二月、葦北郡佐敷詰藩士二五人の子弟教育を目的として、佐敷詰番頭小笠原多《た》宮《みや》の請願によって、佐敷町に文武稽古所《けいこしょ》が創設された。学校を啓徴堂《けいびどう》と称し、付属の武芸稽古所を偉集《いしゅう》場《じょう》とよんだ。啓徴堂は熊本の時習館と直接の関係はなかったが、学風は時習館と同じであった。生徒には進学の段階や定まった修業年限はなく、各人の学力の進歩につれてつぎつぎと進むのみであった。

啓徴堂の教師は「句読・習書指南」という。化政期には池辺啓次がつとめており、没後は佐敷町の寸志知行取で武芸師範の吉津次右衛門がつとめ、その後は御郡医師西杏庵《きょうあん》・高藤典助が明治までつとめた。武芸の偉集場の師範は佐敷詰藩士のなかからその道に秀でたものが代行した。

宝暦六年、熊本藩家老八代城主松井豊之《とよゆき》は家臣西垣露庵《ろあん》・菅村南礀《なんけん》の建議をいれて、家臣子弟の文武教習場を設立した。学習の部を伝習堂《でんしゅうどう》、練武の部を教衛場《きょうえいじょう》と名づけ、同年十一月十五日開校した。

子飼の細川内膳《ないぜん》家は自家の学問所をもっており、建部の米田家には必由堂《ひつゆうどう》とよばれる学問所があって、それぞれの家臣子弟の教育の場となっていた。

人吉藩の藩校習教館は藩主相良長寛《さがらながひろ》が天明六（一七八六）年人吉城内に創立、講文所とし、東白髪《ひがしはくはつ》を教授とした。白髪は江戸にでて細井平洲《へいしゅう》の門に学ぶこと一一年、習教館設立にあたっては、平洲の指導によって学制を定めた。習教館の教官には教授・都講《とこう》（助教）・典籍（書籍保管）がおかれ、生徒は書生頭一人、寄宿生一〇人、日課生一五人（公費）、さらに自力寄宿生・自力日通生若干名、ほかに外来生として一六歳以上の生徒をうけいれた。

習教館における日課は、朝日課、朝食前に都講・典籍より一人の当直が会頭となって、書生以下の寄宿生および日課生を集め、左伝・史記を輪読、朝食後に都講以下公費生・日課生・寄宿生まで講堂で各自受持の自費生・外来生・習書生・読書生に素読をさずけ、その後典籍から習書生に習字をさずける。午後は書生以下講堂に列席し、典籍一人が会頭となって聴講または輪講となる。日によって孟子《もうし》の輪講、論語の聴講の定日がある。

書生以下に輪講させるものは、「小学」「日本外史」「十八史略」「孟子《もうし》」など、聴講させるのは「大学」「中庸《ちゅうよう》」「詩経」「書経《しょきょう》」など、自習または質疑させるものは「国史略」「日本政記」「靖献遺言《せいけんいげん》」「孝経」「左伝《さでん》」「史記」「文章軌範《ぶんしょうきはん》」「唐宋八家文《とうそうはっかぶん》」などであった。

習教館では毎月一回、期日を定めて藩主みずからのぞんで教授の講話を聞き、門葉（一門）・家老以下諸士が参集して聴講する。また年一回御試みといって、藩主みずから書生の講義を試した。

細井平洲・東白髪の忌日には休業して礼拝する。毎年七月には講堂の諸会を中止して曝書《ばくしょ》し、台帳を点検するのをつねとした。

東白髪は郡内および町家を巡回して庶民に道を説いた。寛政四（一七九二）年の町家御読み聞かせの記録では、今日御定書御読み聞せ、観音寺を借り受け惣町一日に相済み、このとき講義を聞く者、西同心《どうしん》一六六人、東同心一六〇人、五日町《いつかまち》一五三人・九日町《ここのかまち》二〇〇人・紺屋町三五〇人・二日町《にのまち》一〇九人・七日町《なぬかまち》一〇九人・新町六四人・田町《たまち》八八人、都合一三九九人とある。

習教館の学統は朱子学で、細井平洲に学んだ東白髪によって伝えられ、その後歴代の教授は平洲についで樺島石梁《かばしませきりょう》に入門し、つぎに佐藤一斎に師事した。平洲は折衷学派で、陽明学・古学・朱子学の真意を実際に応用しようとした学者であり、佐藤一斎も朱子学に加えて陽明学をも尊重する傾向があったとされる。習教館の学風にもこうした実際を重んじ、簡明を重んずる傾向があるという。

宇土支藩では宝暦十三（一七六三）年、藩主細川興文《おきのり》（月翁）が儒教による士風の統一をはかって、宗家熊本の儒学江口恵次郎・処士河添《かわぞえ》弥五郎を迎えて、藩校温知館《おんちかん》を設立した。のち相良《さがら》八蔵《はちぞう》・草野団助・福永平助・守田門記《もんき》らが教師をつとめた。温知館の名は論語の「温レ故知レ新」に由来するという。教育内容は宗藩の時習館に大同小異で、習字・読書・経義の講究を中心とするものであった。修身学として「四書五経」「小学」「近思録」、史学では「左伝」「史記」「漢書」「温公通鑑《つがん》」「朱子綱目《こうもく》」などが用いられた。文武両道が行われたことは時習館と同じで、生徒は必ず文武両道の兼学を原則とした。文学の「小成《しょうせい》段」は四書の大義につうじ、筆道をよくするもので武術の「目録段」にあたる。「大成段」は経史に明るく行修《おさ》まるものおよび筆法にすぐれたもので、武術の「允可《いんか》段」に相当する。生徒を毎年一回藩邸に召集して藩主みずから大試験を行い、学問の深浅に応じて経史の素読、講義および平素の勤務状況を考査して三等にわかち金品賞詞をあたえた。武術は師家の道場で学ばせた。

生徒は皆通学生でときにより多少はあったが、概数一二〇人程度であった。束修・謝礼のような授業料はなく、学費を藩士には賦課せず、年間銀九貫目余の学校経費はことごとく藩でまかなった。

藩校による文武兼修の実現のため、嘉永年間（一八四八～五四）に武道練習所として武館が温知館に隣接して建てられた。

隠れ念仏と隠れキリシタン●

人吉藩では、天文二十四（一五五五）年、一向《いっこう》宗を禁制した。禁令は「一向宗の事、いよいよ法度《はっと》たるべく候、既に加賀の白山もえ候事、説々顕然《けんぜん》候事」とあって、加賀の一向一揆《いっき》との関係が密接であるが、詳細な事情はわからない。現実には、すでに念仏が広まっていた人吉藩内では一向宗を名乗らず仏飯講《ぶっぱんこう》などの講を組織して各地で念仏信仰を続けた。隠れ念仏の信徒は阿弥陀如来《あみだにょらい》の絵像や名号《みょうごう》など秘密の仏具を傘仏《かさぼとけ》やまな板仏に模造し、からくり仕懸《じか》けの仏間にかくし信仰を保った。

隠れ信徒を組織した指導者には、薬師《くすし》（医師）や商人に姿をかえて隣接する葦北郡や八代郡から潜入した真宗坊主もいたし、人吉藩領から間道伝いに脱出して本山に参詣し、名号をいただいてきた毛坊主もいた。毛坊主とは、得度をうけた僧侶にかわって仏事・法要を行う在家の村の指導者である。毛坊主は、発覚すれば処刑された。

人吉領で仏飯講を組織した山田村（球磨郡山江村字山田）の毛坊主伝助は、寛政八（一七九六。一説には天明二〈一七八二〉年ともする）年、発覚して処刑され、神瀬村《こうのせ》（球磨郡球磨村）の高沢徳右衛門は弘化年間（一八四四～四八）肥後相続講を組織し、上球磨では十七日講と十八日講の念仏講を組織した。球磨郡は元来、念仏の地盤であったせいか念仏講の禁制はややゆるやかで、十七日講・十八日講は藩主らの家人にも広まり、取締まりの目をくぐって信仰を広めたという。

天草・島原の乱後、幕府は絵踏《えふみ》・宗門改めを強化してキリシタン宗徒を摘発する一方、禅僧鈴木正三らを派遣して仏教の伝道を強化し、天草郡内に寺社領三〇〇石を配分して寺社を建立し、キリシタン根絶をはかった。島民はそれぞれ禅宗一七寺・浄土宗六寺・真言宗一寺・真宗一七寺の信者・門徒となり、寺請《てらうけ》されたのであったが、文化元（一八〇四）年、天草郡今富村《いまとみ》（天草市河浦町）では牛を仏前にそなえあとで食するという事件があり、大江村（天草市大江町）・崎津村（天草市河浦町）をあわせた三村を徹底調査の結果、隠れキリシタンの存在があきらかとなった。そのうえ高浜村（天草市）にも異教徒がいることが判明、隠れキリシタンは四カ村の半数にあたる総勢五二〇〇人におよぶことがあきらかになった。

彼らは、神父にかわる仲間《なかま》内の水方《みずかた》から洗礼をうけ洗礼名をつける。毎月七日を祝日とするほか、十二月なかばを祝日とし、鳥や獣を用いる儀式をとり行った。表面は仏教徒であるから僧侶による葬式を行うが、あとで水方が経消しの壺に唱文《しょうもん》を吹きこんで経文の効果を消していた。彼らの家からは、デウスやマリアなど異教の仏像もでてきた。この教えは確かに先祖伝来のキリシタンに違いなかったが、外界から遮断され、自分たちの仲間内だけで口伝てに伝承しているうちに、本来の教義や信仰とはかけはなれたものになっていた。生月島《いきつき》や五島《ごとう》（ともに長崎県）における隠れキリシタンも同様であった。

取調べは翌年まで続けられたが、幕府は彼らをキリシタンあるいは邪教とはせず、古くからの習慣にしたがっていた心得違いとして取扱い、罪に問わなかった。しかし改めて絵踏を行い、改心を確かめて仏教徒と認め、一件落着とした。

洋学修行●

幕末の熊本藩において、洋学とくに砲術・海軍伝習に多大な貢献をしたのは池部啓太であった。池部家は祖父弥七郎・父長十郎・啓太と三代にわたって天文・暦学・測量・算術の四科師範をうけついできたが、天保十（一八三九）年父の死後師範役をつぎ、翌年には砲術師範加役を申し付けられた。砲術は長崎の末《すえ》次《つぐ》忠助に学んだ。父長十郎は十数年前、測量術を学ぶため長崎に赴いたが、そのおり末次忠助に出会い、西洋砲術の優秀さを知って学びたく思ったが稽古できなかった事情があり、この存念をうけついで入門したのであった。文政二（一八一九）年、啓太二一歳のときであった。啓太は文政三年・十一年と長崎に赴き、忠助から蘭法の暦術・砲術の教えをうけたが、忠助から砲術を実地に学べるように、高島四郎兵衛への入門をすすめられ、文政十一年入門した。その後たびたび長崎へ赴いて砲術稽古に励み、四郎兵衛死後は高島秋帆《しゅうはん》（四郎大夫）の高弟として高島流砲術をささえ、天保七年十二月には新渡の砲術ボンベン打《うち》方《かた》を相伝され、天保十二年十月高島流の免許皆伝《かいでん》をうけた。

高島秋帆は天保十二年五月、江戸徳丸《とくまる》ヶ原《がはら》において幕吏・諸侯の見守るなかで各種砲を使用して西洋砲術の実技演習を行って成功し、進歩的な幕吏・諸侯らは西洋砲術を目のあたりにしてその威力を認識したのであった。翌年、秋帆は鳥居耀蔵《とりいようぞう》の意をうけた長崎奉行伊沢正義によって突然逮捕され、江戸へ護送され、謀反《むほん》の疑いで鳥居直々の取調べをうけた。いわゆる高島秋帆事件である。啓太も秋帆とのつながりから熊本で検挙され、天保十四年四月江戸送りとなった。五月十七日江戸藩邸に到着すると、翌日鳥居の吟味をうけた。秋帆らに対する鳥居の取調べは遅々として進まず、弘化二（一八四五）年、老中水野忠邦《ただくに》が職を解かれると鳥居は罷免《ひめん》された。この政権交代によって、高島秋帆事件は再吟味となり、弘化三年七月の判決はいずれも軽罪で、秋帆は「中追放」、啓太は「百日押込」であった。

啓太逮捕と同時に、時習館における高島流砲術は中止となったが、弘化元年二月「蘭法砲術ハ何カト池辺啓太罪状ニ拘リ候儀ニ無之、不相変御国ニモ不致退転様被仰付度儀ニ候」という幕府からの内意で同年四月には再開された。啓太は熊本帰着後、西洋砲術研究を再開し、嘉永元（一八四八）年八月、熊本小萩山で試打を行っている。

嘉永六年ペリー来航にさいして熊本藩は当初本牧《ほんもく》付近の沿岸警備、ついで相模《さがみ》国備場《そなえば》の警衛を命ぜられたが、啓太は秋帆事件にかかわって御役御免となっているため、嗣子弥一郎が砲術師範として出府した。安政二（一八五五）年、弥一郎が江戸で客死したため、啓太はその年砲術師範に復帰し、安政四年七月藩命により江戸へ赴いた。江戸では太田黒亥和太《いわた》・荘村《しょうむら》助右衛門とともに「江戸詰中西洋砲術指南役並に世話役」を命ぜられ、太田黒とともに江戸塾へ入門を命ぜられ、やがて同塾の学頭になった。

啓太は出府以前、熊本御船《みふね》の造砲家増永三左衛門の大砲鋳造を指導した。三左衛門の鋳砲工場は藩の財源でまかなわれ、藩営洋式造砲工場化していたという。

安政元年七月、オランダ船スームビング号を用いて行われた海軍伝習に、長崎地役人・長崎在住の幕臣、江戸からきた一部の幕臣と、熊本・薩摩・佐賀・福岡の四藩が参加した。熊本藩は啓太の門人七八人を派遣した。熊本藩は「昨冬（嘉永六年）相州警備の命を蒙《こうむ》るを以《もっ》て其兵備を厳にするを要するを理由」として、伝習への参加を願いでたのであった。

本格的なオランダ式海軍伝習は翌年行われ、佐賀四七人・福岡二八人・薩摩一六人・長州一五人・津一二人・熊本五人・福山四人・掛川一人の一二八人が参加した。熊本からは池部啓太・小佐井才八・奥山静《せい》叔《しゅく》・荘林吉太郎・荘林（荘村カ）助右衛門と大工一人が参加した。この伝習で大きな成果をあげたのは佐賀で、熊本は安政二年十月ごろまでは伝習を続けていたが十分に成果をあげえず、「徒《いたずら》らに労して寸効なきを怒り相携えて帰藩の途に就《つ》けり」と評されている。

安政六年二月、幕府は突然伝習中止の命をだし伝習は中止となった。伝習生が江戸に帰ったあと、長崎では佐賀藩を中心に「蘭人一等士官」による別段伝習が行われた。熊本藩では、啓太が荘村助右衛門・兼《かね》坂《さか》熊四郎・小野敬蔵らとともに直接伝習方のオランダ人から軍艦の規制其外砲術の伝習への参加を願いでて許され、同年七月二十四日長崎出張を命ぜられ伝習に参加した。

西洋砲術師範池部啓太を中心とした西洋砲術伝習・大砲製造・海軍伝習への参加は、藩費による遊学という形でなされていた。「遊学一巻帳」や「学校帳雑頭書」（いずれも永青《えいせい》文庫蔵）によれば、幕末期に熊本藩から長崎・江戸・大坂・横浜・京都・兵庫などへ、医学・分析術・航海術・らっぱ・天文測量術・英学などの洋学修業に数十人のものが、かなり長期間にわたって遊学している。彼らはごく一部のものをのぞいて、熊本藩の遊学制度による洋学修行であった。

こうした洋学修業・洋学受容の成果として、慶応二（一八六六）年熊本藩の最新鋭甲鉄艦「竜驤《りゅうじょう》」の発注があげられる。同艦の完成受け渡しは明治三（一八七〇）年のことで、知藩事細川韶邦《よしくに》は同艦を新政府に献上した。初代艦長は牛島五一郎、航海長成松明賢《なりまつめいけん》大尉以下の乗員は川尻・杉島御船手《ふなて》出身者が多かったという。

明治三年古城医学校の設立、明治四年熊本洋学校の設立も成果の一つといえよう（瀬戸致誠「幕末肥後藩における洋学受容」熊本近代史研究会編『近代における熊本・日本・アジア』による）。

7章

藩政改革と幕末の政治

細川重賢像

1　飢饉・災害と一揆

寛永の飢饉●

寛永十一（一六三四）年から九州各地は凶作に見舞われた。天草では諸民は樫《かし》・櫟《いちい》の実を拾い、葛《くず》の根・わらびを掘り、草木の葉、あらめ・ひじきをとって食料としたが、ひどい飢饉《ききん》で餓死《がし》するものも少なくなかった。寛永十二年七月、九州地方は大雨に見舞われ、倒壊家屋三万五九二一軒、田畑の被害も少なくなかった。八月には細川三斎《さんさい》の隠居《いんきょ》領益城《ましき》郡内に大風が吹き、一五九〇軒が倒壊し二人が死亡した。翌十三年六月には長期にわたる天候不順（長雨・日照）で飢饉となり、葦北《あしきた》郡では「葦北郡津奈木《つなき》村飢死ニ及申御百姓改御帳」によれば、津奈木村では惣百姓《そうびゃくしょう》男女九九二人のうち飢百姓《うえ》となったのは、二六三人におよんだ。ここでの飢えに至る過程は当年の作物のうち麦がくさって作食がなくなったこと、麦ができるまでのつなぎとしてすみれ・わらびなどの山菜をとりにいくものがいない、年寄りで人なみに掘り稼ぎできず餓死したという。水夫《かこ》村の場合、例年と異なり鰯《いわし》・魚がとれず飢饉となった。田植えだけはなんとかおわったが、野山の草の根も取りつくし、飯米もなく、精根つきはてて餓死に至るものも多く、飢百姓の実態をみると、持田が二〇〜五石、家族数六〜四人の零細百姓でしかも高齢者・病人・幼児など、いわゆる社会的弱者に集中している。それでもこの年の免付は三割九歩であった。藩では緊急救助として、御家中《ごかちゅう》惣米《そうまい》残り一三〇〇石ほどを無利子で貸与し、年貢も減免した。寛永十四年四月には国中の食料確保のため麦の他国移出を禁じるなど対策を講じているが、麦の出来を待って辛うじて飢えをしのいだ。しかし六月のはじめから干ばつとなり、島原・天草ではこの年十月、百姓一揆(天草・島原の乱)を引きおこした。

肥後での最悪の出来は寛永十八年で、田方は大虫入り皆損《かいそん》となり、種子籾《たねもみ》さえ確保できない状態であった。熊本藩の蔵納地《くらのうち》で免二割五分、給知では一割九歩八朱の出来しかなかった。藩では急遽《きゅうきょ》家臣救済にのりだし、物成《ものなり》一割九分より一割七分までは六カ月間一〇〇石当り四人扶持《ふち》、一割以下のものには一〇石四人扶持と銀一〇〇匁《もんめ》を支給した。

大飢饉におどろいて幕府は、諸大名へ農民救済を命じるとともに、農民については秋に至り年貢難渋《なんじゅう》などに至らぬよう高札の案文《あんもん》をだしている。「諸国在々所々田畠荒れざる様に精を入れ耕作すべし、もし立ち毛に損毛《そんもう》これなきところ、申し掠《かす》め年貢等難渋せしむ族《やから》これあるにおいては、曲事《くせごと》たるべきもの也《なり》六月□日」、さらに幕府は、当年は諸国人民くたびれにより百姓の収奪《しゅうだつ》を容赦《ようしゃ》すべきこと、倹約につとめること、来年よりは本田畠にたばこつくらざるようなど、五カ条の制禁をだして諸階層への徹底を令した。

とくに先年の乱で荒廃した天草・島原に対しては周辺諸藩から百姓の拠出を求め、熊本藩では天草へ頭百姓五〇人・男女一七〇人・馬二疋《ひき》、島原へは頭百姓五〇人・男女一八〇人・牛馬九疋の百姓を提供した。

享保の飢饉●

享保の飢饉は、享保十四(一七二九)年からの連年の凶作の集積であった。まず十四年には日照りのため、田植えが困難な箇所が続出した。夏には大風と虫害で不作となった。十五年もまた、干ばつと虫害に痛めつけられた。田畑の虫は螟虫《めいちゅう》で、一度発生する虫の巣が葦《よし》や茅《かや》などの根や土の下に残り、葦や茅は焼き払い、土は掘りだして焼き捨てる以外になかった。この駆除《くじょ》の方法は江戸から廻状で伝達されたが、十分な効果をあげえなかった。飢饉年には竹の花が咲くというが、十五年には山野のすず竹に実がなり、諸人はこれを餅にして食した。

享保十七年、西日本は未曾有の大虫入りに見舞われた。閏《うるう》五月七日からの洪水は十三日まで減水せず、そのため田作くされ害虫が発生したものであった。収穫は平年の一割一歩ほどしかなく、大凶作であった。熊本藩はこの年、夏季の水害損耗《そんもう》一四万七八〇〇石、秋季の虫入損耗三三万三九〇石、合計四七万八一九〇石としている。餓死者は幕府への届け分だけで六一二五人にのぼった。御救米《おすくいまい》の買い上げは二万八〇〇〇石にのぼり、種籾の御貸し米三万二九〇〇石、川尻町に隣接する下益城郡守富《もりどみ》在の惣庄屋《そうじょうや》は年貢の免除を願いでたが、この大凶作で「守富在村々悉《ことごと》くが餓死寸前にあり、年貢取り立ては不可能であること、また村々夏受けの分も、守富在急飢の者取り救いに充当するように仰せつけられたいこと、それはどの村でも同様の状態である」と、訴えている。凶作を反映して、そうめん・干しうどん、酒造も禁止された。

幕府は虫害の西国大名に拝借金を許可したが、本藩も急場をのりきるため幕府に願いでて二万両を拝借

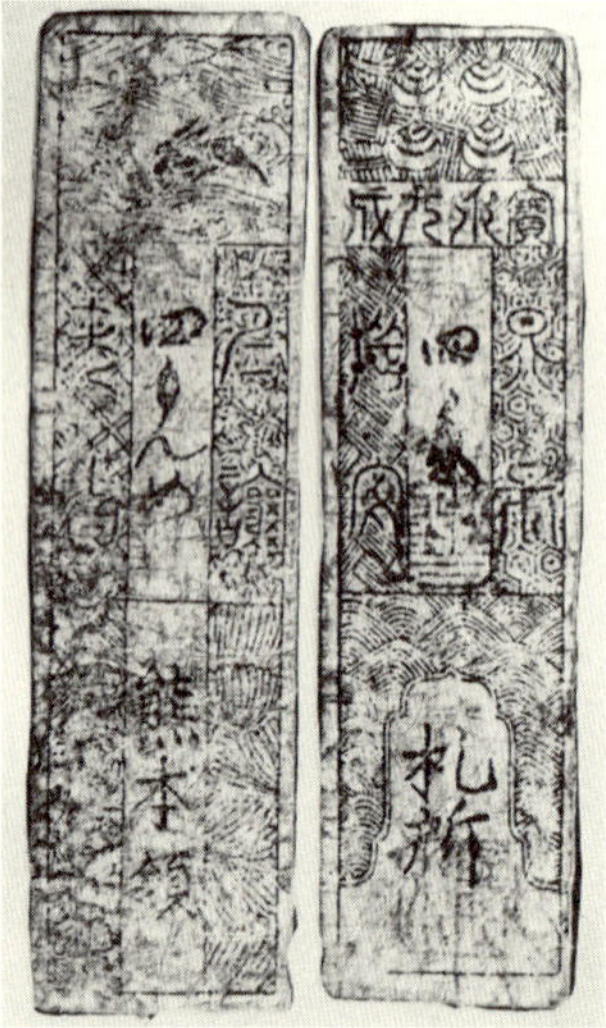
銀札(宝永年間)

した。しかし財政は一向に好転せず、翌十八年、銀札通用を願いでて許可された。藩札は一匁から五匁の札が用いられ、札座は設けられず相対の引き換えであった。しかし現銀の準備もなく発行したので信用がなく、十二月には三割引でしか通用せず、十九年正月には六~七割引、借り方の取引には現銀のかわりに一〇割から二〇割の銀札を必要とするなど、結局銀札は嫌われ、二十年正月通用停止となった。銀札は二五年間通用の予定であったが、この後も享保二十年十一月、延享三(一七四六)年二月とも発行のたびに一〇カ月、四カ月で銀札騒動を引きおこし停止されてしまった。

打ち続く災害と天明の飢饉●

肥後国玉名郡長洲町の馬《ば》場十助《ばじゅうすけ》は子孫に残した覚書「農時記《のうじき》」に、飢饉凶作について「一、一二、三年ふりには難儀と申す程の作並みあり。一、二十四、五年ぶりには難儀なる作並みあり。一、五十年ふりには大難儀の作並あり。」と記しているが、実際にはさらにきびしく、熊本藩では次頁表にみるように享保の飢饉以後、毎年のように災害に見舞われた。村々は連年の凶作でたくわえを使いはたし、御囲米《おかこいまい》のうちから一人一日米一合の御救米を拝領して辛うじて食いつないでいる有様であった。

全国的な飢饉となった天明《てんめい》の飢饉は、肥後国では天明二(一七八二)年春から田作に虫がはいり、五月には数十日の強い雨が続き、七月にはときならぬ冷害をうけ田畑ともに収穫皆無のところが多かった。そのうえ八月には暴風雨までがあって、未曾有の大凶作となった。村々は粮物《ろうもつ》難渋を訴えて拝借を願いで、十二手永《てなが》の惣庄屋らは手永の零落を申しでて藩米拝領を許された。宇土郡松山手永では熊本町から粟《あわ》を購入するなど、いろいろな手立てで粮米《ろうまい》の確保につとめた。

翌三年には上益城郡矢部地方で飢人四〇〇〇人が出、ここでは一人一日籾《もみ》二合を救米として渡した。熊

近世中期のおもな災害と損毛高(熊本藩)

年　号	事　　項	
享保15(1730)年	虫害・干ばつにて領民困窮	
17(1732)年	水害・虫入	(478,190石)
18(1733)年	去年より西国筋大飢饉	
19(1734)年	大雨洪水	(360,000石と届け出)
元文 2(1737)年	砥用手永35村百姓損毛で取続き難渋のもの2,279人	
5(1740)年	諸所洪水，とくに益城郡甚だし	
寛延元(1748)年	大風	(230,000石　免3つ7分)
2(1749)年	虫入	(228,100石)
3(1750)年	旱損・虫入	(279,000石　免3つ4分)
宝暦元(1751)年	旱損・洪水　粮物所持せざる百姓に5,238石渡し	
5(1755)年	洪水・強風倒家46,000軒	(378,060石　免2つ8分)
6(1756)年	洪水・虫入	(125,000石　免3つ8分)
7(1757)年	長雨・干ばつ	(98,500石　免3つ9分)
8(1758)年		(120,800石)
10(1760)年	長雨・時候不順	(165,440石　免3つ8分)
12(1762)年		(122,000石　免3つ9分)
明和 3(1766)年	強雨洪水	(175,500石)
4(1767)年	増水・虫入	(241,110石　免3つ9分)
6(1769)年	水損・虫入	(222,336石　免3つ5分)
8(1771)年	干ばつ・虫入・穂枯	(209,270石　免3つ8分)
安永元(1772)年	強風・堤防破損18,000間	(269,260石)
4(1775)年	干ばつ	(154,600石)
6(1777)年	干ばつ・大雨	(274,600石　免3つ8分)
8(1779)年	大雨	(213,480石)
9(1780)年	天候不順	(213,480石　免3つ8分)
天明元(1781)年	干ばつ・虫入	(285,634石)
2(1782)年	風水害・秋作不熟	(335,520石　免3つ8分)
3(1783)年	気候不順・大風雨	(229,630石)
4(1784)年	夏中長雨	(114,200石)
5(1785)年	干ばつ・大雨	(143,800石　免3つ9分)
6(1786)年	大雨洪水・大風	(348,670石　免3つ1分)
寛政 2(1790)年	干ばつ・虫入	(189,500石)
3(1791)年		(249,800石　免3つ6分)
4(1792)年		(369,800石)

(　)内は損毛高。

本町では米屋に売り米が不足し、御蔵米を去年の相場で放出するなどして、一応の対策は立てたが、粮米の不足は農村部でも同様で、村方から熊本へ物貰《ものもら》い乞食《こじき》がおびただしくはいりこんだ。藩は彼らのために白河下河原に小屋をかけ収容することにした。この秋関東では浅間山《あさまやま》噴火の影響がではじめるが、肥後でも山間部の阿蘇・南郷《なんごう》・矢部は冷気のため不作で、在町商人らは平野部から米・粟を買い入れたという。

この年、肥後国を縦断した旅行家の古川古松軒《ふるかわこしょうけん》は、阿蘇路において農民が餓死した模様を聞き、賢君・良臣として名高いこの国でまさかと、くわしく聞き込んだ結果、老いも若きも熊本にでて乞食をして生きのびようと連れだってでかけたが、途中で道に行き倒れて死んだものがいたことは確かである、「余はここにおいて疑惑し、仁政《じんせい》はなかりしものと思ひき」との結論に達したという。

おりから幕府は、熊本藩に浅間山噴火によって被害を生じた武蔵《むさし》・上野《こうずけ》・信濃《しなの》の諸川々の修復普請《ふしん》の手伝いを命じた。この費用九万六三九〇両余は献金にゆだねられ、町方は先例にしたがって一統に、在方はこのたびにかぎり富裕者に課せられた。飢饉に苦しんでいるとはいえ、幕府の普請役を断わることはできなかったのである。

島原大変と辰の年の大水●

寛政三(一七九一)年秋ころから島原半島では激しい連続性地震に見舞われた。翌四年三月一日熊本では地震が六〇回を数え、雲仙岳《うんぜんだけ》の噴煙が観測され、人びとは不安におののいたが、三月下旬には地震がやみ煙もおさまったので一息ついたのであった。ところが四月朔日《ついたち》の夕方、二度の大地震とともに眉山《まゆやま》が崩壊《ほうかい》した。島原半島の山麓の村々は岩石流にまきこまれて海中一里あまりも押し流され、津波となって島原・肥後の沿岸に被害をもたらした。

熊本藩領では飽田《あきた》郡五町・池田・横手の三手永、宇土郡郡浦《こうのうら》・松山手永などで死亡五五二〇人、流失家屋二二五二軒、田畑二一三〇町余が流失、津波による減収は三六万九〇〇〇石にのぼった。熊本藩領で被害の詳細がわかる荒尾手永の例をあげてみると、上沖洲《かみおきす》村家四五五軒・死人四三三人、清源寺《せいげんじ》村家二一八五軒・死人四〇五人、平原《ひらはら》村家三九軒・死人三六人、塩屋村溺死《できし》一人、長洲町家七六六軒・死人五四三人、腹赤《はらあか》村溺死七人、折地《おりじ》村溺死二人以上の村人のほか、浦番・在医とその家族の死亡は、西川安大夫家内一五人、藪《やぶ》田斎《たいつく》嫡子、堀部九右衛門家内三人、古川小源太《こげんた》家内二人、合志李碩《ごうしりせき》家内五人、古庄常陸《ひたち》の介《すけ》家内五人、古庄松玄《しょうげん》家内四人、野田伊兵衛《いへえ》家内四人、宮原伝吉《でんきち》母一人、荒木左助《さすけ》子二人、庵地《あんじ》一カ所三人の四六人、怪我人《けがにん》は長洲一村一〇〇〇人であった。生き残るのも奇跡のようなものであった。

長塩寿八《ながしおじゅはち》はつぎのようにのべている。「鍋・塩屋村より新浜・沖洲上下のこらず打ち崩《くず》し、ようやく名石の鳥居と古川小源太が蔵一つ残り候、死人はもとより数知れず候、生き残りたるは三・四〇も

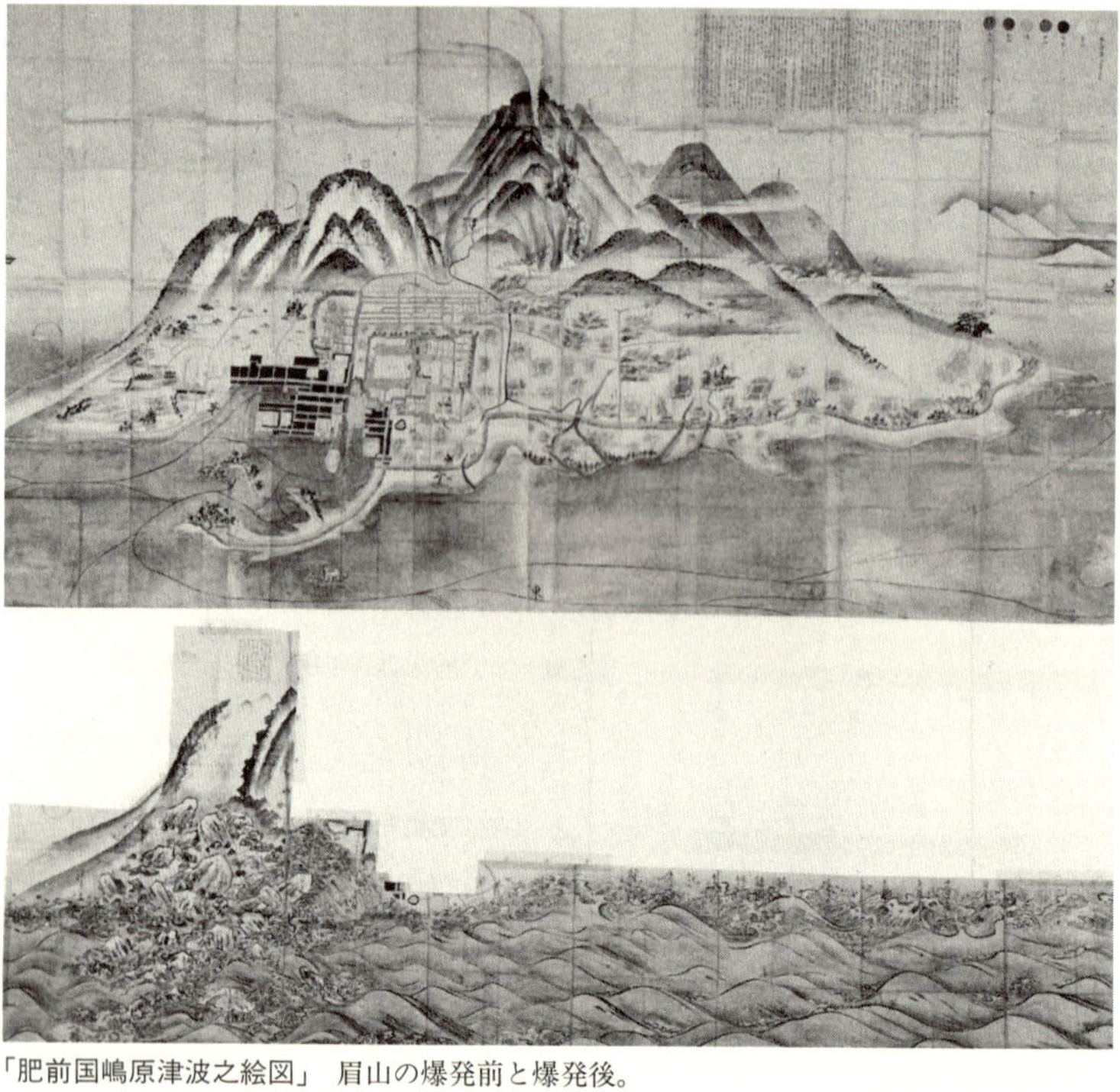

「肥前国嶋原津波之絵図」　眉山の爆発前と爆発後。

これある様子相聞き申し候、それも大方怪我いたしおり候、古川小源太老母ひとり存命、同所小川春斎家内、当年四歳に相成る小児ひとり存命、右小児両足を柱にはさまれそのまま打ち流れ、翌昼頃泣き声を聞きつけ、流れ家を崩し見候処、右の通両足挟まれながら存命」、郡内で一二を争うような大家も一撃のもとに流されたが、幸不幸の分かれ目は津波の強弱であったという。

天領天草では一八カ村で、死者三四三人、怪我人七〇七人、死牛馬一〇九頭、田畑損壊六五町余の被害をうけた。島原半島の被害は、死者九三五〇人、怪我人七〇七人、流家三三〇〇軒、馬屋小屋一六八〇余軒、船数三二〇艘《そう》、蔵数三七四軒、死牛馬四九〇頭、潰《つぶ》れ田畑三七九町余であった。天領・藩領を問わず、有明海沿岸すべての村が被害をうけた。

熊本藩は御拝借金三万両を申請して復旧に取りかかったが、沖洲村は上・下ともに清源寺村の上に所《ところ》替《がえ》、塩原村は鍋村の脇に、長洲はもとのところに家を建てたという。

白川は阿蘇山に源流をもつ川であるが、よく水害に見舞われた川である。なかでももっとも著名な辰《たつ》の年の水害は寛政八年六月十一日におこった。この日、白川上流の曲手《まがて》・辛川《からかわ》・戸次《とつぎ》・馬場《ばば》楠《くす》の村は残らず水にひたり、とくに馬場楠村二五竈《かま》は跡形もなく流失した。残った家々でも食料はなく、あるいは周辺の豪家より救済の手をのべ、米・粟・塩の助成をうけて、老幼の手当てにあたったという。

この水害は熊本の町をも水びたしにした。水害をまぬがれたのは熊本城続きの二の丸・宮内・古城・古京町・京町・出京町のみであった。「古町・新町・坪井などの町々、あど土つかえにて通行、家内の方付けもなりがたき候、家々よりぬれ畳を持ち出し、往還に敷き並べ候故、通行はかなり出来候えども、家内に入り候泥土、戸口に持ち出し候故、通り筋より家居の出入り差し支《つか》え、往還の雨水は家内に流れ込み、言語道断迷惑《ごんごどうだん》」な状態であった。大洪水で町家の蔵にはいっていた米穀・雑穀はぬれてくさったため、米価は高騰し、庶民は餓死寸前にあった。藩では寸志をつのり、在の有力百姓の無事な蔵を改めて強制買い上げした。大津町では、売り惜しみする松島屋に対して民衆は打ちこわしをかけた。

百姓一揆のすがた●

近世の百姓一揆は全国的な傾向としては、初期の逃散《ちょうさん》・代表越訴《おっそ》、中期の広範な全藩一揆、幕末・維新《いしん》期の世直《よなお》し一揆というように、時代によって要求貫徹にもっとも効果的な運動形態が模索され、一揆は時代とともに拡大激化しているのであるが、肥後国では熊本藩、人吉藩、天領天草の三地域において独自の運動形態をとっており、時代的な展開というよりは地域的な展開に特色を見出すのである。

熊本藩領においては、一揆件数の少なさが指摘され、それは容易に一揆を惹起《じゃっき》させない地方支配の強固さに由来するものと説かれてきた。しかし近年の研究では全時代的に九〇例が発生していることが報告されている（蓑田勝彦「民衆の抵抗・百姓一揆」『新・熊本の歴史』五）。熊本藩領の一揆の特色は規模が小さく数十人から二〇〇～三〇〇人程度のものが多いことと、年貢減免を要求する一揆とならんで、庄屋・村役人の罷免《ひめん》を要求するものが全体の三分の一を占め、年貢その他の負担の減免を要求するものをあわせると全体の二分の一を占め、この二つを原因とする一揆は、江戸時代の初めから終わりまでどの時期でもかわりなくおこっている。地域的には水田農村よりは、山間部での発生率が高い。地域的なグループ分けによれば、(1)都市とその近郊熊本町・高瀬町・川尻町・宇土町では一八件おきているが、その半分は打ちこわしや銀札《ぎんさつ》騒動など都市騒擾《そうじょう》である。(2)阿蘇山の西外輪の地域菊池・大津地方で一三件、(3)阿蘇南外輪の蘇陽《そよう》町や矢部町で一一件、(4)八代郡の山間部で一七件、(5)干拓新地で八件おきているが、この新地には(4)

地区からの移住者が多いところである。山間部の⑵・⑶・⑷地域で全体の半分を占めている。こうした地域は従来は凶作・飢饉のおこりやすいところで、経済発展も遅れがちで、生産力が低いためと考えられてきたが、むしろ人口密度が高く、商品性の高い林産物の交易によって開かれた活動をしている点があげられ、一揆の発生との接点が考えられる。

時期的にみるとピークは十八世紀なかごろ（享保～延享期〈一七一六～四八〉）と十八世紀末～十九世紀初め（天明～文化・文政期〈一七八一～一八三〇〉）であり、ちょうど享保の飢饉と天明の飢饉の時期にあたる。文化・文政期は請免制《うけめんせい》の実施に対しての一揆であった。

代表的な事例をあげてみると、逃散事件では葦北郡田浦村の農民一〇五人が牛馬四二匹とともに、慶長五（一六〇〇）年九月、関ヶ原の戦の最中に肥後に侵入した薩摩軍にしたがって逃散した。同年十月にも一〇五人、その後も寛永九（一六三二）年までに島津領にでたという。享保十九（一七三四）年には阿蘇郡高森手永上色見村《かみしきみ》の一〇九人が庄屋を排斥《はいせき》し、「血酒をまわし飲み」して竹田下領に逃散した。翌二十年には阿蘇郡菅尾《すがお》手永柏村のもの一二〇人が高千穂《たかちほ》に逃散している。

大規模な越訴として著名なのは藩主交替期の寛永十年九月新入国の細川氏に対して、益城郡の庄屋一四六人は連名して目安《めやす》をだし、加藤氏時代の検地の苛酷《かこく》と重税を訴えた。細川氏は先代のことであり、当代は小物成《こものなり》を減税していると軽くいなして聞き入れなかったが、これは代表越訴の一つといえよう。

熊本藩最大の一揆は、延享四（一七四七）年二月に葦北郡湯浦・津奈木・水俣《みなまた》・久木野《くぎの》の四手永の農民七〇〇〇～八〇〇〇人が、百姓に理解があった郡代稲津弥右衛門《いなづやえもん》の罷免《ひめん》を怒って熊本の藩庁に強訴《ごうそ》しようとした大一揆で、郡代詰所のあった佐敷《さしき》に集結したところで役人に説得されて解散した。

都市騒擾では、宝永四（一七〇七）年熊本町ではじめての銀札騒動があった。銀札は熊本では宝永元年にはじめて発行されたが、この年幕府が銀札の使用禁止をだすということで、各地で大混乱がおこった。この後も銀札が発行されるごとに同様の騒動がひきおこされた。享和二（一八〇二）年には銀札にかわって発行された御銀所預による経済混乱で、熊本町では数百人が御銀所に引き換えを要求して押しかける騒動となった。

熊本藩領の藩政後期の百姓一揆の特徴の一つは、庄屋排斥の事例の多さと対照的に、惣庄屋を排斥・攻撃する一揆がまったくないことである。むしろ農民の惣庄屋を味方と認識していたふしがある。寛政元（一七八九）年、上益城郡矢部手永の農民は惣庄屋の転出に反対して熊本城下に押しかけているのである。惣庄屋らは明和六（一七六九）年には、連印で高札場の維持費軽減をはじめとする一五一項の要望を提出したり、享和三年には請免制反対の要望書を提出し、庄屋が年貢納入の単位として農民ときびしく対応したのに対して、惣庄屋は郡代・藩当局に対して勧農富民を求める地方《じかた》巧者の惣庄屋が輩出しきそって農地の改良、灌漑《かんがい》施設、眼鏡橋《めがねばし》の架橋、大規模干拓など勧農策を手がけており、一揆の対象となることが少なかった。

人吉藩の茸山騒動●

人吉藩では寛政五（一七九三）年、甲州川々御普請御手伝《ごふしんおてつだい》を命ぜられたころから財政窮乏が著しくなった。明和・天明とあいつぐ凶作で回復の余力を失ってしまったからである。倹約を強化しても、御手山の杉材を伐《き》りだしても、借銀皆済はできなかった。この年は、納米一石につき五升の上米を徴収して一時しのいだが、享和二（一八〇二）年には上米四升上納を恒常化し、物産方において苧《お》・茶買い上げの仕法をはじめ、文化八（一八一一）年には領内に地押《じおし》検地を行って財政安定をはかった。その結果、文政二（一八一九）年、新藩主相良頼之《さがらよりゆき》の初入部にさいして四升上米・苧・茶買い上げを廃止した。倹約を実行し、凶作・飢饉さえなければ藩財政が維持できるかと思われた。しかし農村内部では貧民は年々窮迫し、持地を富民に吸い取られて家屋敷まで売り払い、潰《つぶ》れ百姓になるものが続出していた。藩財政は好転せず、上米免除もわずか一年で旧に復し、家中士にも借財をかかえ、諸人の難渋もはなはだしくなっていった。

　こうしたなかで、文政四年家老になった田代政典《たしろまさのり》は、財政難を切り抜けるための荒療治《あらりょうじ》にでた。文政十一年には一石につき四升の増米を徴収し、焼酎《しょうちゅう》製造を禁じた。この年は格別の凶作で、農民にとってはこのうえなくきびしい年であった。藩士に対しても知行手取米の削減を行ったので、政典は藩士から農民までを敵にまわすことになった。政典はまた苧の専売を復活したほか、桑・漆《うるし》・人参・楮《こうぞ》・抹香《まっこう》・椎《しい》茸《たけ》・金銀預札《あずかりふだ》などに財政再建をかけた。なかでも椎茸については天保九（一八三八）年、豊後から茸山《なばやま》師《し》をよび増産にあたらせたが、おりから天保凶作の最中のことで、山野で葛根《くずね》や山菜をとっていた農民を締めだすことになり、農民の不満が高まり、翌年七月椎茸山仕立ては一旦停止された。

　ところが、政典は天保十一年ふたたび椎茸山仕立てを再開し、同時に紙・楮・苧の座をたてた。これに対して農民は一揆で反発した。これが茸山騒動である。この一揆は翌十二年二月二日、椎茸山総打ち崩しからはじまった。二月九日、薩摩瀬村に勢揃《せいぞろ》いした一万五〇〇〇人ほどの一揆勢は鉄砲を撃ち、ほら貝を吹き鳴らしながら、人吉町の茸山問屋五日町《いつかまち》立右衛門《りゅうえもん》を皮切りに、町内二三軒・在郷の茸山業者九軒を打ちこわし、十日にも一万人ほどがでて所々の茸山を焼き払った。両日で二四カ村二万五〇〇〇人が一揆に参加した。打ちくずした家から持ちだした金銭・紙楮・刀脇差《かたなわきざし》・米穀その他は、総計およそ三万両にものぼったという。一揆は一門の相良左仲《さちゅう》が出動し、農民を説得しておさまった。田代政典は責任をとって自刃した。彼の改革政策であった金銀預札は停止、苧・紙・楮買い上げの座も廃止されて決着がついた。

この一揆はよく訓練されており、出動の三度とも隊形をかえ、前後に鉄砲、左右に斧《おの》・鳶口《とびくち》・長刀あるいは竹槍《たけやり》をもち、進むときは鉄砲を放ち、鯨波《げいは》をあげ、退くときは貝を吹き、一村々々木綿旗《もめんばた》または紙旗を立てていた。この道具類はかねて薩摩表にたのみこしらえていたという。

翌十三年二月、一揆の調停に活躍した相良左仲も一揆を指導したとして切腹を命ぜられた。

天草の百姓一揆●

天草は寛文十一（一六七一）年以来天領である。天領の代官は行政官ではなく収税官である。代官所は手代《てだい》・下代《げだい》以下数人を江戸から派遣するだけで、あとは現地の事情にくわしい現地採用の役人の手にゆだねられていた。

天草はもともと離島の多いところであり、耕地にとぼしく生産力の低いところである。開発の余力にもとぼしいところである。本年貢は万治の石高半減以後も例年五割の高率を保っており、ここでは非農業部分も石高に編成されており、正保三（一六四六）年郷帳には桑・茶・塩竈《しおがま》・網の高に四一三二石が計上されており、ほかに運上として山方《やまかた》・塩焼柴《しおやきしば》・鶏冠草《とさかそう》・砥石山《といしやま》・酒屋・漁船・煎海鼠《いりなまこ》・鱶鰭稼《ふかひれかせ》ぎなど多様に賦課された。島民はきびしい収奪にさらされていた。しかも天草は、長崎・肥後・薩摩を結ぶ西海経済圏の交錯点としてはやくから商業資本の成立をみていた。少数の銀主《ぎんす》の土地集積と多数の零細農民への両極分解が進行し、銀主・大庄屋を攻撃目標とする一揆が続発した。

島の人口は天草・島原の乱の直後、万治元（一六五八）年には人口一万六〇〇〇人であったが、江戸中期には爆発的に増加し、正徳元（一七一一）年五万二七八五人、延享三（一七四六）年七万四六五七人、天明四（一七八四）年には一〇万人を突破した。

農民は零細な土地にしがみつき、生計を立てていくほかはないが、年貢の支払い、生計のために土地を手放し、天明年間（一七八一〜八九）には、郡内の田畑の三分の二は銀主の所有になったといわれる。

天草・島原の乱のあとしばらくは平穏であったが、明和五（一七六八）年揖斐十大夫《いびじゅうだゆう》が天草を統括する日田郡代《ひだぐんだい》に就任すると、それまで八五〇〇石であった租税を年々増税し一万二〇〇〇石とした。島民の不満は高まる一方であった。こうした状況のなかで、同八年十一月には「出米《しゅつまい》騒動」がおこった。出米は上納米の欠損を補う予備米のことで、最後の納入時に清算して農民に返還されるべきものであった。この年、長崎廻米請負納のうち出米代銀の返納分を大庄屋たちが着服して農民に返還しなかったから、怒った農民は全島で蜂起し、小島子《こしまこ》村の庄屋吉田清蔵の指揮のもとに、約一〇〇〇〇人の農民が大島子村で会議を開いていた大庄屋たちのところに押しかけ、不正と横暴をあばきたて、要求を貫徹した。これは近世天草における最初の大規模な一揆であった。

天明元年には富岡町で郡内の年貢米収蔵庫を管理していた蔵元《くらもと》の林蔵が役柄をかさにきて横暴に振る舞い、村方とのあいだに蔵元騒動がおきた。これを機に年貢米収蔵機関の改定がなされ、以後蔵元は郡会所と改称し、大庄屋・庄屋が交代でつめることとなった。郡会所は代官所と組・村の中間の役所として位置づけられ、幕府から代官所を経て達せられる布告・お触《ふ》れなどは郡会所から大庄屋・庄屋を経て通達されたし、村役人の手におえないことは、郡会所にもちだされ、調停されることとなった。蔵元騒動は島の自治機関をつくるきっかけとなったのである。

天明年間には全国的に飢饉となり、江戸では打ちこわしがおこったが、天草も例外ではなかった。天明七年六月、牛深《うしぶか》の農民は万屋《よろずや》助七をはじめ、四軒の銀主を襲撃し家屋敷や器物をはじめ債権書類などをことごとく焼き払った。銀主を攻撃の対象とした最初の打ちこわしであった。打ちこわしに参加した一味のものはとらえられ投獄された。寛政二（一七九〇）年、首謀者の四人は死罪を仰せつけられ、村にも、庄屋に対しても、罰金が課された。

「島で徳者は大島様よ、御領じゃ石本勝之丞《かつのじょう》様、富岡町では大坂屋、島子で池田屋、三木屋さん、西へ廻れば牛深の、助七さまの家つくりは、あじな大工の作りかけ、海の中までかけ出して、よるひる酒盛り絶えまなし、それでも身上は栄えます」、天草の銀主をうたった里謡《りよう》である。ほかにも御領村の池田家・山崎家、鬼池村の宮崎家、佐伊津《さいづ》村の岡村家、坂瀬川《さかせがわ》村の田尻家、宮田村の原田家、井手村の長島家なども代表的な銀主であった。彼ら銀主はもともと酒造・海運・商工などによって身をおこし、金や穀類の貸付けによって財産をつくったものであった。それが担保にとった土地を集積して大地主になり、徳者とか銀主とよばれる存在になったのであった。

「百姓相続方仕法」と弘化四年の大一揆

寛政五（一七九三）年、農民らの質入地受け戻しの特別仕法要求に対して、役所は借金の利息引下げと小作料軽減を骨子とする「百姓相続方《あいつづけかた》仕法」を申し渡したが、農民はこの仕法を不満として一町田や大江で暴動となった。富岡役所は大庄屋連名の嘆願をうけて、農民の要求に応じた仕法の発布を幕府勘定奉《かんじょうぶ》行《ぎょう》に願い出、許可を得て全国に例のない天草独自の「百姓相続方仕法」が発布された。寛政八年三月のことであった。この内容は、⑴過去五三年間に領主の手に渡った田畑・山林・家屋敷は元金で受け戻すことができる。⑵借金も元金のみを年賦《ねんぷ》で償還すればよい。⑶未払いの小作料《こさくりょう》は打ち切り、今後一五年間、小作料は半額とする。⑷銀主の自作高は一〇石以内とし、それ以外は貧農に分配させるなど、農民にとってはこのうえない仕法であり、銀主にとっては言語道断の仕法であった。この仕法の有効期間三〇年間は一揆らしいものはほとんどおこらなかった。

しかし三〇年の期間中に農民の生活は楽にならなかった。土地を受け戻すには金が必要であり、そのためには新しい借金をしなければならなかったからである。逆に銀主たちは不利な仕法をのりこえて三〇年前より以上の田畑を集積していた。農民のあいだに仕法の復活をのぞむ声が高まった。文政十二(一八二九)年、江戸で老中《ろうじゅう》に直訴《じきそ》、天保十四(一八四三)年には長崎奉行に越訴《おっそ》したが、銀主の反対も強く、要求は容易に実現しなかった。天保十四年の暮れ、大矢野の農民二〇〇〇人が上村の銀主を襲撃したのがはじまりであった。翌弘化元(一八四四)年正月にかけて、各地の銀主という銀主に打ちこわしをかけ、貸金破棄《はき》を実力で実現した。長崎の奉行所もこれを押さえることができず事実上騒動の責任を不問にしたが、なんら解決しなかった。弘化二年十月、御領組の大庄屋長岡五郎右衛門が勘定奉行・老中阿部伊勢守《あべいせのかみ》に直訴におよんで仕法の回復をみた。弘化の仕法はなまぬるいもので、農民の期待を裏切った。

弘化四(一八四七)年正月、上島の古江村から一揆は全島に広がった。群衆は銀主をことごとく打ちこわし下島におよんだ。正月二十八日から二月三日までの六日間、天草郡全域は群衆のなすがままであった。参加した人員は一万五〇〇〇人を超え、被害のおよぶところ二六カ村、こわされた銀主九七、庄屋二一、合計一一八軒を数えた。急を聞いた長崎代官の要請によって島原藩兵五二〇人が出動、さっそく首謀者が検挙され、庄屋永田隆三郎ら三八人が投獄され、きびしい訊問《じんもん》のすえ永田ほか一人が獄門《ごくもん》、一人が死罪、一二人が遠島《えんとう》、ほかに有罪のもの六〇余人におよんだが、農民の熱望した仕法の改正は実現しなかった。

2 藩政改革

熊本藩の宝暦改革●

延享四（一七四七）年八月十五日、熊本藩主細川宗孝《むねたか》は江戸城内で板倉勝該《かつかぬ》に斬られて翌日死去した。勝該は本家の板倉勝清《かつきよ》と争いをおこしており、勝清とまちがえて刃傷《にんじょう》におよんだものであった。宗孝には子がなく仮養子であった弟の主馬《しゅめ》（二八歳）が遺領を相続し、将軍家重から一字をもらい重賢《しげかた》と名乗った。重賢は享保五（一七二〇）年江戸の藩邸で生まれ、八代将軍吉宗《よしむね》の享保の改革期に、少年時代をすごした。当時熊本藩はきびしい財政状態にあり、部屋住み時代には窮乏生活を余儀なくされたが、重賢は境遇に屈せず、学問好きの青年として成長した。

重賢は財政困難、前途多難の熊本藩に藩主としてのぞむこととなったが、はじめての入国にさいしてだした「申聞置条々《もうしききおきじょうじょう》」五カ条には財政再建とともに綱紀粛正《こうきしゅくせい》をあげ、諸事清廉《せいれん》な役人の登用をあげている。政治を行うには人を選ぶことが第一だというのである。

重賢の「宝暦の改革」に力をふるったのが堀平太左衛門勝名《ほりへいたざえもんかつな》（五〇〇石御用人《ごようにん》）である。このコンビはしばしば「名君と賢臣」と評される。その改革政治は、(1)財政再建、(2)行政機構の改革、(3)藩校時習館《じしゅうかん》の創設、(4)地引合検地《じびきあいけんち》による年貢の増収、(5)産業の奨励の五点にあった。勝名は日ごろから藩財政の疲弊《ひへい》をなげき、回復策に心をくだいていた。重賢の改革の志を知った御側取次《おそばとりつぎ》竹原勘十郎《かんじゅうろう》の推挙によって大奉行に抜擢《ばってき》され、中老となり、最後は家老となって改革を推進した。

(1)財政再建については、勝名は大奉行に就任するとすぐに大坂に赴き大坂御用達《ごようたし》との交渉にあたり、資金調達をはかったが、蔵元《くらもと》を鴻池善右衛門《こうのいけぜんえもん》から加島屋作兵衛《かしまやさくべえ》に変更して大坂廻送米の一元化をはかった。藩財政は実収三〇万石に対して支出四三万石であり、一三万石は大坂御用達からの御借物《おかりもの》に依存したので、御用達との関係を強化し、廻送米を抵当にした借銀の確保に成功した。

(2)行政機構の改革では、宝暦六（一七五六）年七月大奉行のもとに奉行職六人の職務を定め、それ以外の奉行の名称を廃止した。堀の詰所に機密間《きみつのま》を設けて特任の改革事務推進をはかったほか、同月あらたに中老職を設けて堀を兼任させ手腕をふるわせた。奉行には中・下級の改革は藩士が登用され、門閥派家老中心の保守政治にかわる新味がみられた。

(3)刑法の改革については、宝暦五年わが国最初の刑法典である「刑法草書《そうしょ》」を編纂《へんさん》し、追放刑を廃止して笞刑《ちけい》

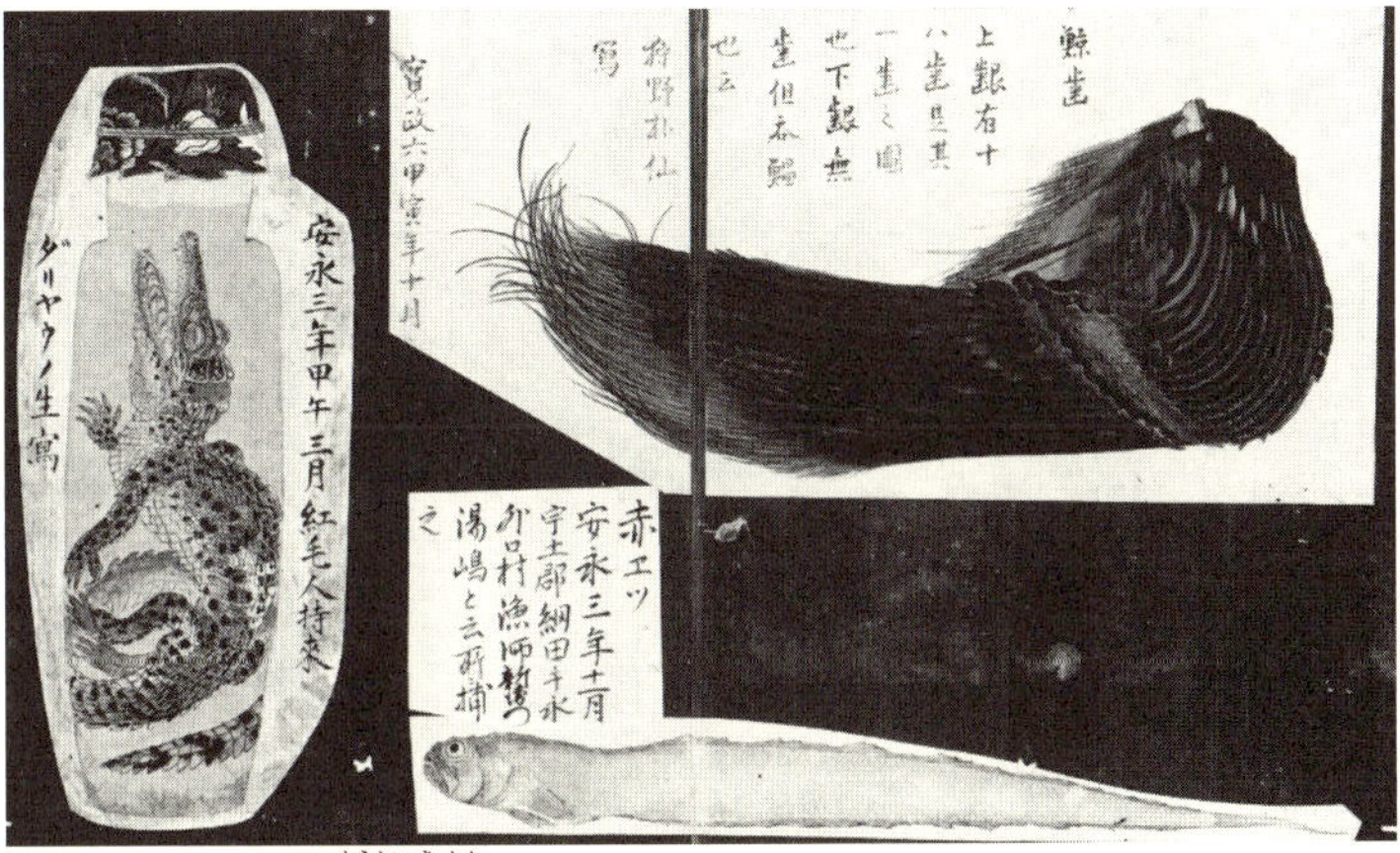

細川重賢写生帳『毛介綺煥《もうかいきかん》』におさめられている標本絵図。

（むち打ち）・徒刑《とけい》（懲役《ちょうえき》）を設けた。徒刑のものは藩の仕事に従事させて手に職をつけさせ、出所後の生活の手段を講じさせるなど、近代的自由刑の創始とされる。また刑法方に穿鑿役《せんさくやく》をおいて司法にあたらせ、行政と分離した。

(4)藩校時習館の設立では、藩政改革のねらいは藩政の刷新にあったから、封建教学を身につけた期待される藩士を育成することを目的とした。宝暦四年二の丸に創設された時習館では、儒学を中心に初等教育から高等教育まで教授し、同時に武芸所を併設して文武両道の教育をめざした。士席以上はもちろん、軽《けい》輩《はい》・陪臣《ばいしん》・庶民の子弟でも家老の承認があれば入学が許された。中等課程をおえたもののうち、とくにすぐれたものは居寮生《きょりょうせい》として藩費を支給して勉学を続けさせた。重賢は講義はじめに時習館に赴いて初代教授秋山玉山《ぎょくざん》の「孝経」の講義をきいたが、在国の年には必ず時習館を訪れ成績優秀者を褒賞《ほうしょう》するなど、文武を奨励した。

(5)地引合検地による年貢の増収については、宝暦七年からなされた地引合は、農民の不公平感を解消するために、帳簿上の土地と現実の土地の生産性の乖離《かいり》、土貢不釣合いの解消を目的とした。小字《こあざ》ごとに帳簿と照合した地引合は、明和六（一七六九）年まで一三年かかって隠し田七〇〇町を摘発し、農民の不満解消に役立った。

(6)産業の奨励については、藩による商品生産の把握は延享元（一七四四）年櫨方受込役《はぜかたうけこみ》人の設置にはじまり、重賢も寛延二年櫨方役所を新築し、藩の御仕立て櫨のほか百姓の野開き櫨を奨励し、櫨実は役所が収納、宝暦十三年藩直営の製蠟《せいろう》が行われるが、蠟の売買が主で専売にはなっていない。明和年間（一七六四〜七二）にはじめて藩の統制が加えられたが、惣庄屋以下が反対して解除された。養蚕も奨励され、養蚕桑《くわ》楮《こうぞ》仕立役が任命されたが、まだこの時期には専売に至っていない。熊本藩の諸産業は上からの育成の段階にあり、専売仕法は寛政（一七八九〜一八〇一）以後に実現する。

宇土支藩の治世●

宇土支藩は正保三（一六四六）年六月、細川立孝《たつたか》の子宮松（帯刀《たてわき》・丹後守行孝《たんごのかみゆきたか》）に宇土・益城二郡のうち三万石を内分してできた藩であり、宇土町に陣屋をかまえた。行孝は宇土入部後、飲料水の不良を憂《うれ》い轟泉《ごうせん》より水道を引いて飲料水とした。日本最古の水道であり、今日も宇土町の水道として機能している。歴代藩主は外様柳間詰《とざまやなぎのまづめ》、大名火消《だいみょうひけし》、見附警衛《みつけけいえい》、勅使《ちょくし》・院使の御馳走役《ごちそうやく》・普請《ふしん》手伝をつとめた。慶安二（一六四九）年、本藩藩主光尚《みつなお》死去のさいに世子幼少のため跡目をめぐって波乱があった。その後、斉茲《なりしげ》・斉護《なりもり》の二度にわたって本藩主となり、支藩としての役割をはたした。

藩主略系図(3)

富岡藩
●寺沢氏
広高―堅高
●山崎氏
家治
●戸田氏
忠昌

宇土藩
●小西氏
行長

宇土支藩
●細川氏
1 行孝―2 有孝―3 興生―4 興里＝5 興文―6 立礼―7 立之―8 立政＝9 行芬―10 立則＝11 行真

新田支藩（のち明治に高瀬藩）
●細川氏
1 利重―2 利昌―3 利恭＝4 利寛―5 利致＝6 利庸―7 利国―8 利愛―9 利用―10 利永

宇土支藩でも享保の飢饉後、藩財政は窮乏の一途をたどった。こうしたなかで延享二（一七四五）年、細川興文《おきのり》が兄のあとをついで藩主に就任した。興文の藩主就任は本藩の重賢の就任よりも二年はやいが、その経緯は非常に似ている。興文は家老井門《いかど》家に養子となっていたが、兄興里《おきさと》の病によって復家、急養子となって家督相続した。宇土支藩は享保以来、藩財政の窮乏はなはだしく家臣の手取りは減少し、窮乏のはてに退身・逃亡するものがあいついだ。加えて延享五年九月、岩起しの大風があり、士民は困窮の極みにあった。こうして興文は宿弊を一洗すべしと、藩政改革にのりだした。財政再建策として、産業の振興をはかり、農事をすすめ、櫨《はぜ》・楮《こうぞ》の植栽をすすめ、領内に製紙業をおこし、宇土に蠟搾場《ろうさくば》を設けた。

家臣統制策として、先祖書を徴し以後代がわりごとに当主より録進させることとし、家事風俗を戒《いまし》め、士気の高揚をはかった。宝暦十四（一七六四）年、藩学温知館《おんちかん》を創設して人材育成をはかり、孝子烈婦《こうしれっぷ》・清廉《せいれん》の仁《じん》を賞し、また轟泉水道の根本的改修をはたして、士民の便をはかった。『宇土市史』には明和八（一七七一）年興文に老中抜擢《ばってき》の議があったとするが、詳細はあきらかでない。翌九年興文は致仕退官して月翁《げつおう》と称し、領内桂原《かずわら》に蕉夢庵《しょうむあん》をいとなみ隠栖《いんせい》した。

宇土支藩の領内支配は行政機構・役人なども本藩に依存しており、施策にはおのずから限度があったが、八代藩主立之《たつゆき》は寛政六（一七九四）年、幕府の倹約令にならって一〇年間徹底的緊縮の「御改作《ごかいさく》」を断行し、文化二（一八〇五）年にはさらに七年間延長して事務経費の削減をはかったが効果はあがらなかった。

人吉藩の家老と門葉●

人吉藩でも享保の飢饉以後、天災地変が続き、大風・洪水・虫害・干ばつがあいついでおこっている。とくに宝暦五（一七五五）年は六月と八月両度の水害・虫入りで、一万二〇八四石余の損耗であった。藩士の生活も逼迫《ひっぱく》していた。藩主は参勤交代で不在であった。六年八月二十六日、門葉《もんよう》（一族）列座《れつざ》のうえで、家老より諸士に借銀および返済の方法、藩の財政の窮乏についての申渡しがあった。

この度《たび》古借返済手判銀望みの者へは、拝借仰《おお》せ付《つけ》らるべく候、然して知行扶持方下し置かれ候面々は、某身々々の借銀皆済《かいさい》迄の間、渡り米の内割合を以《もっ》て相控《あいひか》えられ、公儀より御作配成され下さるべく候、惣《すべ》て借銀高皆済の上、知行扶持方とも元の如く御渡し下さるべく候。……其外郷侍・百姓・町人たり共相願い候ハハ、右の格足《た》るべく候。

この申渡しに対して下級の小知徒士《かち》からは拝借願いがでたが、上級の給人らは御手判銀の拝借高に応じて家禄から公儀でおさえるので、知行半減と同じ結果となり、知行半減では借金もできぬ、殿のおぼし召しとはいえ請書はだせないと不評であった。不満の給人らは家老らに訴えても効果はないとして、門葉に訴えたのであった。家老らの改革政策に対立していた門葉は江戸の藩主に上申するよう助言し、あわせて勝手方の処分案を藩主に送った。藩主頼峯《よりみね》は来年の帰国まで静穏を保つように指示したが、家中は家老・門葉の二派に分かれて対立した。家老案を支持するものが多かったのでこれを大衆議といい、門葉派を小衆議とよんだ。

御手判銀事件をさらに複雑にしたのは門葉の一人は藩主の弟相良頼母《さがらたのも》であり、藩主相続問題がからんでいることであった。当時藩主の下国のさいに実子がいない場合には、仮養子を願うのが通例であった。藩主頼峯は二二歳で実子はなかったので、弟頼母を仮養子に願いでることをつねとしていた。大衆議は頼母以外の仮養子をと願ったが、藩主は従来どおり頼母を仮養子と申請して帰国した。藩内が騒然としているなかで、御扶持医右田立哲《みぎたりゅうてつ》が切腹する事件があり取り調べの結果、藩主を殺害して舎弟を立てる企てありとの遺書があきらかとなり、小衆議派は検挙され、門葉は起請《きしょう》誓詞《せいし》、中心人物は切腹・死罪・遠島などの処分をうけ一応落着し、御手判銀が渡された。

宝暦八年春、藩主頼峯は参勤出府したが、四月十二日江戸で死亡、仮養子頼母は急遽藩主の座につき、頼央《よりひろ》と改めた。対立抗争の渦中にあり、大衆議の反対のなかで藩主となった頼央は、翌九年六月帰国し、「昨年来家中の紛争は一切水に流して一和すべし、余の年頭に置かず」と和合を宣言したが、七月十五日何物かに鉄砲で狙撃《そげき》され死去した。人吉藩ではこのことを秘し、藩主の死亡を八月十三日と公表、銃声は子どもらの竹鉄砲の音だと取りつくろった。御手判銀事件・竹鉄砲事件ともに断片的な史料しか残っていないが、家老と門葉の対立がうみだした悲劇の結末であった。

3 幕末の政治と社会

横井小楠と実学党●

横井小楠《しょうなん》は文化六（一八〇九）年、横井太平の次男として生まれた。時習館にはいったが、天保四（一八三三）年居寮生となり、八年居寮長に抜擢された秀才であった。同十年江戸遊学を命じられ、藤田東湖《とうこ》らとまじわり秀才の名をあげるようになった。江戸の熊本藩留守居役《るすいやく》は好まず、酒のうえの失敗を理由に帰国を命じられ、逼塞《ひっそく》させられた。江戸遊学で接した水戸《みと》学に影響された小楠は、帰国後謹慎生活のなかで勉学に打ち込んだ。藩学時習館の訓詁学《くんこがく》たる朱子学《しゅしがく》に見切りをつけ、朱子学の本領を実践にありとする李《り》退溪《たいけい》学派の大塚退野《たいや》の学風に傾倒、道理の実践こそ学問の本領と確信し、長岡（米田《こめた》）是容《これかた》・荻昌国《おぎまさくに》・元《もと》田《だ》永孚《ながざね》らと勉強会をはじめ、政治の改革をさけぶに至った。

小楠の政治改革の方向は「時務策《じむさく》」に示される。その要点は、⑴藩上層部の奢侈《しゃし》を禁じ下士をうるおすこと、⑵離村農民の還農、農村の復興、⑶官府を利する貨殖《かしょく》政策を廃止し、特権商人を排除すること、などである。小楠の変革の思想は家老の長岡是容をはじめ、中下層武士・在御家人までの幅広い層から支持され、天保十四年開いた私塾には惣庄屋の子弟らも入門し、支持層を広げていった。彼らは堯舜孔子《ぎょうしゅんこうし》の道と称していたが、実学党《じつがくとう》とよばれけむたがられるようになった。

藩の主流派は実学党に対抗して時習館教学を藩政に結集し、学校党とよばれるようになり、門閥主義的保守政策をとりながら藩政を牛耳《ぎゅうじ》っていた。以来、実学党と学校党は明治期に至るまで熊本の政治的対立を生じることになる。

弘化四（一八四八）年、実学党首脳部と親交のあった水戸斉昭《なりあき》・藤田東湖らが、幕府から隠居・蟄居《ちっきょ》を

横井小楠肖像

なにっ！　天守閣にひとが？

慶応元（一八六五）年八月十七日の夜、こともあろうに熊本城の天守閣の屋根にのぼり屋根瓦を投げおとすという事件があった。調べてみると犯人は上益城《かみましき》郡矢部《やべ》手永《てなが》名連石《なれいし》村の乙八（二一歳）であった。

申し立てによれば、適齢期になって親戚のものは近所に住む母方の従姉妹と結婚させようとしたが、彼女にはでしゃばりの兄がいるので、彼は乗り気ではなかった。将来は熊本にでて御家中士の小者奉公をのぞんでいた。たまたま御船町まででたのでこれを機会に日ごろののぞみをかなえようと、熊本にでたのであった。しかし熊本にでたものの簡単に希望はかなえられなかった。宿をさがしたが断わられ、その夜は本妙寺にこもって夜をあかした。翌朝は役人に寺から追い立てられた。この広い熊本でこの私を召しかかえるものもないのかと腹をたてぶらぶらしていると、ちょうど御城端にでた。仕事にありつくにはなにか手柄をたてなければならない、一つ御櫓《おやぐら》を打ちくずして力量を顕わせば認められるに違いないと櫓をぶち壊しにかかったが、だれ一人でてくるものもなかった。こうなれば天守閣によじのぼって城乗りの手並みをみせようと、大天守の屋根瓦をはぎとり投げ落としていたところを、御役人に差《さ》し咎《とが》められ取りおさえられたのであった。

村庄屋の申し立てによって、乙八は文久三（一八六三）年冬以来ときおり狂乱になったり、正気に立ち戻ったりすることがあきらかとなった。当七月も多少狂乱の体であったが、格別のこともなく、十三日姉婿と御船町に塩買いにでかけたのであったが、牛を姉婿にあずけ、熊本の放生会《ほうじょうえ》見物に行くといってでかけたと聞いて、五人組のものにさがさせていたところ、城内にはいりこんで

❖コラム

取り押さえられたと知った。姉婿にようすを聞いてみたが、別れるまでなんの気配もなかったという。おそらくは放生会で大勢の人中にもまれて一気に上気し、おかしくなって城内にはいりこみ天守の屋根にのぼり狼藉《ろうぜき》を働いたのではないだろうか。この度のことはすべて狂乱が仕出かしたことにまちがいないので寛大な取りはからいをお願いしたいと申しでた。

牢番《ろうばん》の申し立ては庄屋の申し立てが正しいことを裏づけている。すなわち乙八は乱心の体で、言語不揃、吟味筋《ぎんみすじ》もとどきかねる状態であるという。御医師古賀宗貞《こがむねさだ》の診断は、「脈力相進み、心下痞鞕《ひべん》、動悸高振《どうきこうしん》、眼中不穏《ふおん》、言語不揃有之、病乱の体」と診断した。

刑法方は、清律官衛律《しんりつかんえいりつ》の条文を参考にした。

> 凡そ、皇城を越える者は絞す、京城は杖一百、流三千里、各府州県の鎮城を越える者杖一百、御膳所及び御在所に擅に入る者は絞す、瘋人衝突《ふうじんしょうとつ》儀衛発回、原籍監禁《げんせきかんきん》、全愈《ぜんゆ》と雖《いえど》も釈放《しゃくほう》に准ぜず、（乾隆四十九年直隷案）

その結果つぎのように判断した。律を参考にすれば、御上段の屋根に乱入した者は死罪ときまっている。しかし律には狂人の場合には終身入牢が相当とみえる。乙八はまちがいなく狂乱の仕形と判定できるので、ただちに牢内にて手堅めするように御郡代に達することとし、御奉行衆・御家老の承認を得て、慶応二年寅二月十六日例の如く達しに及んだ。

こうして天守閣によじのぼり瓦を投げ捨てた狼藉者乙八は乱心者と診断され、矢部手永の在牢につながれることとなった。庶民でも裁判をうけること、医師の診断が裁判の参考資料とされているなど、熊本藩の裁判制度は高いレヴェルを示すものであった。

命ぜられると、藩は主流派学校党の圧力で長岡是容の家老職を罷免《ひめん》した。以後実学党は藩政への発言力を失っていった。安政期実学党は政治に対する実践的根拠の相違から、是容は上・中士層の「明徳派《めいとくは》」（坪井派）と小楠を中心とする下士層の「新民派《しんみん》」（沼山津派）に分裂し、その後活躍するのは新民派である。小楠は攘夷《じょうい》論にたっていたが『海国図誌』を読み、安政二（一八五五）年ころ開国によって富国強兵策をとることの要を説いた。彼は熊本藩では理解されず、うけいれられなかったが、安政五年福井藩主松平慶《よし》永《なが》（春嶽《しゅんがく》）の招きにより福井でその抱負を実現した。

人吉藩の丑歳騒動●

幕末の人吉藩では、五人の家老と藩主の血縁にあたる勤皇家新宮行蔵《しんぐうゆきぞう》らの山鹿《やまが》流軍学が主流であったが、幕府講武所の稽古世話方《けいこせわがた》をしていた佐幕派のオランダ流砲術の松本了一郎《りょういちろう》が帰国して用人をつとめ、洋式への兵制改革を働きかけ、両者が激しく対立していた。この対立のさなか、文久二（一八六二）年二月、城下鍛冶屋《かじや》町から出火した寅助《とらすけ》火事によって城下町から藩庁まで焼失してしまった。しかも山鹿流大調練の直前で藩士らは武具を倉からだしていたときであったので、藩では武具の大部分をも焼失したのである。人吉藩では応急資金一万五〇〇〇両の借用を熊本藩に申し入れたがことわられ、辛うじて大坂の近江屋《おうみや》から一万両、薩摩藩から五〇〇〇両の融通を得て復興にあてたが、武具の調達も急がねばならなかった。洋式派はこれを機に洋式への切り替えを主張、文久三年行蔵らが不興をこうむり失脚した時期をとらえて洋式派が強硬に主張したのでかえって藩主の反発を買ってしまった。

慶応元（一八六五）年、松本らが洋式に理解のない藩主頼基《よりもと》を廃してその子武之進《たけのしん》の擁立《ようりつ》を企てているとの噂《うわさ》がたった。九月二十六日、山鹿流派二十数人は藩主の許可を得て洋式派を上意討《じょういう》ちにした。これを丑歳騒動《うしどし》という。この結果洋式派は急速に衰えたが、藩主廃位の噂は確証があったわけではなく世人の同情は洋式派に集まった。藩主は時代の趨勢《すうせい》にしたがって一部洋式を取り入れ和洋折衷《せっちゅう》の兵式にしたが、やがて慶応三年、薩摩から教官を招聘《しょうへい》して洋式兵制に統一していった。藩論は薩摩藩の影響のもとに公武合体から倒幕に傾き、藩主頼基は上京して禁裏《きんり》警護につき、戊辰《ぼしん》戦争では薩摩の手について会津《あいづ》攻撃に参戦した。

相州警備●

弘化四（一八四七）年、欧米諸国の来航にそなえて、彦根《ひこね》・川越《かわごえ》（埼玉県川越市）・会津・忍《おし》（埼玉県行田市）の四藩に江戸湾警備が命ぜられた。嘉永六（一八五三）年六月三日、アメリカ使節ペリーは軍艦四艘《そう》を率いて浦賀《うらが》沖に来航し、通商を求める大統領の国書を提出した。幕府はとりあえず国書をうけとったが、すぐには返事せず、浦賀付近の警備を強化し、熊本（横浜市本牧《ほんもく》）、福井（品川御殿山《しながわごてんやま》）、柳川（本所深川《ほんじょふかがわ》）、徳島（鉄砲洲《てっぽうず》・佃島《つくだじま》）、姫路（高輪《たかなわ》・芝《しば》）、萩《はぎ》（大森）、高松（浜御殿《はまごてん》）の七藩に警備を命じた。熊本藩は即日、本牧警備に兵をだしたが、大小砲弾薬は幕府に借用した。十二日アメリカ艦隊の帰帆により撤兵、本牧の陣屋も撤去した。

十一月には彦根・川越藩にかわって、熊本・萩両藩が相模国《さがみのくに》警備を命ぜられ、会津・忍藩にかわって、岡山・柳川藩が安房《あわ》・上総国《かずさのくに》の警備を命ぜられ、諸藩の警備台場に変更があった。相模国沿岸の警備を命ぜられた熊本藩では家老長岡監物《けんもつ》を総帥《そうすい》として総勢一五四六人、ほかに宇土・新田《しんでん》支藩の人数・職人一五〇余人が出兵し、猿島台場三カ所・観音崎《かんのんざき》台場、亀ケ崎台場、島崎台場、旗山台場を担当した。そのうち十石台場を宇土支藩、旗山台場を新田支藩に分担させた。相州警備の費用二万六〇〇〇両は諸間《しょま》（藩庁の諸局）から拠出した。幕府から経費として相模国三浦・鎌倉《かまくら》郡、武蔵国久良岐《くらき》郡のうち一万四三〇〇石が給せられた。文久元（一八六二）年五月、熊本藩にかわり佐倉《さくら》藩が相模国沿岸の警備を命ぜられた。

小倉戦争へ出兵●

元治元（一八六四）年八月、幕府は蛤御門《はまぐりごもん》の戦いの責任を問うて長州征伐を決行した。幕府は熊本藩に出兵を命じ、完全に佐幕派となった熊本藩では小倉警備一番手として沼田勘解《かげ》由《ゆ》が二三九三人を率いて出兵、十一月八日二番手有吉将監《ありよししょうげん》が五四三六人、十二日には藩主名代長岡護美《もりよし》が三七八五人を率いて出陣し、征長総督《そうとく》徳川慶勝《よしかつ》の指揮下にはいった。四方をかこまれた長州藩では恭順派が家老の首を差しだし、藩主毛利敬親《たかちか》伏罪書《ふくざいしょ》を提出して屈伏した。第一次征長軍は解散し、熊本藩兵も帰国した。

　慶応二（一八六六）年土佐の坂本竜馬《りょうま》の仲介で薩摩の西郷《さいごう》隆盛《たかもり》と長州の桂小五郎《かつらこごろう》のあいだで薩長倒幕同盟が結成された。幕府は有力諸藩の反対を押し切って再度の長州征伐を敢行した。諸藩が及び腰のなかで、熊本藩はこの出兵を批判しなが

らも、一番手溝口蔵人《みぞぐちくらんど》、二番手長岡監物、三番手尾藤《びとう》金左衛門以下藩兵を小倉（福岡県）に派遣した。しかし、副奉行佐《さ》久間《くま》角助《かくすけ》は幕府の無謀と各藩の戦意喪失を報じ、長岡監物は征長の非をあげて辞任を申し立てるほどであった。

九州諸藩は小倉に本営をおいた九州軍総指揮官の老中小笠原長行《ながゆき》の指揮下にはいり、下関《しものせき》口の戦闘に参加することになった。しかし諸藩は形勢を傍観《ぼうかん》して動かず、小倉藩の応援要請をうけた中津兵も応じなかった。そのなかで唯一熊本藩兵は愚直《ぐちょく》なまでに職務に忠実で、赤坂方面の戦闘に参加し、長州兵が大里《だいり》から小倉兵を攻撃すると、熊本藩兵は小倉兵を助けて勝利をおさめた。他藩の兵は逃げしりぞき、幕軍も傍観しているありさまであった。加えて指揮官の小笠原長行は大坂に逃亡した。七月三十日将軍家茂《いえもち》死去の報が伝わると、九州諸藩の兵はあいついで撤兵、熊本藩兵は八月九日までに国許《くにもと》に帰着した。小倉藩はみずから城を焼いて香春《かわら》に退陣した。小倉藩の幼君豊千代丸《とよちよまる》（六歳）一家と藩士の家族らは肥後国熊本に避難した。

小倉戦争絵図

九州鎮撫隊●

天領天草は代官所支配地であったから軍備はもたず、天草警備は文久三（一八六三）年以後、熊本藩の手にゆだねられた。慶応二（一八六六）年六月、西国郡代《さいごくぐんだい》窪田治部右衛門《くぼたじぶえもん》は小倉に出陣し、天草郡の警備は御領村（五和町《いつわ》）に駐在していた熊本藩兵があたったが、政情不安の天領のこととて、どさくさにまぎれての事件がおこった。

その一は慶応三年十二月、いずこのものともしれぬ浪人二〇人が富岡陣屋に押し入り、会所に火をかけ、二万両を奪いとる事件があり、ついで慶応四年正月、九州鎮撫隊《ちんぶたい》花山院家理《かざんいんいえのり》の配下と称する浪士三九人が郡中鎮撫を宣言し、陣屋役人が熊本藩屯所《とんしょ》に逃げ込むという事件がおきた。警備の藩兵も幕府が倒れた今となっては、花山院には手もだせなかった。ところが新政府の長崎会議所から鎮撫隊が派遣されると、浪士隊は引きあげていった。この後、事件を口実に薩摩の藩兵百数十人が長崎からのりこんできて、天草の武力支配を企てた。薩摩方は天草の村方役人一〇二人の連署をとり、朝廷の沙汰があるまで薩摩藩の下知にしたがうとの誓書をとっていた。熊本藩は従来の支配権を主張し、薩摩藩は島民の委託を主張してゆずらず、ついには朝廷の指示をあおいで、二月末天草の支配は熊本藩にと決定した。これによって熊本藩は正式に天草をおさめることとなった。三月十一日、郡奉行以下七〇余人は本戸馬場村明徳寺《みょうとくじ》を仮陣屋とした。しかし一カ月後の四月十四日、新政府は九州のすべての天領を長崎裁判所（のちの長崎府）に移管したため、熊本藩の天草支配はおわった。同年閏四月二十五日、天草は富岡県となり、佐々木高行が初代の県知事となった。富岡県は六月十二日天草県と改称、八月二十九日に長崎府天草郡となった。明治四（一八七一）年十一月、天草は新設の八代県に移管され、以来熊本県に落ちつくこととなった。

8章

熊本の熱き時代

近藤樵仙画「西南戦争の図」　薩摩軍が花岡山から熊本城を砲撃しているところを描いている。

1　肥後の維新

戊辰の内乱と熊本藩●

徳冨蘆花《とくとみろか》が作品『竹崎順子』のなかで、「肥後の維新は明治三年に来ました」と書いたのは、蘆花だけではなく、多くの熊本人の実感であったろう。そこには「やっと来た」との民衆の思いとともに、民衆が実感できる、「御一新《ごいっしん》」の姿が明治三（一八七〇）年にあったことを示している。そのとおり、明治三年の改革は「御一新」とよぶにふさわしい大変革であった。

しかし、それが突然訪れてきたのではけっしてない。

元大坂町奉行所与力《よりき》で陽明《ようめい》学者の大塩平八郎《おおしおへいはちろう》が乱をおこした詳細なニュースは、小さな漁村船津《ふなつ》村（熊本市）にも届き、そのなかの一集落尾跡《おあと》の地蔵講帳はそれをこと細かに記して、そのなかに変革への予兆を感じていたし（猪飼隆明『熊本の明治秘史』）、ペリー来航のニュースは、阿蘇《あそ》は小国《おぐに》の山の村にまで届き、黒船の絵をそこに残した（筆者は昭和五十二〈一九七七〉年の調査のおり役場文書のなかに発見している）。安政五（一八五八）年長崎に入港していたアメリカの軍艦ミシシッピー号から伝播《でんぱ》したコレラは日逮三四キロで江戸にむかった（松本明・松本明和『津軽の医師』）が、熊本で死者一五五八人をだした。神社は連日「怪病防護御祈禱《ごきとう》」を行い、海のものはいっさい口にしえなかった。八月の上旬から彗星《すいせい》があらわれ、コレラの流行と関わりがあるものと思われ、民衆は重なる異変に、近い将来に社会が激変するのではないかと、不安をつのらせた（日吉《ひよし》神社神主坂本経治『寿賀酒舎《すがのや》日記』）。城下の武士は、浦賀《うらが》（神奈川県横須賀市）

や京師の警備に動かされ、小倉《こくら》の戦争には在御家人も動員された。そのために彼らの日常に砲術の訓練などが加えられた。歴史はころがるように動いていた。

東海地方から中国・四国地方は「ええじゃないか」という民衆運動で騒然としていた。そのさなかの慶応三（一八六七）年十月十四日、就任してまだ一〇カ月の一五代将軍徳川慶喜《よしのぶ》が大政を朝廷に返還した。慶喜は、公議政体派に望みをつないで、新政権のなかでも生き残れることを期待して先手を打ったつもりであったが、同じ日、武力討幕派は討幕の密勅を手にいれ、十二月九日、公議政体派の土佐《とさ》・越前《えちぜん》・尾張《おわり》の三藩の武力をも動かして、宮廷を包囲し、王政復古のクーデタを断行し、将軍職や摂政《せっしょう》・関白《かんぱく》などの官職を廃して、天皇のもとに総裁・議定《ぎじょう》・参与《さんよ》の三職をおく新政府を樹立した。その夜、三職は小御所《こごしょ》会議を開いて、辞官納地《じかんのうち》（将軍慶喜に官職や領地を天皇に返還させること）を求めた。

ここにうまれた新政権は、実質的な力は武力討幕派に依拠しながらも、政権としての主導権は公議政体派がにぎっていた。したがって、徳川家が小大名として生き残る道は残されていたが、その道もまったくとだえることになる事件がおきた。慶応四年一月三日、慶喜は、京都の新政府に対して兵をあげ、鳥羽《とば》・伏見《ふしみ》で薩摩・長州両藩を主力とした新政府軍とたたかい、敗北して江戸に逃げ帰った。

この慶喜の挙兵は、西郷隆盛《さいごうたかもり》たちの策略にのせられたものであるが、肥後藩は、その直前に溝口孤雲《みぞぐちこうん》が越前藩の松平春嶽《しゅんがく》の意をうけて大坂の旧幕兵に挙兵を思いとどまるよう説得におもむき、池部啝右衛《そうえ》門《もん》・桜田惣四郎が伏見に屯集する会津・桑名藩や旧幕兵に帰坂するよう説得していることでわかるように、この段階では公武合体の立場、せいぜいのところ公議政体派的立場をとっていた。しかし、慶喜がやぶれ、逆賊として追討令がだされると、もはや幕府への追慕は許されなくなった。一月十四日、この事態に「彼《かれ》是驚愕《これきょうがく》」して、藩議を「勤王一途」と定め、「若此後《もしこのご》天日不照場《てらざるば》ニ至候而《いたりそうろうて》も右之御趣旨者《は》何方迄《いずかたまで》も御立《おたちぬ》貫被遊候《きあそばされそうろう》御覚悟」（『肥後藩国事史料』巻七）を示すに至った。もっともその間、京都の桑名藩上屋敷二カ所の押収などを担当して新政府への忠誠を示してきたが、「此節《このせつ》相働不申候而は御国之栄辱《えいじょく》ニも致関係候間」（同前）、征討軍として兵をさしむける必要があった。東海道鎮撫総督《ちんぶそうとく》橋本実梁《さねやね》の進軍に伴って大津口警衛隊番頭下津縫《しもつぬい》が三〇〇余兵を率いて桑名に出兵し、備頭《そなえがしら》清水数馬《かずま》率いる五〇〇余兵は熊本をでて京都を経て東海道を東下して名古屋にむかった。しかし、この段階になっても、藩論は一致せず出師が遅れる、と世子護久《もりひさ》が嘆くといったありさまで、米田《こめた》虎之助が奉行以下兵五〇〇をしたがえて奥州にむかうのは、七月も末になってからであった。米田の兵は、その後仙台藩兵などを破り、奥州を転戦して熊本に凱旋《がいせん》したのは十一月なかばであった。翌年正月早々には、護久のすぐ下の弟が養子にはいって藩主をつとめる津軽《つがる》藩への援兵三五〇人をのせた、アメリカからの雇い船ハーマン号が、房総沖で座礁《ざしょう》して二百数十人の溺死《できし》者をだすという悲劇があった（猪飼前掲書）。

この戊辰《ぼしん》戦争は、翌明治二（一八六九）年五月に榎本武揚《えのもとたけあき》が函館の五稜郭《ごりょうかく》で降伏するまで続いたが、この間政府は着々とその態勢をととのえ、各藩から有用な人物を登用していった。まず、肥後藩では世子護久を議定に、ついで刑法事務総督兼務に任じ、同時に江戸留守居役津田山三郎《さんざぶろう》（信弘）を刑法事務掛に任じている。少し後れて護久の弟細川護美《もりよし》を参与に、また溝口孤雲・由良洞水《ゆらとうすい》・木村得太郎・広田貞右衛門・岡松辰吾・山田五次郎（武甫《ぶほ》）・安田一平（安和）らを徴士として政府に引きあげた。それらのうち多くが、刑法掛に任用されたのは、いうまでもなく宝暦の改革以来の「刑法草書」の実施が、近代的刑法の先駆となっていると認識されたからにほかならない。

横井小楠《しょうなん》については、松平春嶽の推挙によって徴士として是非《ぜひ》との召しだし（三月八日）に、藩がとやかくいってそれを拒否し続けたあげく、しぶしぶ承認したのはよく知られていることである。この小楠が上京の途についたのは四月八日のことで、上京直後参与を命じられている。しかし、しばらくして病の床に伏せ、快癒《かいゆ》ののちこれからの活動が期待されていた明治二年正月早々に、京都の丸《まる》田《た》町通《まちどおり》で暗殺された。

熊本藩は、従来の姿勢を少しは変えざるをえなくなった。これまで一顧だにしなかった勤王党に対してようやくその意見をいれ、明治元年十月二十八日、河上彦斎《げんさい》を鶴崎郷士隊長に任じた。鶴崎では、徹底した尊王論者である毛利空桑《もうりくうそう》が、私塾知来館《ちらいかん》を経営して多くの門人を教育し、慶応三年には観光場を新設してイギリス式銃隊の訓練などを行っていた。ここに河上彦斎が加わり、鶴崎本営を有終館と名づけ、観光

河上彦斎　宮部鼎蔵《ていぞう》・林桜園《おうえん》に学び，肥後勤王党に属し，文久3(1863)年熊本藩選出の親兵となった。八月十八日の政変で七卿とともに長州にくだるが，翌元治元(1864)年，ふたたび上京して佐久間象山を斬り，人斬り彦斎とよばれるようになった。維新後も尊王攘夷の信念をかえず，大楽源太郎をかくまい，罪に問われて小伝馬町の獄で斬罪に処せられた。

場をその練兵場と位置づけて、地元の鶴崎・佐賀関《さがのせき》などはもちろん阿蘇・菊池などから二五〇人余の入塾生を集め、長州の奇兵隊に比すべき性格の軍隊をつくった。また文久三（一八六三）年長州におちる三条実美《さねとみ》ら（七卿落ち）と行動をともにし脱藩したかどで、十一月に捕縛《ほばく》して以来収監したままであった山田十郎（信道）・轟《とどろき》武兵衛を明治元年に解放し、轟は徴士に、山田は弾正少忠に任じられた。

実学党政権●

明治二（一八六九）年、薩長土肥四藩主が連名で版籍奉還の上表文提出を画策すると、諸藩もこれにならったが、肥後藩も一月二十八日版籍奉還の願書を提出、六月十七日に許可された。これにより、藩主韶邦《よしくに》は熊本藩知藩事《ちはんじ》に任じられた。政府が諸藩に対して藩政改革を促してそれに関する条項を示すと、それにあわせて藩政と家政とを区別したり、家臣団を大参事・権大参事以下に編成するなどしたが、人事についてはほとんど旧態を維持し、積極的改革を行う姿勢を示さなかった。政府は、熊本藩が攘夷《じょうい》派をかかえこんでいることなどへの不信感をあらわに示すこともあり、政府に出仕している護久・護美らは、熊本藩の維持のためにもこのままでは捨ておけないと認識しはじめたものと思われる。護久は明治三年七月に護美に知藩事韶邦の帰国を待って改革を断行したい、それについては「諸藩より驚候様ニ無之而ハ決而《けっして》不相成大切之場合ニ御座候《ござそうろう》……一日も上《かみ》之御下国無之而ハ何も運も付兼屈指罷在候《まかりあり》」（『肥後藩国事史料』巻一〇）と書き送っている。それよりさき三月から五月ころのあいだに実学党は東京や京都、そして国元の熊本でも「熊元社中《くまもと》」あるいは「熊城御社中」に結集して藩政改革にむけて動きはじめた。安場保和《やすばやすかず》や津田山三郎あるいは元田永孚《ながざね》らは大久保利通《としみち》や岩倉具視《ともみ》と接触し、米田虎之助は徳富一敬《かずたか》を伴って鹿児島を訪れ改革の必要を実感して帰国した。護久や護美と実学党は最初から共同歩調をとったのではなかったが、二つの動きがおそらくこの年の後半から結合したのではないかと思われる。

こうした護久らと実学党との決死の覚悟と準備のなかで、翌明治三年三月二十六日、藩主韶邦は病気(「年来之疝《せん》積《しゃくき》気」)を理由に、家督を世子護久にゆずり隠居するとの内意を藩内に示し、五月八日、正式に相続が行われた。ここから矢継ぎ早に改革が実行された。改革構想は竹崎茶堂《さどう》や徳富一敬らによってつくられた。それはつぎのようなものであった。

(1)旧習打破、簡素を旨とし知事の生活を簡素化し、家族睦《むつ》まじくする。
(2)知事自ら政治を行い、農商の声にも直に耳を傾ける。
(3)二の丸・宮内御殿、御城天守閣等外回りの門塀だけを残して取り壊す。
(4)上米《あげまい》・一歩半米・口米《くちまい》三稜《りょう》・諸出米銀など枝葉の雑税はすべて廃止する。
(5)鷹場《たかば》は解放する。
(6)出納は会計局一本に絞る。
(7)藩内に上下二院を設け、上院は知事以下の諸役人、下院は一般選出の議員で構成し、両院合議して政治を行う。
(8)役人は一切入札《いりふだ》公選にする。
(9)諸拝借銀は一切廃止する。
(10)農工商生産を第一の務めとして、臨時急場のため戸数に応じ米銭を備え置く。
(11)惣庄屋以下村役人は入札公選とする。

「改革意見書綱領」には、この(1)~(5)のあとに、これらを断然と実行すれば「一統難有奉感戴《ありがたくかんたいたてまつり》、人心

実学党新政権表

年　月　日	職　　名	氏　　名	備　　考
明治3年5月8日	知　事	細川護久	親実学党
6月1日	大参事	細川護美	〃
〃	権大参事	有吉(佐々木)与太郎	
〃	〃	米田虎雄(虎之助)	
〃	〃	小笠原七郎(美濃)	明治4年7月13日依願退職
1月1日	〃	道家之山(一徳)	改革前より留任(親実学党)
5月10日	〃	津田山三郎	酒田県知事より転ず
10月3日	権大参事試補	安場一平(保和)	胆沢県大参事より
6月1日	権少参事	神山源之助(譲)	
6月3日	権少参事試補	宮村庄之丞(七五三)	同年閏10月23日権少参事
〃	〃	白木大右衛門(弾次)	同年11月8日少参事
〃	〃	早川助作	
〃	〃	山田五次郎(武甫)	同年閏10月23日少参事
7月8日	〃	大田黒亥和太(惟信)	〃
明治4年2月2日	権少参事心得	牛島五一郎	
明治3年6月3日	弁務長官	坂本彦兵衛(彦衛)	同年閏10月8日権少参事心得
5月24日	監督大佑	嘉悦市之進(氏房)	
8月1日	土木権正	宮川小源太	
明治4年1月1日	民政局大属	竹崎律次郎(茶堂)	小楠の妻矢島せつ子の姉婿
〃	〃	徳富一敬	〃
〃	〃	三村　伝	〃
明治3年3月14日	教　授	元田永孚	

森田誠一「幕末・維新期における肥後熊本藩」『明治維新と九州』による。

徳富一敬　藩政改革では，改革綱領や知事布告「村々小前共え」を記草し，熊本県民会では幹部議員として活躍。共立学舎，大江義塾の創立にも参加した。蘇峰・蘆花の父。

興起一新可致、其上にては治教破竹の如く、上下忽豊に相成可申《あいなりもうすべく》」と、改革の効果が期待されていたが、実にそのとおりであった。

実学党政権は、七月十七日付で知事布告をだし、綱領のとおり、上米・口米三稜（三ノ口米・水夫米《かこまい》・増水夫米《ましかこまい》の三種）・会所並村出米銭を廃止し、一歩半米についても「凶年損毛償の為に備置きしことにさむらへども、向後《きょうこう》納るにおよばず」とふれだしたのである。ここに廃止されることになった雑税の総高は八万九八三六石にのぼり、実に当時の農民の負担額の三分の一におよぶものであった。しかも、この布告には、「中にも百姓ハ暑寒風雨もいとはず、骨折て貢《みつぎ》を納め夫役《ぶやく》をつとめ老人子供病者にさへ暖に着せ、こころよく養ふことを得ざるは全く年貢夫役のからき故なりと我ふかく恥おそる」とこれまでの治政を反省し、額に汗する民衆に「我ふかく恥おそる」とあやまっているのである。権力をにぎったものが、この

竹崎律次郎(茶堂)　横井小楠の弟子。徳富一敬とともに藩政改革構想をつくった。私塾日新堂をおこして新教育を実施。邸内に西洋野菜を植え，洋牛を購入し，耕耘社を創立するなど，新しい産業の開発を試みた。妻は順子。

ような姿勢を示したことが日本史上にかつてあっただろうか。

　さて、改革綱領のすべてが実施されたわけではない。常備兵の解体や鷹場の解放などは実施されたが、役人の公選や議院の設置などはまったくふれられずにおわった。しかし、雑税廃止の影響は大きかった。徳富一敬は『故護久公御事蹟調』のなかで、「君断然之を解放し給ひ候に付、民力一時に膨張して従前は一箇の土蔵もなかりし寒村に俄《にわか》に土蔵の出来るやら一軒の瓦屋根をも見ることを得ざりし貧村に続々瓦屋根を見るに至る等、解放後未だ期年ならずして百姓の富力著しく増加したるを覚え候」(『肥後藩国事史料』巻一〇)とのべている。改革当事者の発言であるから、少々割り引かなければならないとしても、こうした変化がみられたであろうことは、この実学党政権崩壊後に、阿蘇を中心に知事塔がたてられ(多くは明治十年代のデフレ期の建立)、ながくその前で「チイ様祭り」「チッ様祭り」が営まれたり、また木版刷りの知事布告が軸装さ

ジェーンズとその家族　ジェーンズは南北戦争で活躍した北軍の退役軍人。1871年に家族とともに来熊。洋学校の教師として多くの人材を養成したが，牛乳や牛肉の普及，ミシンの活用など，生活の近代化にも多くの影響をあたえた。

れて多くが残されていることなどから十分にうかがうことができる。

さて、この政権が行った注目すべき施策に、洋学校と古城《ふるしろ》医学校の設立がある。洋学校は、アメリカの南北戦争で活躍して退役した軍人L・L・ジェーンズを教師に迎えて四年制の中等学校程度のものとして、明治四年九月一日に開校された。ジェーンズは、歴史や地理・文学から数学・物理・化学・地質学・人体学に至るまでを、ひとりで通訳なしの英語で授業をした。全寮制で男女共学という点を含めて、きわめて特徴のある教育が行われ、有為の人物を輩出した。ジェーンズの教育は、たんに学校教育において意味をもつだけでなく、近代的な生活様式や文化を熊本の地に広めるということでも、大きな意味があった。そして、特筆すべきは、熊本バンドというキリスト者の集団をうみおとしたことである。

さきの知事布告がだされたころ、藩立病院設立の議がおこり、八月に古城の松井邸を病院にすることに決し、内藤泰吉《たいきち》が藩命をうけて長崎にいき吉尾桂斎《けいさい》を院長とすることにし、十月寺倉秋堤《しゅうてい》を教頭、内藤を助教にして開院したが、吉尾の建議でオランダ人マンスフェルトを招聘《しょうへい》すべしということになり、洋館を建設して彼を迎え、翌年四月、病院とならんで古城医学校としたのである。

これには保守派の抵抗も強く、患者が病院に治療を乞い帰り着くと、蘭医の奇術をもってその膏油《こうゆ》をしぼり、ついに死に至るといわれ、

病院を吉尾々々と云ふけれと　いのちや内藤　末は寺倉

などという俗謡までできて妨害ははなはだしかったが、やがて多数の入院患者が訪れるようになり、医学校からは、北里柴三郎らをうむに至ったのである。

しかし、この洋学校・医学校が、それまでの藩の教育機関である時習館や再春館を廃止して、その系譜

とはまったく別のものとして設立されたことに、その革新性があるとともに、逆に以後政権を掌握したものが旧政権の教育機関を容易に廃止して、自派のそれをつくるといったことが行われる基となったのではないかとも思われる。

廃藩置県と実学党政権の終焉●

改革政治が着々と行われているようにみえる過程に、それを根底からくずす動きが進行していた。

戊辰戦争後、長州藩は藩政改革を行い、明治二（一八六九）年十一月そのなかで諸隊を精選して常備軍の編成を行った。選にもれた諸隊には解散が命じられた。これを不服とするものが山口を脱して三田尻《みたじり》や小郡《おごおり》に屯集して藩知事への嘆願を繰りかえすなか、農民一揆《いっき》と結合、一時は山口を占領するに至った。政府は木戸孝允《たかよし》を派遣して徹底的に弾圧した。攘夷派の大楽《だいらく》源太郎らは難をのがれて、翌明治三年三月中旬、鶴崎の毛利空桑のもとにたどり着いた。空桑や河上彦斎は彼らをかくまい、中村六蔵に密偵沢田衛守《えもり》（土佐人）を斬らせた。この事件はやがて明るみにでて、毛利空桑・河上彦斎・木村弦雄《つるお》・古庄《ふるしょう》嘉門らはとらえられ、彦斎は翌年五月東京に護送され、十二月に斬に処せられた。熊本藩は、これまでも攘夷派のみすごしえない活動によって政府から警戒され続けてきた。たとえば、明治二年九月には熊本藩兵卒谷富《やとみ》熊彦ら四人が英国公使に抜刀して乱暴におよぶ事件があった。参議広沢真臣《さねおみ》暗殺事件（明治四年正月）でも肥後人が疑われた。

こうしたなかで、明治四年三月、藩知事護久はこうした暴挙あるは、「地方官其人ヲ不得《えざる》ニヨ」るものだとして辞意を示す建白書を大蔵《おおくら》卿大久保利通《としみち》に提出し、五月にも重ねて辞表を提出した。政府はすでに廃藩置県を日程にのぼせておりただちには許可せず、七月十四日に至って、廃藩置県を断行し、元知事には上京（「帰京」と表現した）を命じた。熊本県大参事の細川護美も、護久が三月辞職を願うと、みずからも辞職を願い、廃藩置県ののち十一月には科学研究と称して欧米各国への留学を申しでて、翌年正月には県政をほうりだしてアメリカに出発してしまうのである。結局護久・護美兄弟は、改革政治が緒についたばかりでみずから政権を見限ったのである。

廃藩置県後、実学党政権はそれでも熊本県として存続し、上は津田山三郎や安場保和ら、下は竹崎茶堂や徳富一敬らによって維持されるが、存続を困難にするいま一つの事情があったのである。明治三年末の年貢納入期を前に、日田《ひた》地方で大一揆がおきた。政府は、山口の脱隊騒動の大楽源太郎らの策動ではないかと色めきたち、熊本藩を含め周辺の諸藩に鎮撫隊の派遣を命じた。熊本藩は軍隊を編成して日田にのりこんだところ、一揆する民衆から大歓迎をうけたのである。つまり、彼らの一揆の要求は、熊本藩のように減税しろというところにあったのである。彼らにとって熊本藩はまさに御一新の理想となっていたのであり、鎮撫隊は解放軍のようにうつったのである。こうした一揆は、この日田にとどまらず、熊本（県）を取り囲むように（鹿児島県はのぞく）、明治六年に至るまで続くのである。そして一揆は例外なく熊本を引き合いにだして同様の施策を求めているのである。たとえば、豊後岡《ぶんごおか》藩の明治三年十二月の一揆では、蜂起にさきだって「肥後之通相ならぬ所」は「竹田臼杵佐伯延岡迄役所々々不残打崩、他領共に申合、御年貢下らぬ国皆打崩、役人追払ひ肥後配下となす」などという張紙がだされたという（首藤文平「明治三年蜂起手控」）。つまり、実学党政権の改革政治は、はからずも多くの一揆を誘発することになったのである。この事情が政府にとって好ましくないことはいうまでもない。ここに、明治六年五月、中央から安岡良亮《りょうすけ》が権令として派遣されるにおよび、実学党は上から下まで一掃されてしまうのである。

2　反動と革新

有司専制と征韓論争●

維新政権は、当初公議政体派が主導権をにぎり、武力討幕派がそれをささえるという形で成立したが、鳥羽・伏見の戦い、続く戊辰戦争のなかで公議政体派は存立の根拠を失い、武力討幕派が主導権をにぎるに至った。これを雄藩連合政権から薩長藩閥政府へと移行したかのごとくのべる論者がいるが、それは誤りである。いかにも、維新政権は諸大名の存在を前提に成立し、したがって国家にとって有用な人材を徴士《ちょうし》として官に迎えるとともに、藩の利害代表を貢士《こうし》として政府にいれるが、しかし、それは能力を有しない藩主層を重要ポストに採用することと同様、過渡的な施策であった。そうした個別の藩を超える権力でなければ、国家的課題は実現されないし、やがて藩そのものを解体する展望も開けない。ここに有司《ゆうし》専制が成立する理由があった。遅くとも、明治二（一八六九）年八月十日の三職（大臣・納言・参議）密約段階ではあきらかに、意識的にそれはつくられている。天皇への上奏権をもつ三条実美《さねとみ》とそれをささえる岩倉具視《ともみ》・大久保利通《としみち》の三人を核に必要に応じて木戸孝允《たかよし》・大隈重信《おおくましげのぶ》らがそれに加わるという柔軟なものとして立憲制（内閣制）に至るまで維持されるのである。

　さて、この有司専制は明治六年までは、きわめて進歩的で、封建的諸要素の解体を徹底して行い、かつ強兵富国路線を推し進めた。岩倉や大久保・木戸たちは、廃藩置県のあとの政策の基本を確定したうえで、条約改正の前交渉および先進諸国文明の摂取を目的に米欧回覧の旅にでかけた。そのさい留守政府（参議筆頭は西郷隆盛）とのあいだに約定を結び、新規の政策や役員の補充を行わないことを約束させた。岩倉使節の旅行は一年九カ月におよんだが、この間、国家意志の決定過程に参画できないでいた西郷や板垣退助らは、たまたま発生した（?検証の要あり）朝鮮とのあいだのトラブルを利用して主導権をにぎることを考えた。これが征韓論争であるが、結局西郷たちは岩倉・大久保たちの策にやぶれて下野して世間をおどろかせた。閣内での激しい論争は、この結果によってはじめて明るみにでたのである。とくに西郷の挙動は、彼を信奉する士族連中を刺激し、陸続と官を退き帰郷の途についた。世間は問題の本質を必ずしも理解できず、征韓の是非そのものを問題にした。

明治三年三月以来藩費留学生として東京にいた宮崎八郎は、明治七年一月十四日の赤坂喰違《くいちがい》での岩倉具視襲撃事件の嫌疑をうけて捕縛されるということがあったが、二月九日在京の熊本人森川尚村《ひさむら》・池松豊記《とよき》とともに、左院に「征韓之儀」を建白して、「欧米強大ノ諸国ト平行ノ権利ヲ持セント欲」すれば「先ツ近隣弱小未開ノ諸国ニ対シ、我権利ヲ張リ我威武《いぶ》ヲ振」うのが一番であり、まして、かつて日本が征服した朝鮮に、わが「独立自主ノ権」がおかされたのであるから、「力ヲ用ヒテ以《もって》抵禦《ていぎょ》報復」するのは万国《ばんこく》公法《こうほう》に照らしても当然であると主張し、征韓の実行をせまった（『明治建白書集成』第三巻）。この宮崎らはこののち民権運動に参加していくのであるが、欧米列強のつくる万国公法の世界に、いわば餌食をたずさえて参加するという姿勢は、政府のそれと基本的にかわりはなかった。だから、この建白提出の日に政府が、台湾征討のため軍隊を派出することを決定すると、彼らはまんまと政府の策にのせられて、熊本で四〇余人の義勇兵をつのり、鹿児島の義勇兵とともに、西郷従道《つぐみち》率いる侵略軍に投じるのである。

植木学校と民権運動の開始●

宮崎らに対する歴史的評価は、しかし、その後の民権運動においてされる必要があろう。朝鮮や大陸に対する彼らの侵略主義的姿勢は、多くの民権家にみられるように、必ずしも払拭《ふっしょく》されはしなかったが、人民はうまれながらにして自由の権をもち、人民も国家意志の決定過程に参加する権利をもつものであるとの主張を柱とする運動は、九州ではまず熊本において花開いた。その拠点になったのが、宮崎や台湾征討で行動をともにした有馬源内《げんない》・平川惟一《いいち》らが、松山守善《もりよし》をつうじて、明治八（一八七五）年四月に熊本県につくらせた熊本県最初の中学校、植木中学校（通例「植木学校」とよぶ）であった。これはルソーの『民約論』やギゾーの『文明史』、モンテスキューの『万法精理』などを教育する学校であるとともに、県内はもちろん県外の各地にオルグを派遣したり、演説に出向いたりする拠点＝結社であった。また公選民会設立の運動もここをベースに展開した。

政府はこの年六月から七月にかけて、東京で地方官会議を開催して「地方民会の事」を議題にした。会議にさきだって、権令《ごんれい》安岡良亮《りょうすけ》は区戸長会を開催して「民会興隆之事」を諮問した。これを機に、民権派は県内各地で公選民会設立運動を展開、公選民会は時期尚早である、区戸長会でよしとする権令が上京するのを追いかけて説得するなどの活動も行った。政権を追われた実学党も公選民会開設を要求する論説を『熊本新聞』にのせて、世論を喚起した。

こうして、県はついに翌明治九年三月、きわめて進歩的な熊本県臨時民会規則を制定し、さっそく四月に男子の戸主全員が選挙権をもつ小区議員選挙を実施、その互選で大区議員、さらにその互選で県民会議員八九人を選んだ。植木学校は、半年後の十月に廃校に追いこまれたが、民権家は霽月社《せいげつ》を結んで団結を維持し、実学党とともに公選民会の議員となり、民衆を組織して区・戸長公選運動を行うのである。

神風連から西南戦争へ●

林桜園《おうえん》の影響をうけてうまれた勤王党《きんのうとう》は、維新変革のなかで、その進路はいくつかの道に分かれることになった。一部は山田信道のように政府にかかえられるもの、河上彦斎のように結局は処刑の憂《う》き目にあうもの、崎村常雄・松山守善・宮崎八郎らのように民権運動に身を投じるもの、そしていま一つに神風連《しんぷうれん》(敬神党《けいしんとう》)とよばれる結合をするものたちがいた。彼らは安岡権令の慰撫策《いぶさく》によって、県内のいくつかの神社の神官になっていたが、天皇の意志をないがしろにした有司専制によって欧化政策が進められていることに不満をつのらせ、明治九(一八七六)年の廃刀令の公布を機に、十月二十四日太田黒伴雄《ともお》・加屋霽堅《かやはるかた》をそれぞれ総帥・副帥とする一七〇余人が、神の信託(宇気比《うけひ》)を得たとして蜂起、熊本鎮台などを、刀剣のみをもって奇襲し、放火した。

ところで、西郷が征韓論争で下野《げや》・帰郷すると、彼のあとを追って陸軍少将桐野利秋《きりのとしあき》・近衛《このえ》局長官陸軍少将篠原国幹《しのはらくにもと》をはじめ多くの陸海軍人が帰郷してきた。西郷は、これら非役軍人や県内の士族のために、私学校や賞典学校あるいは吉野開墾社を設立して救済の道を講じたが、この神風連の反乱が引き金になって、秋月の乱・萩の乱と続くと、西郷の動静が注目された。西郷自身はもし蜂起するなら天長節でなければ名分はたたないと考えていたが(猪飼隆明『西郷隆盛—西南戦争への道』)、政府密偵の警部中原尚雄の潜入と兵器弾薬の移転などが私学校党を刺激し、ついに明治十年二月十五日、五〇年来という大雪のなかを私学校軍一万三〇〇〇人が北上を開始し、二日遅れで西郷は村田新八《しんぱち》・桐野利秋とともに熊本にむかった。

この西郷起《た》つの報に、熊本の士族たちはわいた。池部吉十郎は直前まで鹿児島を訪れていたが、旧学校党の士族を糾合して熊本隊とし、民権派も協同隊を組織して参戦した。これら党薩諸隊はあわせて七〇〇〇人、ほかに徴募隊を加えて、反乱軍は三万余となった。熊本鎮台はさきの神風連の攻撃の後遺症がいまだ癒《い》えず、籠城の方針をとり、私学校軍の到着直前の十九日に城下を焼き払った。このときあやまって天守閣を焼くというハプニングがおきた（この火事については、鎮台がみずから焼き払ったとの説〈自焼説〉、薩摩軍スパイによる放火説がある）。

反乱軍は熊本城を攻めるが容易におちず、方針を長囲策に切り替え主力を北上させ、南下する第一四連隊主力と向《むこう》坂《ざか》・木葉《このは》（玉名郡玉東《ぎょくとう》町）で戦闘をまじえ、さらに田原《たばる》坂・吉次《きちじ》峠（熊本市）で激戦を繰りかえしたが三月二十日ついにやぶれ、四月十四日には熊本城包囲もとき、あとは御船《みふね》・人吉《ひとよし》と敗走しつつ戦闘を繰りかえし、八月十七日、宮崎県臼杵《うすき》郡長井村（宮崎県東臼杵郡北川村）で主力は降伏した。脱出した西郷らも九月二十四日、ついに城山で全滅して八カ月余の戦争はおわった（口絵、二六七頁写真参照）。

西南戦争錦絵　東京でもたらされた情報をもとに描かれるため，事実と違うところもでてくる。正面の熊本城天守閣は2月19日に焼失している。

政府は、鎮台支援と反乱軍鎮圧のために第一旅団～第四旅団、別働第一旅団～第五旅団、新撰旅団の計一〇旅団、最大動員兵力六万余を投じ、軍夫も延べ二〇三五万人を徴用した。軍夫は逃亡などを防ぐために、戦争の途中の五月十五日公布の「読法」によって、軍属と位置づけられた（猪飼隆明「西南戦争における軍夫」大阪大学文学部日本史研究室編『近世近代の地域と権力』）。

反乱軍や使用した兵器は、小銃はスナイドル、エンピール、イットル、シャーフル、七連発銃などさまざまで、火砲はフランス式の四斤山砲二八門、一二斤野砲二門、臼砲大小三〇門で、数量・威力ともに官軍にくらべてきわめて劣勢で、弾薬補給も困難をきわめ、使用済みの弾薬を拾い集めて鋳直すなどのことも行われた。それに対して、官軍では、小銃はエンピール銃を中心に、スナイドル、マルミニー、マルチネ、ツンナール、大小スペンサーなど、火砲は四斤山砲、クルップ砲など、国際水準のものを使用し、また地雷・水雷はもちろん艦砲射撃用のロケット弾（火箭《かせん》）もみずから製造・使用し、ドイツのクルップ社から輸入の風船砲弾も大量に使用されたと思われ、また軽気球の製造にも成功している（猪飼隆明『西郷隆盛―西南戦争への道』）。

この戦争での反乱軍の戦死者は約五〇〇〇人、戦傷者は約一万人といわれ、一方官軍の戦死者は六八四三人、戦傷者は九二五二人、軍夫の戦死者・戦傷者の数はわからない。官軍墓地の一角の、無名または数字のみ彫られた一群の小さな墓がその存在をわずかに証明している。

戦争で荒らされた耕地がどれほどの規模におよぶのか不明であるが、一般人の死傷者数は三二一人、焼却・破壊などによる被災家屋は一万九三六〇戸と報告されている。この一般人の死傷者に対しては、弔祭料・扶助料あるいは手当金として七二円以下、被災家屋については一二五円以下が支払われた。

民権と国権●

西南戦争後、自由民権運動はあらたな展開を示した。愛国社が再興され、各地に民権結社がつくられた。熊本でも、東京で『評論新聞』や『中外《ちゅうがい》新聞』によって論陣を張っていた池松豊記や松川杢造《もくぞう》が帰熊し、民権党の生き残りを集めて相愛社を結成して、愛国社に結集した。明治十二(一八七九)年末〜十三年初頭に「相愛社趣意書」を作成して、「人々自ら奮励《ふんれい》し、志向を崇《たか》ふし、品行を修め、時を済《すく》ひ、世を善くし、以て国家の光栄を顕耀《けんよう》するは、人間本分の義務なり」、そして「和して後に動き、議して後に行ふは事を成すの正規なり」といい、国会を開き「自治の精神を振起し、天賦の権義を全せんとする」こそ急務だと宣言した。一方「一半頑愚《いっぱんがんぐ》の人民は、依然として旧観を改めず、無気無力、悪《にく》む可《べ》く賤む可きの境界

況んや、君をや

佐々友房《さっさともふさ》や津田静一《つだせいいち》、木村弦雄《つるお》ら同心学舎《どうしんがくしゃ》に集まった面々は、熊本出身の内務省大書記官井上《いのうえ》毅《こわし》、元老院議官安場保和《やすばやすかず》などを後ろ盾《だて》に、明治十四(一八八一)年九月一日、「第一、皇室を翼戴《よくたい》し立憲の政体を賛立し以《もっ》て国権を拡張す、第二、教育を敦《あつ》くし人倫を正し以て社会の開明を進む」などを綱領とする紫溟会《しめいかい》を結成し、相愛社《そうあいしゃ》や実学党の相親社《そうしんしゃ》ら民権党をも誘いこみ、いわば民権派を籠絡《ろうらく》したいと考えた。そして実学党については一旦それが成功したが、相愛社はその手にはのらなかった。この間行われたいくつかの論争が決裂してしまったのである。

相愛社の松山守善《もりよし》はいう。「凡《およ》そ天地の間には自由より貴重なるものなく、己《おの》れの身より大切なるものはなし、故に己れの自由民権を妨害する者は皆仇《かたき》なり」と。紫溟会の木村はそれに対して、

❖コラム

「然《しか》らば今ここに己れの父が無理なることをいうて、己れを殴打《おうだ》せんとするときは如何《いかん》」と問う。

松山は、「逃れて避けんのみ」と即座に答える。

木村は、「逃るべき途《みち》なく、逃れざれば一命を失うの時に至らば如何」とたたみかける。

松山は、「一命には代え難し、父を殺しても一命を全くせん」と苦しい返答。

木村だけでなく居合わせた紫溟会のものがこぞって、「然らば君に対しては如何」といって、固唾《かたず》を呑んで返答を待つが、松山は、「父且つ然り、況んや、君をや」と、あっさり答える。

この「自由」をめぐる論争、レベルが高いものとはとてもいえないが、両者の天皇観の相違をきわめてはっきりと示していて、興味深い。続いて展開された「国体」と「政体」をめぐる論争を経て、両者の国家構想の相違が浮き彫りになった。こうして、相愛社が紫溟会入りを拒否し、以後一貫した対立関係のなかで熊本だけでなく日本の政治情勢が形づくられるのである。

同心学舎

に安じ」ているとのべ、いまだ愚民観をすてきれてはいなかった。ここに相愛社が士族の結社として一般民衆に深く根をおろすことを困難にした問題があった。それでも、明治十三年三月、愛国社第四回大会が国会期成同盟に改組され、太政官に「国会開設するの允可《いんが》を上願する書」を提出しようとしたとき、その署名人の池松豊記には「熊本県飽田玉名山鹿山本菊池合志阿蘇上益城託麻八代十郡百名之代理」の肩書があった。そしてこの年十二月の国会期成同盟の第二回大会のおりには会員は一六〇人へと増加していた。西南戦争で捕縛され獄中にあった民権党の同志たちがつぎつぎに出獄して相愛社に加わったのである。

さて、この国会期成同盟第二回大会は、結集する各地の結社に対して、憲法草案の作成をよびかけた。こうしていわゆる私擬《しぎ》憲法が盛んにつくられることになるが、「相愛社員私擬憲法」は、その成立過程の苦心がわかる数少ない草案の一つである。すなわち、『松山守善自叙伝』によれば、彼らが毎夜毎夜遅くまで甲論乙駁《こうろんおつばく》の議論をして条文作成にもおよぶが、意見一致せずまた法文にもなれず作成できない、そこで東京で活動している矢野駿男《としお》に原案の作成を依頼する、そして矢野案をもとにふたたび議論が行われ、ここに「相愛社員私擬憲法」ができあがり、相愛社の機関紙『東肥《とうひ》新報』（明治十四年七月一日創刊）にのせられたのである。ただ、現在判明するのは、第五三条から八三条までの国会および行政官に関する条文のみ（第四八号社説―十月三日）であるが、一院制をとり、立法権の行政権に対する完全なる優位を規定するなど、私擬憲法のなかでも進歩的な内容を示している。

一方、旧学校党の勢力の活動もあらたな段階にはいった。佐々友房《さっさともふさ》は、西南戦争では池部吉十郎率いる熊本隊の一小隊敵愾《てきがい》隊の隊長として参戦、とらえられて一〇年の刑をうけ獄にあったが、明治十二年病気のため責付《せきつ》きで出獄、帰郷すると、十二月「各自奮励振起堅忍不抜の志力を養成し、進取敢為《かんい》の気象を磨励し千古の通弊を看破し、一世の元気を振輝し、以て我が皇威の尊厳を益し、我が国権の拡張を謀らんとす」として、高田原相撲町《こうだばるすもう》に同心学舎を設立した。そして「我が同胞諸君の、此の志を同うする者は、貴賤を問はず、貧富を論ぜず、士庶となく、官民となく、陸続入校し、相倶《あいとも》に智識を開拓し、国益を謀図せん事を」とよびかけたところ、熊本の保守勢力はここに結集し、相愛社と対峙《たいじ》するに至ったのである。

ところで、自由民権運動の全国的高揚のなかで政府（有司専制）もその対応を模索したが、右大臣岩倉具視は明治十二年暮れに各参議に対して、立憲政体につき各自の意見を建議するよう指示するとともに、かねてからの腹心であり今は太政官大書記官である熊本出身の井上毅《こわし》に「国体に適する憲法」につき検討を命じた。井上は、元老院作成の「日本国権按《あん》」（第一次〜第三次）、各参議の建議、民権派の私擬憲法などを検討し、また法律顧問のドイツの法学者ロエスレルとの議論をへて、明治十四年七月ころに「大綱領」を起草するに至った。これは実に画期的なもので、のちの大日本帝国憲法の基本的枠組みはここにま

佐々友房　時習館に学び，西南戦争には熊本隊の一小隊敵愾隊の隊長として参戦。宮崎でとらわれ，監獄にはいった。明治14年，反民権結社紫溟会を組織，23年の第1回帝国議会選挙以来連続9回当選，中央政界で保守的国家主義の政客として実力をふるった。

ったく示されたのである。すなわち、国体と政体を分離することによって、政体のいかなる変化によっても、国体は不易であるという体制の見取図が示されたのである。したがって、万世一系の天皇は、その手にいっさいの権力を集中するにもかかわらず、まったく責任を負わないという体制を、立憲的形態としてつくりあげたのである。憲法に関するこの見通しができたことから、十四年政変という強引なクーデタが可能になったのであるが、この理論的見通しに基づく憲法草案が、佐々友房たちによってつくられている。国会図書館憲政資料室所蔵の「佐々友房関係文書」中に残された「憲法草案」がそれである。そこには、以上の井上の理論とともに、西南戦争への参加の経験が反映されている（猪飼隆明「自由民権運動と専制政府」『講座　日本歴史』七　近代一、同「熊本の自由民権運動」熊本自由民権運動百年記念実行委員会編『熊本の自由民権』参照）。

さて、佐々たちは、井上毅などの助言を得て、紫溟《しめい》会の設立を企図した。その最大の目的は、民権運動を籠絡《ろうらく》することにあった。相愛社の面々と『熊本新聞』によって穏健な民権を主張していた実学党に参加をよびかけた。しかし、相愛社とは「国体・政体論争」「自由論争」で結局合意に至らず、実学党のみをかかえて明治十四年九月一日、紫溟会は発足した。ここに一旦はその懐《ふところ》にはいった実学党もその年の十一月十三日には論争して紫溟会を飛びだし、紫溟会と民権運動の二派とが対峙する形で、熊本の激しい政治の季節が続くのである。

十四年政変のあと十月二十九日に板垣退助を党首として自由党が結成されたが、熊本でも新しい組織化が行われはじめた。自由党結成大会に出席していた林正明・宗像 政《むなかたまさし》・矢野駿男は東京で実学党の宮川房《ふさ》之《ゆき》や大田黒惟信らと自愛会を結成、十一月には熊本の実学党は立憲自由党を結成した。ここに相愛社と立

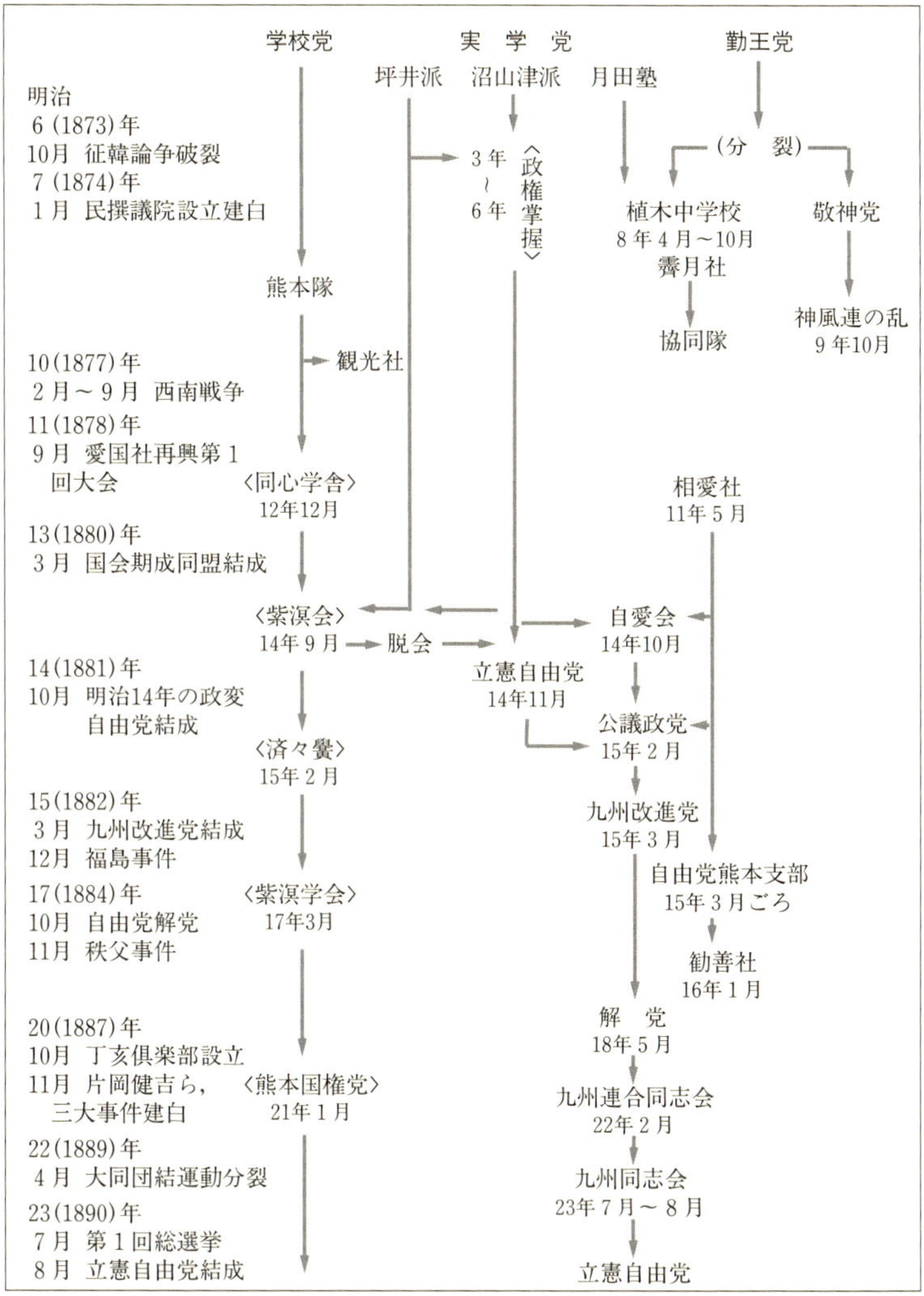

政党の変遷(明治前半)　熊本における政党の系譜は幕末以来の学党に由来し，大局的には学校党—紫溟会—国権党—憲政会—民政党の系譜と，実学党—立憲自由党—九州改進党—立憲政友会の系譜との対抗関係を基軸として発展してきた。自由民権運動期には九州改進党が優位だったが，明治17年ころを転機として紫溟会が優位にたち，以来大正9(1920)年の第14回総選挙で政友会にやぶれるまで国権党の優位が続いた。(作図　猪飼隆明)

憲自由党、その両者をつなぐ自愛会という三つの民権派組織ができたことになるが、この三者が明治十五年二月九日に合体して公議政党をつくったのである。そして、今では九州各地に民権結社が活動していたが、公議政党の主唱で、三月十二日熊本区高麗門《こうらいもん》長国寺で、九州改進党を結成するのである。大隈重信を党首とする立憲改進党が結成されたのは一カ月あまりのちの四月十六日であるから、改進党という名称は九州において先に使われたのである。名称はそうであるが、九州改進党は自由党につながる組織として以後活動していく。本部はまず長崎におかれ、ついで熊本・鹿児島をへて明治十七年には柳川におかれたが、この年十月二十九日に自由党が解党したことから、九州改進党内部にも解党論がおき、翌明治十八年五月十日に久留米《くるめ》大会で解党を決議してしまった。

熊本での民権派の勢力は、明治十七年までは県政においても紫溟会を圧倒していたが、この年の県会議員半数改選によって勢力は逆転、定員四四人のうち三一人が紫溟会、一一人が九州改進党（二人は不明）となった。さて、紫溟会は明治十七年三月に改組して紫溟学会としたが、明治二十一年三月内部を学術部（済々黌《せいせいこう》を担当）・世務部・実業部に分け、この世務部を母体に国権党を結成し、以後の日本の保守本流をになうのである。

3　秩序と矛盾

熊本市の成立●

廃藩置県以降、政府の地方行政政策はいくたびか変遷した。廃藩置県にさきだつ明治四（一八七一）年四月四日政府は戸籍法を公布し、翌明治五年に「全国惣体ノ戸籍」として、これまでの身分編成ではなく居住地主義で全国一律の戸籍を編成した（壬申戸籍《じんしん》）。その戸籍編成にあたって、県内を大区・小区に編成した。すなわちいくつかの町や村をまとめて小区としてそこに戸長をおき、小区をいくつかあわせて大区としてそこに区長をおくのである。白川県の場合は、明治五年十二月の布達で、一郷（旧手永《てなが》）を一大区とし、熊本区は北区と南区に二分し全体で三二区をつくり、この大区に戸長、その下の小区に副戸長をおいた。翌明治六年一月には白川県は八代県を吸収（米良《めら》地方は宮崎県へ移管す）して現在の県域となり、明治九年に熊本県と名称を変更することになるのだが、この間明治七年にさきの大区小区制を再編して、全一〇大区にしたのである。

ところで、この大区小区制の編成は、きわめて人為的に作成され、住民の生活圏とはかけはなれて設定されることが多くあったし、区長や戸長も熊本の場合はすべて官選であったことから、住民とのあいだには基本的な信頼関係が形成されにくかった。そのことが明るみにでたのは、明治九年末から西南戦争直前に至る時期に熊本県下全域で展開された一揆《いっき》の嵐である。実学党政権の崩壊以後、民費はしだいに増大し、地租改正作業が開始されるとそれにかかる負担はさらに大きく民衆のうえにのしかかってきた。神風連の乱で殺害された安岡良亮にかわって派遣された権令富岡敬明《たかあき》は、着任早々民費負担の増大が戸長の不正によって増幅している、という訴えとともに、区戸長の公選を要求する声につつまれた。県北部（城北）地方の農民の運動には県民会議員の民権家がかかわりこうした運動になったが、阿蘇地方その他では区戸長に対する激しい打ちこわしとなった。ほとんどときを同じくして、三重・愛知・岐阜・堺の四県にまたがる大一揆（伊勢《いせ》暴動）、茨城県の真壁《まかべ》・那珂《なか》両郡の一揆が地租改正に反対して展開された。

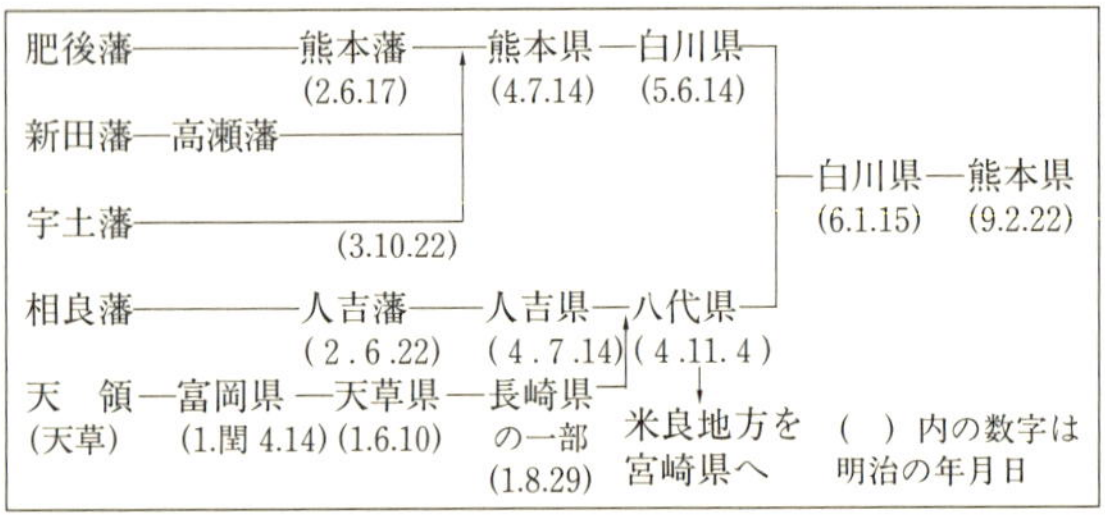

熊本県の成立

明治22年の熊本市街図　熊本日日新聞情報文化センター編『市制百周年記念　熊本・歴史と魅力』1989年による。

こうした民衆の運動のなかで、政府はこれまでの地方行政政策を改めざるをえなかったのである。政府は明治十年に地租を地価の三％から二・五％に引き下げる措置をとり、明治十二年郡区町村編制法・府県会規則・地方税規則などのいわゆる地方三新法を公布して、近世以来の村や町を基礎とする地方組織に編成替えをするのである。

しかしこれがまた自由民権運動展開の温床となったこともあり、政府としてはあらたな対応をせまられた。そして、明治憲法体制の地方行政的基礎として明治二十一年に公布したのが市制・町村制である。中小地主層を市町村の自治の担い手とすることで、衆議院・貴族院までを一貫した構成にしようとしたのである。

さて、熊本ではこの市制・町村制は、明治二十二年四月一日に施行された。このとき市制がしかれたのは、熊本市だけで、熊本県内は一市一五郡となった。このときの熊本市の町数は一五〇カ町で、本籍戸数は一万三八三戸、人口は四万一九二四人（うち男二万五〇二人、女二万一四二二人）であった。市制の規定では、満二五歳以上の独立の男子で二年以上その市町村の住民となり、市町村の負担を分任し、そこで地租をおさめているか、もしくは直接国税二円以上を一年以上おさめるものを公民として、市町村における選挙被選挙権をもつことになっている。市の場合、その公民を三級に分け、選挙人総税額の三分の一に達するまでを一級とし、その一級をのぞいた総税額の三分の一に達するまでを二級、残りを三級とするのが規定で、熊本市では一級公民は一七人であった。県会議員の選挙有資格者は、地租一〇円以上をおさめるもの八一人および五円以上一〇円未満をおさめるもの六三人の、あわせて一四四人、衆議院議員の選挙の選挙人資格のあるものは、明治二十二年十一月の調べで七三人、うち被選挙人資格のあるものは六三人にすぎなかった（「第一回熊本市役所事務報告」）。

そして第一回の市会議員選挙は四月十八日・十九日に、熊本市を三選挙区に分けて行われた。三級選挙から二級・一級の順序で各一〇人ずつ計三〇人の市会議員が選ばれ、四月二十六日の最初の市会で、議長に相愛社以来の民権派の有馬源内が選出された。それは、明治二十年代にはいって井上馨《かおる》の条約改正案に反対する運動が盛りあがり、三大事件建白運動・大同団結運動と民権運動が再燃したことの反映であった。その意味で、翌明治二十三年七月一日の第一回総選挙は、民権派と国権党との熾烈《しれつ》な闘いとなったが、全国的には民権派が圧勝するなかで、熊本県は定数八人（全六区）の内訳が国権党五、民権派三となり、天草郡で得た民権派の一議席も、選挙権をもたないもの一一人の投票が明るみにでて、第二議会から国権党のものとなった。以来、国政選挙、県会選挙、市町村会選挙のいずれにおいても、この両派（およびその後継）で激しい乱闘を伴う闘いが繰りかえされるのである。

教育と宗教との衝突●

L・L・ジェーンズの洋学校がうみおとした遺産の一つは、熊本バンドというキリスト者の集団であった。キリスト教は信仰の対象であるとともに、歴史の進歩を代表する精神として、これからの日本を背負うという気概と合致して、熊本の若者たちのなかにうけとめられていった。しかし、明治憲法体制が成立し、教育勅語の精神が称揚されてくると、キリスト教は受難の季節を迎える。明治二十一（一八八八）年四月に「基督《キリスト》教倫理の大則に基き、人の天性を円満に、啓発薫育《くんいく》せんことを主旨」として設立された熊本英学校が、まず最初に攻撃の的になった。明治二十五年一月十一日創立以来の校長海老名弾正《えびなだんじょう》にかわって、蔵原惟郭《くらはらこれひろ》を新校長に迎えてその就任式が行われたが、奥村禎次郎《ていじろう》は在任教師を代表しての歓迎の祝辞のなかで、「本校教育の方針は日本主義にあらず、亜細亜《あじあ》主義にあらず、又、欧米主義にあらず、乃《すなわち》世界の人物を作る博愛世界主義なり、故に我々の眼中には国家なく、外人なし」(『熊本県教育史』中)とのべたことが問題にされ、「眼中無国家事件」として『九州日日新聞』が攻撃の火の手をあげると、あちこちから糾弾の声があがり知事松平正直は、奥村を解雇すべしと英学校に通達した。英学校は蔵原校長の命令遵守派と柏木《かしわぎ》義円《ぎえん》らの拒否派に分裂し、拒否派は別に東亜学館を設立したが、結局明治二十九年に英学校も東亜学館も崩壊してしまった。

同じ年の六月、八代南部高等小学校で教室内に雨をさけて飛びこんできたスズメにむかって、ある生徒が投げた扇子《せんす》が、棚のうえにおかれた御真影にあたり、それを落下させてしまうという事件があった。その生徒がたまたまクリスチャンであったことから、子どもの行為を作為に基づくものとして問題視し、『九州日日新聞』はキリスト教徒を「教育界の国敵に非ずや」(明治二十五年十月六日)とことさら大きく

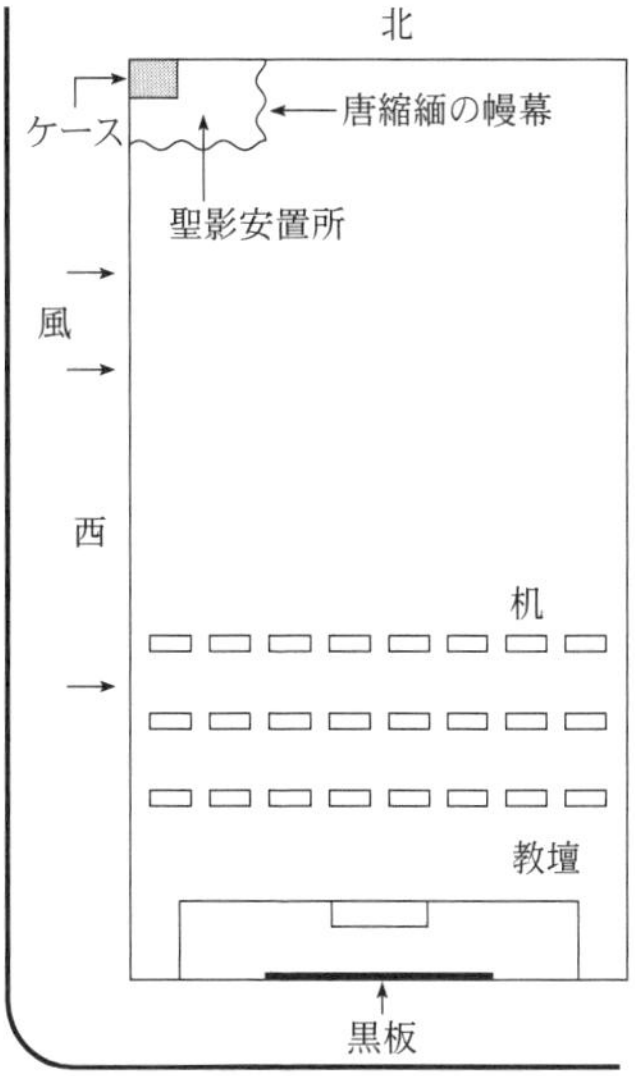

八代南部高等小学校の教場(講堂) 縦15間・横3.5間(52.5坪)で，南半分を教場として使用していた。真影の安置所は棚のうえに高さ3尺・幅2尺5寸の開き戸のケースで，周囲を唐縮緬の幔幕《まんまく》でかくしていた。(作図 猪飼隆明)

報じて非難した。また山鹿高等小学校では、学校が生徒の持物調べを行ったところ、四人の生徒のカバンから聖書研究会の案内がでてきた。学校はその活動をやめるよう説得したが、一人は説得に応じず、結局学校はその生徒を退学処分にしたのである。

この三つの事件は、東京帝国大学教授井上哲次郎によって「教育と宗教の衝突」の事件として世に紹介され、キリスト教を教育勅語の精神に反するものとして排撃する運動のきっかけとなった。

『熊本評論』と大逆事件●

しかし、八代南部高等小学校在学中に、その事件に遭遇しながらキリスト教信仰の道を進み、同志社普通高校に進学、さらに社会主義に傾倒していった詩人がいる。八代郡高田村（八代市）で明治十二（一八七九）年に生まれた松岡荒村《こうそん》（悟《さとる》）である。彼は、同志社中学副校長安部磯雄《あべいそお》に傾倒師事し足尾《あしお》鉱毒事件の被害民救済のために奔走《ほんそう》し、早稲田《わせだ》大学高等予科に進んで社会主義協会に参加し、早稲田社会学会を組織・主宰し、車夫問題解決のために身をけずった。

荒村は、結核におかされ、わずか二五歳の若い人生をおえるのであるが、飽託郡中緑村《なかみどり》（熊本市）出身の田添《たぞえ》鉄二もキリスト教受難の季節にその道を選んだ。熊本英学校にかよい、明治二十五年の事件の年に、メソジスト系の三年坂教会（現、白川教会）で受洗し、その後長崎の鎮西学院をへてシカゴ大学神学科に学び、帰国後平民社に身をよせて、キリスト教社会主義の道を選ぶのである。日露戦争後の社会主義への弾圧の強化のなかで、幸徳秋水らの直接行動派に対して、革命は「我一人の堪へ得べきものならで、寧《むし》ろ大多数平民が闊歩し得る大道でなくてはならぬ」と、議会政策のもつ役割の重要性を主張したが、彼もまた三二年の短い生涯を、明治四十一年三月におえるのである。

荒村といい鉄二といい、熊本をでて京都・東京をおもな活動の舞台としたのであるが、熊本の地に根を張りつつ社会主義運動を展開したグループがあった。「若《も》し評論に主義の冠すべきものあらば、『自由』或は近からん、然《しか》り評論は誓って自由の民たらんことを期す」と、明治四十年六月に『熊本評論』を創刊した松尾卯一太《ういった》や新美《にいみ》卯一郎たちである。これには、荒村の甥松岡悌三《ていぞう》や西南戦争で死んだ民権家の宮崎八郎の弟で土地復権同志会の宮崎民蔵《たみぞう》、みずから民権運動に参加していた一木斎太郎《いちきさいたろう》らがおり、熊本の財政界あるいは教育界の反人民性をするどく批判追及し、貧しい民に共感をよせた。また女優の黒瀬こまも投稿し、小川芋銭《うせん》や竹久夢二が挿絵を描いた。

ところが、この年十二月の第一二号以来、幸徳秋水らの直接行動派の投稿がめだちはじめた。さらに『日本平民新聞』が翌年五月に廃刊に追いこまれると、その傾向はより顕著になった。とくに赤旗事件について政府攻撃をし被告救済を訴えたことから、九月の三一号をもってこれも廃刊させられることになっ

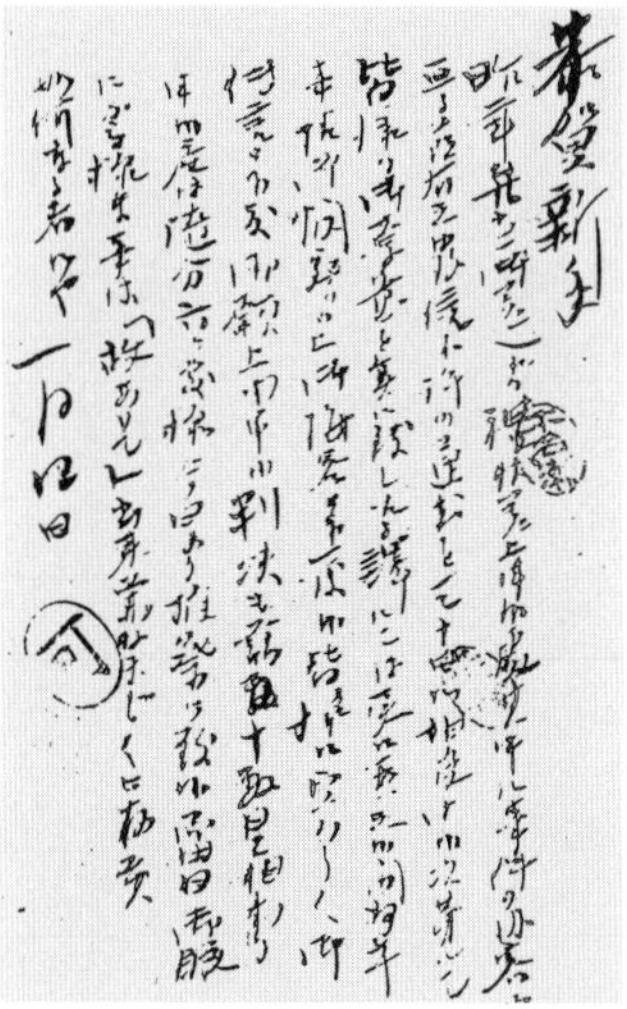

松尾卯一太の堺利彦宛葉書　死刑確定後の妻静江宛の手紙には，「霊はもう救われて永遠に生きている。……死体は貰えるかどうかわからぬ。貰えるなら引出しにでもしまっておけ」とあった。

た。

ところがこれだけではすまなかった。卯一太は、その後東京で平民社に幸徳秋水を訪ねたことから、大逆事件にさいして熊本に犠牲者をだすことになった。卯一太は、それ自身存在していなかった秋水の大逆の意図に同意したものとされ、卯一郎や佐々木道元《どうげん》（済々黌在学中に熊本評論社に出入りしていたが明治四十一年十二月に退学させられた）や飛松《とびまつ》与次郎（『熊本評論』の後継新聞として『平民評論』の発刊を意図して明治四十二年三月に第一号を発刊、ただちに押収されてしまったが、このときから編集にかかわった）らは、卯一太からその意図を聞かされ同意したという、根も葉もない理由をもって、明治四十三年十月投獄され、一旦四人とも死刑を宣告され、結局松尾卯一太・新美卯一郎の二人は翌年一月二十四日死刑に処せられ、佐々木道元・飛松与次郎の二人は無期懲役に処せられ、道元は大正六（一九一七）年七月千葉監獄で獄死した。

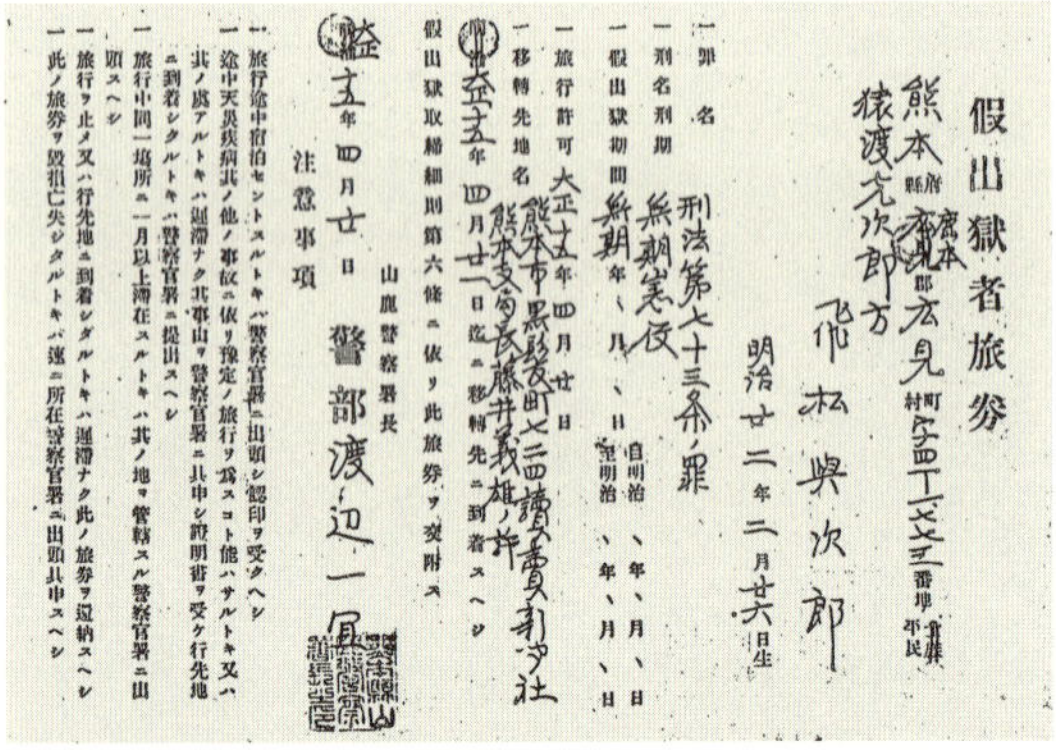
假出獄者旅券
熊本 府県
飛松與次郎
明治廿二年二月廿六日生
一 罪名 刑法第七十三条ノ罪
一 刑名刑期 無期懲役
一 假出獄期間 無期 年 月 日 自明治 年 月 日 至明治 年 月 日
一 旅行許可 大正十五年四月廿日
一 移轉先地名
假出獄取締細則第六條ニ依リ此旅券ヲ交附ス
大正十五年四月廿日
山鹿警察署長 警部 渡辺一
注意事項
一 旅行途中宿泊セントスルトキハ警察官署ニ出頭シ認印ヲ受クヘシ
一 途中天災疾病其ノ他ノ事故ニ依リ豫定ノ旅行ヲ爲スコト能ハサルトキ又ハ其ノ虞アルトキハ遅滞ナク其事由ヲ警察官署ニ具申シ證明書ヲ受ケ行先地ニ到着シタルトキハ警察官署ニ提出スヘシ
一 旅行中同一塲所ニ一月以上滞在スルトキハ其ノ地ヲ管轄スル警察官署ニ出頭スヘシ
一 旅行ヲ止メ又ハ行先地ニ到着シタルトキハ遅滞ナク此ノ旅券ヲ返納スヘシ
一 此ノ旅券ヲ毀損亡失シタルトキハ速ニ所在警察官署ニ出頭具申スヘシ

仮出獄者旅券　飛松与次郎は受刑中，改悛の情顕著であるとして，２度表彰をうけ，大正14年５月10日，大逆事件無期懲役組仮出獄第１号として出獄した。国内移動には，この旅券が必要であった。

9章

軍都から森の都へ

黒髪を走る熊本軽便鉄道(旧五高正門前)

1　戦争と大熊本市

第六師団と戦争●

明治四（一八七一）年四月、政府は小倉《こくら》に西海道鎮台《さいかいどうちんだい》本営を設けて、熊本・佐賀の二藩よりそれぞれ歩兵一大隊をださせ、博多《はかた》と日田《ひた》に分営をおいた。これが、新政府による鎮台設置の最初である。ついで廃藩置県直後の八月二十日、西海道鎮台を廃して鎮西《ちんぜい》鎮台を設置することにし、「第一地形の利、道程の便に因《よ》り、指揮応援の都合を以《もっ》て」（明治四年十月二十日「御触状写」熊本女子大学郷土文化研究所編『明治の熊本』）熊本に鎮台本営を、第一分営を広島、第二分営を鹿児島においた。県内では県庁のほかに相応の場所はないということで、二本木の白川県庁に鎮台をおき、県庁の事務は権大参事有吉与太郎《ありよしよたろう》の屋敷に移した。鎮台司令官には兵部大丞《ひょうぶだいじょう》井田譲《ゆずる》、ついで陸軍少将桐野利秋《きりのとしあき》が就任した。徴兵令が公布されると、明治六年一月鎮西鎮台を熊本鎮台と改め、熊本城に移し、小倉に営所、日田に分営をおいた。四月には鎮台司令官も陸軍少将谷干城《たにたてき》にかわった。明治八年四月歩兵第一三連隊が新設され、中佐与倉知実《よくらともざね》が連隊長に就任して二の丸に屯営することになった。

この鎮台が神風連に襲撃され、ついで西南戦争で天守閣はあやまって焼失させてしまったとはいえ、難攻不落の熊本城のなかで籠城してたたかったことはすでにのべたところである（二八四頁参照）。

さて、明治十八年五月の鎮台条例改正によって、熊本鎮台には歩兵第一三連隊のほかに歩兵第二三連隊が配備され、あわせて歩兵第一一旅団が編制された。さらに、明治二十一年五月、それまでの鎮台条例が廃止され、あらたに師団司令部条例が定められ、熊本鎮台は第六師団となり、しだいに編制も拡充されて、城内には師団司令部・歩兵第一三連隊・輜重《しちょう》第六大隊本部など、花畑町に歩兵第二三連隊、大江渡鹿《とろく》に工兵第六大隊、山崎町に騎兵第六大隊、さらに備前《びぜん》屋敷一帯に砲兵第六連隊が駐屯する、文字どおり軍都としての姿を示すようになった。

明治二十七年日清《にっしん》戦争が開始されると、第六師団の一部は第一・第二師団とともに大将大山巌《いわお》を司令官とする第二軍に編制され出征、主力は翌年一月大連に上陸後威海衛《いかいえい》攻撃に加わり、熊本県出身兵二九八人が戦死あるいは戦病死するという犠牲を伴いながらも、六月凱旋し、歓呼の声で迎えられた。

明治三十五年十一月、熊本で天皇を迎えて陸軍特別大演習が行われた。天皇通過の道筋には第五高等学校・師範学校・各中学校・各実業学校・各小学校の職員・生徒など一万八〇〇〇人余が動員されたが、このようにして熊本の総力戦態勢がつくられていった。そして日露《にちろ》戦争では、第六師団は六万二〇〇〇余の兵を大陸に送り、激烈な遼陽《りょうよう》会

陸軍特別大演習　明治35年11月14日渡鹿練兵場で，大演習後の観兵式が行われた。参加兵力３万人，参観者は20万人に達した。

戦で三〇〇〇人を超える死傷者をだした。この戦争で日本がとらえた俘虜《ふりょ》は六万七〇〇〇余にのぼった。そのうち五〇〇〇人を熊本が引きうける予定で、第一陣四八一人が奉天《ほうてん》会戦直後の三月十九日に熊本駅に着いた。将校は二〇人、従者一九人で、残りは下士卒である。将校は南千反畑《せんだんばた》町の県物産館集議所に収容して、下士卒は渡鹿の練兵場に収容した。その数時間後に第二陣四九二人が到着するという具合に、結局熊本は六〇〇〇人を超す俘虜を収容した。そのなかには、のちに第一回スターリン賞受賞作品小説『ツシマ』を書いたアレクセイ＝ノビコフ＝プリボイもいた。また、兵士のなかで革命運動をし、のちに天草大江の人大原ナツノと結婚したニコライ＝ラッセルもいたのである（和田春樹『ニコライ・ラッセル』）。

大正三（一九一四）年八月十六日、久留米《くるめ》の第一八師団と熊本の第六師団工兵第六大隊などに動員命令がくだった。この第一八師団は、熊本県下菊池・鹿本・玉名・天草を徴募区とする歩兵第五六連隊と久留米の歩兵第四八連隊、佐賀の歩兵第五五連隊、大村の歩兵第四六連隊および特科部隊（熊本県下城北三郡と天草の壮丁が入隊）などからなり、師団長は中将神尾光臣《みつおみ》であった。この神尾に「海軍と協同し青島《チンタオ》を占領すべし」との命がくだり、九月二日青島北方一六〇キロの小漁村竜口《ロンコウ》への上陸を開始し、苦戦の末十一月七日ついに青島を陥落させた。この青島占領で日本軍は四六八九人のドイツ人を捕虜にした。

この青島占領にさきだって、陸軍省は熊本の第六師団に准士官以上五〇人、下士・兵卒九〇〇人、計九五〇人のドイツ兵俘虜収容の準備を命じた。熊本には、欧風建築物といえば県物産館集議所とその付属施設のみで、不足は寺院を借りて補うことにした。横手《よこて》村の長国寺・正立《しょうりゅう》寺・禅定寺・妙立寺・妙永寺・実成《じつじょう》寺、細工《さいく》町の西光《さいこう》寺・光禅寺・阿弥陀《あみだ》寺の九カ所に下士官以下を収容し、南千反畑町の県物産館集議所、米穀検査所をそれぞれ将校・従卒の宿舎とし、別に県農会事務所に兵俘虜収容事務所をおいた。この施設がととのうかととのわないかという十一月十六日俘虜の第一陣四三二人が到着、続いて十一月三十日まで五陣に分けて、結局七八六人が送られてきた。

昭和六（一九三一）年九月十八日の柳条湖《りゅうじょうこ》事件を機に十五年戦争がはじまった。その直後の十一月陸軍特別大演習が肥筑《ひつく》の平野を舞台に大々的に繰り広げられた。演習は北軍・南軍に分かれて実施され、北軍は久留米の第一二師団、南軍は熊本の第六師団が基幹となり三日間にわたり攻防戦が展開され、終了後天皇の前で観兵式が行われた。天皇の来熊は三度目であるが、六日間にわたり県内各施設で各層の県民に接し、国家主義台頭の機運を大きく刺激した。

翌年七月七日の盧溝橋《ろこうきょう》事件以来、日本は中国に全面戦争をいどんだが、第六師団は七月二十七日動員令をうけ、ただちに釜山《プサン》に上陸、以後転戦して十二月の南京《ナンキン》攻略に加わった。以来、太平洋戦争終結に至るまで二六万九八四八人の兵士が動員され、中国各地はもちろん、ソロモン群島、豪州、フィリピ

満州事変と第六師団　城内の第六師団司令部をでる坂本師団長と幕僚。そして師団を迎える市民。

ン、ソ満国境、硫黄島《いおうじま》、ビルマ（現、ミャンマー）そして沖縄と、熊本出身兵はたたかい傷つき、あるいは玉砕《ぎょくさい》した。陸海軍あわせて六万人を超える兵士が戦地で命をなくした。

大熊本市の成立●

熊本県と熊本市は、このように繰りかえされる戦争のなかで、その戦時体制をささえる自治体として成長してきたのであるが、熊本市そのものの経済、あるいは住民の生活のうえでの発展を考えるとき、大きな阻害要因になったものに、市のど真ん中に総面積八万二〇〇〇坪におよんで存在する軍隊施設があった。この施設の移転について、熊本市会がはじめて本格的に取りあげたのは、明治三十（一八九七）年十月であった。市会は決議して陸軍大臣に、練兵場が熊本市の交通の要衝にあって、南の古町と北の坪井町を分断し商工業の発展を阻害しているから移転されたいと、移転許可願いをだした。もっとも、日清戦後経営のなかでのより一層の軍事力増強という課題にとって、市中のこの施設の拡充は限界に達していたことも事実であった。そんなこともあって、軍事施設移転を前提とする熊本市区改正事業が認可され、地所交換に関する契約が締結され、明治三十二年、まず騎兵隊と輜重《しちょうしょう》廠の渡鹿《とろく》移転が完了したのである。

おりしも、明治三十三年にはじまる経済恐慌《きょうこう》・金融恐慌によって第九国立銀行、九州商業銀行（現、肥後銀行）、第一五一国立銀行などが支払い停止に追いこまれるなどのことがあり、練兵場移転跡地への新市街建設も一時困難におちいったが、明治三十六年三月市区改正と新市街建設事業が完了し、日露戦争時にこの地に陸軍予備病院が仮設されたのをきっかけに付近に商店ができるなど、しだいに賑やかになってきたという。明治四十一年には辛島町・練兵町《れんぺい》・桜町などという新町名がうまれ、四十四年には現在の岩田屋伊勢丹《いせたん》のところに煙草《たばこ》専売局が建設されてから、新市街は急速に発展した。

ついで、歩兵第二三連隊の移転が検討されはじめた。大正二(一九一三)年の市会で建議されたのが最初であるが、具体的に動きはじめたのは九年後の大正十一年で、このとき市会は歩兵第二三連隊移転建議案を可決し、市長高橋守雄《もりお》は連隊移転と陸軍用地払い下げの申請を行った。そして、渡鹿に新兵舎をつくり、第六師団が満州にいっているあいだに旧兵舎を解体し、二万八〇〇〇坪におよぶ跡地は市に払い下げられることになった。ところが、新兵舎は渡鹿練兵場の一部をけずって建設され練兵場自体が狭くなったため、南東部二五万坪の地を買収して、総面積五〇万坪の練兵場をつくりあげたのである。その後軍縮時代にはいり、宮崎は都城《みやこのじょう》の歩兵第二四連隊が廃止されたことから、熊本の第二三連隊が都城に移動することになったため、渡鹿練兵場の新兵舎には熊本城内にあった歩兵第一三連隊がはいることになった。

　この軍隊の市街地からの移転は、熊本市の大きな発展の基礎になり、また専売局の建設以後進められた中央官庁の出先機関の誘致によって、公務員の比重を増し、安

大正中期の新市街(大正９年)　大正中期以降，熊本一の繁華街となり，朝日館・電気館などの活動写真，カフエーなどが建ち並び，にぎわった。

定した街の建設が可能になった。

さて、市民の足として市電の建設ははやくから検討されたが、明治四十（一九〇七）年に安巳《やすみ》橋から水前寺《すいぜんじ》まで走った熊本軽便鉄道が、最初にできた交通機関であった。翌年には南千反畑・立田村・二里木《にりぎ》間にも運転を開始した。この軽便鉄道によって人力車の稼業が圧迫されはじめたことは熊本の社会問題としても重要なことであった。その軽便鉄道を、電化しようという動きがはじまった。大正六（一九一七）年には電車期成同盟会ができたりしているが、米騒動などで順調にはいかず、大正十一年に熊本電気株式会社（熊電）が熊本市電の敷設権を獲得したところで、市長が佐柳藤太から高橋守雄にかわり、新市長は電車を市電として経営することを決定、熊電とのあいだに契約書を取りかわして、いっさいの権利を市が買収し事業を開始し、大正十三年八月に熊本駅・浄行寺間の幹線と水道町・水前寺間の支線計一二・九キロを開通、続いて昭和四(一九二九)年までに浄行寺・子飼橋間、辛島町・上熊本駅間、辛島町・南熊本駅間の三線を開通させた。

また、上水道についても種々の困難を克服して、八景水谷《はけのみや》

八景水谷水源池　大正13年当時の人口12万人をまかなって余裕のある豊富な水量をほこっていた。現在も中心街の大半をまかなっている。

と立田山に水源池が建設され、大正十三年十一月には一三万市民に上水道がつうずることになった（岩本政教「熊本市の三大事業」『新・熊本の歴史』七）。

抵抗の諸相●

熊本は政争の激しい地である。自由党（民権派）と国権党、ついで政友会と憲政会・民政党との争いが戦前はもちろん戦後にも尾を引き続けてきた。その陰にかくれて必ずしもめだちはしないが、日本の歴史のなかでも特筆すべき抵抗の歴史が刻まれている。すでにふれた『熊本評論』の松尾卯一太たちの活動もそうであるが、郡築《ぐんちく》争議は別の意味で特筆すべきである。

八代郡が設立されたのは明治二十九（一八九六）年であるが、郡は基本財産を確保するために干拓による新地の建設を思いついた。前後二回一二〇万円の郡債をおこして、明治三十三年に潮止め工事を開始し、同三十七年に一二〇〇町歩の干拓地を得た。干拓地ができたとはいっても、潮止めをおえただけで灌漑《かんがい》施設もなく、耕地整理もされず、一面牡蠣《かき》の殼におおわれたままの凸凹の荒地に、入植者をいれた。山勝ちのところに住み平地への願望をもつ人たちのなかで、「移住後収支欠損に耐えうる者」「収穫のほか不足の生計費を自弁しうる者」、かつ「品行方正なる者」を巡査にひそかに調査させ、三三九戸を入植させ、二八戸を通作させた。こんな条件で入植者を集めたのには理由があった。入植者は、牡蠣殼を拾うこと、耕地整理をすること、灌漑のための四〇〇〇にのぼるつき井戸をつくることなど、すべてを自前でしなければならず、にもかかわらず郡は入植一年目から小作料を徴収したのである。干拓や開きの場合、鍬下年期《くわしたねんき》といって年貢のかからない年を三年あるいは五年のあいだ設定されるのが近世以来の慣行であったが、郡はそれをいっさい無視した。大正十一（一九二二）年段階での郡築村の平均反収は一石六斗という低さで、それに対して小作料は九斗二升（五七・五％）、八代郡全体の平均反収二石四斗二升一合に小作料一石二斗三升（五一％）をはるかにしのぎ、残されたものでの生活はきわめて困難であった。当然、資力を使いはたして離村するものがあいついだ。

明治四十二年四月に、郡築は正式に村になったが、村民全員が小作人ばかりでは村は成り立たないことから、郡は小作人二〇人ばかりに所得税をおさめたことにして公民権をあたえ、そのなかから村長松島信貞と一二人の議員を選んだ。松島は村政を専断的に牛耳《ぎゅうじ》った。

村民＝小作人はもはや黙ってはいなかった。大正六年村民の一部は村政改革を要求し、一町歩以上を耕作し村税を平均額以上おさめるものには公民権をあたえよと要求した。大正十一年十一月、小作人たちは役場に集会して小作料五割減を決議し、交渉委員を選び郡長と交渉した。この年、郡制は廃止され、郡の所有地は公益事業組合に引きつがれた。村民の闘いは公益事業組合とのあいだで続けられた。村長が公金横領などで逮捕されたことも運動に油をそそい

昭和５年５月25日の小作組合の抗議デモ　八代郡郡築村で大正13年にはじまった小作争議は昭和５年に頂点に達した。

だ。日本農民組合が全面的支援にのりだした。「大正十一年度小作米は五割減に」「大正十二年度から五年間は小作料免除」「所有権を分割して地主三割、小作人七割とする」を掲げて、集会を繰りかえした。女性たちもたちあがった。女性だけのデモが組織され、郡立八代高等女学校にも押しかけた。娘の身売りをしなければならないような、郡築農民の犠牲のうえにたてられた女学校だからである。大阪天王寺公会堂で開かれた第三回日本農民組合第三回大会には、杉谷つもが壇上から訴えた。熊本の農民の女性にしてはじめての快挙であろう。熊本の水平社、五高社研、新人会熊本支部などがいっせいに支援をした。地主・ブルジョアジー・政友会などと、農民・労働者・民主勢力が郡築で対峙《たいじ》した。

こうして、大正十三年九月、小作料はむこう五年間毎年三割減の一万一〇〇〇俵とし、うち一〇〇〇俵は肥料代として交付するということで、とりあえず決着した。村民は、郡築神社を建設して、鳥居に

八代郡立八代女学校の運動会(明治35年10月)　新校舎落成をかねて行われた運動会で，えび茶の袴に蝶々まげ，リボンをつけてオルガンにあわせたダンス風景。郡築農民の膏血《こうけつ》によってつくられたとして郡築の女性たちがここへ押しかけた。

闘いの記録を刻した。しかし、根本的解決には至らず、五年後にふたたび闘争が開始されるのである。

大正十五年二月末、大熊本市の象徴的存在である市電の労働者がたちあがった。すでに、労働者の組織化は進んでいた。全熊本合同労働組合（合同労組）市電分会が秘密裏に組織され、それを母体に公然組織修養会が市電の労働者のなかにつくられていた。また無産青年同盟員もそのなかにいた。彼らは、市当局に扶養家族手当の支給をはじめとする待遇改善要求を突きつけた。当局が、それに対してその中心になった永村徳次郎に辞職勧告で応じたことから争議ははじまった。彼らは、合同労組や五高社研と相談のうえ永村解雇に反対することを決定し、熊本はもとより九州各地の労働者に支援を訴えた。それには、印刷労

ペルー移民とアルベルト＝フジモリ

明治五（一八七二）年の、ペルー国の船マリア＝ルーズ号事件（ペルー人による清国《しん》苦力《クーリー》虐待《ぎゃくたい》に対する日本による裁判）が奇縁で、日本とペルーとの国交が開始された。その四半世紀後の明治三十二年四月三日、日本人七九〇人をのせた佐倉丸《さくら》がペルーのカリヤ港に着いた。これがペルー移民の最初であった。彼らはカニエテ耕地で甘蔗《かんしょ》栽培に従事したり精糖工場で働いたが、奴隷《どれい》の中国人と同じ民族とみられたのか、さきのマリア＝ルーズ号事件が尾をひいたのか、日本人移民は激しく排斥された。入植の翌年三月集団暴動に見舞われて、カニエテ耕地を脱出、ようやくカヤオの移民宿に収容されたが、ここでもまた三五〇人の群衆の襲撃をうけた。以後もたびたび日本人移民は略奪や襲撃をうけた。日本人は自警団を組織して生活をまもらなければならなかった。

河内《かわち》（現、熊本市）の藤森直一《なおかず》が、森岡移民会社の契約移民の一人としてペルーにわたったのは

❖コラム

大正十一（一九二二）年三月十七日のことである。直一は農園の綿摘《わたつ》み労働者として骨身を削って働いた。そして一〇余年。ようやく自立してやっていけるところまできたので、昭和九（一九三四）年嫁をもらいに帰国、母のいとこの娘井元《いもと》ムツエと結婚した。

ムツエの旅券番号は二五万四九六六号。ふたりは冬のペルーに着いた。「五年ぐらいは恋しかったよ。早よう金もうけて帰ろう、帰ろうと思って」頑張《がんば》った。「金ももたずにあなた、帰ったらどうしますか」と、一〇年が過ぎた。「長うこのペルーにおったら、ラテロ（泥棒）の国でもやっぱりここがいいもんのう。どういうもんかしら、住み慣れたらいいんですよ」（千野境子「藤森ムツエさん聞き書き――大統領の母」『熊本日日新聞』平成二年六月二十五～二十八日）と落ち着いた。

直一が新婦ムツエとした最初の仕事は、男物の仕立屋であった。その後タイヤ修繕業にかわった。その間何度も略奪にあった。ペルーは「ラテロの国」であった。そして、太平洋戦争が勃発し、ペルーは日本に宣戦布告、直一のタイヤ修繕工場は没収されてしまったのである。そして敗戦。

アルベルトは昭和十三（一九三八）年、くしくもペルーの独立記念日の七月二十八日に生まれた。母は戦争がおわったら帰国するつもりで、姉のファナとアルベルトには日本語だけしか教えなかったという。その彼が、大統領になった。日本人移民のどれだけの労苦がその基礎に積み重ねられたのか、想像を絶するものがあろう。

ペルー大統領アルベルト＝フジモリ(就任演説〈1990年２月〉)

組・無産者同盟・熊本水平社・大牟田合同労組・九州青年同盟・坑夫組合・防長合同労組などがこたえた。三月一日、一〇五人の労働者中八〇人が、待遇改善やスト参加者から犠牲者をださないことなど一六カ条の要求を提示して、ストライキにはいった。辛島市長は、市会緊急参事会・電車委員会の協議会を急遽招集して、永村の解雇の撤回、争議による犠牲者はださないことなどをうけいれるかにみせながら、警察官による検束・拘留を強行した。しかし、水平社などがあいだにはいって交渉、市は一四項目中九項目につき了解したようにみせ、争議団の解散を待って、争議とは別の理由をもって十二日中心人物一二人を解雇したのである。結局、市電労働者の闘いは、敗北におわった。

しかし、その後昭和二（一九二七）年には熊本市本荘《ほんじょう》の竹田製油工場の労働者のよびかけで、工代会議の運動が展開され、熊本電鉄・熊本合同運輸・高田醤油《しょうゆ》製造・宮家《みやいえ》印刷・博文社・熊本市電の労働者は熊本地方工代会議を開催、熊本地方専売局・外川《とがわ》電鉄・九州新聞印刷工場・九州毎夕新聞印刷工場・九州毎日新聞印刷工場・春竹《はるたけ》駅合同運送店などの労働者が参加して、不況を理由に賃下げ・解雇・賃金不払いなどのおこることを阻止し、健康保険掛金全額会社側負担などを求めて団結して運動することを確認している。こうした組織的な運動は、昭和十年ごろまで粘り強く展開されたのである。

2　歴史の重圧のなかで

戦争・災害に抗して●

熊本市に最初の空撃警報がだされたのは、昭和十七（一九四二）年四月十八日午後四時のことであった。

この日、航空母艦から発進したB25一六機が京浜・名古屋・神戸などを爆撃した。アメリカ軍による本土空襲の最初であった。しかし、熊本には爆撃機は飛来せず、警報はやがて解除となった。以後二年二カ月のあいだ日本は空襲をうけることはなかったが、昭和十九年六月のマリアナ沖海戦の開始に伴って本土空襲が本格化した。中国の四川省成都《せいと》の基地を飛びたったB29は六月十六日八幡《やはた》製鉄所を爆撃した。この期の空襲は、九州北部に集中した。それはB29の航続距離がせいぜいこの地域までが限度だったからにすぎない。それでも十一月二十一日熊本市柿原にB29八〇機が飛来し、五〇キロ爆弾十数発をおとした。これが県下最初の空襲であった。翌昭和二十年三月以来しだいに空襲の頻度は増してきたが、七月一日、真夜中の二三時三〇分ころからアメリカ軍二一爆撃飛行集団（コマンド）に属する第七三爆撃飛行団（団長はオードンニル准将）は、この日夕刻四時すぎからつぎつぎと基地サイパンを飛びたち、九州の南西をなでるように飛んだあと、天草下島上空から宇土半島を越えて、熊本市中上空に達した。一五四機のB29

熊本大空襲直後の焼け跡　昭和20年7月1日の空襲で市の中心部はほとんど焼きつくされた。新市街，花畑町・下通一帯の惨状。

が一一〇七・二トンもの油脂《ゆし》・黄燐焼夷弾《おうりんしょういだん》を二時間かけて投下した。これにより、市街地の三分の一が焦土と化し、約一万戸が罹災《りさい》し、市街地住民約四万人が家を失った。そして、実数は不明だが三〇〇人以上の市民が命を失った。

　敗戦後、民衆はこの廃墟からたちあがった。昭和二十一年六月末失業者は、復員軍人・引揚者を加えて五万人に達し、生活困窮者は二〇万人近くにのぼった。翌年五月の欠食児童は県の調査で三四〇〇人に達した。都市生活者はタケノコ生活を余儀なくされ、各地に闇市《やみいち》や青空市ができた。それでも、せっせと働きたくましく生き、あらたな生活の基盤をつくりあげつつあった。そんなとき、昭和二十八年六月、熊本市は未曾有の大水害に見舞われたのである。二十五日から二十六日にかけて、県の北部一帯は記録的な集中豪雨におそわれた。降雨はとくに熊本市以北で激しく、菊池川水系の鹿本・菊池両郡に集中した雨は、

史上最大の豪雨禍をもたらした昭和28年6月の水害　あとには大量泥土が残った。家具に残った泥を道路に排出する市民。

玉名郡へと移行、さらに白川水系の水源、阿蘇郡におよび、それが白川を溢水《いっすい》させて熊本市におそいかかったのである。熊本市は、京町・健軍・帯山などの台地をのぞいてほとんどが浸水した。この水害による死者は五四八人、負傷者は一五七〇人、家屋の全壊流失は一八六六戸、半壊は六五七一戸を数えた。

熊本市は、戦災につぐこの大水害によって大打撃をうけたのであるが、その後の高度経済成長のなかで、順調に復興し、昭和五十二年には五〇万都市に、そして今や六七万人を擁する大都市になった。

魔性の論理克服の課題●

日本窒素《ちっそ》肥料株式会社の出発は、鹿児島の大口金山や牛尾金山への電力供給を目的として明治三十九（一九〇六）年一月に野口遵《したがう》が建設した曾木《そぎ》電気株式会社（資本金二〇万円、出力一五〇〇キロワット）である。野口は三年前から宮城県仙台でカーバイド製造を行っており、日露戦争のお陰でその需要がのびたことから、曾木電気株式会社の電気をつかってカーバイドの製造をしようと考えた。野口は、当初地の利からみて米ノ津に工場を建設するつもりであったが、水俣《みなまた》は浜の名望家前田永喜《ながよし》の積極的な誘致運動に応じることになった。工場用地を安価に提供してくれる、米ノ津との距離の差二里分の電柱八〇本の寄付をうけるという条件で、水俣川河口の古賀《こが》に工場をつくることになった。このときの村長深水頼資《ふかみよりすけ》をはじめ村のおもだったものの多くは工場進出に反対で、当時は陣内《じんない》にあった西念寺でいく度も寄り合いがもたれたという（鬼塚甚蔵の証言、色川大吉「不知火海《しらぬいかい》民衆史」『水俣の啓示』）が、結局進出を許すことになった。そのいきさつは判然としない。ともあれ、明治三十九年から工事が開始され、四十一年八月工場は完成した。このとき、曾木電気株式会社とカーバイド商会とを合併して日本窒素肥料株式会社（日窒）と社名を改め、資本金も一〇〇万円に増額し、本店を大阪において、十一月から送電を開始し製造をはじめた。

工場は、カーバイドの生産からはじめて、カーバイドを原料にして空気中の窒素を吸収化合させてつくる窒素肥料＝石灰窒素（明治四十三年）、さらに硫酸アンモニア（大正三〈一九一四〉年）へと生産の種類と規模を拡大していった。昭和元（一九二六）年十二月二十五日、すなわち昭和の最初の日にカザレー式によるアンモニア製造に成功したが、この年の水俣町の選挙において、日窒の社員坂根次郎が町長に、岩崎工場長ら七人が町会議員に当選し、日窒が水俣町政に直接関与をはじめた。日窒が町政への関与を開始した動機は、大正十二年の三度の水害で工場が冠水して硫安などの製品が流出したことから、水俣の都市構造改革の必要性を痛感したこと、また日窒は大正七年以来、変性硫安残滓《ざんし》排水を無処理のまま百間《ひゃっけん》港から水俣湾に放流していたために、水俣漁業組合が排水による被害の補償を求めており、それを政治的に解決しようと意図したことであった。町政をにぎった日窒は、「今後、永久に苦情はいわない」ことを条件に漁業組合に一五〇〇円の見舞金を支払った。日窒は、このとき排水をやめるとの約束はせず、かえって排水を継続することを承認させたのである。一方、百間港の整備や道路の新設など工場発展の基盤整備を行い、国鉄肥薩《ひさつ》線の水俣駅を工場の正面に建設させた。一九二〇年代中葉以降朝鮮に興南工場をつくり、硫安製造の拠点をそこに移し、昭和五年ころから水俣ではアセチレンをアセトアルデヒドに変換し、ここから酢酸や酢酸繊維素・酢酸エチルなどを生産することとした。ここで重要なことはアセチレンを変換してアセトアルデヒドを製造する過程で、第二硫化水銀を触媒《しょくばい》として使用するが、この製造工程で有機水銀（メチル水銀）が生成され、排水路をつうじて、さきの変性硫安残滓排水と同じように、無処理のまま水俣沿岸海域に放出されたのである。

その結果、昭和四十七年の熊本大学の調査によって判明したように、昭和十六年に、最初の水俣病患者の発生をみたのである。しかし、日窒はこうした公害発生についてはまったく顧慮することなく、戦争政策にあわせて生産を続け、工場群は空襲で廃墟となったのである。

戦後、日窒は財閥指定をうけ一時業務が制限されたが、政府とGHQの食糧増産計画のなかで息を吹き返し、昭和二十八年までに九億三五〇〇万円の融資をうけ、カーバイドから酢酸製造などの有機部門の復旧を行い、同時に塩化ビニール・オクタノールなどの生産も再開した。この間、昭和二十五年に新日本窒素肥料株式会社としてあらたに設立認可をうけた。

こうして、有機水銀は、昭和七年から同二十三年九月までは百間港から水俣湾へ、翌二十四年九月までは水俣川河口へ、その翌二十五年五月までは八幡プールへ、ついで四十一年五月までは百間港に排水され、さらに四十三年五月水俣工場がカーバイドを原料とするアセトアルデヒドの製造をおえるまでのあいだ、地下タンクとアセトアルデヒド生成器とのあいだを循環する方式がとられた。塩化ビニール排水も同様に水俣湾に放出され続けた。この間、昭和七

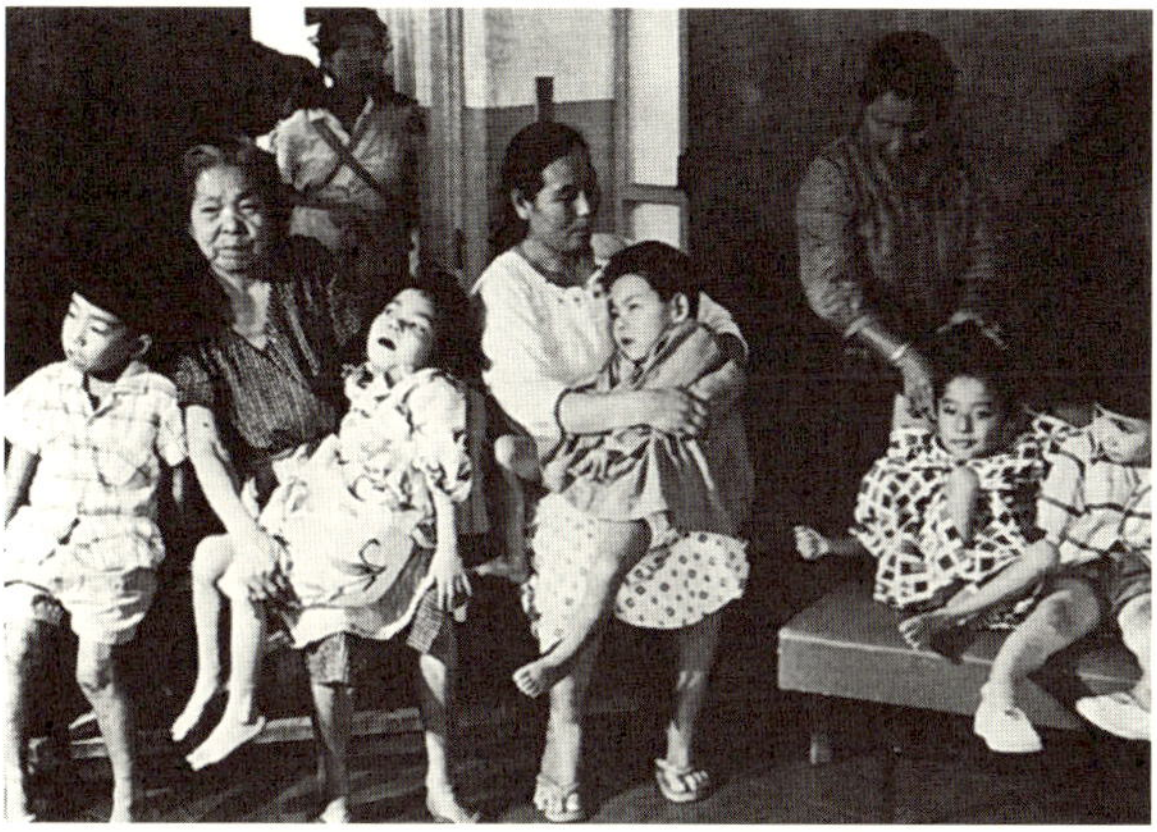

胎児性水俣病の子どもたちをかかえて

年から昭和四十三年に至るあいだに、水俣工場から有機水銀として放出された水銀の量は、総計二〇〇トンにのぼる。こうして水俣病は長期にわたって生産され続けたのである。

不知火《しらぬい》海沿岸に発生した「奇病」（公式発見とされたのは昭和三十一年五月一日）の原因が、メチル水銀であることが公式に認定されたのは昭和三十四年のことである。そしてそれが日窒水俣工場からの排水によるものであることがわかったのは昭和三十八年二月であった。それを政府が認めるまでにさらに五年半を要した。新日窒と政府・行政は、この間いたずらにあらたな患者をうみ続けたのである。

患者たちの闘いは、第一次訴訟（昭和四十四年提訴）、第二次（四十八年提訴）、第三次（五十五年提訴）と続き、「生きているうちに救済を」の悲痛の叫びのなかで、平成八（一九九六）年五月終結した。

昭和三十八年十一月九日、三池三川鉱で大爆発がおきた。炭塵《たんじん》爆発である。四八五人が死亡し、八〇〇人以上が一酸化炭素中毒にかかった。幕末以来のこの炭鉱も、平成九年万田坑《まんだこう》（口絵参照）の閉山を最後にその歴史を閉じた。

なにもなかったかのように美しく光る海のほとりで、水俣病患者は今も病苦とたたかっている。三池炭鉱の一酸化炭素中毒患者も三池の歴史の証人として苦しみ続けている。興人《こうじん》八代工場の二硫化炭素中毒患者も同じである。それぞれ病気とたたかいながら苦しい生活を余儀なくされているのである。

現代の公害は、おもに資本と権力の、経済（儲け）至上主義、人命軽視、弱者の使い捨て・切り捨て、環境に対する無知・傲慢《ごうまん》、歴史に対する無反省と現在および未来に対する無責任、などなどがうみおとした残酷である。きたるべき二一世紀の熊本に、われわれはなにを残すことができるか、なにを残さなければならないのか。われわれは、急ぎこの回答をださなければならない。

あとがき

熊本県では、昭和三十二(一九五七)年から昭和四十二年にかけて『熊本県史』(通史編八巻、史料編八巻)が刊行されたが、通史編は文字通り熊本県の成立以後に主眼がおかれ、近世以前はきわめて大ざっぱなものであった。いらい本格的な県史編纂事業が望まれているが、残念ながら実現に至っていない。したがって今回の『熊本県の歴史』には現在刊行中の『新熊本市史』をはじめ、県下各地の市町村史編纂の成果が大いに役立った。そのほか『熊本史学』『熊本近代史』を中心に研究論文も数多く発表されており、執筆の参考としたが、本書の性格上いちいちを明記しなかった。ご寛恕を願いたい。

森田誠一先生が旧版『熊本県の歴史』を著されたのは、昭和四十七(一九七二)年のことであった。充実した内容で、よく整理されていてわかりやすい、県史の不備を補うものとして普及度は高く、高度な概説書として利用されている。旧版の編集のときには付録の一部をお手伝いした程度であったが、今回は編集に参加した。

今回の企画は、一人一時代ということで安心して次のように分担することにした。総説の「風土と人間」は松本、原始・古代の1・2章は板楠和子氏、中世の3・4章は工藤敬一氏、近世の5・6・7章は松本、近代・現代の8・9章は猪飼隆明氏、付録は沿革表を猪飼氏、祭礼・行事を松本が執筆し、年表・参考文献は四人で分担した。四人は熊本大学に勤務したり、卒業生であったり、平素から研究会で顔を合わせる間柄で連絡もしやすく、それぞれに豊富な執筆経験をもっているので、好都合であった。編集に当たっては、章立て、項目作成、原稿枚数、口絵・本文の写真、その他について執筆者全員で討議を重ね執筆を進めた。

熊本県の歴史に関するこれまでの研究蓄積は十分なものとは言い難い。『新熊本市史』の刊行が進行中の今日では、すでにその通史編がでた原始古代、中世と、まだ通史編の項目作成中の近世とのギャップは大きい。近世では研究の空白の部分が多く、通史として十分利用に堪えうるか忸怩たるものを禁じえない。この点はさらに今後の研究にまつほかないが、それ以外の部分については、最新の研究成果が盛り込めたし、高度の内容を平易に表現できたと確信している。紙数の関係での不備や単純なミスがあるかもしれないが、大筋において、読者のみなさんを熊本県の歴史の舞台に案内できるものとなっているとおもう。

なお近代・現代については、本書の姉妹編として森田誠一・花立三郎・猪飼隆明著『熊本県の百年』が刊行されているので、紙数を押さえている。同書を併読していただければ幸いである。私の執筆が遅れ、期限どおりに原稿を提出された皆さんや山川出版社にはご迷惑をかけた。お許しいただきたい。写真・図版には多くの方々や関係各機関にお世話になった。あらためてお礼を申し上げたい。

本書の企画段階で熊本大学に所属していた三人のうち、猪飼氏と松本は九八年三月、工藤氏は九九年三月熊本大学を去り、板楠氏も九八年四月九州女学院高等学校から九州ルーテル学院大学に移った。全員が新しい職場で完成を迎えたことになる。

一九九九年四月

松本　寿三郎

福岡県
八女市
釈迦ヶ岳
日田市
大分県
九重町
由布市
大分市
小国町
涌蓋山
1500
阿蘇郡
南小国町
九重山
1791
大分県央空港
八方ヶ岳
1052
山鹿市
大観峰
936
産山村
阿蘇市
竹田市
菊池市
豊肥本線
豊後大野市
菊池郡
大津町
合志市
阿蘇山
1592
北区
菊陽町
阿蘇くまもと空港
南阿蘇鉄道
阿蘇郡
高森町
祖母山
1756
東区
中央区
西原村
南阿蘇村
益城町
高千穂町
嘉島町
上益城郡
大崩山
御船町
山都町
南区
甲佐町
日之影町
延岡市
五ヶ瀬町
五ヶ瀬川
下益城郡
美里町
国見岳
1739
諸塚村
熊本県
八代市
椎葉村
門川町
耳川
美郷町
五木村
仰烏帽子山
1302
球磨郡
九州自動車道
水上村
多良木町
日向市
山江村
相良村
川辺川
市房山
1721
宮崎県
湯前町
都農町
くま川鉄道
西米良村
小丸川
ひとよし
人吉市
あさぎり町
錦町
川南町
木城町
白髪岳
1417
東九州自動車道
高鍋町
一ツ瀬川
西都市
えびの市
小林市
国富町
新富町
442
212
387
210
3
442
212
387
57
57
502
387
325
265
57
325
265
325
443
3
445
218
218
218
218
503
443
265
388
265
327
445
388
446
265
388
219
219
221
267
265

携帯便利なガイドブック

〈新訂版〉図説 仏像巡礼事典

古仏巡礼に必携の手引書

仏像の種類・特徴・見分け方、様式の変遷、規準的作例、坐法・印相・技法などを七〇〇余点の写真や図版を用いて要領よく解説。全国の国宝・重文指定の仏像(平成3年現在)全てを網羅。

新書判

図説 歴史散歩事典

歴史散歩に必携の案内書

寺院・神社・城・庭園・茶室・住宅・考古遺跡をはじめ、暦・貨幣・陶磁器・絵画工芸などの由来、見方、様式、名称を、一〇〇〇余点の写真や図版を用いて平易に解説。

新書判

図説 民俗探訪事典

日本人の暮らしの知恵を探る

衣食住・家と家族・ムラの社会・年中行事・民間信仰・生業と暮らし、民俗芸能などの見方、とらえ方を、一〇〇〇余点の写真と図版を用いて、平易に解説。

新書判

図解 文化財の見方 —歴史散歩の手引—

『歴史散歩事典』のダイジェスト版

文化財に親しむための入門書。社寺建築をはじめ城や仏像などの見方を、四〇〇余点の写真・図版を用いて簡潔・平易に解説。修学旅行や校外学習にも最適なハンドブック。

新書判

松本寿三郎　まつもとすみお

1932年，朝鮮釜山に生まれる
1955年，熊本大学法文学部史学科卒業
現在　崇城大学教授
主要著書・論文　『熊本藩侍帳集成』（細川藩政史研究会，1996年），「近世における知行割と鬮取」（『熊本大学文学部論叢』57号）

板楠　和子　いたくすかずこ

1946年，熊本県に生まれる
1974年，熊本大学大学院文学研究科修士課程修了
現在　九州ルーテル学院大学人文学部教授
主要著書　「有明文化圏の形成」（共著，井上辰雄編『古代の地方史』第１巻，朝倉書房，1977年），「主厨司考」（共著，『太宰府古文化論叢』上巻，吉川弘文館，1983年）

工藤　敬一　くどうけいいち

1934年，熊本県に生まれる
1961年，京都大学大学院文学研究科博士課程単位取得退学
現在　熊本大学名誉教授
主要著書　『九州庄園の研究』（塙書房，1969年），『荘園公領制の成立と内乱』（思文閣出版，1992年），『荘園制社会の基本構造』（校倉書房，2002年）

猪飼　隆明　いかいたかあき

1944年，福井県に生まれる
1974年，京都大学大学院文学研究科博士課程単位取得退学
現在　大阪大学名誉教授
主要著書　『熊本県の百年』（共著，山川出版社，1985年），『対外観』（共編著，岩波書店，1988年），『西郷隆盛―西南戦争への道』（岩波書店，1992年）

熊本県《くまもとけん》の歴史《れきし》　　県史　43

1999年４月25日　第１版第１刷発行　2012年３月30日　第２版第１刷発行

著　者　松本寿三郎《まつもとすみお》・板楠和子《いたくすかずこ》・工藤敬一《くどうけいいち》・猪飼隆明《いかいたかあき》
発行者　野澤伸平
発行所　株式会社　山川出版社　〒101-0047　東京都千代田区内神田1-13-13
電話　03(3293)8131(営業)　03(3293)8134(編集)
http://www.yamakawa.co.jp/　振替　00120-9-43993
印刷所　図書印刷株式会社　製本所　株式会社ブロケード
装　幀　菊地信義

ISBN 978-4-634-32431-2

付　　録

■ 索　　引

● あ　行

● さ　行

● た　行

●な　行

●は　行

● ま　行

● や　行

● ら・わ行

■ 年　　表

年代	時代	事項
10万年前	旧石器	荒尾市平山宿遺跡(片刃礫器・尖頭器)，球磨郡下里遺跡(剥片)。
3万年前		熊本市石の本遺跡，下益城郡曲野，人吉市狸谷，阿蘇郡下城，菊池市伊野遺跡など。
B.C.1万	縄文草創	人吉市狸谷・白鳥平B，水俣市石飛遺跡。
	早期	熊本市カブト山・庵の前，菊池郡瀬田浦・牟田原，下益城郡沈目遺跡，熊本市健軍上の原，上益城郡櫛島遺跡など。
B.C.4000	前期	宇土市轟貝塚，下益城郡宮島貝塚，熊本市川戸貝塚，宇土市曽畑貝塚。
B.C.3000	中期	熊本市沼山津貝塚，下益城郡阿高貝塚など。
B.C.2000	後期	熊本市渡鹿・高橋貝塚，菊池郡御手洗遺跡，熊本市北久根山，菊池郡六地蔵遺跡，熊本市太郎迫・四方寄，菊池郡三万田遺跡など。
B.C.1000	晩期	熊本市太郎迫・四方寄・上南部・健軍上の原遺跡など。
B.C.300	弥生前期	熊本市苗代津遺跡，玉名郡斎藤山遺跡(日本最古の鉄斧)。熊本市護藤遺跡群，下益城郡上ノ原遺跡，熊本市神水・白藤遺跡，球磨郡大久保遺跡。
	中期	熊本市牧崎・黒髪町遺跡，菊池市外園遺跡。
100	後期	熊本市鶴羽田・戸坂遺跡，球磨郡下乙本目遺跡，熊本市五丁中原・運動公園遺跡，菊池郡西弥護免遺跡。
300	古墳前期	宇土市迫ノ上・弁天山古墳，熊本市水源町遺跡，下益城郡塚原古墳群。
	中期	鹿本郡岩原古墳群，玉名郡江田船山古墳群，八代郡野津古墳群。
500	後期	装飾古墳の盛行。山鹿市チブサン・熊本市千金甲・宇土郡国越古墳など。熊本市千葉城・つつじヶ丘，山鹿市鍋田横穴墓など。

西暦	年号	事項
527	(継体)21	***6-3*** 筑紫国造磐井，筑・火・豊3国を基盤として朝廷軍とたたかう。
535	(安閑)2	***5-9*** 火国に春日部屯倉を設置。
556	(欽明)17	***1-*** 筑紫火君，百済王子の帰国にさいし，勇士1,000人を率いて津路をまもる。
583	(敏達)12	この年，葦北国造の子日羅，任那復興のため百済より帰国後に暗殺される。
609	(推古)17	***4-4*** 百済僧道欣ら85人肥後国葦北津に漂着。
618	26	隋滅亡，『隋書』倭国伝に「阿蘇山噴火」がみえる。
687	(朱鳥)2	***2-*** 阿蘇評督角足，宇治宿禰と賜姓される。
696	(持統)10	***4-27*** 皮石郡壬生諸石，白村江の戦で唐軍の捕虜となるが帰国。
698	(文武)2	***5-25*** 大宰府に大野・基肄・鞠智城の修治を命ず。このころ託麻郡家(渡鹿A遺跡)がつくられる。
713	和銅 6	***8-*** 道君首名，筑後守兼肥後守となる。
715	霊亀 1	この年，郷里制施行(~740)。鴻臚館出土木簡に「天草郡志記里」がみえる。

718	養老　2	***4-11*** 道君首名死去，生前に肥後において味生池をきずき善政を行う。
719	3	この年の平城京出土木簡に，「託麻郡調綿壱百屯四両」がみえる。
723	7	この年の平城京出土木簡に，益城・合志・葦北3郡の「調綿壱百屯四両」「肥後国益城軍団」がみえる。
731	天平　3	***6-17*** 益城郡の大伴君熊凝，相撲使従者として上京中に死亡。筑前守山上憶良これをいたんで歌6首をつくる。この年の平城京出土木簡に「飽田郡主政建部君馬口」がみえる。
743	15	***8-29*** 史生山田方見，母の願いにより建部君足国に写経を命ずる。この年より肥後・筑後両国，朝廷の元旦節会に腹赤魚献上。
744	16	***5-18*** 雷雨地震により八代・天草・葦北3郡の被害甚大。
750	天平勝宝2	***4-5*** 宇土郡大宅郷の額田部真嶋，優婆塞として貢進される。
754	6	***8-19*** 石山寺蔵瑜伽師地論に飽田郡建部君虫麻呂写すと見ゆ。
756	8	***12-20*** 肥後国など26国に金光明寺の灌頂幡などを頒下(託麻国分寺)。
761	天平宝字5	***7-2*** 西海道巡察使，肥後国などに甲・刀・弓・箭を造備させる。
768	神護景雲2	***7-19*** 八代郡正倉院の北畔に蝦蟆の大群あらわれる。***9-11*** 葦北郡刑部広瀬女，白亀献上の功により従八位下など賜う。
770	宝亀　1	***10-1*** 葦北郡日奉部広主売，益城郡山稲主の2人白亀献上により，宝亀元年と改元。
771	2	この年，八代郡豊服郷の人として「豊服広公」がみえる。
778	9	***11-13*** 第10回遣唐使船，帰途難破し藤原河清ら41人，天草に漂着。
790	延暦　9	***2-23*** 浄水寺創建，南大門碑建立。
795	14	***9-21*** 肥後国，上国から大国へ昇格。
796	15	***7-22*** 阿蘇山上の神霊池，涸減す。寺ごとに3日の斎戒読経を命ずる。
801	20	***7-14*** 肥公馬長・真上日乙・僧薬蘭，浄水寺に灯楼1基を奉献。
806	大同　1	***11-11*** 水旱疾疫が続き百姓逃亡し，田園荒廃のため肥後国など免租。
813	弘仁　4	***8-9*** 肥後国の兵士1,000人を削減し，3軍団1,500人を定員とする。
820	11	この年，肥後国正税公廨各30万束，国分寺料8万束とみえる。
823	14	***2-21*** 肥後国など大宰府管内に公営田1万2,095町を実施。
826	天長　3	***2-3*** 浄水寺，寺領碑を建立。
828	5	***10-3*** 浄水寺，定額寺となる。
833	10	***3-9*** 飢民救済の功により葦北郡少領他田継道，白丁真壁福益に叙位。
840	承和　7	***7-22*** 健盤龍神に従三位を授与。***7-27*** 玉名郡疋野社官社となる。
842	9	***8-29*** 前豊前介中井王,筑後・肥後の百姓の生業を妨害し,訴えられる。
847	14	***3-1*** 飽田郡人建部公弟益の男女5人，長統朝臣と賜姓され，左京三条につく。***7-4*** 阿蘇郡国造神社を修造し，官社とする。
855	斉衡　2	***10-25*** 肥後国，公営田の延長を申請し認められる。
858	天安　2	***6-20*** 菊池城院兵庫みずから鳴り，不動倉11宇焼失。
859	貞観　1	***5-4*** 合志郡を割いて山本郡を分置。
864	6	***11-4*** 肥後国大宅牧を停止する。
866	8	***9-22*** 肥後守紀夏井，応天門事件に連座して土佐へ流罪となる。
869	11	***7-14*** 大風雨により官舎民居多数倒壊，6郡水没，田園数百里陥没。こののち託麻国府，水害により益城国府へ移転。
873	15	***7-8*** 渤海国人，天草に漂着。
876	18	***9-9*** 合志郡擬大領日下部辰吉，奈我神社の河辺で白亀捕獲。

878	元慶	2	***9-7*** 八代郡倉に大鳥が集まり，宇土郡蒲智比咩神社前の河水が赤変。
893	寛平	5	閏 ***5-3*** 新羅人，飽田郡に侵入し，人宅を焼き松浦郡へ逃亡する。
899	昌泰	2	***4-5*** 隣賊防備のため，肥後国史生１人を減じて，弩師１人を置く。
934	承平	4	このころ，飽田郡に祇園社勧請と伝える。
935		5	この年，藤崎宮(八幡別宮五所の一つ)創設される。
951	天暦	5	***10-***『後撰和歌集』に檜垣の歌が選ばれる。
961	応和	1	このころ，四木宮創設と伝えられる。
976	貞元	1	***1-*** 飽田郡池辺寺焼亡。
990	永祚	2	***6-*** 肥後守清原元輔死去，享年81歳。
997	長徳	3	***10-1*** 南蛮賊徒，肥後・肥前・薩摩などに侵入する。
1019	寛仁	3	***4-27*** 刀伊賊，博多湾に入寇。権帥藤原隆家や藤原蔵規(菊池氏祖)ら，撃退。
1040	長暦	4	***4-10*** 肥後前司藤原定任暗殺される。藤原政隆追捕をうける。
1086	応徳	3	***11-*** 鹿子木荘開発領主沙弥寿妙の孫高方，その地を大宰大弐藤原実政に寄進。
1092	寛治	6	***2-26*** 白河院領山鹿荘が成立。
1137	保延	3	***1-30*** 平清盛，中務大輔兼肥後守となる。
1139		5	***11-*** 鹿子木荘，鳥羽院皇女高陽院内親王家領として立券される。
1143	康治	2	***4-3*** 田口行季，1,000余人の軍兵を率いて山手村で濫行。
1144	天養	1	***12-19*** 木原広実ら，矢部山の専当近包の宿所をおそい，貢御の甘葛を奪い，近包を殺害す。木原秀実，国庁の近くで国衙高官らを殺傷。
1146	久安	2	この年，凡導寺(山鹿市)の経筒が埋納される。
1156	保元	1	***10-*** 保元の乱。
1159	平治	1	***12-*** 平治の乱。
1166	仁安	1	この年，俊芿，飽田郡に生まれるという。
1167		2	***8-*** 清盛，八代郡に大功田をあたえられる。
1180	治承	4	この年，菊池隆直・阿蘇惟安・木原盛実らが平家にそむく。***8-*** 頼朝，挙兵。
1181		5	***4-14*** 菊池隆直追討の宣旨がくだる。***7-14*** 菊池隆直追討のため，平貞能，筑後守・肥後守となって鎮西に下向。
1182	寿永	1	***4-*** 菊池隆直降伏。
1185	文治	1	***3-*** 平家一門，壇ノ浦で滅亡。***11-*** 文治勅許(天野遠景，九国地頭となる)。
1186		2	***2-7*** 大江広元，山本荘(地頭職カ)をあたえられる。
1192	建久	3	この年，球磨御領の片寄(再編成)により人吉荘・永吉荘成立。
1194		5	閏 ***8-15*** 阿蘇・健軍・甲佐三社領の片寄。これに伴い神蔵荘・安富荘が分化成立。
1197		8	閏 ***6-*** 肥後国の建久図田帳がつくられる。
1205	元久	2	***7-25*** 相良長頼，人吉荘地頭となる。
1221	承久	3	***5～6-*** 承久の乱。
1228	安貞	2	***11-29*** 弁阿，白川往生院にて別時念仏を修す。
1229	寛喜	1	この年，湯前明導寺(城泉寺)阿弥陀堂建立。
1232	貞永	1	***8-*** 御成敗式目制定。
1238	暦仁	1	***6-16*** 藤崎宮修造のため一国平均役が課せられる。

1247	宝治 1	6-23 小代重俊，宝治合戦の功により玉名郡野原荘の地頭になる。
1260	正元 2	この年，寒巌義尹，尼修寧とともに宇土如来院を草創。
1274	文永 11	10- 文永の役。
1275	建治 1	11- 文永の役の功により，竹崎季長が海東郷の地頭職をあたえられる。
1276	2	3- 幕府，高麗進攻のために動員可能な人員・武具を調査。井芹西向・尼真阿らが注進。
1278	弘安 1	この年，寒巌義尹の発願による河尻大渡橋完成。
1281	4	5～閏 7- 弘安の役。
1282	5	10- 寒巌義尹，河尻泰明の外護を得て大慈寺を創建。
1293	永仁 1	2- 竹崎季長，『蒙古襲来絵詞』の作成を発意。3- 鎮西探題をおく。
1294	2	この年，相良頼宗，多良木に青蓮寺を建立。
1309	延慶 2	1-22 藤崎宮焼亡。
1333	正慶 2 (元弘 3)	3-13 菊池武時ら，博多の探題館を攻めて敗死(博多合戦)。5-25 鎌倉幕府滅亡。
1336	建武 3 (延元 1)	3-2 菊池武敏・阿蘇惟直，筑前多々良浜で足利尊氏に敗北。12- 後醍醐天皇吉野遷幸。
1338	暦応 1 (3)	7-25 菊池武重，「寄合衆内談の事」(菊池家憲)を定める。
1348	貞和 4 (正平 3)	1-2 征西将軍懐良親王，宇土津に着津。その後菊池へはいる。
1349	5 (4)	9- 足利直冬，河尻幸俊の船で河尻に着津。以後宮方・武家方・佐殿方の三者てい立の内乱となる。
1353	文和 2 (8)	2-2 菊池武光，筑後針摺原に九州探題一色範氏を破る。
1358	延文 3 (13)	この年，名和顕興，八代にくだるという。
1359	4 (14)	8-6 菊池武光，筑前大保原で少弐頼尚を破る(筑後川の戦い)。8-24 幕府，大友氏時を肥後国守護に補任。
1361	康安 1 (16)	8- 懐良親王，大宰府にはいる。
1362	貞治 1 (17)	10-17 幕府，阿蘇惟村を肥後国守護に補任。
1371	応安 4 (建徳 2)	この年，明，懐良親王を「日本国王」に封ず。8- 大宰府征西府没落，今川了俊，大宰府にはいる。
1375	永和 1 (天授 1)	4-8 今川了俊，山鹿郡日岡に陣どる。8-26 今川了俊，菊池郡水嶋にて少弐冬資を誘殺。9-8 菊池武朝，水嶋で今川了俊を破る。
1378	4 (4)	9-29 菊池武朝，詫磨原合戦で今川軍を破る。
1381	永徳 1 (弘和 1)	6-22 今川了俊の攻撃により隈部城(菊池本城)落城。
1384	至徳 1 (元中 1)	7-4 葉室親善・菊池武朝，吉野に申状を呈し累代の戦功を奏上。
1391	明徳 2 (8)	9- 今川了俊，八代攻略。後征西将軍宮良成親王・名和顕興ら降伏。

1392	明徳 (元中9)	3	閏 ***10***- 南北朝合一。
1395	応永	2	閏 ***7***- 幕府，今川了俊を召喚。
1404		11	***12-19*** 九州探題渋川満頼，肥後国人に守護阿蘇惟村への忠節を命ず。
1422		29	***5***- 阿蘇惟郷と阿蘇惟兼，大宮司職を争う。阿蘇惟兼，水口城に籠城。
1432	永享	4	***10***- 菊池持朝，筑後国守護職を得る。
1448	文安	5	***8-4*** 永留(相良)長続，上相良氏を滅ぼして球磨郡を統一(雀ヶ森合戦)。
1451	宝徳	3	***4-1*** 菊池為邦，相良長続の葦北領知を安堵。阿蘇惟歳，阿蘇惟忠の養子となり家督相続(阿蘇大宮司家統一)。
1455	康正	1	この年，菊池為邦，朝鮮に使を送る。
1465	寛正	6	この年，名和顕忠，家督相続後援の相良長続に八代高田を譲渡するという。
1467	応仁	1	応仁の乱はじまる。
1476	文明	8	この年，菊池重朝，藤崎宮で千句連歌を興行。
1477		9	***2-9*** 菊池重朝，隈府に桂庵玄樹を招き，釈奠の礼をあげる。
1481		13	***8-1*** 菊池重朝，隈府で万句連歌興行。
1484		16	***3-7*** 相良為続，古麓城をおとし，八代に進出。
1485		17	***12***- 阿蘇惟憲・相良為続連合軍，益城郡馬門原において阿蘇惟家・菊池重朝連合軍を破る(幕の平合戦)。相良為続，球磨・葦北・八代の3郡支配を実現。
1493	明応	2	***4***- 相良為続，法度7カ条制定。
1501	文亀	1	***5-20*** 菊池能運，肥後守護職を宇土為光に奪われ島原に逃走。
1503		3	***9***- 菊池能運，城重岑・隈部重治に迎えられて隈府回復。
1504	永正	1	***2-5*** 相良長毎，八代古麓城を回復。名和顕忠は宇土へ移る。
1505		2	***12***- 菊池老者，阿蘇惟長(菊池武経)を菊池氏家督に迎える。
1517		14	***6***- 相良・名和両氏の和睦なる。この年，阿蘇惟豊，矢部奪還。
1520		17	***2-28*** 大友義長の次男重治(のちに菊池義国，義武と改名)，菊池氏家督として隈本城に入城。
1526	大永	6	***5-18*** 相良長唯(義滋)，一族の内紛を収束して家をつぐ。
1529	享禄	2	***8-2*** 鹿子木寂心の周旋により，藤崎宮造営の綸旨がくだる。寂心，三条西実隆より『源氏物語』を譲りうける。
1532		5	***6-13*** 志岐・栖本・大矢野・長島連合軍，上津浦氏を攻撃。***7-22*** 相良氏の援軍により，上津浦氏が勝利。
1534	天文	3	この年，菊池義武，大友氏に攻められ肥前高来に敗走。
1538		7	***6-19*** 相良氏の渡唐船市木丸，徳淵津でつくられる。
1543		12	***5-7*** 大友義鑑，肥後国守護となる。
1549		18	***3-3*** 鹿子木寂心死去。***7***- キリスト教伝来。
1550		19	***2***- 大友義鑑，横死(二階崩れの変)。この年，城親冬,隈本城にはいる。
1555	弘治	1	***2-7*** 相良晴広，式目21カ条制定。
1559	永禄	2	閏 ***5-21*** 隈部親永，赤星親家を破る(合瀬川合戦)。
1560		3	***5***- 桶狭間の戦い。
1563		6	この年，宣教師アルメイダ，玉名郡高瀬に滞在。
1566		9	この年，志岐麟泉，アルメイダを領内に招く。
1569		12	***3***- 天草鎮尚，河内浦にアルメイダを招く。

1578	天正	6	***11***- 島津氏，耳川の戦いで大友氏を破る。
1581		9	***3***-*17* 城親賢・甲斐親直・小代親伝ら，龍造寺隆信に起請文を提出。***9***-*27* 島津義久，水俣城を攻略。相良義陽降伏。***12***-*2* 相良義陽，益城郡響ヶ原で甲斐宗運とたたかい戦死。
1582		10	***6***- 本能寺の変。
1583		11	***3***-*23* 島津義久，八代を直轄地とする。
1584		12	***3***- 島津氏，龍造寺隆信を島原で討ちとる。***9***-*8* 島津氏，肥後表に禁制の高札をだす。
1586		14	***1***- 島津勢，矢部「浜の館」攻略。***2***-*5* 島津勢，高森城攻略。
1587		15	***4***-*16* 豊臣秀吉，南関・高瀬を経て隈本城にはいる。***4***-*19* 秀吉八代に至る。***6***-*2* 秀吉，佐々成政を肥後国主とする。***8***-*6* これよりさき成政，肥後国内に検地指出を命ず。隈府城主隈部親永，これを拒否，国衆一揆に進展。この日成政，親永を討つ。
1588		16	閏 ***5***-*14* 秀吉，佐々成政に切腹を命じる。閏 ***5***-*15* 秀吉，肥後国を2分し，北半を加藤清正に，南半を小西行長にあたえる。
1589		17	***11***-*25* 小西行長，加藤清正の援助をうけ天草を平定する。
1592	文禄	1	***4***- 行長・清正，朝鮮釜山に上陸する。***6***-*15* 島津氏の家臣梅北国兼，佐敷城をおそい失敗する。***7***-*23* 清正，会寧で朝鮮2王子をとらえる。***8***-*18* 阿蘇大宮司惟光，秀吉の命により自刃する。
1596	慶長	1	***5***- 清正，帰国し，伏見で蟄居を命じられる。***11***-*15* 清正，朝鮮再征のため隈本を出発する。
1600		5	***9***-*15* 行長，関ヶ原でやぶれ処刑される。***11***- 清正，肥後全領(天草・球磨をのぞく)・豊後3郡(海部・大分・直入)54万石を拝領する。
1603		8	***4***-*20* 米良・椎葉の山境争論があり，この日米良は相良領，椎葉は高橋領となる。この年，寺沢広高，天草郡富岡に新城をきずく。
1604		9	***9***- 肥後国検地帳・郡高帳・郷村帳，作成される。
1607		12	この年，隈本新城落成，清正新城に移り，隈本を熊本と改称する。
1608		13	この年，領内総検地を行う。
1609		14	***1***-*11* 清正，シャム・交趾国(ベトナム)への朱印状をうける。
1611		16	***3***-*28* 豊臣秀頼，二条城で徳川家康と会見，清正は浅野幸長とこれにしたがう。***5***-*26* 清正，帰国の船中で発病(***6***-*24* 死去，50歳)。***8***-*4* 家康，加藤忠広に遺領相続を許可する。***10***-*1* 幕府，藤堂高虎に肥後の監督を命じ，出向させる。
1613		18	***3***-*30* 清正の遺領について，加藤美作ら駿府の家康に訴状をだす。
1614		19	***10***-*19* 加藤忠広・細川忠興，大坂出陣の待命をうける。
1615	元和	1	***6***- 一国一城令により南関・内牧・佐敷城を壊す。八代城はとくに許される。この年，加藤家家臣に内紛生じる(馬方・牛方騒動)。
1618		4	***8***-*11* 将軍秀忠，加藤家内紛を裁決し，加藤美作らを処罰する。忠広赦される。
1619		5	***3***-*17* 肥後大地震，麦島城崩壊する。城地を徳淵に移す。***7***-*18* 阿部正之ら，椎葉山一揆を討伐，忠広，助役をつとめる。
1622		8	***8***- 八代城新築落成，松江城と称する。
1632	寛永	9	***1***-*7* 森本右近大夫一房，アンコールワットに参詣し，仏像4対を造立する。***4***-*10* 忠広の子光正，土井利勝謀反の怪文書に関して嫌疑をうける。

			6-1 幕府，忠広を改易処分とし，出羽庄内に，光正は飛驒高山に流される。***10-4*** 細川忠利，肥後転封を命じられ，12月9日熊本城にはいる。
1633	寛永	10	***1-23*** 熊本藩，人畜改帳の作成を命じる。***4-8*** 地撫の実施を命じる。***9-*** 益城郡庄屋ら，加藤氏の悪政を訴え，目安を差しだす。
1634		11	***11-10*** 細川氏所領の郷村高を幕府に提出する。
1636		13	***1-8*** 江戸城総郭の造営が始まる。熊本藩の受持ちは銭亀橋・御成橋。***6-29*** 葦北郡津奈木村飢百姓改帳が作成される。
1637		14	***10-25*** 肥前島原，肥後天草の農民ら峰起(天草・島原の乱)。
1638		15	***2-28*** 原城おち天草・島原の乱終結。熊本藩出兵人数2万8,600人，死傷者2,318人。***4-12*** 幕府，唐津城主寺沢兵庫頭堅高の所領のうち天草を没収。***5-28*** 幕府，山崎甲斐守家治に富岡在城を命じる。
1640		17	***5-1*** 人吉藩主相良頼寛，老臣相良清兵衛父子の専横を幕府に訴える。***9-5*** 清兵衛，津軽に流罪となる。
1641		18	***3-7*** 細川忠利死去(***5-5*** 幕府，光貞〈光尚〉の遺領相続を許す)。***9-10*** 天草領主山崎家治，讃岐国丸亀に移封され，天草は代官地(天領)となる。***9-20*** 幕府，鈴木三郎九郎重成(900石)を天草代官に任じる。
1642		19	***10-1*** 天草・島原復興のため熊本藩より天草へ170人・馬2匹，島原へ180人・牛馬9匹の移住を計画する。
1643		20	***2-13*** 忠利の菩提寺妙解寺ができる。この法要のとき阿部弥一右衛門の嫡男不審の行為をしてとらえられる。***2-21*** 阿部一族誅伐される。
1645	正保	2	***12-2*** 細川忠興(三斎)，八代で死去。
1646		3	***5-9*** 松井興長を八代城代とし，6月11日，細川宮松(のち行孝)に宇土・益城のうち3万石を内分して宇土支藩とする。
1649	慶安	2	***12-26*** 細川光尚死去，31歳。
1650		3	***4-18*** 幕府，光尚の嫡男六丸(のち綱利)の遺領相続を認め，小倉城主小笠原忠真を後見とする。
1651		4	***8-4*** 郷帳を幕府に提出する。熊本藩の現高75万3,739石。
1653	承応	2	***10-15*** 天草代官鈴木重成自刃(66歳)。前日天草の石高半減を訴え，老中に願いでるという。
1659	万治	2	この年，天草の石高半減し，2万1,000石余となる。
1664	寛文	4	***4-11*** 天草代官鈴木重辰，転出。***7-18*** 戸田忠昌，富岡城にはいる。この年，人吉藩町人林正盛によって球磨川開削。
1666		6	***7-21*** 細川綱利，弟利重に蔵米3万5,000石を内分し，江戸鉄砲洲において新田支藩と称する。
1668		8	***2-*** 人吉藩主相良頼喬，江戸参勤にはじめて球磨川をくだる。
1670		10	***3-10*** 水前寺成趣園の造園作業はじまる(翌年完成)。この年，天草領主戸田重昌，富岡城三の丸をのぞきすべて破却する。
1671		11	***3-5*** 戸田重昌，関東に移封される。***5-25*** 天草，ふたたび天領となる。
1672		12	***2-19*** 八代城，雷光にあい天守櫓はじめ諸櫓焼失，死者29人。
1680	延宝	8	***1-18*** 家中の知行高(撫高)再編のため，地方知行を改め蔵米知行とする。この年，大飢饉で餓死者が多い。
1691	元禄	4	***2-23*** 熊本城下手取黒鍬丁より出火，大火となる。8月焼跡の坪井町の道幅拡帳，町家と侍屋敷の変更工事にとりかかる。11月工事完了。坪井広町という。

1697	元禄	10	この年，人吉藩士高橋政重，幸野溝の工事に着手する。
1709	宝永	6	2-23 川尻町町人木村安右衛門，寸志銀400貫目を差しあげ，知行700石を拝領する。
1713	正徳	3	8-5 地方知行の直所務を廃止し，ふたたび蔵米支給とする。
1732	享保	17	9-28 幕府，虫害の西南諸国の大名に拝借金を許す。熊本藩2万両拝領。
1734		19	11-12 切支丹類族調べ，本人同前の者豊後で12人，類族は豊後で4,858人，肥後で3,538人，計8,396人。
1742	寛保	2	10-6 幕府，10藩に関東諸川改修手伝いを命じる。熊本藩は江戸川・庄内川・古利根川・横川・綾瀬川の一部を担当する。この費用12万7,230両。
1747	延享	4	8-15 細川宗孝，江戸城でまちがえられて板倉勝該に切られ翌日死去。 10-4 幕府，宗孝の遺領を弟主馬(重賢)につがせる。
1748	寛延	1	12-13 細川重賢，直書をもって宿弊5項をあげる。「宝暦の改革」はじまる。
1752	宝暦	2	7-27 用人堀平太左衛門勝名，大奉行に任ぜられ改革を担当する。9-1 堀勝名，大坂御用達と交渉，鴻池善右衛門蔵元を断わり，長田(加島屋)作兵衛が引きつぐ。
1754		4	5- 堀勝名，刑法草書を重賢に献じる。12-15 二の丸に藩校時習館をおこす。
1756		6	7-1 藩庁機構を改革，大奉行のもとに6人の奉行をおき，12分職を分担させる。
1757		7	6- 領内に地引合(検地の一種)を行う。
1773	安永	2	9-23 天草牛深村茂串の隠れキリシタンが発覚する。
1787	天明	7	5-18 熊本古町・新町で，翌19日川尻で打ちこわしがおこる。6- 天草の百姓，銀主を攻撃する。
1792	寛政	4	4-1 島原温泉岳爆発し，肥後沿岸一帯に津波が襲来する。熊本藩領では流失家屋2,252軒，死者5,520人。
1796		8	3- 天草で百姓相続方仕法が発布される。6- 大雨で熊本城下大洪水(辰の年の大水)。
1805	文化	2	2- 天草郡大江村・崎津村・今富村で多数の隠れキリシタン，発覚。
1810		7	この年，一向宗に宗意の乱れが生じ，本願寺の使僧が下向する(三業惑乱)。
1837	天保	8	2- 大塩平八郎の与党のうち10人あずけられる。
1841		12	2-9 人吉藩で茸山騒動(百姓一揆)がおこる。
1846	弘化	3	5- 砥用惣庄屋篠原善兵衛，霊台橋の工事に着手する(1848年竣工)。
1847		4	1-28 天草の百姓，宮田村銀主形右衛門宅などを打ちこわす。以後，2月3日まで打ちこわしは天草全郡に拡大。
1852	嘉永	5	12- 矢部惣庄屋布田保之助，通潤橋の工事に着手する(1854年竣工)。
1858	安政	5	2-29 横井小楠，越前福井藩から招聘される。
1862	文久	2	2-7 人吉上鍛冶屋町寅助方より出火し，人吉城全焼。11-13 熊本藩主の弟長岡護美，勤皇派40人を率いて京都の警備につく。
1863		3	1-17 藩主慶順(韶邦)，京都の警備につく。4- 人吉藩主相良頼基，京都へ出発し，朝廷の警備につく。

1864	元治	1	***6-5*** 京都池田屋事件おこり，宮部鼎蔵・松田重助ら倒れる。
1865	慶応	1	***9-26*** 人吉藩洋式派の松本・中村・日野ら，新宮行蔵らに上意討ちにされる。
1868	明治	1	***1-14*** 熊本藩，はじめて藩議を勤王一途に定める。***1-18*** 花山院家理の一党と名乗る浪人39人，天草富岡の郡役所にはいる。***4-22*** 横井平四郎，参与に任じられる。閏***4-25*** 天草郡，富岡県となり，長崎裁判所参謀佐々木高行，県知事となる。***6-12*** 富岡県，天草県と改称。***8-29*** 天草県，長崎府に編入される。***7-25*** 米田虎之助，肥後藩兵500を率いて奥州征討に参戦。***10-29*** 熊本藩の奥州出征軍が出発する(11月25日帰藩)。
1869		2	***1-3*** 津軽藩への援兵350人をのせたハーマン号房総沖で座礁して，肥後藩士200余人溺死。***1-5*** 横井平四郎，京都寺町で刺殺される。***6-17*** 版籍奉還で細川韶邦は熊本藩知事，相良頼基は人吉藩知事に任じられる。この年の秋，竹崎茶堂・徳富一敬ら，藩政改革綱領を作成。
1870		3	***5-6*** 韶邦，病気を理由に家督を護久に譲る。***6-1*** 熊本藩，人事を刷新。***7-8*** 時習館・再春館・洋学所などを廃止。***7-17***「村々小前共え」雑税の廃止を布告。
1871		4	***4-20*** マンスフェルトを招聘して医学校を開設。***7-14*** 廃藩置県で，熊本藩・人吉藩は廃されてそれぞれ熊本県・人吉県が設置され，細川護久・相良頼基は藩知事を免ぜられる。***8-15*** L. L. ジェーンズを招聘。***8-20*** 鎮西鎮台設置される。***9-1*** 洋学校開設。***11-4*** 人吉県，天草を加えて八代県となる。
1872		5	***6-14*** 熊本県，白川県に改称。***6-18*** 明治天皇，白川県へ行幸。
1873		6	***1-9*** 鎮西鎮台，熊本鎮台に改称。***1-15*** 白川県，八代県を合併。***5-30*** 安岡良亮，白川県権令として着任。***6-14*** 天草郡崎津村で徴兵令反対一揆。***12-21*** 熊本鎮台で暴動おきる。
1874		7	***5-12*** 熊本師範学校開校。***9-6***『白川新聞』創刊。
1875		8	***3-10*** 熊本郵便局，電信事務開始。***4-26*** 植木中学校開校(10月廃校)。***6-*** 緑川製糸場操業開始。
1876		9	***1-30*** 花岡山で熊本バンド結成。***2-22*** 白川県，熊本県と改称して，県庁を古城に移転。***4-8*** 県立熊本中学校開校。***7-20〜8-2*** 熊本県民会開催。***10-24*** 神風連の乱おこる。***11-20*** 熊本県権令富岡敬明着任。
1877		10	***1-4*** 八代郡松求麻村(現，坂本村)で1,600人の農民集会。以後，3月初めまで全県下で一揆や集会。***2-15〜9-24*** 西南戦争。***2-19*** 熊本城天守閣炎上。
1878		11	***5-*** 池松豊記ら相愛社結成。***7-21*** 嘉悦氏房，広取学校開校。
1879		12	***1-11*** 高神党事件発覚。***12-5*** 佐々友房，同心学舎開校。
1881		14	***7-1*** 相愛社機関紙『東肥新報』発刊。***9-1*** 紫溟会結成される。***10-*** 東京で自愛会結成。***11-*** 実学派，立憲自由党結成。
1882		15	***2-9*** 相愛社・自愛会・立憲自由党，合体して公議政党結成。***2-11*** 済々黌開校。***3-12*** 九州の民権派，合同して九州改進党結成。***3-19*** 徳富蘇峰，大江義塾開校。
1885		18	***5-10*** 九州改進党解党。
1887		20	***1-*** 熊本県庁，千反畑に移転。***5-30*** 第五高等中学校開校。

1888	明治	21	***3**-31* 県立中学校廃校。***4**-20* 熊本英学校開校。
1889		22	***1**-10* 国権党結成。***4**-1* 市制町村制施行(熊本市成立)。
1891		24	***7**-1* 九州鉄道，熊本まで開通。***7**-1* 熊本電灯会社開業。
1892		25	***1**-11* 熊本英学校蔵原校長就任式で奥村禎次郎演説，問題化(眼中無国家事件)。***6**-23* 八代南部高小事件。***7**-25* 山鹿高小事件。
1894		27	***9**-11* 第五高等中学校，第五高等学校と改称。
1895		28	***11**-12* CMSのハンナ＝リデルら，回春病院設立。
1896		29	***6**-1* 熊本県に郡制施行(1市12郡)。
1900		33	***12**-1* 済々黌，県立中学となる。
1901		34	***4**-20* 立憲政友会熊本支部結成。
1907		40	***6**-20*『熊本評論』発刊。
1908		41	***11**-* 日本窒素肥料株式会社水俣で操業開始。
1909		42	***11**-20* 門司・鹿児島間の鉄道全通。
1910		43	***8**-3〜10* 大逆事件で熊本組検挙。
1911		44	***1**-24* 大逆事件で松尾卯一太・新美卯一郎刑死(佐々木道元・飛松与次郎は無期懲役)。
1917	大正	6	***5**-* 郡築農民村政改革と公民権を要求(郡築争議の開始)。
1918		7	***9**-4* 三池炭鉱万田坑で労働争議(米騒動の一環)，軍隊出動。
1924		13	***8**-1* 熊本市電操業開始。***9**-* 郡築争議(第1次)解決。***11**-27* 熊本上水道完成。
1926		15	***3**-1〜3* 熊本市電ストライキ。
1931	昭和	6	***10**-23* 熊本市内の無産運動家100余人検挙される。***11**-12〜14* 陸軍特別大演習。***12**-21〜22* 鐘紡熊本工場の女工50余人，ボーナス減額に反対してストライキ。
1932		7	***3**-3〜12* 五高1，2年生総勢800人，竜南会の処分に抗議してストライキ。
1933		8	***2**-17* 県内の左翼運動家140余人一斉に検挙される(うち起訴24人)。
1936		11	***12**-5* 県内の人民戦線の43人検挙される。
1942		17	***4**-1* 民政党系の『九州日日新聞』と政友会系の『九州新聞』合体して『熊本日日新聞』として再生。
1944		19	***8**-31* 沖縄県の疎開児童2,119人，教師とともに来県。
1945		20	***7**-1* 熊本市大空襲。***8**-16* 尊王義勇軍結成(同月25日解散)。
1946		21	***4**-10* 戦後初の総選挙。山下ツネ当選。
1947		22	***4**-5* 初の公選知事に桜井三郎，市長に福田虎亀当選。
1948		23	***12**-29* 人吉市で祈禱師一家4人殺害事件発生(免田事件)。
1950		25	***3**-23* 熊本地裁，免田事件で免田栄被告に死刑の宣告。***8**-15* 熊本県労働組合総評議会結成。
1953		28	***6**-26* 県内に集中豪雨，白川大氾濫。死者・行方不明537人。***12**-7* 黒髪小学校でハンセン病非感染児童の就学差別事件おきる。
1954		29	***7**-1* 国警と自警が一本化して県警察発足。清水町に陸上自衛隊熊本駐屯地開設。
1955		30	***12**-1* 健軍町に自衛隊西部方面総監部・第8混成団発足。
1956		31	***5**-1* 水俣病公式発見。
1957		32	***7**-26* 熊本市井芹・坪井水系氾濫。金峰山周辺で山津波，死者171人。

1958	昭和	33	***2-22*** NHK テレビ局開局。***6-24*** 阿蘇山爆発，死者 2 人。
1959		34	***7-14*** 水俣病の原因は有機水銀であると熊大医学部研究班結論。***12-11*** 三井三池鉱業所，1,277人を指名解雇。三池争議はじまる。
1960		35	***4-1*** 熊本空港，健軍町に開港。***6-20*** 下筌ダム強制測量はじまる。***9-22*** 熊本城天守閣復原なる。***9-24*** 第15回国体夏季大会，熊本市で開催。***10-23*** 国体秋季大会,県下53会場で開催。***11-1*** 三池争議,一応の決着。
1961		36	***4-13*** 県下に小児麻痺大流行，ナマワクチンの定期予防接種実施。
1962		37	***3-20*** 熊本博覧会開催。***7-3*** 天草架橋起工。
1963		38	***4-20*** 国立有明工業専門学校開校。***10-18*** 熊本県文化懇話会発足。***11-19*** 三井三池鉱で炭塵爆発。死者457人。
1964		39	***6-23*** 下筌ダムの蜂の巣城強制撤去。***10-4*** 九州横断道路全通。
1965		40	***3-26*** 玉名郡菊水町の船山古墳出土品すべて国宝に指定。
1966		41	***9-24*** 天草五橋開通。
1967		42	***3-3*** 熊本県新庁舎開庁。***11-1*** 水前寺成趣園で入園料徴収開始。
1968		43	***2-21*** えびの・人吉地方に大地震。***9-26*** 厚生省，水俣病はチッソの廃液による公害と認定。***10-17*** 新熊本空港起工。
1969		44	***3-5*** 熊本交通センター開業。***4-1*** 熊本水辺動物園開園。***4-22*** 熊本大学で全共闘本部事務局を占拠・籠城。***10-15*** 水俣病裁判開始。
1970		45	***4-30*** 熊本市電の上熊本・藤崎宮線と南熊本・辛島町線，赤字を理由に廃止。***11-1*** 飽託郡託麻村，熊本市に編入。
1971		46	***3-31*** 最高裁裁判官会議，熊本地裁宮本判事補の再任を拒否。***7-6*** 三川鉱炭塵爆発事件の CO 補償交渉妥結。
1972		47	***2-29*** 熊本市電の水道町・子飼橋線廃止。***4-5*** 熊本・宮崎県境の加久藤トンネル(長さ1.8km)完成。***7-6*** 天草上島で山津波災害。死者・不明123人。
1973		48	***1-20*** 水俣病第 2 次訴訟提訴。***3-20*** 熊本地裁，水俣病第 1 次訴訟判決。原告患者側の全面勝訴。***11-20*** 菊池・阿蘇スカイライン開通。***11-29*** 熊本市で太洋デパート火災。死者103人，重軽傷者124人。
1974		49	***1-10*** 水俣湾の水銀汚染魚封じ込めの仕切り網設置作業開始。
1975		50	***1-22～23*** 阿蘇地方に群発地震発生(震度 5)。***5-2*** 赤十字病院・血液センター，熊本市長嶺町に完成。
1976		51	***3-24*** 県立美術館，熊本城内二の丸に完成。***6-28*** 球磨郡五木村・相良村の代表，川辺川ダム建設反対求め提訴。天草郡苓北町と上海を結ぶ日中海底ケーブル開通。
1977		52	***2-26*** 熊本歴史科学研究会発足。***5-23*** 熊本市の人口50万人を突破。***7-20*** 阿蘇中岳爆発。
1978		53	***4-1*** 熊本市立熊本博物館，山鹿市立博物館ともに開館。***6-17*** 太洋デパート閉店。***11-18*** チッソ県債決まる(第 1 回分は33億5,000万円)。
1979		54	***1-9*** 熊本大学法文学部，文学部と法学部に分離決定。***3-8*** 九州自動車道北九州地区開通。***4-4*** 宇土市向野田古墳出土品，国の重要文化財に一括指定。***8-9*** 熊本市と中国桂林市の友好都市締結決定。***9-6*** 阿蘇中岳爆発，死者 3 人。***9-27*** 免田事件につき福岡高裁再審の決定。***10-18*** 太洋デパート跡に城屋開店。
1980		55	***3-12*** 九州自動車道，八代まで完成。***3-28*** 北九州財務局の南九州財務

			局への統合が閣議決定。*4-1* 熊本県立女子大学，熊本市健軍水洗町に移転開校。*4-18* 熊本空港の3,000m 滑走路完成。*8-30* 県北中心に集中豪雨(八・三〇水害)。*12-1* 九州電力，苓北水力発電所建設計画を県と苓北町に正式申し入れ。*12-12* 最高裁，免田事件で免田被告の再審確定。
1981	昭和	56	*8-7* 川辺川ダム建設で水没8世帯と補償契約調印。*11-4* 熊本市庁舎落成式。*12-21* 苓北町長リコール不成立，火電推進派辛勝。
1982		57	*4-1* 熊本県民テレビ(KKT)，本放送開始。*5-15* 熊本自由民権百年記念集会開催される。*5-21* 荒尾市と大牟田市との境界論争，29年ぶりに和解。*7-15* 熊本市沼山津に横井小楠記念館開館。*7-23* 熊本県と米国モンタナ州との姉妹提携調印式，モンタナで開催。*12-4* 県立劇場，熊本市大江2丁目の熊本女子大跡地にオープン。
1983		58	*1-22* 熊本県と韓国忠清南道，姉妹提携調印。*4-1* 熊本市に熊本北高校開校。*4-28* 熊本空港国際線ターミナルビル完成。*7-15* 福岡高裁，免田事件の再審の判決公判で，免田被告に死刑判決を破棄して無罪を宣告。検察，上告を断念して無罪確定。
1984		59	*3-24* 熊本テクノポリス建設計画承認される(全国9地域)。*6-22* 熊本土産の辛子レンコンを食べボツリヌス菌中毒患者発生，患者は14都府県で37人，死者11人をだす。*8-12* ロサンゼルス＝オリンピックで熊本出身の山下泰裕，柔道無差別級で優勝し金メダルを獲得。*8-19* 水俣病被害者・弁護団全国連絡会議(水俣病全国連)結成。
1985		60	*5-12* 第36回全国植樹祭，阿蘇町で開催される(天皇6回目の来熊)。*10-16* 熊本県立図書館，熊本近代文学館を併設して開館。*11-1* エフエム中九州本放送開始。
1986		61	*2-15* 熊本電鉄の菊池・御代志間13.5km 廃止。*3-31* 国鉄高森線，この日をもって終了，翌日から南阿蘇鉄道株式会社が引きつぐ。*8-1〜10-12* 第4回全国都市緑化くまもとフェア「くまもとグリーンピック'86」，熊本市の江図湖公園で開催。*8-4* 建設省，「日本の道百選」に熊本の大津街道を選ぶ(全国で53道)。*11-8* テクノポリスセンター，上益城郡益城町田原に完成。
1987		62	*3-30* 熊本地裁，水俣病第3次訴訟で，チッソ・熊本県・国の加害責任を認め3者に6億7,400万円余の賠償を命じる判決をだす。*4-1* 国鉄，分割・民営化されJR九州発足。*10-2〜11* 文化庁・熊本県主催「第2回国民文化祭・熊本」開催。*12-28* 熊本市と米国テキサス州サンアントニオ市との姉妹都市締結の調印式開かれる。
1988		63	*4-1* 県立東稜高校開校。*5-30* 熊本市の今西菊松氏，浮世絵などのコレクションを県立美術館に寄贈。
1989	平成	1	*4-1* 熊本市制100周年。*10-1* くま川鉄道開業。*12-7* 九州自動車道，八代・人吉間開通。
1990		2	*6-10* 飽託郡河内町出身のアルベルト＝フジモリ，ペルー大統領に当選。*11-17* 雲仙普賢岳，198年ぶりに噴火。
1991		3	*2-1* 熊本市，飽託郡北部・河内・飽田・天明の4町を吸収合併(市の面積は1.5倍に，人口は62万7,000人を超す)。*9-27* 台風19号，県内を荒れ狂う。

1992	平成 4	***4-1*** 熊本銀行と肥後ファミリー銀行が合併して肥後ファミリー銀行成立。
1993	5	***1-29*** 熊本県，総合計画「ゆたかさ多彩『生活創造』くまもと」を決定。***3-25*** 熊本地裁，水俣病第3次訴訟(第2陣)で，ふたたびチッソ・国・県の責任を処断する判決をくだす。***8-6*** 日本新党代表細川護熙(衆議院熊本1区)，衆参本会議で第79代首相に指名される。
1994	6	***4-8*** 細川首相突然辞意を表明，在任わずか263日で退陣。***4-12*** 県立熊本女子大学，男女共学の熊本県立大学(総合管理学部新設)に再編。***8-12*** 阿蘇郡波野村，オウム真理教団に9億円を支払うことで同村からの撤退を約させる。
1995	7	***6-26*** 重要文化財「天草四郎陣中旗」，本渡市に寄贈される。***7-27*** 九州自動車縦貫道の人吉・えびの間開通して日本縦断ハイウエー完成。***12-14*** 九州電力苓北火電1号機，運転開始。
1996	8	***4-1*** 熊本市「中核市」となる。***5-19*** 水俣病被害者・弁護団全国連絡会議とチッソとのあいだで，チッソは地域住民・原告患者に謝罪する，「四肢末梢優位の感覚障害」のあるものを水俣病として救済対象とする，政府解決策による一時金(1人当り260万円)，団体加算金38億円をチッソが全国連に支払うことを内容とする協定書に調印(於水俣市)。***5-22〜23*** 水俣病全国連，チッソと4高裁・4地裁で和解，国・県への提訴を取りさげる。水俣病41年目の歴史的和解。***8-27*** オウム真理教団，阿蘇郡波野村から完全撤退。***10-6〜11-10*** 夏目漱石来熊100年記念の「'98くまもと漱石博」開催。***10-11*** 球磨郡五木村・相良村と県・建設省とのあいだで，川辺川ダムの「本体工事着工に伴う協定」調印。
1997	9	***3-30*** 三井石炭鉱業，万田坑を閉山して108年の歴史を閉じる。***4-1*** 熊本大学にエイズ研究センター開設。***4-14*** 長崎県の諫早湾干拓事業で湾閉め切り(ギロチン)実施。以後，熊本も含めた有明海の海苔養殖業に被害広がる。***5-17〜6-1*** 男子世界ハンドボール選手権熊本大会開催。
1998	10	***4-1*** 熊本大学の教養部が解体され，教官は既設学部に分属。
2001	13	***5-11*** ハンセン病国家賠償請求訴訟で，熊本地裁は，元患者の訴えを認め，長年にわたって隔離政策と人権侵害を続けてきたことを断罪した。
2003	15	***3-*** 『新熊本市史』全20巻完成する。 ***11-18*** 熊本県南小国村黒川の温泉ホテルで，ハンセン病元患者の宿泊拒否事件おきる。
2004	16	***4-1*** 国立熊本大学は，国立大学法人熊本大学に改組される。

■ 沿　革　表

1．国・郡沿革表

(2012年３月現在)

国名	和名抄	延喜式	拾芥抄	郡名考	肥後国誌	新郡区編成	現在	
							郡	市
肥後	玉名《たまな》	玉名《たまな》	玉名	玉名《たまな》	玉名	玉名	玉名郡	玉名市・荒尾市
	山鹿《やまか》	山鹿《やまか》	山鹿	山鹿《やまが》	山鹿	鹿本	鹿本郡	山鹿市
	山本《やまもと》	山本《やまもと》	山本	山本《やまもと》	山本			
	菊池	菊池《きくち》	菊池	菊池《きくち》	菊池	菊池	菊池郡	菊池市
	合志《かはし》	合志《かはし》	合志	合志《かふし》	合志			
	阿蘇	阿蘇《あそ》	阿蘇	阿蘇《あそ》	阿蘇	阿蘇	阿蘇郡	阿蘇市
	飽田《あきた》	飽田《あきた》	飽田	飽田《あきた》	飽田	飽託	飽託郡	熊本市
	託麻《たくま》	託麻《たくま》	託麻	託摩《たくま》	詫磨			
	益城	益城《ましき》	益城	益城《ましき》	上 ・益城 下	上 ・益城 下	上 ・益城郡 下	
	宇土	宇土《うと》	宇土	宇土《うと》	宇土	宇土		宇土市・宇城市
	八代	八代《やつしろ》	八代	八代《やつしろ》	八代	八代	八代郡	八代市
	天草	天草《あまくさ》	天草	天草《あまくさ》	天草	天草《あまくさ》	天草郡	本渡市・牛深市・上天草市
	葦北	葦北《あしきた》	葦北	葦北《あしきた》	葦北	葦北	葦北郡	水俣市
	球麻	球磨《くま》	球磨	球麻《くま》	球磨	球磨	球磨郡	人吉市

2．市・郡沿革表

（2012年１月現在）

熊《くま》本《もと》市

明治22年４月１日　市制施行

大正10年６月１日　飽託《ほうたく》郡黒髪村・池田村・花園村・嶋崎村・横手村・古町村・本庄村・大江村・本山村・春竹村・春日村を編入

大正14年４月１日　飽託郡出水《いずみ》村を編入

昭和６年６月１日　飽託郡白坪村を編入

昭和７年12月25日　飽託郡画津《えず》村を編入

昭和11年10月１日　飽託郡健軍《けんぐん》村を編入

昭和14年８月１日　飽託郡清水村を編入

昭和15年12月１日　飽託郡川尻町・力合村・日吉村を編入

昭和27年４月１日　上益城郡秋津町秋田の一部を編入

昭和28年４月１日　飽託郡田迎村・御幸村を編入

昭和28年７月１日　飽託郡高橋村・城山村・池上村を編入

昭和29年10月１日　上益城郡秋津村を編入

昭和30年４月１日　飽託郡松尾村を編入

昭和31年４月１日　飽託郡託麻村の保田窪・新南部を編入

昭和32年１月１日　飽託郡竜田村・小島町を編入

昭和33年４月１日　飽託郡中島村を編入

昭和45年11月１日　飽託郡託麻村を編入

平成３年２月１日　飽託郡北部町（昭和30年７月１日，川上村・西里村〈明治31年８月26日，硯川村・寺迫村・五町村合併〉合併。昭和43年４月１日，町制施行）・河内町（昭和31年９月30日，河内村〈明治35年４月１日，河内村・船津村・白浜村合併〉・芳野村合併，河内芳野村となる。昭和46年４月１日，河内芳野村，町名変更・町制施行）・飽田《あきた》町（昭和30年４月１日，八分字村・藤富村・並建村・白石村・畠口村・浜田村合併，飽田村となる。昭和46年11月１日，町制施行）・天明町（昭和31年９月30日，中緑村・銭塘村・内田村・奥古閑村・海路口村・川口村合併，天明村となる。昭和46年４月１日，町制施行）を編入

平成20年10月１日　下益城《しもましき》郡富合《とみあい》町（昭和30年４月１日，守富村・杉合村合併，昭和31年４月１日，大字三拾丁を宇土町へ分離，昭和38年11月１日，町の一部を城南町へ分離，城南町の一部を編入，昭和46年８月１日，町制施行）を編入

平成22年３月23日　下益城郡城南《じょうなん》町（昭和30年３月１日，杉上村・隈庄町・豊田村合併，町制施行，昭和38年11月１日，町の一部を富合村へ分離，富合村の一部を編入）を編入

平成22年10月６日　鹿本《かもと》郡植木《うえき》町（昭和30年１月１日，植木町・桜井町・田原町・菱形町・山東村・吉松村・山本村合併，昭和44年４月１日，田底村〈明治22年４月１日，新設〉を合併，昭和45年８月１日，一部を鹿央町へ編入）を編入

八《やつ》代《しろ》市

明治22年4月1日　町制施行

昭和15年9月1日　八代郡八代町・太田郷町(昭和12年4月1日，町制施行)・植柳《うやなぎ》村・松高村合併，市制施行

昭和18年4月1日　八代郡郡築《ぐんちく》村を編入

昭和25年7月1日　八代郡郡築村を分離

昭和29年4月1日　八代郡八千把《やちわ》村・高田村・金剛村を編入

昭和29年7月1日　八代郡郡築村を編入

昭和30年4月1日　八代郡宮地村・葦北郡日奈久《ひなく》町(明治35年4月1日，町制施行)を編入

昭和30年11月1日　八代郡千丁《せんちょう》村の一部(新牟田・古閑出の一部)を編入し，海士江《あまがえ》町の一部を千丁村へ分離

昭和31年4月1日　昭和村を編入

昭和32年1月1日　葦北郡二見村を編入

昭和36年3月1日　龍峯村を編入

昭和51年12月1日　八代郡千丁町の一部を編入し，八代市の一部を千丁町へ分離し，境界変更

平成17年8月1日　八代郡坂本《さかもと》村(昭和36年4月1日，上松求麻村・下松求麻村・葦北郡百済来村合併，坂本村となる)・千丁《せんちょう》町(明治22年4月1日，村制施行，昭和3年9月1日，昭和村を分離，昭和30年11月1日，八代市海士江町の一部を編入し，大字新牟田古閑出の一部を八代市へ編入，昭和51年9月1日，町制施行，昭和51年12月1日，八代市の一部を編入，千丁町の一部を八代市へ分離し，境界変更)・鏡《かがみ》町(昭和30年2月1日，鏡町・文政村・有佐村合併，昭和30年10月15日，大字有佐および大字中島の一部を宮原町へ分離)・東陽《とうよう》村(昭和30年2月1日，種山村・河俣村合併)・泉《いずみ》村(昭和29年10月1日，柿迫村・栗木村・久連子《くれこ》村・椎原村・仁田尾村・葉木村・樅木村・下岳村合併)と合体

人《ひと》吉《よし》市

明治22年4月1日　町制施行

昭和8年4月1日　球磨郡大村を編入

昭和17年2月11日　球磨郡人吉町・中原村・西瀬村・藍田村を合体，市制施行

荒《あら》尾《お》市

昭和17年4月1日　玉名郡荒尾町(大正8年5月1日，町制施行)・平井村・府本村・八幡村・有明村を合併，市制施行

昭和30年7月20日　玉名郡清里村の一部(水野・牛水および高浜の一部)を編入

水《みな》俣《また》市

昭和24年4月1日　市制施行(明治22年4月1日，葦北郡大迫村など17カ村および2カ村の一部が合併して水俣村新設。大正1年12月1日，町制施行)

昭和31年9月1日　葦北郡久木野村を編入

玉《たま》名《な》市

明治22年４月１日　町制施行，高瀬町となる

昭和17年５月20日　玉名郡高瀬町・弥富村合併，玉名町と改称

昭和29年４月１日　玉名郡玉名町・大浜町・築山村・滑石村・豊水村・八嘉村・梅林村・小田村・玉名村・石貫村・月瀬村・伊倉町(明治32年２月２日，町制施行)合体，市制施行

昭和31年１月１日　玉名郡南関町大字三ツ川を編入

平成17年10月３日　玉名郡岱明《たいめい》町(昭和30年４月１日，大野村・高道村・鍋村・陸合村合併，岱明村となる，昭和40年４月１日，町制施行)・横島《よこしま》町(明治22年４月１日，村制施行，昭和43年11月１日，町制施行)・天水《てんすい》町(昭和29年10月１日，小天村・玉水村合併，天水村となる，昭和35年10月１日，町制施行)と合体

山《やま》鹿《が》市

明治22年４月１日　町制施行

昭和29年４月１日　鹿本郡山鹿町・大道村・三玉村・八幡村・三岳村・平小城村・川辺村・米田村合併，市制施行

昭和45年11月１日　鹿本郡鹿本町の一部を編入

平成17年１月15日　鹿本郡鹿北町《かほくまち》(昭和29年４月１日岳間村・岩野村・広見村合併，昭和38年12月１日町制施行)・菊鹿町《きくかまち》(昭和30年４月１日内田村・六郷村・菊池郡城北村合併，菊鹿村となる，昭和32年２月１日大字稗方・米原および木野の一部を菊池村へ編入，昭和40年10月１日町制施行)・鹿本町《かもとまち》(昭和30年４月１日来民町・稲田村・中富村合併，鹿本町となる，昭和45年11月１日町の一部を山鹿市へ編入)・鹿央町《かおうまち》(昭和30年４月１日千田村・米野岳村・山内村合併，鹿央村となる，昭和40年11月１日町制施行)を編入

菊《きく》池《ち》市

昭和31年９月１日　菊池郡隈府《わいふ》町・河原村・水源村・竜門村・迫間村・菊池村・花房村・戸崎村合併，町制施行

昭和32年２月１日　鹿本郡菊鹿町大字稗方・米原および木野の一部を編入

昭和33年８月１日　市制施行

平成17年３月22日　菊池郡七城町《しちじょうまち》(昭和29年２月１日砦村・加茂川村・清泉村合併，七城村となる，昭和30年４月１日大字亀尾の一部を泗水村へ分離，昭和43年11月１日町制施行)・旭志《きょくし》村(昭和31年５月１日旭野村・北合志村合併，昭和31年８月１日護川《もりかわ》村大字川辺・尾足を編入)・泗水町《しすいまち》(昭和30年４月１日泗水村・田島村および七城村亀尾の一部合併，昭和36年４月１日町制施行)を編入

宇《う》土《と》市

昭和29年４月１日　宇土郡宇土町・花園村・轟村・緑川村・網津村合併，町制施行

昭和29年10月１日　宇土郡不知火村大字伊無田《いむた》・飽託郡走潟《はしりがた》村を編入

昭和30年11月１日　宇土郡大字松山を下益城郡松橋町へ分離

昭和31年４月１日　下益城郡富合村大字三拾丁を編入

昭和33年10月１日　市制施行，宇土郡網田村を編入

上天草市《かみあまくさ》

平成16年３月31日　天草郡大矢野町《おおやのまち》(昭和29年４月１日登立町〈大正13年４月２日町制施行〉・維和村・上村・中村・湯島村合併)・松島町《まつしままち》(昭和30年４月１日今津村・阿村・教良木《きょうらぎ》村・河内村合併，松島村となる，昭和31年８月１日有明村大字楠甫の一部を編入，昭和31年９月１日町制施行)・姫戸町《ひめどまち》(昭和37年４月１日町制施行)・龍ヶ岳町《りゅうがたけまち》(昭和29年７月１日高戸村・樋ノ島村・大道村合併，龍ヶ岳村となる，昭和34年４月１日町制施行)合体，市制施行

宇城市《うき》

平成17年１月15日　宇土郡三角町《みすみまち》(昭和30年２月１日三角町〈明治35年９月26日，町制施行〉・戸馳《とばせ》町・郡浦《こうのうら》村・大嶽《おおたけ》村合併)・不知火町《しらぬいまち》(明治32年３月30日不知火村・長崎村・高良村合併，昭和29年10月１日大字伊無田を宇土町へ分離，昭和31年９月30日不知火村・松合町〈大正５年５月１日町制施行〉合併，町制施行)・下益城郡松橋町《まつばせまち》(昭和29年12月１日松橋町・豊川村・豊福村・当尾村合併，昭和30年11月１日宇土町松山の一部を編入)・小川町《おがわまち》(昭和33年３月31日益南村〈昭和30年４月１日，河江村・小野部田村合併〉・小川町・海東村合併)・豊野町《とよのまち》(明治22年４月１日村制施行，平成12年町制施行)合体，市制施行

阿蘇市《あそ》

平成17年２月11日　阿蘇郡一の宮町《いちのみやまち》(昭和29年４月１日宮地町〈明治34年１月１日町制施行〉・坂梨村・中通村・古城村合併)・阿蘇町《あそまち》(昭和29年４月１日黒川村・永水村・尾ヶ石村・内牧町〈昭和39年４月１日町制施行〉・山田村合併)・波野村《なみのそん》(昭和22年４月１日村制施行)合体，市制施行

天草市《あまくさ》

平成18年３月27日　本渡《ほんど》市(明治31年12月21日，町制施行，町山口村が本渡町となる，昭和10年４月１日，天草郡本渡町・本戸村合併，昭和29年４月１日，天草郡本渡町・亀川村・櫨宇土《はじうと》村・志柿村・楠浦村・下浦村・本村佐伊津村合併，市制施行，昭和32年３月31日，天草郡宮地岳村を編入)・牛深《うしぶか》市(明治31年11月３日，町制施行，昭和29年７月１日，天草郡牛深町・久玉村・魚貫村・深海村・二浦村合併，市制施行，昭和32年３月１日，牛深市二浦町の一部を天草郡河浦町へ分離)・天草郡有明《ありあけ》町(昭和31年６月１日，楠甫村・須子列村・赤崎村・上津浦村・下津浦村・島子村合併，昭和31年８月１日，大字楠甫の一部を松島村へ分離，昭和33年１月１日，町制施行)・御所浦《ごしょうら》町(昭和38年11月１日，町制施行)・倉岳《くらたけ》町(昭和30年７月１日，宮田村・棚底村・浦村合併，倉岳村となる，昭和35年４月１日，町制施行)・栖本《すもと》町(明治34年４月１日，栖本村・河馬田村合併，栖本村となる，昭和37年９月１日，町制施行)・新和《しんわ》町(昭和29年２月１日，宮地村・中田列村・大多尾村合併，新和村となる，昭和36年４月１日，町制施行)・五和《いつわ》町(昭和30年５月１日，御領村・鬼池村・二江村〈昭和16年２月１日，町制施行〉・手野村・城河

原村合併)を合体，市制施行

合《こう》志《し》市

平成18年2月27日　菊池郡合志町(明治22年4月1日，村制施行，昭和41年4月1日，町制施行)・西合志《にしごうし》町(明治22年4月1日，村制施行，昭和41年4月1日，町制施行)を合体，市制施行

下《しも》益《まし》城《き》郡

美《み》里《さと》町《まち》　平成16年11月1日　中央町《ちゅうおうまち》(昭和30年1月1日中山村・年弥村《としねむら》合併，昭和30年7月10日大字今・坂貫・下草野および岩野の一部を砥用町へ分離，昭和32年7月1日砥用町大字下草野を編入，昭和50年9月1日町制施行)・砥用町《ともちまち》(昭和30年4月1日砥用町〈明治22年4月1日新設西砥用村，大正13年4月1日町制施行〉・東砥用村合併，昭和30年7月10日中央村大字今・坂貫・下草野および岩野の一部を編入，昭和32年7月1日大字下草野を中央村へ編入)合併

玉《たま》名《な》郡

玉《ぎょく》東《とう》町《まち》　昭和30年3月1日　木葉村・山北村合併，玉東村となる
　　昭和42年4月1日　町制施行

南《なん》関《かん》町《まち》　昭和30年4月1日　南関町・賢木《かしこぎ》村・大原村・坂下村・米富村合併
　　昭和31年1月1日　大字三ツ川を玉名市へ編入

長《なが》洲《す》町《まち》　昭和32年10月1日　長洲町(昭和30年7月20日，清里村梅田・高浜の一部を編入)・腹栄《ふくえい》村(昭和31年9月30日，腹赤村・六栄村合併)合併

和《なご》水《み》町《まち》　平成18年3月1日　玉名郡菊水《きくすい》町(昭和29年4月1日，江田町〈昭和18年7月1日，町制施行〉・花簇《はなわれ》村・東郷村・川沿村合併)・三《み》加《か》和《わ》町(昭和30年4月1日，春富村・緑村・神尾村合併，三加和村となる，昭和43年11月1日，町制施行)が合体

菊《きく》池《ち》郡

大《おお》津《づ》町《まち》　昭和31年8月1日　大津町・平真城村・瀬田村(大字立野を除く)・陣内村・護川村(大字川辺・尾足を除く)・阿蘇郡錦野村(大字岩坂を除く)合併

菊《きく》陽《よう》町《まち》　昭和30年4月1日　津田村・原水村・上益城郡白水村合併，菊陽村となる
　　昭和44年1月1日　町制施行

阿《あ》蘇《そ》郡

南小国町《みなみおぐにまち》　明治22年4月1日　村制施行
　　昭和44年11月1日　町制施行

小《お》国《ぐに》町《まち》　明治22年4月1日　村制施行
　　昭和10年4月1日　町制施行

産《うぶ》山《やま》村《むら》　明治22年4月1日　村制施行

高《たか》森《もり》町《まち》　昭和30年4月1日　高森町・草部村(明治22年4月1日，草ヶ矢村，明治27年

1月12日，草部村と改称)・色見村合併

昭和32年8月1日　野尻村を編入

西《にし》原《はら》村《むら》　昭和35年9月1日　山西村(昭和31年8月1日，菊池郡錦野村大字岩坂の一部を編入)・上益城郡河原村合併

南阿蘇村《みなみあそむら》　平成17年2月13日　白水村《はくすいむら》(明治22年4月1日村制施行)・久木野村《くぎのむら》(明治22年4月1日村制施行)・長陽村《ちょうようむら》(明治22年4月1日村制施行，昭和31年8月1日菊池郡瀬田村大字立野を編入)合併

上益城郡《かみましき》

御《み》船《ふね》町《まち》　昭和30年1月1日　御船町(大正7年4月1日，町制施行)・滝水村(昭和15年4月1日，滝尾村・水越村合併)・七滝村・木倉村・高木村・豊秋村・小坂村・陣村合併

昭和37年4月1日　矢部町大字島木の一部を編入

嘉《か》島《しま》町《まち》　昭和30年1月1日　六嘉《ろっか》村・大島村合併，嘉島村となる

昭和44年2月1日　町制施行

益《まし》城《き》町《まち》　昭和29年4月1日　飯野村・広安村・木山町・福田村・清森村合併

甲《こう》佐《さ》町《まち》　昭和30年1月1日　甲佐町・宮内村・竜野村・白旗村・乙女村合併

山《やま》都《と》町《ちょう》　平成17年2月11日　阿蘇郡蘇陽町《そようまち》(昭和31年9月30日柏村・菅尾村・馬見原町〈昭和22年4月1日町制施行〉合併)・上益城郡矢部町《やべまち》(昭和30年2月1日下矢部村・浜町〈明治45年4月1日町制施行〉・白糸村・御岳村合併，昭和32年4月1日中島村・名連川村を編入，昭和37年4月1日町の一部を御船町へ編入)・清和村《せいわそん》(昭和31年7月1日朝日村・小峰村〈明治22年4月1日阿蘇郡から上益城郡に編入〉合併)合併

八《やつ》代《しろ》郡

氷《ひ》川《かわ》町《まち》　平成17年10月1日　八代郡竜北《りゅうほく》町(昭和29年4月1日，和鹿島村・吉野村・野津村合併，昭和33年1月1日，下益城郡益南村大字南新田の一部を編入し，竜北村大字高塚の一部を益南村に分離し，境界変更，昭和49年4月1日，町制施行)・宮原《みやはら》町(明治22年4月1日，町制施行，昭和30年10月15日，鏡町大字有佐および大字中島の一部を編入)が合体

葦《あし》北《きた》郡

津奈木町《つなぎまち》　昭和38年4月1日　町制施行

芦《あし》北《きた》町《まち》　平成17年1月1日　田浦町《たのうらまち》(昭和33年4月1日町制施行)・葦北町《あしきたまち》(昭和30年1月1日佐敷町〈明治36年11月18日町制施行〉・大野村・吉尾村合併，昭和45年11月1日湯浦町合併)合併

球《く》磨《ま》郡

錦《にしき》町《まち》　昭和30年7月1日　西村・一武村・木上村合併，錦村となる

昭和40年4月1日　町制施行

多《た》良《ら》木《ぎ》町《まち》　昭和30年4月1日　多良木町(大正15年5月1日，町制施行)・黒肥地村・久米

村合併

湯《ゆの》前《まえ》町《まち》　昭和12年4月1日　町制施行

あさぎり町《ちょう》　平成15年4月1日　上村《うえむら》(明治28年12月7日上村列村《うえむられつ》〈明治22年4月1日上村・皆越村合併〉上村となる)・免田町《めんだまち》(昭和12年4月1日町制施行)・岡原村《おかはるむら》(明治22年4月1日村制施行)・須恵村《すえむら》(明治12年1月20日郡区町村編制法実施)・深田村《ふかだむら》(明治12年1月20日郡区町村編制法実施，昭和28年1月10日川村の一部を編入)合併

水《みず》上《かみ》村《むら》　明治28年11月1日　湯山村・岩野村・江代《えしろ》村合併

相《さが》良《ら》村《むら》　昭和31年9月1日　川村・四浦村合併

五《いつ》木《き》村《むら》　明治22年4月1日　四浦列村(四浦村・五木村合併)となる

明治29年4月1日　四浦列村解散，五木村となる

山《やま》江《え》村《むら》　明治22年4月1日　村制施行

球《く》磨《ま》村《むら》　昭和29年4月1日　渡村・一勝地村・神瀬村合併

天《あま》草《くさ》郡

苓《れい》北《ほく》町《まち》　昭和30年1月1日　坂瀬川村・志岐村・富岡町(明治22年4月1日，町制施行)合併

昭和31年9月30日　都呂呂村を編入

■ 祭礼・行事

(2012年1月現在)

〔1月〕

6　ガラン笹祭り　➔山鹿《やまが》市熊入《くまいり》町・若宮神社(熊本交通センターよりバス山鹿行終点下車)

若宮神社は家畜の守り神として知られる。加藤清正《きよまさ》の馬が病気をおこしたとき境内《けいだい》の笹を食べさせたところたちどころに全快したという故事から，境内の笹を飼料にまぜて食べさせると病にかからないという伝説がうまれた。祭りの日に笹竹を輪にしたガラン笹と御札を配る。

第3日曜　的《まと》ばかい(破魔弓《はまゆみ》祭)　➔玉名郡長洲《ながす》町・四王子《しおうじ》神社(JR 鹿児島本線長洲駅下車)

破魔弓祭の神事ののち的の投与祭となり，悪魔退散を祈って弓で射《い》た直径40 cm の的を，下帯一つの青年が本殿から境内にもちだして奪いあったのち，海中で奪いあう。的ばかい終了後，的は分割され，氏子に配分され神棚にまつられる。

17　シシ食《く》い祭り　➔玉名市滑石《なめいし》・諏訪《すわ》神社(JR 鹿児島本線玉名駅下車)

祭神建御名方《たけみなかた》神の猪《いのしし》退治にちなんだ行事。猪の剝製《はくせい》を神殿にそなえて神事を行い，節頭《せっとう》の家では刺身《さしみ》を箸《はし》でつまめるだけ手のひらにうけ，お椀の御神《おみ》酒《き》を一気に飲みほして節頭渡しの儀式はおわる。直会《なおらい》では猪の吸い物をだす。

20　裸祭り　➔天草《あまくさ》郡苓北《れいほく》町上津深江《かみつふかえ》・八坂《やさか》神社(熊本交通センターよりバス本渡行終点下車バスのりかえ富岡行上津深江下車)

二十日正月の行事である。約400年前悪疫が流行したときに山伏《やまぶし》が寒中海水でミソギをして病魔退散の祈禱《きとう》をしたのが起こりという。裸の若者が「チョーサンヤ」のかけ声で神輿《みこし》をかついで海中にはいり，泳いで集落のはずれにむかい，順に各家に神輿をかつぎいれる。家々では用意したなますと酒を神輿にかけ悪疫退散の祈りをこめて，神輿をゆする。

24日に近い土曜　ヨド神楽《かぐら》　➔上益城《かみましき》郡山都《やまと》町二瀬本《にせもと》・秋葉《あきば》神社(熊本交通センターよりバス馬見原《まみはら》行終点下車タクシー利用)

民家に火伏の神様を迎えて24日の夜から25日の朝にかけて一晩中神楽を奉納する。座敷にはしめ縄を張って和紙を切り抜いたエリモンをめぐらし，四隅に榊《さかき》と笹竹をたてて神庭とする。

旧正月　阿蘇の牛舞　➔阿蘇市一の宮町・黒川(JR豊肥本線宮地駅・阿蘇駅下車)

豊年踊り。ざるに角をつけ目を描いた牛の頭をかぶり蚊帳《かや》を着た青年2人が牛になって腹ばいになり，蓑笠《みのかさ》姿の鼻引き・まぐわ持ち・鋤《すき》持ち・早乙女《さおとめ》らが笛太鼓にあわせて踊る，座敷踊り。

〔2月〕

1～3月初　植木市　➔熊本市白川河川敷(JR 鹿児島本線熊本駅下車)

16世紀中ごろ，熊本城主 城 親賢《じょうちかかた》時代におこったとの伝承をもつ。以前は高麗《こうらい》門・新町以下市内のあちこちで開かれていたが，交通激化のため白川河川敷１カ所にまとめられた。１本数百万円の老木から苗木・草花まで展示即売される。

初午《はつうま》　高橋稲荷《いなり》　➔熊本市高橋町(JR 鹿児島本線熊本駅下車)

２月の初午の日信者からよせられた御神撰米《ごしんせんまい》を一斗俵につめる作業があり，境内に献納の樽《たる》と俵が積みあげられる。露店《ろてん》もならび，農民，商業の神様とし参詣《さんけい》するものが多い。この日の呼び物は４回行われる「福餅《ふくもち》まき」で，石垣の上の神楽殿《かぐらでん》から下の広場を埋める群衆に紅白の餅がまかれ，参詣人は争ってひろう。

13　こくんぞさん(虚空蔵さん)　➔荒尾市・四山《よつやま》神社(JR 鹿児島本線荒尾駅下車)

明治の神仏分離で神社となったが，虚空蔵菩薩《こくうぞうぼさつ》をまつる。商売繁盛《しょうばいはんじょう》の神様として，とくに水商売の人びとでにぎわう。五円玉がはいった福袋を借り，秋祭りに倍にして返す「福授け」が人気がある。

28　火渡《ひわた》り神事　➔熊本市・木原不動尊《ふどうそん》(JR 鹿児島本線松橋《まつばせ》駅下車)

春の例祭では法要に続いて呼び物の「火渡り」と「湯立《ゆた》て」の荒行がある。信者が奉納した護摩木《ごまぎ》の束を焼き，行者が炎の上をわたり，あとでは信者が炭の上をわたる。そのあと大釜の熱湯に笹をひたし呪文《じゅもん》とともに引きあげて頭から浴び，数十回浴びたあとに最後に行者は釜のなかに座り込み「湯立て」の行はおわる。

〔３月〕

１～３　粟島《あわしま》さんの鳥居くぐり　➔宇土市新開町・粟島神社(JR 鹿児島本線宇土駅下車)

安産・婦人病に霊験があるといって，春の例祭に近郷ばかりでなく県外からも女の参拝客が押しかけ，行列をつくって高さ40cm ほどのミニ鳥居をくぐり健康を祈願する。八代《やつしろ》郡鏡町印 鑰《いんにゃく》神社，球磨《くま》郡山江《やまえ》村粟島神社でも鳥居くぐりがある。

10日に近い日曜　なれなれなすび　➔山鹿市長坂・厳 島《いつくしま》神社(熊本交通センターよりバス山鹿行長坂下車)

山鹿灯籠《とうろう》祭りの起源といわれる五穀豊 饒《ごこくほうじょう》祈願祭。狩衣《かりぎぬ》をつけた６人の青年が，10日午前０時を期して，大太鼓のまわりを踊ったり跳ねたり激しい動作でまわる踊り。念仏踊りの一種といわれる。

20～21　荻《おぎ》の草《くさ》の瓢 簞《ひょうたん》つき　➔阿蘇市一の宮町荻草・荻の草神社(JR 豊肥本線宮地《みやじ》駅下車)

春祭りと夏祭りに豊作を祈願して奉納される念仏踊りの一種である。胸に小太鼓をつけたモラシとよぶ子どもや，竹の棒に瓢簞をつけた青年の瓢簞つきなどが座元の家から神社まで楽を奏して道行をし，拝殿の前で「庭楽《にわがく》」を踊

る。

中の巳《み》の日から亥《い》の日　火振り神事(御前迎《ごぜんむか》え神事)　➔阿蘇市一の宮町・阿蘇神社(JR 豊肥本線宮地駅下車)

阿蘇農業の守護神年禰《としね》宮の神婚式にあたり，宮地の目抜き通りで，氏子たちが茅《かや》のたいまつに火をつけて振りまわして奥方を迎える。

初の卯《う》の日　千丁万丁《せんちょうまんちょう》　➔阿蘇市一の宮町・阿蘇神社(JR豊肥本線宮地駅下車)

拝殿で五穀豊饒を祈願したあと，神官が田作りをして豊凶を占う。この祭りにそなえたモミ種をもらって農家の田作りがはじまる。いぼしの木の葉に「千丁万丁」と書いて田にまく。

〔4月〕

7　鮒取り神事　➔八代市・印鑰《いんにゃく》神社(JR 鹿児島本線有佐《ありさ》駅下車タクシー利用)

昔，武内宿禰《たけのうちのすくね》に鮒《ふな》をとって差しあげたという故事にちなみ，神社裏の鏡ケ池に氏子の若者が飛び込み，手づかみで大小の鮒や台湾どじょうなどをとらえ，御神酒の勢いで泥とともに見物人に投げあげる。とれた鮒は祭壇の神輿にそなえられる。

中旬の日曜　練《ね》り嫁《よめ》行列　➔玉名市・伊倉《いくら》北・南八幡宮《はちまんぐう》(JR 鹿児島本線肥後《ひご》伊倉駅下車)

道路をはさんでむかいあう二つの八幡宮が同じ祭りをする。娘を人身御供《ひとみごくう》に神前に捧げたという伝説から，着飾った女性が笛・太鼓を先頭に町内を練り歩く。

〔5月〕

3　お田植え祭り　➔上益城郡山都町高畑《たかはた》・年禰《としね》神社(熊本交通センターよりバス馬見原《まみはら》行終点下車)

神輿をお仮屋に神幸し，神楽と田植え踊りを奉納する。畦《あぜ》切りから田植えまでの過程を踊り，牛の面をつけた牛役が登場する。

初旬　駄《だ》ゆるし　➔阿蘇郡一帯(JR 豊肥本線阿蘇・宮地駅下車)

冬のあいだ家で飼っていた牛馬に，それぞれ持ち主の名を記し，阿蘇の共有原野に放牧する。

31～6月1日　氷室《ひむろ》祭り　➔八代市宮地《みやじ》町・八代神社(JR 鹿児島本線八代駅下車)

氷室神をまつる行事。天然氷を氷室に保存した昔は藩主に献上したが，現在は5月31日から6月1日にかけて，厄入《やくい》り・厄晴《やくばれ》・年祝いの人びとが参詣する。土産物《みやげもの》の雪餅《ゆきもち》を食べると中風《ちゅうぶう》にならないという。

〔6月〕

第2日曜　河童《かっぱ》祭り　➔八代市妙見《みょうけん》町・悟真寺《ごしんじ》(JR 鹿児島本線八代駅下車)

悟真寺の開山大原孚芳和尚《ふほうおしょう》が河童の悪戯《いたずら》をこらしめたことが祭りの起こりと

いう。中学生以下の子どもが中心の川祭りで，水難予防の御札がくばられる。

15　犬子《いぬご》ひょうたん祭り　➔山鹿市山鹿・八坂《やさか》神社(熊本交通センターよりバス山鹿行終点下車)

大宮神社の境内社八坂神社(祇園《ぎおん》さん)の祭り。山鹿の町ではこの日浴衣《ゆかた》の初おろしをして祇園さんに参る衣替《ころもが》えの習わしがあり，夕方子どもたちは新しい浴衣に着替え，神社に参り犬子瓢箪を買ってもらうのが楽しみの一つである。犬子瓢箪を神棚や部屋に飾り１年の無病息災を祈る。

〔７月〕

第１日曜　虫追い祭り　➔天草市河浦《かわうら》町・一町田《いっちょうだ》八幡宮(熊本交通センターよりバス本渡行終点下車バスのりかえ牛深行一町田下車)

一町田八幡宮で神事ののち川祭りの神事，午後小学校から一町田橋まで，虫追い旗の行列が続く。旗は孟宗竹《もうそうだけ》をつないだ十数ｍの長い竿に長さ４～５ｍの赤・青・黄など５色の布の吹き流しを30枚ほどつけたものである。数本の虫追い旗を男たちが１本ずつ手のひらにのせて差しあげたり肩にのせるなど曲芸《きょくげい》さながらに川塘《かわども》をくだり，鉦《かね》や太鼓で虫を追い豊作を祈る。

10　竹迫観音《たかばかんのん》祭り　➔合志《こうし》市竹迫・観音堂(熊本交通センターよりバス合志市役所前下車)

夏の夜空に６つのドラ(大太鼓)が鳴りひびく勇壮な祭りである。ドランジャーとよぶ大太鼓を２つのせた山車《だし》を上町・下町・横町の３地区からだし，数人が笛を吹いて囲み，それにあわせて若者がむかいあってドラを打ち鳴らす。３台は三差路で激しくぶつけあって連結し，一体となって観音堂の石段をのぼる。

23　頓写会《とんしゃえ》　➔熊本市花園町・本妙寺《ほんみょうじ》(JR鹿児島本線上熊本駅より電車本妙寺停下車)

加藤清正の３回忌に一晩で法華経《ほけきょう》全巻を書写したのが始まり。通夜読経に信者がうちわ太鼓で唱和，夜通し参詣人のたえまがない。笹につけた張り子の虎が人気。

25　バアサランダ祭り　➔山鹿市鹿央《かおう》町千田《ちだ》・上千田天神(熊本交通センターよりバス植木行終点下車バスのりかえ山鹿行千田下車)

疫病が流行したとき山伏の祈禱《きとう》で退散した故事から，男子たちが藁《わら》のしめ縄を腰にまいて，近くの千田川から小石をひろい，「バアサランダ」ととなえながら100個になるまで拝殿に運ぶ。

26　おん田祭り　➔阿蘇市一の宮町手野《ての》・国造《こくぞう》神社(JR豊肥本線宮地駅よりタクシー利用)

神輿１基に田楽《でんがく》・田男・田女・牛頭《ごず》の人形，飯櫃《めしびつ》を頭にのせた白装束《しろしょうぞく》のウナリの行列がお仮屋へ神幸，早苗《さなえ》を神輿に投げあげたのち，駕《か》輿丁《よちょう》が田歌を歌いながら還御する。

28　おん田祭り　➔阿蘇市一の宮町宮地・阿蘇神社(JR豊肥本線宮地駅下車)

国造神社の祭りより規模が大きく，行列は猿田彦《さるたひこ》を先頭にウナリ・獅子《しし》・早乙女《さおとめ》・田楽・田男・田女・牛頭，神輿4基が御田(お仮屋)へ神幸し，早苗を神輿に投げあげたのち，駕輿丁が田歌を歌いながら還御する。

〔8月〕

第1土曜　大蛇山《だいじゃやま》行事　➔玉名郡南関《なんかん》町・八剣《やつるぎ》神社(JR 鹿児島本線瀬高駅バス南関行終点下車)

病魔除けの祈願祭のあと，昼すぎから鉦・太鼓で田筋を一巡する。圧巻は夜で，9時ごろから子どもたちが口から火を吹く大蛇の山車を引きまわしながら，太鼓や笛にあわせて夜更《よふ》けまで練り歩く。

初旬　幽霊《ゆうれい》祭り　➔人吉市土手町・永国寺《えいこくじ》(JR 肥薩線人吉駅下車)

開山の実底《じってい》和尚の筆と伝える幽霊の掛け軸を開帳する。

15　精霊《しょうろう》流し　➔熊本市川尻町・加瀬《かせ》川(JR 鹿児島本線川尻駅下車)

精霊流しは県下各地で行われているが，川尻の精霊流しは江戸時代から続く。精霊舟と万灯籠《まんとうろう》を流す。

15・16　灯籠祭り　➔山鹿市山鹿・大宮神社(熊本交通センターよりバス山鹿行終点下車)

各町内で意匠《いしょう》をこらし，「骨なし灯籠」とよばれる精巧な紙製の灯籠(神社や座敷など)をつくり，夜半に神社に奉納する。金灯籠，銀灯籠，社殿作り，座敷作りなどの系統がある。16日の夕刻になると，娘たちは浴衣姿で頭に灯籠をのせ町中心部を練る。圧巻は，午後9時から山鹿小学校校庭で行われる女性らの「千人踊り」である。闇のなかで金と銀の灯籠の光が同心円を描いて優雅にゆれる。

17・18　風鎮祭《ふうちんさい》　➔阿蘇郡高森町・阿蘇神社(南阿蘇鉄道高森駅下車)

風の害から農作物をまもり，五穀豊饒を祈願する祭り。組単位で日用品などを使ってアイデアにとむ造り物を競ってつくり，町内を山引きする。

19　川施餓鬼《かわせがき》　➔菊池郡菊陽《きくよう》町上津久連《かみつくれ》・白川右岸(JR 豊肥本線原水駅下車)

白川右岸で先祖供養を行い，夕方青竹と麦わらで牛馬をかたどった施餓鬼《せがき》舟を提灯《ちょうちん》で飾り，供物をのせて流す。

19〜10月18日　火焚《ひた》きの神事　➔阿蘇市役犬原《やくいんばる》・霜《しも》神社(JR 豊肥本線阿蘇駅下車タクシー利用)

農作物を霜の害からまもるために，火焚き乙女が60日間薪を焚き続け御神体を暖める。中日9月15日にぬくめ入れ神事，満願の10月16日乙女あげ，18日夜渡《よど》の神事で終夜神楽を奉納する。

〔9月〕

旧八朔《はっさく》　不知火《しらぬひ》　➔宇城市不知火町松合《まつあい》(JR鹿児島本線松橋駅よりバス松合下車)

八朔の前後，深夜に不知火海の沖あいに不知火が出現する。一種の光現象。

第1土・日曜　八朔祭り　➔上益城郡山都町(熊本交通センターよりバス浜町行

終点下車)
各町内で競争して野山の草木や日用雑貨をそのまま使った巨大な「造り物」をつくり，初日は街角に展示，翌日最大の呼び物「引き回し」がある。はやしを先頭に町内を練りまわる。この日は石造眼鏡《めがね》橋通潤橋《つうじゅんきょう》の放水も行われる。

13～19　藤崎八播宮大祭(随兵会《ずいびょうえ》)　➔熊本市井川淵《いがわぶち》・藤崎八幡宮(JR鹿児島本線熊本駅よりバス藤崎宮下車)
加藤清正が朝鮮出兵から帰還したときの随兵行列に始まるといわれる。15日に神幸式があり，騎馬武者・50人ずつの随兵と長柄《ながえ》が神輿のあとにしたがい，そのあとを飾《かざ》り馬《うま》の馬追いがはねまわる。

18　熊野座神社秋祭り　➔阿蘇郡南小国町中原・熊野座神社(熊本交通センターよりバス杖立《つえたて》行宮原下車)
胸に小太鼓をつけたムラシとよぶ子どもや，瓢簞つき・なぎなたなどが，笛・太鼓・鉦にあわせて踊る中原楽を奉納する。

25・26　田《た》の実《み》神事　➔阿蘇市一の宮町宮地・阿蘇神社(JR豊肥本線宮地駅下車)
神に稲穂をそなえ収穫感謝祭，紅白に分かれた願成就《がんじょうじゅ》の相撲《すもう》が行われ，馬場で流鏑馬《やぶさめ》が奉納される。

旧9月14～15　牛深八幡宮例祭　➔天草市・牛深八幡宮(熊本交通センターよりバス牛深行終点下車)
神幸行列のお発《た》ちに2人の童子の玉取りによる獅子舞い，練り歩いたあと神輿は船で牛深湾を一周する。

〔10月〕

3　尾下《おくだり》の獅子舞い　➔阿蘇郡高森町尾下・菅原《すがわら》神社(南阿蘇鉄道高森駅下車)
雌雄2頭の獅子舞いに対して，大人2人・子ども78人が唐団扇《からうちわ》で，大太鼓・小太鼓・鉦・笛のはやしにあわせて獅子をあおぐ。総勢40人ほどである。

3～11　おくんち　➔人吉市上青井町・青井阿蘇神社(JR肥薩線人吉駅下車)
球磨・人吉地方で最初に行われる祭り。9日にご神幸があるので「おくんち」とよばれる。お旅所で鬼木《おにき》の臼太鼓《うすだいこ》踊りなどを奉納する。

8～11月16日　球磨神楽《くまかぐら》　➔人吉・球磨地方の43社(JR肥薩線人吉駅下車)
青井阿蘇神社のおくんちの前夜から旧11月16日まで人吉・球磨の43社の秋祭りで奉納。締《しめ》太鼓・笛・楽板《がくいた》に合わせて舞う。青井阿蘇神社などでは神楽殿の天井にヤツジメを張って舞う。神社によっては臼《うす》太鼓踊りを奉納するところもある。

13　三神宮《さんじんぐう》さん　➔八代郡氷川町・三神宮(JR鹿児島本線有佐駅下車)
三神宮の秋祭り。神幸があり，獅子舞い・甲冑《かっちゅう》武者《むしゃ》・奴《やっこ》の大名行列が町を練り歩く。行列の最後に小川町から譲りうけた呼び物のガメ(亀蛇《きだ》)が続き，長い首を振りまわしながら大きな体で，ところせましとばかりに走りまわる。

14　近津《ちかつ》の火祭り　➔熊本市松尾町近津・鹿島《かしま》神社(JR鹿児島本線熊本駅下車)

夕刻神事がおわると，防火服に身をかためた若者は社殿をまもる側と攻める側の二手に分かれる。神職が枯れ枝に点火すると，攻める側は燃えさかる枝を振りかざして社殿に暴れこもうとし，守る組は棒をもって必死に防ぐ，最後はどんどやのように積みあげられた枯れ枝に点火され，祭りは最高潮に達する。軍《いくさ》の神にふさわしい勇壮な火祭りである。

15　野原《のはら》の風流《ふうりゅう》　➔荒尾市野原・野原八幡宮(JR 鹿児島本線荒尾駅下車)

野原八幡宮の秋祭りは年番の3地区からの節頭《せっとう》馬の参拝ではじまり，ついで野原・川登《かわのぼり》・菰屋《こもや》の3地区から風流が奉納される。風流は7～8歳から15～16歳の男の子2人1組の舞童《まいわらべ》で，それぞれ6年間ずつつとめることになっている。年長が大太鼓，年少が小太鼓を打つ。3組が獅子頭に見立てた独特の笠をかぶり，笛や歌にあわせて舞いながら太鼓を打つ。

15　板《いた》に魚《う》まわし　➔玉名郡和水《なごみ》町江田・熊野座神社・諏訪神社(JR 鹿児島本線玉名駅からバス山鹿行菊水下車)

熊野座神社で神事ののち，当番の裃《かみしも》をつけた2人の少年は，御幣《ごへい》と大榊《おおさかき》をもって諏訪神社にいき，当渡《とうわた》しの神事に加わり，そのあと神前にそなえられた「板に魚(カレイ)」をもって拝殿内をまわって受け渡しの所作《しょさ》をする。

17　六嘉《ろっか》神社例祭　➔上益城郡嘉島町下六嘉・六嘉神社(熊本交通センターよりバス御船行六嘉下車)

釣り子の子どもが交替で獅子をあやつり，最後に獅子が20m 余の柱にのぼり，頂上の牡丹《ぼたん》の花を見物人に投げる。

18日前後の土・日曜　大島子《おおしまこ》諏訪神社例大祭　➔天草郡有明《ありあけ》町大島子・大島子諏訪神社(熊本交通センターよりバス本渡行大島子下車)

かついだ太鼓をたたきながら進む道中《どうちゅう》太鼓や，太鼓を固定してたたく踊り太鼓があり，踊り太鼓のあいまに14の無言劇が演じられる。

19　西岡神社秋季大祭　➔宇土市宇土町・西岡神社(JR 鹿児島本線宇土駅下車)

宇土藩主が奉納した獅子頭に由来する御獅子舞いを舞う。祭りのもう一つの呼び物は飾り馬が町内を早駆けする「追い馬」と，飾り馬数頭が若者たちに追われて社殿をまわる「逆追い」である。

28・29　繁根木《はねぎ》八幡の節頭《せっとう》　➔玉名市繁根木・繁根木八幡宮(JR 鹿児島本線玉名駅下車)

氏子は7つの節頭区にわかれて，節頭組は馬・仲間《ちゅうげん》・稚児《ちご》，シャク振りをだす。神事のあと一番節頭の仲間は長さ2 mの南蛮御幣《なんばんごへい》を神前にそなえ，拝殿前に勢揃《せいぞろ》いしてシャク振りの節頭歌を先頭に仲間たちが踊る。

30　オホシ祭り　➔上益城郡益城町・菊池郡菊陽町・阿蘇郡西原村の12地区

12地区が順番にお仮屋をまつり，つぎの地区へ神輿で送る。途中でところどころ神輿を地面にたたきつけたりしながら渡し場へ進む。渡し場では獅子舞い，楽《がく》などを奉納する。

旧24　めし食い祭　➔阿蘇郡高森町下色見《しもしきみ》・熊野座神社(南阿蘇鉄道高森駅下車)

熊野座神社境内の愛宕権現《あたごごんげん》と火伏地蔵《ひぶせじぞう》の火伏せ祭り。2升5合の米を2つの

お椀《わん》に盛りあげた大塔に，受け前の２人が挑戦する。２人が悪戦苦闘していると横からバッチョ笠と蓑をつけてやり，うちわであおぎながら応援する。最後は全員で分けて食べる。

第４土・日曜　産島《うぶしま》八幡宮祭礼　➔天草市河浦町宮野河内《みやのがわち》・産島八幡宮(熊本交通センターよりバス本渡行終点下車バスのりかえ牛深行一町田下車)

無人島の産島でまつられている産島八幡宮の祭神を神輿船に遷し，10隻あまりの船で太鼓を打ち鳴らしながら対岸のお旅所へパレードする。

〔11月〕

第２土・日曜　栖本《すもと》の大祭り　➔天草市栖本町湯河原《ゆがわら》・栖本諏訪神社(熊本交通センターよりバス本渡行終点下車)

10日夜８時お旅所への神幸(お上り)があり，11日お下りとなる。神幸の途中お仮屋や町の各所で獅子舞いと太鼓踊(県無民)を奉納する。

21　下城《しもじょう》の秋祭り　➔阿蘇郡小国町下城・若宮神社(熊本交通センターよりバス杖立《つえたて》行下城下車)

子どもはコモラセという拍子木《ひょうしぎ》を打ち，少年はなぎなたを，大人たちは長さ１mあまりの棒をもち，天狗《てんぐ》の面の猿田彦《さるたひこ》を先頭に，大太鼓・笛・トン(銅)拍子・鉦のはやしで楽を奉納し，境内で踊りを奉納する。

22・23　妙見さん　➔八代市妙見町・八代神社(JR鹿児島本線八代駅下車)

神幸行列は獅子・奴・木馬のほか，旧城下の９町から奉納される豪華絢爛《けんらん》な笠鉾《かさほこ》と亀蛇《きだ》(ガメ)・飾り馬がしたがう。砥崎《とさき》の河原では奴踊り，中国風の獅子舞い，馬追い，ガメの勇壮な走りが演じられる。

25　梅林《ばいりん》の流鏑馬《やぶさめ》　➔玉名市都留《つる》・梅林天満宮(JR鹿児島本線玉名駅下車)

ヤブサメの乗り手は白粉《おしろい》を塗り，シデをつけた綾藺笠《あやいがさ》に狩衣《かりぎぬ》のいでたちで，３つの的を３回射る。小さく割った的は見物人に分けられ，火難除けの御守りとされる。

旧11月初申《さる》日　甘酒祭　➔宇土市花園町・山王《さんのう》神社(JR鹿児島本線宇土駅下車)

祭りの主役は若者たちで，全員が「猿」になって行われる。青年入りの若者の初参加行事である。午前中に神事，午後は若者たちが赤い着物に黄色の帯で頬《ほお》かむりをして「猿」になる。最長年は30歳で親猿といい，新入りは新猿とよぶ。お神酒《みき》あげのあと甘酒をかけあう。

〔12月〕

11　天神祭り　➔上益城郡山都町芦屋田《あしやだ》・芦屋田天神社(熊本交通センターよりバス浜町行終点下車タクシー利用)

稲をかたどった大綱を天神社へ綱引きをしながら運び，神木にまきつける。そのあと米の粉でつくったシトギがはいった箱を拝殿で奪いあう。

20　嫁とり祭り　➔菊池市稗方《ひえかた》・菅原神社(熊本交通センターよりバス菊池温泉行終点下車タクシー利用)

座元の家の庭先に筵《むしろ》の幕をめぐらして御幣をまつり，紋付きで盛装した模擬《もぎ》夫婦《ふうふ》が結婚式同様に三三九度の杯をかわす。杯は参列者にもまわされて嫁とりの神事はおわり，座敷に座を移して座祭りになる。

21　天子《てんし》祭り　➔球磨郡山江村合戦《かしの》峰《みね》(JR 肥薩線人吉駅下車タクシー利用)
集落で「天子さん」とよんでいる直径70～80cm の神木のタブの木に新しいしめ縄を 7 巻半まいて御幣をまつる。座元ではシトギと赤飯を参詣人にくばり御神酒も振る舞う。

■ 参考文献

【熊本県における地方史研究の現状と課題】

『熊本県史』16巻は昭和36(1961)～42年に刊行されたが，通史編８は総説編１・近代編４・現代編１・資料編１・年表１，史料編８は中世編５・近世編３の構成で，熊本県の成立以後の歴史を中心に編纂されたから，原始・古代から説きおこした通常の県史と異なり，天保以前は総説編一巻におさめるという異例のものであった。通史編・中世史料編は一応の成果をあげたが，近現代史料は皆無，近世史料についても，膨大な「細川家文書」のうち『部分御旧記』(それも92巻のうち66巻)を刊行したにすぎなかった。したがって，『熊本県史』は通史編・史料編ともに中途半端な形で編纂事業をおえたのであった。藩政史料の整理も一応でき，また地方文書の発掘が進んだ現在では，改めて本格的な県史編纂がのぞまれる。

熊本県は旧藩時代の熊本藩，人吉藩，天領天草の３地域からなるが，それぞれ固有の歴史があり，地方史の研究にも特色がある。自治体史の刊行にも，地域に応じた対応がみられる。人吉藩域では町村史の多くは高田素次氏の執筆であり，人吉市史は種元勝弘氏の執筆である。天草でも郡内の史家の手にゆだねられることが多い。一方，熊本藩領では地元に関連深い編集委員長のもとに各時代の専門家に依頼することが多い。

近年は自治体史の編纂が盛んで，各郡市とも大方できあがった感がある。内容が充実し，本文編1,000頁以上になることも少なくない。それ以上に資料編の充実には目を見張るものがある。なかでも『玉名市史』の通史編１巻(未刊)，市史資料集６巻，ほかに『玉名市歴史資料集成』(高瀬港関係資料や検地帳など)13巻などのように，幅広く資史料を収録するものが多くなっており，近世史料や近代史料の翻刻・復刻は相当に進展している。

とくに昭和62年，熊本市が市史編纂にのりだした『新熊本市史』は通史編９巻，史料編９巻，別編３巻計21巻を計画し，すでに14巻の刊行をみている。現在，県下各地の研究者はこれらの自治体史編纂にかりだされているが，これらの事業で多くの新史料が発掘されており，それは研究者にとっての共有財産となるに違いない。その意味では現在は蓄積のときといえるかもしれない。

県下には熊本史学会，肥後考古学会，熊本中世史研究会，熊本近世史の会，熊本近代史研究会などがあるが，会員の高齢化が進行しており，研究体制は分野によっては必ずしも充実しているとはいいがたいのが現状である。考古学は県文化課・市町村文化課，各地の博物館の学芸員によって公的な調査が進められ，研究はこうした自治体の調査を背景に深化し多くの成果をあげている。肥後考古学会の活動も盛んである。近代史の研究も非常に活発で，学会誌『熊本近代』は順調に刊行されており，中世史・近世史の分野では自治体史の編纂を反映して新史料の発掘には刮目すべきものがあるが，あらたな若手研究者の参加が少ないのが悩みの種である。

【全体に関するもの】

井上光貞・永原慶二・児玉幸多・大久保利謙編『日本歴史体系』全5巻，別巻1　山川出版社　1984-90

岩本税・水野公寿『トピックで読む熊本の歴史』　葦書房　1994

小崎邦弥編『熊本の歴史』1－5　熊本日日新聞社　1958-62

熊本県高等学校社会科研究会編『熊本県の歴史散歩』　山川出版社　1993

熊本県大百科事典編集委員会編『熊本県大百科事典』　熊本日日新聞社　1982

白石巌『熊本のまつり』　熊本日日新聞社　1988

新熊本市史編纂委員会編『新熊本市史』通史編9巻，史料編9巻，別編3巻　熊本市　1992-2003

「新・熊本の歴史」編集委員会編『新・熊本の歴史』1－10　熊本日日新聞社　1978-83

竹内理三監修『角川地名大辞典43 熊本県』　角川書店　1991

原田敏明・乙益重隆・松本雅明『熊本県の歴史』　文雅堂　1957

平野敏也・工藤敬一編『図説熊本県の歴史』　河出書房新社　1997

松本雅明監修・工藤敬一ほか編『日本歴史地名大系44 熊本県の地名』　平凡社　1985

森田誠一『熊本県の歴史』　山川出版社　1985

森田誠一・花立三郎・猪飼隆明『熊本県の百年』　山川出版社　1987

熊本県教育委員会編『くまもとの民俗芸能―熊本県民俗芸能緊急調査報告書』　熊本県教育委員会　1991

熊本の風土とこころ編集委員会編『熊本の風土とこころ』5・12　熊本日日新聞社　1973・80

【市町村史】

芦北町誌編集委員会編『芦北町誌』　芦北町長　1977

植木町史編纂委員会編『植木町史』　植木町　1981

産山村誌編さん委員会編『産山村誌』　産山村　1988

大津町史編纂委員会編『大津町史』　大津町　1988

小川町史編纂委員会編『小川町史』　小川町役場　1979

鹿央町史編纂委員会編『鹿央町史』2巻　鹿央町　1989

嘉島町誌編纂委員会編『嘉島町誌』　嘉島町　1980

河内町史編纂委員会編『河内町史』6巻　河内町　1987-90

菊鹿町誌編纂委員会編『菊鹿町誌』2巻　菊鹿町　1996

菊池市史編さん委員会編『菊池市史』2巻　菊池市　1982-86

菊陽町史編纂室編『菊陽町史』　菊陽町　1995

北部町史編纂委員会編『北部町史』　北部町　1979

旭志村史編纂委員会編『旭志村史』　旭志村　1993

玉東町史編集委員会編『玉東町史』2巻　玉東町　1994-96

球磨村史編さん委員会編『球磨村史』 球磨村 1987
合志町史編纂委員会編『合志町史』 合志町 1988
小山正編『天明村史』 小山正 1961
坂本村史編纂委員会編『坂本村史』 坂本村 1990
相良村誌編纂委員会編『相良村誌』4巻 相良村 1996
七城町誌編纂委員会編『七城町誌』 七城町 1991
下田曲水編『砥用町史』 砥用町役場 1964
新熊本市史編纂委員会編『新熊本市史』21巻22冊 熊本市 1987-2003
須恵村役場編『須恵村誌』 須恵村 1995
蘇陽町誌編纂委員会編『蘇陽町誌』2巻 蘇陽町 1996
田浦町誌編纂委員会編『田浦町誌』 田浦町 1988
高田素次編著『湯前町史』 湯前町役場 1966
高田素次編著『水上村史』 水上村教育委員会 1970
高田素次編著『錦町史』 錦町長 1980
玉名市史編纂委員会編『玉名市史』8巻 玉名市 1987-2005
玉名市史編纂委員会編『玉名市歴史資料集成』13巻 1987-
多良木町史編纂委員会編『多良木町史』 多良木町 1980
中央町誌編さん委員会編『町誌中央』 中央町 1977
津奈木町誌編集委員会編『津奈木町誌』上巻 津奈木町 1993
禿迷盧編『小国郷史』 河津泰雄 1960
禿迷盧編『続小国郷史』 河津泰雄 1965
富合村誌編さん委員会編『村誌富合の里』 富合村 1973
豊野村史編纂協議会編『豊野村史』2巻 豊野村 1991
長洲町史編纂委員会編『長洲町史』 長洲町長 1987
永松豊雄編『鏡町史』2巻 熊本県八代郡鏡町 1984
南関町史編纂委員会編『南関町史』10巻 南関町 1996-2006
西合志町史編纂委員会編『西合志町史』2巻 西合志町 1995
花岡興輝編『飽田町史』 飽田町長岸崎義生 1972
林田憲義編『松橋町史』 松橋町長 1964
人吉市史編纂委員会編『人吉市史』2巻3冊 人吉市教育委員会 1981-90
深田村誌編纂委員会編『深田村誌』 深田村長 1994
本渡市史編さん委員会編『本渡市史』2巻 本渡市 1991
益城町史編纂委員会編『益城町史』2巻 益城町 1990
松井家文書研究会編『八代市史近世史料編』9巻・索引 八代市教育委員会 1989-2005
松島町史編纂委員会編『松島町史』 松島町 1987
松橋町史編纂委員会編『松橋町史』(林田憲義)松橋町秋岡隆穂 1979
松本雅明編『城南町史』 城南町史編纂委員会 1965
三加和町史編纂委員会編『三加和町史』2巻 三加和町教育委員会 1994

三角町史編纂協議会編『三角町史』 三角町役場　1987
水俣市史編さん委員会編『新水俣市史』 3 巻　水俣市　1991-96
蓑田田鶴男編『八代市史』 6 巻　八代市　1975-93
免田町史編纂委員会編『免田町史』 2 巻　免田町長　1986
八代市郡築郷土誌編纂協議会編『郡築郷土誌』 八代市郡築出張所　1974
矢部町史編纂委員会編『矢部町史』 矢部町　1984
山鹿市史編纂委員会編『山鹿市史』 3 巻　山鹿市　1985
竜北村史編さん委員会編『竜北村史』 竜北村長田河吉雄　1973
苓北町史編さん委員会編『苓北町史』 2 巻　苓北町　1984-85

【原始・古代】

『週刊朝日百科 日本の歴史』原始・古代 1 ・古代 2 ・古代から中世へ(1986~87)　朝日新聞社
井上辰雄『火の国』 学生社　1970
上田正昭・田辺昭三編『日本歴史展望 1　埋もれた邪馬台国の謎』 旺文社　1981
金子裕之『歴史発掘12 木簡は語る』 講談社　1996
鬼頭清明『古代日本を発掘する 6　古代の村』 岩波書店　1985
栄原永遠男『日本歴史 4　天平の時代』 集英社　1991
佐々木高明『日本歴史 1　日本史誕生』 集英社　1991
佐原真『大系日本の歴史 1　日本人の誕生』 小学館(小学館ライブラリー)　1992
佐原真・春成秀爾『歴史発掘 5　原始絵画』 講談社　1996
瀧浪貞子『日本歴史 5　平安建都』 集英社　1991
田中琢『日本歴史 2　倭人争乱』 集英社　1991
棚橋光男『大系日本の歴史 4　王朝の社会』 小学館(小学館ライブラリー)　1992
寺本広作編『熊本縣史 総説編』 熊本県　1965
直木孝次郎・岩本次郎編『日本歴史展望 2　万葉びとの夢と祈り』 旺文社　1981
村井康彦編『日本歴史展望 3　平安京にうたう貴族の春』 旺文社　1981
山中敏史・佐藤興治『古代日本を発掘する 5　古代の役所』 岩波書店　1985
吉田孝『大系日本の歴史 3　古代国家の歩み』 小学館(小学館ライブラリー)　1992
吉村武彦『日本歴史 3　古代王権の展開』 集英社　1991
歴史学研究会・日本史研究会『講座日本歴史』 1 ・ 2　東京大学出版会　1984
和田萃『大系日本の歴史 2　古墳の時代』 小学館(小学館ライブラリー)　1992

【中　世】

阿蘇品保夫『菊池一族』 新人物往来社　1990
石井進『中世史を考える』 校倉書房　1991
勝俣鎮夫『戦国法成立試論』 東京大学出版会　1979
川添昭二『九州中世史の研究』 吉川弘文館　1983
川添昭二『菊池武光』 人物往来社　1966

木村忠夫編『九州大名の研究』(戦国大名論集 7) 吉川弘文館 1983
工藤敬一『荘園公領制の成立と内乱』 思文閣出版 1992
工藤敬一編『熊本一人とその時代』 三章文庫 1993
熊本県文化財調査報告『竹崎城一城跡調査と竹崎季長』 熊本県教育委員会 1975
熊本県文化財調査報告『浜の館』 熊本県教育委員会 1978
熊本県立第一高等学校編『隈本古城史』 熊本県立第一高等学校 1982
熊本中世史研究会編『八代日記』 青潮社 1980
児玉幸多・坪井清足監修『日本城郭大系18 福岡・熊本・鹿児島』 新人物往来社 1979
志方正和『九州古代中世史論集』 志方正和遺稿刊行会 1967
杉本尚雄『菊池氏三代』 吉川弘文館 1966
杉本尚雄『中世の神社と社領』 吉川弘文館 1959
外山幹夫『大名領国形成過程の研究』 雄山閣出版 1983
森茂暁『皇子たちの南北朝』 中央公論社 1988
森山恒雄教授退官記念論文集刊行会編『地域史研究と歴史教育』 熊本出版文化会館 1998
山口隼正『南北朝期九州守護の研究』 文献出版 1989

【近　世】

浅野清『佐々成政関係資料集成』 新人物往来社 1990
出水神社『出水叢書 1～12 (綿考輯録 1‑7，重賢公日記，御侍帳，雑事紛冗解) 1988‑90』
岩本税『近世の農村構造と農民生活』 菊陽町教育委員会 1995
大石慎三郎・吉田豊『江戸時代 人づくり風土記 熊本』 農山漁村文化協会 1990
岡田章雄『天草時貞』 吉川弘文館 1960
上妻博之『肥後文献解題』 舒文堂河島書店 1985
上妻博之・花岡興輝校訂『肥後切支丹史』 エルピス 1988
清正勲績考刊行会編『清正勲績考』 本妙寺宝物館 1980
小林宏・高塩博編『熊本藩法制史料集』 創文社 1996
田中昭策・田中満里子『天草歴史談義』 田中満里子 1982
助野健太郎『島原の乱』 東出版 1967
圭室諦成『横井小楠』 吉川弘文館 1967
鶴田倉造『原史料で綴る天草島原の乱』 本渡市 1994
鶴田文史『西海の乱と天草四郎』 葦書房 1990
東京大学史料編纂所編『大日本近世史料 細川家史料 1‑16』 1969‑98
富田紘一『古写真に探る　熊本城と城下町』 肥後上代文化研究会 1993
野口喜久雄『近世九州産業史の研究』 吉川弘文館 1987
花岡興輝『近世大名の領国支配の構造』 国書刊行会 1976
藩法研究会編『藩法集(熊本藩)』 創文社 1966

細川藩政史研究会編『熊本藩年表稿』 1974
細川藩政史研究会編『熊本藩町政史料』 1－3　1985-93
本田彰男『肥後藩農業水利史』 熊本県土地改良事業団連合会　1970
松本寿三郎編『入門江戸時代の熊本』 三章文庫　1994
松本寿三郎編『熊本藩侍帳集成』 細川藩政史研究会　1996
三上一夫『横井小楠の新政治社会像』 思文閣出版　1966
源了円・花立三郎・三上一夫・水野公寿編『横井小楠のすべて』 新人物往来社　1998
森田誠一『肥後細川氏の研究』 名著出版　1974
森田誠一『近世における在町の展開と藩政』 山川出版社　1982
森田誠一『歴史余滴』 熊本県歴史教育者協議会　1986
森山恒雄『豊臣氏太閤蔵入地の研究』 吉川弘文館　1993
山本博文『幕藩制の成立と近世の国制』 校倉書房　1990

【近代・現代】

伊喜見謙吉編『改訂 肥後藩国事史料』 6－10　1931-32
猪飼隆明『熊本の明治秘史』 熊本日日新聞社　1999
熊本自由民権運動百年記念実行委員会編『熊本の自由民権』 熊本自由民権運動百年記念実行委員会　1983
猪飼隆明『西郷隆盛―西南戦争への道』 岩波書店　1992
歴史学研究会・日本史研究会編『講座　日本歴史』7　近代1　東京大学出版会　1985
新熊本市史編纂委員会編『市史研究くまもと』創刊号　熊本市　1990
色川大吉編『水俣の啓示―不知火海総合調査報告』 筑摩書房　1983
小栗史朗『地方衛生行政の創設過程』 医療図書出版社　1981
熊本県教育会編『熊本県教育史』上中下巻　熊本県教育会　1931
熊本女子大学郷土文化研究所編『明治の熊本』 日本談義社　1957
坂本経治『寿賀廼舎日記抄録』(大津町史料編纂室)　大津町教育委員会　1993
高木亮『茶堂竹崎先生』 伝記編纂会　1930
徳冨蘆花『竹崎順子』 福永書店　1923
原田正純『炭坑の灯は消えても』 日本評論社　1997
水俣訴訟弁護団編『水俣から未来を見つめて』 水俣訴訟弁護団　1997
水俣病被害者・弁護団全国連絡会議編『水俣病裁判』 かもがわ出版　1997

■ 図版所蔵・提供者一覧

見返し表　剱八幡宮・大分市歴史資料館
　裏上　熊本県教育委員会
　　下　熊本市立熊本博物館
口絵1上　熊本市教育委員会
　下　熊本県教育委員会
　2上　熊本県教育委員会
　下　飛鳥路区・熊本日日新聞社『肥後の墨美』
　3下　熊本市教育委員会
　4上　熊本県観光物産課
　4・5下右　宮内庁三の丸尚蔵館
　5上　青蓮寺・熊本日日新聞情報文化センター
　下左　熊本大学付属図書館
　6上　富山市郷土博物館
　下　(財)永青文庫
　7上　本渡市立天草切支丹館
　下　熊本県観光物産課
口絵8上　熊本市立熊本博物館
　下　木村喬
p. 5　熊本県観光物産課
p. 9　熊本市立熊本博物館
p.13　熊本市立熊本博物館
p.20　宇土市教育委員会
p.29　熊本市教育委員会
p.35　奈良国立文化財研究所許可済
p.39　奈良国立文化財研究所許可済
p.40　九州歴史資料館
p.45　熊本県教育委員会
p.68　熊本市教育委員会
p.71　荒尾市教育委員会
p.73　熊本市市史編纂課提供
p.81　熊本市市史編纂課提供
p.97　石清水八幡宮・熊本市市史編纂課
p.99　秋岡隆徳
p.106　山鹿市立博物館
p.108　如来寺・熊本県立美術館
p.109　満願寺・熊本県立美術館
p.111　熊本県教育委員会・熊本県立美術館
p.112　福岡市埋蔵文化財センター
p.115　中村邦子・熊本市市史編纂課
p.117　菊池神社・熊本県立美術館
p.131　熊本県教育委員会・熊本県立美術館
p.140　八代市立博物館未来の森ミュージアム
p.149　山鹿市商工観光課
p.151　富山市郷土博物館
p.152　山口県文書館
p.154　熊本市立熊本博物館
p.157　本妙寺
p.160　芦北町教育委員会
p.163　人吉市教育委員会
p.176　熊本県立図書館・熊本市市史編纂課
p.177　熊本県立図書館
p.180　大光寺・鹿本町教育委員会
p.189　(財)永青文庫
p.191　本渡市立天草切支丹館
p.192　(財)松浦史料博物館
p.197　矢部町教育委員会
p.199　鹿子木勝・熊本県立図書館
p.200 上　砥用町教育委員会
　中・下　矢部町教育委員会
p.205　八代市立博物館未来の森ミュージアム
p.216　(財)永青文庫
p.235　(財)永青文庫
p.242　(財)永青文庫
p.253　(財)永青文庫
p.259　福井市立郷土歴史博物館
p.264・265　真野和生・八代市立博物館未来の森ミュージアム
p.267　明治神宮聖徳記念絵画館
p.271　熊本日日新聞情報文化センター編『熊本・歴史と魅力』熊本市・熊本市制100周年実行委員会
p.274　熊本市教育委員会
p.275　熊本市教育委員会
p.276　熊本市教育委員会
p.284　熊本市立熊本博物館
p.287　冨重写真所
p.289　熊本日日新聞社
p.299　大逆事件の真実をあきらかにする会『大逆帖』
p.301　平原健二
p.303　熊本日日新聞社『熊本100年』
p.305　熊本日日新聞社『第六師団満州出動記念写真帖』
p.307　冨重写真所
p.308　熊本日日新聞社
p.310　熊本日日新聞社『熊本100年』
p.311　熊本日日新聞社『熊本100年』
p.313　ロイター・サン・毎日
p.315　熊本日日新聞社
p.316　熊本日日新聞社『熊本県大水害写真集』
p.319　原田正純

敬称は略させていただきました。

紙面構成の都合で個々に記載せず，巻末に一括しました。所蔵者不明の図版は，転載書名を掲載しました。万一，記載洩れなどがありましたら，お手数でも編集部までお申し出下さい。